先端医療と刑事法の交錯

林　弘　正　著

成　文　堂

Die fortgeschrittene Medizin und Das Strafrecht

Hiromasa HAYASHI

Seibundo, 2018

A chi non teme il dubbio
a chi si chiede i perché
senza stancarsi e a costo
di soffrire di morire
A chi si pone il dilemma
di dare la vita o negarla
questo libro è dedicato
da una donna
per tutte le donne

−Oriana Fallaci: Lettera a un bambino mai nato（Rizzoli,1975）−

疑うことを恐れないひとに
疲れ果てることなく
死ぬほど苦しみながら
なぜかと問うひとに
生むか生まないかという
究極の選択をみずからに課すひとに
この本は捧げられる
ひとりの女から
すべての女へ

−オリアーナ・ファラーチ／竹山博英訳『生まれなかった
子への手紙』、講談社、1977年−

題　　言

　我々は、誕生から死に至る様々な年代で日常生活を平穏に過ごす上で医療の恩恵を受けている。医療の進歩は、急速であり大きな恩恵を齎している。

　DNA の解析技術は、再生医療を含む様々な医療分野で新たな識見を我々に還元している。

　生命の誕生は、神秘的な世界としてとらえられその謎の解明に多くの知見が寄せられた。出生してから開始される新生児への医学的介入は、胎児段階から開始され胎児医療分野を確立した。産婦人科医療は、生殖補助医療（Assisted Reproductive Technology：ART）と相まって妊娠の進展に伴い妊婦の検診において超音波検査を始めとする胎児の生育状況に関心を寄せ、絨毛検査や羊水検査を導入してきた。

　然し、今日、次世代シーケンサー（Next Generation Sequencing：NGS）の登場は、状況を一変し、DNA 解析を駆使し新たな地平を拓き、非侵襲的出生前遺伝学的検査（Non-Invasive Prenatal Genetic Testing：NIPT）や着床前遺伝子診断（Preimplantation Genetic Diagnosis：PGD）等の導入を巡り論議が重ねられてきた。

　新たな検査や診断の導入の是非は、それらに内在する優生思想に包摂される倫理的問題をクリアするために社会的・倫理的・医療的側面から慎重な論議を喚起した。とりわけ NIPT は、染色体数的異常（Aneuploidy）として21トリソミー、18トリソミー及び13トリソミーの有無の検査であり、21トリソミーを有する者の存在そのものを否定する検査として糾弾された。

　本書は、NIPT の導入を契機に先端医療に内在する倫理的問題を凝眺し、わが国の状況について日本産科婦人科学会等の対応を中心に刑事法的視点から考察を重ねたものである。

　自らの DNA の一端を継受する子を持ちたいと願う両親は、自然妊娠が困難な場合には ART の受診を継続しながら妊娠のチャンスを求めている。日本産科婦人科学会は、NIPT 受検の要件として「1.夫婦のいずれかが、染色体異常の保因者である場合、2.染色体異常症に罹患した児を妊娠、分娩した既往を有する場合、3.高齢妊娠の場合、4.妊婦が新生児期もしくは小児期に発症

する重篤なX連鎖遺伝病のヘテロ接合体の場合、5. 夫婦の両者が、新生児期もしくは小児期に発症する重篤な常染色体劣性遺伝病のヘテロ接合体の場合、6. 夫婦の一方もしくは両者が、新生児期もしくは小児期に発症する重篤な常染色体優性遺伝病のヘテロ接合体の場合、7. その他、胎児が重篤な疾患に罹患する可能性のある場合」に限定する。PGD受診の要件は、「原則として重篤な遺伝性疾患児を出産する可能性のある、遺伝子ならびに染色体異常を保因する場合に限り適用される。但し、重篤な遺伝性疾患に加え、均衡型染色体構造異常に起因すると考えられる習慣流産（反復流産を含む）も対象とする」と規定する。日本産科婦人科学会の厳格なガイドラインは、時には海外でのART受診のケースも齎している。

　人工妊娠中絶を回避し健康な子の誕生を望むART受診中の両親には、PGD受診という選択肢も可能となる。

　本書が、子どもの誕生を願う両親にささやかな寄与ができれば筆者としては望外の幸である。

　刑事法専攻の筆者は、医療領域の考察にあたり多くの優れた先行研究の知見を参考に考察を進めることが可能となった。先行研究の成果の恩恵を受けたことに改めて感謝申し上げる。

　本書は、筆者にとり6冊目の論文集であり編集部篠﨑雄彦氏に多大の御尽力を頂いた。

　成文堂阿部成一社長には、厳しい出版事情のなか出版の機会を与えて頂き深謝する次第である。

　2017年10月13日

有明の研究室にて

林　　弘　正

目　次

題　言

序　論 ……………………………………………………………………… 1

第 1 章　先端医療の現況と問題 …………………………… 9
第 1 節　着床前遺伝子診断 ………………………………………… 11
第 2 節　非侵襲的出生前遺伝学的検査 ……………………… 59
第 3 節　非侵襲的出生前遺伝学的検査―刑事法の視点から― ……… 147

第 2 章　先端医療技術・検査等の導入に伴う倫理的問題 ……………………………………………………… 167

第 3 章　先端医療と民事法及び刑事法との交錯 ……… 201
第 1 節　検査結果の誤伝達によるクライアントの権利侵害 ……… 203
第 2 節　障害を理由とする人工妊娠中絶 ……………………… 253

結　語 …………………………………………………………………… 287

跋　文 …………………………………………………………………… 295

収録論文初出一覧

　本書の各章・節を構成する論文の原題及び掲載誌等は、下記の通りである。なお、収録に際して誤植の訂正と必要最小限度の加筆にとどめた。

序　論　書き下ろし

第1章　先端医療の現況と問題
　　第1節　着床前遺伝子診断
　　　　「着床前遺伝子診断に関する刑事法的一考察」武蔵野大学政治経済研究所年報15号（2017年）1-62頁
　　第2節　非侵襲的出生前遺伝学的検査
　　　　「非侵襲的出生前遺伝学的検査についての刑事法的一考察」武蔵野大学政治経済研究所年報8号（2014年）1-108頁
　　第3節　非侵襲的出生前遺伝学的検査：刑事法の視点から
　　　　「非侵襲的出生前遺伝学的検査：刑事法の視点から」法政論叢50巻2号（2014年）24-40頁

第2章　先端医療技術・検査等の導入に伴う倫理的問題
　　　　「新たな医療技術・検査等の導入に伴う倫理的問題-NIPT Data の公表の在り方を契機に-」『山中敬一先生古稀祝賀論文集［下巻］』、成文堂、2017年、465-495頁

第3章　先端医療と民事法及び刑事法との交錯
　　第1節　検査結果の誤伝達によるクライアントの権利侵害
　　　　「検査結果の誤伝達によるクライアントの権利侵害」武蔵野大学政治経済研究所年報11号（2015年）31-91頁
　　第2節　障害を理由とする人工妊娠中絶
　　　　「障害を理由とする人工妊娠中絶についての刑事法的一考察」武蔵野大学政治経済研究所年報12号（2015年）1-41頁

結　語　書き下ろし

序　論

　1．現代社会においては、家族の形態は多様である。自分たち二人だけの生活をするのか新たな家族を持つのかは、それぞれの家族の選択に委ねられている。自分たちの家庭を形成し新たな構成員を迎えたいと考えるパートナーたちが、健康な子供の誕生を願うのは両親として自然の理である。

　女性の社会進出に伴う晩婚化や出産年齢の高齢化等は、子供の誕生を望みながらかなわない二人に生殖補助医療（Assisted Reproductive Technology：ART）という選択肢を提供する。2015年の ART による体外受精・胚移植等による出生児数は、51,001人（出生数1,005,677人の5.07％）であり、累積出生児数は482,627人に至っている[1]。

　母体内の胎児に何らかの形成上の疾患がエコー検査などで発見されたときには、従前は誕生後に小児外科等で医学的介入がなされ重篤な嬰児の生命が救われていた。胎児医療は、高度に進展し誕生前の胎児段階での医学的介入を可能にし、レーザー手術や侵襲性の少ない胎児鏡を用いる胎児手術や超音波ガイド下治療が実践されている[2]。更に、分子遺伝学の進展に伴い胎児遺伝子治療は、遺伝性疾患の治療を可能にし、多くの福音を齎している[3]。

　健康な子供の誕生を願う両親の思いは、高齢女性や遺伝性疾患をもつ両親等に新たな検査技術・診断への関心を惹起した[4]。次世代シークエンサー（Next Generation Sequencing：NGS）の登場とヒト全遺伝子を網羅的に解析する全エクソーム解析（Whole Exome Sequencing：WES）による検査技術の飛躍的進展は、2つの検査や診断の導入を齎した。第1は、妊娠初期段階での胎児の染色体数的異常（Aneuploidy）の有無を検査する非侵襲的出生前遺伝学的検査（Non-Invasive Prenatal Genetic Testing：NIPT）である[5]。NIPT は、母体血20ml を用いて妊娠10週前後の胎児の染色体数的異常（21トリソミー、18トリソミー、13トリソミー）の有無を検査する非確定的検査であり、陽性結果の場合には妊娠継続の判断が不可避となる。第2は、受精卵の着床前に染色体数的異常の有無を診断する着床前遺伝子診断（Preimplantation Genetic Diagnosis：PGD）である[6]。PGD は、体外

2 序　　論

受精により成立した受精卵の分割初期胚から一部の割球を生検し、両親のいず
れかと同一の遺伝的疾患を発症する可能性のある胚を回避して正常と判断され
た胚を移植する診断方法であり、先天的遺伝性疾患のある受精卵の着床回避と
いう選択である。

　先端医療は、従前の対症療法を含めた患者個人への治療行為という通常医療
とは異なる領域を対象とする特殊な医療技術である[7]。先端医療への関心は、
「確立した治療法のない疾患に苦しむ患者・家族、産業化による巨大な利益を
追求する関連業界やビジネス界、国家戦略の柱の一つとして推進を図る政府、
疾患克服・患者救済とともに未踏の領域への挑戦という研究者の意欲」等多元
的である[8]。先端医療の導入は、倫理的・法的・社会的諸問題を内包するがゆ
えに医療従事者というプロフェッションのみの論議ではなく社会的論議を踏ま
えたコンセンサスの形成を前提とする。

　2．新たな NIPT や PGD の導入は、自律尊重（respect for autonomy）、善行
（beneficence）、無危害（non-maleficence）、正義（justice）の 4 原則に依拠する生命
倫理の視点からはより完全な生命の誕生を選択する優生思想の疑念が払拭でき
ないとの内在的問題を包摂している[9]。子どもの誕生を望む夫婦は、臨床研究
である NIPT や PGD 実施に際し遺伝カウンセラーによるカウンセリング受診
を前提とし、カウンセリングを通し様々な疑問や不安を払拭しながら妊娠継続
や着床についての自己決定形成への準備をする[10]。

　臨床研究である NIPT や PGD は、各受診医療施設が蓄積したデータ公表を
臨床研究施設を認定する機関の責務としている。

　日本医学会「遺伝子・健康・社会」検討委員会は、「母体血を用いた出生前遺
伝学的検査」施設認定・登録部会の平成25年度及び平成26年度の遺伝カウンセ
リング実施総数、NIPT 実施総数、羊水検査実施総数のデータを公表する[11]。
NIPT Consortium は、平成28年12月10日現在の NIPT 検査陽性者の確定検査
実施状況及び検査陽性者の妊娠転帰のデータ（第 1 データ）を公表する[12]。NIPT
Consortium は、更に、NIPT の現状として検査陽性率（全受検者数44,644人、陰性
43,715人、陽性802人）及び検査精度（ダウン症候群（21トリソミ）474人、18トリソミー
248人、13トリソミー79人、多発陽性例 1 人）についてのデータ（第 2 データ）を公表す
る[13]。

NIPTデータは、NIPT陽性の妊婦がどのような選択をしたのか、即ち、妊娠を継続したのかそれとも中絶したのか、確定検査を受診したのか、その結果妊娠中絶をしたのか否かが重要である。NIPT Consortiumの第2データは、妊娠転帰についてのデータを欠缺する不十分なデータである。

日本産科婦人科学会は、1999年度から2015年度までのPGDの申請数549件、承認数484件（遺伝性疾患申請数138件、承認数125件、習慣流産申請数411件、承認数359件）及びPGD実施数913件、結果（検査胚数3971、罹患胚数2056、非罹患胚数1699、移植胚数858）のデータを公表する[14]。

日本産科婦人科学会は、PGDから着床前スクリーニング（Preimplantation Genetic Screening：PGS）の検討に傾斜し、更に、一歩進め異数性に関する着床前遺伝子検査(Preimplantation Genetic Testing for Aneuploidy：PGT-A)について検討を開始する。

遺伝情報は、個人にとって生涯変化しない不変性と同一家系内で一部共有する共有性（継承性・遺伝性）を特性とし、倫理的・法的・社会的課題（ethical, legal and social issues)への十全な配意を必要とする[15]。PGSは、あらゆる遺伝情報を解析しクライアントの望まない遺伝情報まで齎し、倫理的・法的・社会的諸問題を内包したまま進展する。特に、民間事業者が提供する非発症保因者診断を目的とした臨床研究「夫婦遺伝子スクリーニング検査」は、遺伝情報の管理という視点から懸念が持たれている[16]。

生命の誕生という事実は、神秘的世界から医療技術の進展に伴う人為的世界に変容している。

3．わが国は、ARTをはじめNIPTやPGDについて日本産科婦人科学会の会告による自主規制に委ねている。他方、欧米諸国は、ARTについて一定の法的ルールを設定している[17]。

イギリスは、「ヒトの受精と胚研究等に関する法律（Human Fertilisation and Embryology Act1990)」(以下、90年法と略称する)により着床前診断または出生前遺伝学診断(PGD)を規制し、同法37条は胎児条項を規定する。なお、90年法は、2008年に改正されHuman Fertilisation and Embryology Authority(HFEA)により「異常を持つ人が重大な身体的または精神的障害に至る危険性、または何らかの重篤な医学的状態に発展する重大な危険がある」と確信された場合以外

4 序 論

はライセンスのある者でも杯検査を実施する正当性は付与されないとした[18]。

　ドイツは、1990年「ヒト胚保護法（Emryonenschutzgesetz）」を制定する[19]。ドイツの通説は、卵子と精子の細胞核融合の受精時点から可能性(Potenzialität)、同一性(Identität)、継続性(Kontinuität) という基準を充足し、人間的存在にとってあらゆる本質的な前提が存在するゆえに基本法1条、2条の尊厳の保護、生命の保護を享受すると解する[20]。本法8条1項は、受精卵を保護の対象とする。本法は、ヒト胚に対する直接的加害のみならず、生殖技術の濫用や専断的胚移植、代理母など様々な生殖医療技術が規制されている。同法は、2011年改正で3a条が追加され着床前診断(Pläimplantationsdiagnostik:PID)を規制する[21]。

　フランスは、主として公衆衛生法典(Code de la santé publiqe)において生殖医療を規定する。 1994年、医療技術全般を包括的に規制する3つの法律「Loi n°94-548 du 1er juillet 1994 relative au traitement de données nominatives ayant pour fin la recherche dans le domaine de la santé et modifiant la loi no 78-17 du 6 janvier 1978 relative à l'informatique, aux fichiers et aux libertés、Loi n° 94-653 du 29 juillet 1994 relative au respect du corps humain、Loi n°94-654 du 29 juillet 1994 relative au don et à l'utilisation des éléments et produits du corps humain, à l'assistance médicale à la procréation et au diagnostic prenatal」(「94年法」と略称する) を制定した。2004年、「生命倫理に関する2004年8月6日の法律（Loi n°2004-800 du 6 août 2004 relative à la bioéthique)」(「2004年法」と略称する) は、94年法を改正した。2004年法は、技術の進歩を考慮した将来の再改正の実施を規定し、2011年、「生命倫理に関する2011年7月7日の法律」（Loi n°2011-814 du 7 juillet 2011 relative à la bioéthique）が制定された[22]。

　4．生命の誕生は、刑事法においては人の始期を巡り見解が対立している。支配的見解及び判例は、一部露出説に依拠し、母体から胎児の一部が露出した時点を「人」の始期と解する[23]。独立生存可能説は、現代医療技術のサポートを受けるならば母体から分離しても独立して生存可能かどうかとの医学的・生物学的基準に基いてより早い段階で人の始期をとらえる[24]。伊東研祐教授は、夙に生命医療技術の進展を視野に事例問題の形式で先端医療に内在する問題を刑事実体法の視点から分析・検討している[25]。

刑事法は、妊娠満22週以降の人工妊娠中絶を堕胎罪として刑事制裁の対象とし、妊娠満21週以前の人工妊娠中絶は母体保護法14条1項各号に該当する場合にのみ許容する。但し、法の制度設計と法運用の実態とは、甚だしく乖離しているのが現状である。

　5．本書は、生命誕生をめぐるわが国の産婦人科医療の最前線の問題を民事法及び刑事法領域から考察するものである。
　本書は、3章より構成されておりその概要は以下の通りである。
　第1章は、先端医療の現況と問題について着床前遺伝子診断（PGD）と非侵襲的出生前遺伝学的検査（NIPT）を素材に考察する。自然の妊娠が困難な夫婦には、生殖補助医療（ART）を介しての受精のバックアップの機会がある。胎児の染色体数的異常・形態異常の検査としては、超音波検査、MRI検査、CT検査、羊水検査（amniocentesis）、絨毛検査（chorionic villus sampling：CSV）及び非確定的検査として非侵襲的出生前遺伝学的検査（NIPT）がある。胎児以前の受精卵段階での診断法としては、染色体数的異常の受精卵を排除する着床前遺伝子診断（PGD）がある。
　第2章は、臨床研究として実施されている先端医療技術・検査であるNIPTやPGDの導入に伴って生ずる倫理的問題について考察する。
　第3章は、先端医療に伴う民事法的及び刑事法的問題について具体的ケースを素材として考察する。第1は、医師の検査結果の転記ミス、誤解読ないし誤伝達等により妊娠継続の是非を熟慮・検討するクライアントの機会等を剥奪した権利侵害についての損害賠償請求事例である。第2は、母体保護法14条1項1号の経済条項に基づく人工妊娠中絶費用等を保険療養給付の対象外と認定されたことによる損害を国家賠償法1条1項に基づいて損害賠償請求した事例を刑事法的視座から考察したものである。

　註
1）　日産婦誌69巻9号（2017年）1550頁参照。
2）　左合治彦「胎児治療の最前線 はじめに」、医学のあゆみ244巻3号（2013年）1頁参照。
3）　遠藤誠之「胎児遺伝子治療」、医学のあゆみ244巻3号（2013年）27頁参照。
4）　遺伝医学の進展について、See, Francis S. Collins, The Language of Life, Happer Perennial, 2010, pp.42-57.（フランシス・S・コリンズ：矢野真千子訳『遺伝子医療革命−ゲノム科学がわたしたちを変える』、NHK出版、2011年）。

6　序　　論

5）　日本産科婦人科学会は、非侵襲的出生前遺伝学的検査の受診対象者を「1．夫婦のいずれか
が、染色体異常の保因者である場合、2．染色体異常症に罹患した児を妊娠、分娩した既往を
有する場合、3．高齢妊娠の場合、4．妊婦が新生児期もしくは小児期に発症する重篤なX連鎖
遺伝病のヘテロ接合体の場合、5．夫婦の両者が、新生児期もしくは小児期に発症する重篤な
常染色体劣性遺伝病のヘテロ接合体の場合、6．夫婦の一方もしくは両者が、新生児期もしく
は小児期に発症する重篤な常染色体優性遺伝病のヘテロ接合体の場合、7．その他、胎児が重
篤な疾患に罹患する可能性のある場合」に限定する（日産婦誌65巻8号（2013年）1518頁以下
参照）。
　　NIPTの臨床研究施設は、日本医学会臨床部会運営委員会「遺伝子・健康・社会」検討委員
会の下に設置された「母体血を用いた出生前遺伝学的検査」施設認定・登録部会」の認定施設
とする。平成29年10月17日現在、89施設が臨床研究施設として認可されている（http://jams.
med.or jp/rinshobukai_ghs/facilities.html）。同部会の臨床研究認定施設は、青森、山形、群
馬、福井、長野、静岡、三重、佐賀、大分、宮崎、鹿児島、沖縄の12県に不在である。臨床
研究施設認定は、日本医学会が関与する以上、交通機関の発達により各都道府県間の移動は容
易になったとはいえ各都道府県医師会との連携のもと都市部への一極集中を回避しクライアン
トの公平な受診の機会を担保すべきである。NIPT Consortiumは、適切な遺伝カウンセリン
グ体制に基づいて検査実施するための遺伝学的出生前診断に精通した専門家（産婦人科、小児
科、遺伝カウンセラー）の自主的組織として146名のメンバーで構成されている。当初のNIPT
ConsortiumのHPは、メンバーの所属医療機関名が一緒に明記され所属医療機関がNIPT検
査を実施しているかの感があった。最新のNIPT ConsortiumのHPの記載は、「参加メンバー
は当コンソーシアムの趣旨に賛同した遺伝医療の専門家が個人として参加しています。（メン
バーの所属機関が臨床研究に参加するわけではありません）」と明記する（2017年10月16日閲
覧。http://www.nipt.jp/nipt_02.html）。
　　非侵襲的出生前遺伝学的検査について、拙稿「非侵襲的出生前遺伝学的検査についての刑事
法的一考察」、武蔵野大学政治経済研究所年報8号（2014年）1頁以下、同「非侵襲的出生前
遺伝学的検査：刑事法の視点から」、法政論叢50巻2号（2014年）24頁以下、同「新たな医療
技術・検査等の導入に伴う倫理的問題-NIPT Dataの公表の在り方を契機に-」（『山中敬一先生
古稀祝賀論文集［下巻］』、成文堂、2017年、465頁以下参照。

6）　日本産科婦人科学会は、着床前遺伝子診断の審査対象者として「原則として重篤な遺伝性疾
患児を出産する可能性のある、遺伝子ならびに染色体異常を保因する場合に限り適用される。
但し、重篤な遺伝性疾患に加え、均衡型染色体構造異常に起因すると考えられる習慣流産（反
復流産を含む）」とする（日産婦誌67巻4号（2015年）1272頁参照）。着床前遺伝子診断につい
て、拙稿「着床前遺伝子検査に関する刑事法的一考察」、武蔵野大学政治経済研究所年報15号
（2017年）1頁以下参照。ドイツの着床前遺伝子診断の理論状況について、只木　誠「着床前診
断をめぐる諸問題-ドイツにおける理論状況-」、法学新報111巻5＝6号（2005年）1頁以下
（同『刑事法学における現代的課題』、中央大学出版部、2009年、43頁以下所収）、石川友佳子
「着床前診断をめぐる法規制のあり方」、福岡大学法学論集58巻4号（2014年）609頁以下、同
「着床前診断に関する一考察」（辻村みよ子監修『ジェンダー法・政策研究叢書第5巻 セクシュ
アリティと法』、東北大学出版会、2006年）、156頁以下参照。

7）　樋口範雄「先端医療と生命倫理」、病院73巻7号（2014年）514頁以下、橳島次郎『生命科学
の欲望と倫理』、青土社、2015年、58頁以下参照。

8）　霜田　求、虫明　茂「緒言」、シリーズ生命倫理学編集委員会編『シリーズ生命倫理学第12
巻 先端医療』、丸善出版、2012年参照。

9）　白井泰子国立精神・神経センター精神保健研究所室長は、着床前診断に対して「人間の生命
の始期における人的介入」の限界の問題として「生命の質に基づく受精卵（胚）／胎児の選択
的出産」という内在的問題を指摘する（白井泰子「着床前診断によって惹起された新たな波
紋」（湯沢雅彦・宇都木伸編『人の法と医の倫理』、信山社、2004年）523頁以下参照）。

10）　妊娠29週で受診した超音波検査で胎児に骨系統疾患であることが判明したケースを扱った小

序　論　7

説では、妊婦とパートナーとの苦悩が描かれている。本書は、NIPT 受検による当事者の精神的負担の除去を考える上で配慮すべき事項が示唆されている。シモーナ・スパラコ（泉 典子＝訳）『誰も知らないわたしたちのこと』、紀伊国屋書店、2013年参照。

11)　日本医学会「遺伝子・健康・社会」検討委員会「母体血を用いた出生前遺伝学的検査」施設認定・登録部会のデータについて、前註5）拙稿「新たな医療技術・検査等の導入に伴う倫理的問題-NIPT Data の公表の在り方を契機に-」、493頁参照。

12)　NIPT Consortium のデータについて、前註5）拙稿「新たな医療技術・検査等の導入に伴う倫理的問題-NIPT Data の公表の在り方を契機に-」、494頁以下参照。最新データについて、http://www.nipt.jp/nipt_04.html 参照。

13)　NIPT Consortium の HP 参照（平成29年10月12日閲覧、http://www.nipt.jp/nipt_04.html）。

14)　「倫理委員会　着床前診断に関する審査小委員会報告（1999～2015年度分の着床前診断の認可状況および実施成績）」、日産婦誌69巻9号（2017年）1917頁以下参照。

15)　遺伝医学の基本的テキストとして、渡邊 淳『遺伝医学』、羊土社、2017年、204頁以下参照。

16)　日本遺伝カウンセリング学会、日本遺伝子診療学会、日本家族性腫瘍学会、日本産科婦人科学会、日本小児科学会、日本小児遺伝学会、日本人類遺伝学会、日本臨床検査医学会は、民間事業者が提供する非発症保因者診断を目的とした臨床研究「夫婦遺伝子スクリーニング検査」について懸念を表明する（http://www.jslm.org/others/news/20170706news.pdf）。医療情報について、樋口範雄「医療における個人情報保護」、212頁以下、特に219頁以下参照（樋口範雄・土屋裕子『生命倫理と法』、弘文堂、2005年所収）。佐久間 修教授は、遺伝子技術の発達による個人のプライバシー権との関係について論究する。佐久間 修「医療情報と医師の秘密保持義務」（大野正義編『現代医療と医事法制』、世界思潮社、1995年所収。佐久間 修『最先端法領域の刑事規制』、現代法律出版、2003年、45頁参照）。

17)　諸国における生殖補助医療の法規制について、林 かおり「海外における生殖補助医療法の現状-死後生殖、代理懐胎、子どもの出自を知る権利をめぐって-」、外国の立法243号（2010年）99頁以下参照。

18)　Emily Jackson, Regulating Non-Invasive Prenatal Testing: the view from the UK, 法政論争50巻2号（2014年）13頁参照。なお、イギリスの状況について、甲斐克則「イギリスにおける生殖医療と法的ルール」、175頁以下参照（甲斐克則編『生殖医療と医事法』、信山社、2014年、所収）。

19)　Embryonenschutzgesetz vom 13.December 1990（BGBl.I. S.2746）（邦訳：齋藤純子「胚保護法」、外国の立法、30巻3号（1991年）99頁以下参照。

20)　ドイツの判例・学説の紹介として、只木 誠「着床前診断をめぐる諸問題-ドイツにおける理論状況-」、法学新報111巻5＝6号（2005年）42頁以下参照（同『刑事法学における現代的課題』、中央大学出版部、2009年、74頁以下所収）。

21)　三重野雄太郎同「着床前診断の規制と運用：ドイツの着床前診断令の分析を中心として」、早稲田大学大学院法研論集148号（2013年）229頁以下、同「ドイツにおける生殖医療と法的ルール」、197頁以下参照（前註13）甲斐克則編『生殖医療と医事法』所収）。ドイツの生殖医療をめぐる法的状況について、石川友佳子「着床前診断に関する一考察」156頁以下（辻村みよ子監修『ジェンダー法・政策研究叢書第5巻 セクシュアリティと法』、東北大学出版会、2006年）、同「生殖医療技術をめぐる刑事規制（1）」、法学70巻6号（2006年）18頁以下、同「生殖医療技術をめぐる刑事規制（2）」、法学71巻1号（2007年）128頁以下、同「着床前診断をめぐる法規制のあり方」、福岡大学法学論集58巻4号（2014年）609頁以下参照。

22)　服部有希「【フランス】生命倫理関連法の制定」、外国の立法249号（2011年）（http://www.ndl.go.jp/jp/diet/publication/legis/pdf/02490105.pdf）参照。

23)　大審院大正8年12月13日第3刑事部判決参照（刑録25輯1367頁）。

24)　伊東研祐『刑法講義 各論』、日本評論社、2011年、16頁以下参照。

25)　伊東研祐『現代社会と刑法各論 第2版』、成文堂、2002年、13頁以下参照。

第 1 章

先端医療の現況と問題

第1節　着床前遺伝子診断

I．序　言

1．着床前診断（preimplantation diagnosis）は、胚移植前（妊娠成立前）の初期胚を検査する診断であり、具体的診断方法として着床前遺伝子診断（Preimplantation Genetic Diagnosis：PGD）と着床前スクリーニング（Preimplantation Genetic Screening：PGS）がある。PGD は、遺伝疾患の保因者の体外受精卵に対する狭義の着床前遺伝子診断であり、PGS は、遺伝疾患の非保因者の体外受精卵の染色体数的異常の検査である[1]。

着床前遺伝子診断（PGD）は、両親のいずれかに遺伝的素因があるために出生する児に同一疾患が発症する可能性を予防する診断である。吉村泰典教授は、PGD について「PGD は体外受精によってできた分割初期胚から一部の割球を生検し、遺伝子診断を行い、正常と判断された胚を移植する方法である。出生前診断が妊娠成立後に行われることに対し、母体に戻される前の胚の段階で診断を行うため、あらかじめ妊娠成立の前にクライアントである両親に対し情報の開示が可能となる。着床前診断は広い意味で出生前診断に含まれるとの考え方もあるが、出生前診断においては疾患発症の可能性が診断された場合に人工妊娠中絶を選択せざるをえないのに対し、PGD はそれをあらかじめ回避することができるという利点がある。」と定義する[2] 着床前遺伝子診断（PGD）の目的乃至メリットは、出生前診断結果によって生ずるかも知れぬ人工妊娠中絶を事前に回避可能とする点にあるとされている[3]。

生殖補助医療（Assisted Reproductive Technology：ART）技術の急速な進歩は、子供を持つ可能性の少なかった夫婦に暁光をもたらしている。他方、ART は、新たな問題として生殖補助医療へのアクセス権を問われている。日比野由利助教は、「生殖技術の浸透により、性・生殖・親子に関する概念が根本的な変容を迫られている。異性愛カップル以外の人々が、生殖補助医療を利用するのを認めるのか認めないのか。その根拠と妥当性を探る必要性がある。国内外で形成される多様な親子関係や家族を想定し、子どもに対し適切な法的保護を

12　第1章　先端医療の現況と問題

与えていく枠組みについても同時に議論していかなければならない。」と指摘する[4]。

　医療技術の進展と医療ビジネスの興隆は、生命倫理の視点から新たな問題を惹起するに至った[5]。例えば、非侵襲的出生前遺伝学的検査（Non-Invasive Prenatal Genetic Testing：NIPT）では、胎児の選別が問題となり非確定的検査陽性の後、確定検査である羊水検査結果陽性で96.53％の妊婦が人工妊娠中絶選択という事実がある[6]。

　Andrew Kimbrell は、四半世紀前に「出生前における遺伝子診断に関して最も懸念される不安の一つは、個人レベルでも社会レベルでも、障害者や障害をもった子供に対する非許容性が強化されるかもしれない点である。」と警鐘を鳴らす[7]。NIPT 導入是非を巡る論議は、平成24年11月1日開催第2回日本産婦人科学会「母体血を用いた出生前遺伝学的検査に関する検討会」での21トリソミー患者団体からの指摘や平成24年11月13日開催日本産婦人科学会主催シンポジュウム「出生前診断−母体血を用いた出生前遺伝学的検査を考える」での日本ダウン症協会玉井邦夫理事長の講演からもダウン症への偏見が指摘されている[8]。

　2．次世代シークエンサー（Next Generation Sequencing：NGS）の登場は、ヒト全遺伝子を網羅的に解析する手法である全エクソーム解析（Whole Exome Sequencing：WES）を用いて疾患遺伝子単離の可能性をもたらした。染色体転座・逆位・欠失・重複などの構造異常（structural variations：SVs）を有する症例には全ゲノム解析（Whole Genome Sequencing：WGS）で構造異常切断点を効率的に決定することが可能となった[9]。

　解析技術の特段の進展は、遺伝子構造を全て明らかにすることで被験者にとり「見たくない・知りたくない」遺伝情報をも可視化してしまう状況を齎している。WGS による網羅的解析の倫理的問題としては、遺伝情報について意図した検査目的を超過した別の疾患発症のリスクを示す変異の検出という偶発的所見（incidental findings）・二次的所見（secondary findings）の増加である[10]。平成25年以降導入された NIPT でも、解析度の革新は、21トリソミー、18トリソミー、13トリソミー以外の遺伝子情報を可視化させるに至っている。

第1節　着床前遺伝子診断　　*13*

　3．わが国では生殖補助医療（ART）をはじめ医療現場での法的規制は、医療の急速な進展という状況下で限定的であり、個別の医療分野の学会等の自主規制であるガイドラインに委ねられている。

　平成16年、総合科学技術会議は、ヒト受精胚の研究等の現状の項目において着床前診断について「体外受精によって作成したヒト受精胚について、母胎内への移植の前に検査し、遺伝病等を発症させる疾患遺伝子の有無等を診断する技術のことである。依頼者は、この診断の結果に基づいて、その受精胚を胎内移植するかどうかを判断し得ることになる。具体的には、4細胞期又は8細胞期のヒト受精胚から、1又は2個の胚性細胞を取り出し、遺伝子検査を行う。我が国では国の規制は無いが、日本産科婦人科学会が、治療法のない重篤な遺伝性疾患を診断する目的に限り、着床前診断を行うことを認める会告（平成10年）を定めて自主規制を行っている。」と指摘する。更に、同会議は、医療目的でのヒト受精胚の取扱いの項目において着床前診断について「ヒト受精胚の着床前診断については、診断の結果としてのヒト受精胚の廃棄を伴うということが、ヒト受精胚を損なう取扱いとして問題となる。母親の負担の軽減、遺伝病の子を持つ可能性がある両親が実子を断念しなくてすむ、着床後の出生前診断の結果行われる人工妊娠中絶手術の回避といった、着床前診断の利点を踏まえて、これを容認すべきかどうかが問題となるが、着床前診断そのものの是非を判断するには、医療としての検討や、優生的措置の当否に関する検討といった別途の観点からも検討する必要があるため、本報告書においてその是非に関する結論を示さないこととした。」として、着床前診断そのものの是非についての判断を留保した[11]。

　平成22年12月17日、文部科学省及び厚生労働省は、「この指針は、生殖補助医療の向上に資する研究の重要性を踏まえつつ、生殖補助医療の向上に資する研究のうち、ヒト受精胚の作成を行うものについて、ヒト受精胚の尊重その他の倫理的観点から、当該研究に携わる者が遵守すべき事項を定めることにより、その適正な実施を図ることを目的とする。」との目的規定のもと「ヒト受精胚の作成を行う生殖補助医療研究に関する倫理指針」を作成する[12]。

　平成29年1月、大阪市内の民間クリニックは、未成熟の卵子を特殊な培養液に入れて受精できる段階まで育てた後、顕微授精させる「体外成熟培養（in vitro maturation：IVM）」という技術を用いた生殖補助医療研究の是非を「ヒト

14   第1章　先端医療の現況と問題

受精胚の作成を行う生殖補助医療研究に関する倫理指針」に則って文部科学省及び厚生労働省の審議会に申請した[13]。平成29年7月31日、文部科学省第25回科学技術・学術審議会生命倫理・安全部会「生殖補助医療研究専門委員会」及び厚生労働省第2回厚生科学審議会科学技術部会「ヒト胚研究に関する審査専門委員会」は、「ヒト受精胚の作成を行う生殖補助医療研究についての審査」を議題として合同開催し、同申請を審議した[14]。

　4．着床前遺伝子診断の在り方は、日本産科婦人科学会の自主規制に委ねられ、規制の在り方は変遷している[15]。日本産科婦人科学会は、一定の条件下での着床前遺伝子診断の実施を許容したが、着床前スクリーニング（PGS）は禁止してきた（「着床前診断」に関する見解（平成22年6月））。
　平成27年6月20日、日本産科婦人科学会は、会告「『着床前診断』に関する見解（平成27年6月20日改定）」で一定の要件の下でPGDの導入に踏み切った[16]。
　日本産科婦人科学会は、PGS禁止の立場を明確にしているが、同学会倫理委員会は、平成25年11月19日着床前診断WGを立上げPGSの検討に着手している。
　苛原　稔日本産科婦人科学会倫理委員会委員長は、平成29年1月13日開催日本産科婦人科学会平成28年度第4回常務理事会においてPGSの実施状況について「PGSの臨床研究については、時間がかかっていたが12月末に準備が整い、第1例（習慣流産）が名古屋市立大学で仮登録が始まった。順次進めて行きたい。」と報告する[17]。更に、同委員長は、平成29年2月14日開催日本産科婦人科学会平成28年度第5回常務理事会においてPGS特別臨床研究について「PGS特別臨床研究はほぼ準備が整い、エントリーが始まったところである。4施設が倫理委員会を通して実施可能となっている。もう1施設は倫理委員会にかかっているところである。本日の記者会見では、名前を出すことを了承している施設の施設名、プロトコルを含めてきちんと説明したい。」と報告し、PGS実施体制が整ってきていることに論及する[18]。

　5．本稿は、着床前遺伝子診断についての自主規制をガイドラインという会告で会員に告知する日本産科婦人科学会の規制の変遷とその問題の所在を考

察するものである。日本産科婦人科学会は、ART 技術の向上に伴い着床前診断の在り方を検討し、スクリーニング検査を禁止する「着床前診断に関する見解」（平成10年 6 月27日、以下平成10年見解と略称する）において着床前診断の対象を重篤な遺伝性疾患に限定した。日本産科婦人科学会は、倫理委員会の下に「着床前診断の適用に関するワーキンググループ」を設置し、同グループからの答申を受け、「着床前診断に関する見解について」（平成18年 2 月、以下、平成18年見解と略称する）において着床前診断の対象に染色体転座に起因する習慣流産（反復流産も含む）を追加した。日本産科婦人科学会は、着床前診断ワーキンググループの答申「着床前診断に関する見解の見直しについて」（平成22年 2 月 3 日）を受け、平成22年 6 月26日、「『着床前診断』に関する見解の改定について」（以下、平成22年見解と略称する）及び「着床前診断の実施に関する細則」を告知した[19]。平成22年見解は、着床前診断の適用対象を「原則として重篤な遺伝性疾患児を出産する可能性のある、遺伝子変異ならびに染色体異常を保因する場合に限り適用される。但し、重篤な遺伝性疾患に加え、均衡型染色体構造異常に起因すると考えられる習慣流産（反復流産を含む）も対象とする。」とし、「重篤な遺伝性疾患児を出産する可能性」という文言を新たに入れた。

　日本産科婦人科学会は、次世代シークエンサー（NGS）の登場に伴い全ゲノム解析（whole genome sequencing：WGS）が技術的に可能となり、「『着床前診断』に関する見解」（平成27年 6 月20日、以下平成27年見解と略称する）において着床前診断の適用対象を「原則として重篤な遺伝性疾患児を出産する可能性のある、遺伝子ならびに染色体異常を保因する場合に限り適用される。但し、重篤な遺伝性疾患に加え、均衡型染色体構造異常に起因すると考えられる習慣流産（反復流産を含む）も対象とする。」とし、着床前遺伝子診断（PGD）を容認する。また、平成27年見解は、被検者の遺伝情報について「診断する遺伝情報は、疾患の発症に関わる遺伝子・染色体の遺伝学的情報に限られ、スクリーニングを目的としない。目的以外の診断情報については原則として解析または開示しない。」とし、着床前スクリーニング（PGS）を従前通り明確に除外する[20]。

　平成27年見解は、明確に PGS を除外しているにも関わらず、倫理委員会は、PGS に関する論議を平成25年11月19日開催平成25年度第 4 回倫理委員会において開始している。苛原 稔委員長は、着床前診断 WG（小委員長：竹下俊行）

16　第1章　先端医療の現況と問題

で生化学的妊娠と習慣流産に関して再度検討することを提案し、了承された後、「実施の是非はともかく、PGS に関する WG を新設する」ことを提案し、了承された。その後、平成26年2月4日開催平成25年度第5回倫理委員会において、苛原　稔委員長は、「PGS の実施を前提とはせず、議論を深めるため」としてオブザーバーに具体的個人名（臨床遺伝の専門家として、神奈川県立こども医療センター遺伝科の黒澤健司医師と東京女子医科大学統合医科学研究所の山本俊至医師）をあげ「PGS に関する小委員会」の立ち上げを提案し、了承された[21]。

　第1回 PGS に関する小委員会は、平成26年3月12日開催された。平成26年3月14日開催平成25年度第6回常務理事会は、苛原　稔倫理委員会委員長より、「第1回 PGS に関する小委員会」の開催と「今後、技術面、倫理面の検討と、臨床研究としてどのようにやっていく必要性があるのかなどについて1年くらいの期間の内にまとめていきたい。」との報告受けた[22]。

　平成26年12月13日開催平成26年度第3回理事会は、倫理委員会提案の「着床前スクリーニング（PGS）の臨床研究」の実施を承認した[23]。平成27年1月16日開催平成26年度第4回常務理事会は、「PGS を検討するためには、社会的倫理的な議論を広く行うとともに、疾患治療の観点からの科学基盤的情報を得る必要性が高いと判断し、国内での限定された試験的実施による PGS の有用性の検討を行う『特別臨床研究』を実施することを計画しています。」として、公開シンポジウム「着床前受精卵遺伝子スクリーニング（PGS）について」の開催を案内し、平成27年2月7日実施した[24]。

　平成29年7月5日、日本産科婦人科学会は、倫理委員会内に「PGT-A に関する WG（小委員会）」を立上げ、更に一歩進め異数性に関する着床前遺伝子検査（preimplantation genetic testing for aneuploidy：PGT-A）について検討を開始する[25]。

　なお、本稿で考察の対象とする日本産科婦人科学会の議事録は、審議に提出された資料の開示もなく十全な一次資料とは言い難い単なる議事要録に過ぎない。しかしながら、日本産科婦人科学会の論議の傾向は、一定程度提示されているものと考え考察の素材とする。

Ⅱ. 着床前遺伝子診断の現況と問題点

1. 日本産科婦人科学会倫理委員会着床前診断に関する審査小委員会は、1999〜2015年度分の着床前診断の認可状況および実施成績について報告する。同報告によれば、当該年度中のPGD申請件数549件で承認484件、非承認9件、審査対象外30件、その他26件である。PGDに関する2005年度から2015年度のデータとして、実施件数913件、検査胚数3971件中、罹患胚数2056件、非罹患胚数1699件、移植胚数858件、妊娠胚数201件である。妊婦の転帰データは、妊娠例数201件、総胎児数208件、流産児数41件、新生児数101件である。

PGDは、遺伝性疾患と習慣流産を対象とする。遺伝性疾患のデータは、実施件数164件、検査胚数1024件中、罹患胚数506件、非罹患胚数397件、移植胚数289件、妊娠胚数33件である。習慣流産のデータは、実施件数729件、検査胚数2947件中、罹患胚数1550件、非罹患胚数1302件、移植胚数569件、妊娠胚数168件である[26]。データの詳細は、【資料編】2に掲記する。

なお、2015年度の体外受精・胚移植は、日本産科婦人科学会登録・調査小委員会で認定された605施設で実施され、先天異常児1087件を含む詳細なデータが公表されている[27]。PGDの前提となる2015年度の治療法別出生児数および累積出生児数は、表1に示す。

表1 治療法別出生児数および累積出生児数 (2015年)

	治療周期総数	出生児数	累積出生児数
新鮮胚（卵）を用いた治療	249,411	10,390	227,822
体外受精を用いた治療	93,614	4,629	125,194
顕微鏡を用いた治療	155,797	5,761	102,628
凍結胚（卵）を用いた治療＊	174,740	40,611	254,805
合　計	424,151	51,001	482,627

＊凍結融解胚を用いた治療成績と凍結融解未受精卵を用いた治療成績の合計

—日産婦誌69巻9号（2017年）1850頁より引用—

2. 着床前遺伝子診断の問題の所在を検討する前提として、Andrew Kimbrellの「生物体は精妙ではあるが機械でしかないという」機械論

18   第1章　先端医療の現況と問題

(mechanism)と「個人は、常に自らの主体性に基づいて行動すべきであるという規準」に基づく自由市場主義（the free market）のドグマが人間部品産業（the Body Shop）の双子の基本概念であるとする見解は示唆的である。彼は、「医学と生物学の技術革新に勢いを得て、市場原理は、すでに私たちの血、臓器、胎児、精子や卵子、赤ちゃん、そして遺伝子や細胞にまでその手を伸ばしているのは商業主義以外の何ものでもない。人体の一部や生体試料が売買されたり特許化され、遺伝子操作を施されていくにつれ、私たちが基本としていた社会的価値観や法的定義の多くが、これまでに例をみないかたちで変質していくのを経験することになった。つまり生命や誕生、病気や死、母親、父親をはじめとした人間に関する伝統的な考え方が、ゆらぎ崩壊しつつある。（中略）人間部品産業が成立した背景には、文化的、宗教的、そして社会的に深い歴史的根拠が存在している。そもそも、今日、からだを過激なまでに商品化するにいたったのは、自然と経済のあり方、そしてからだに対する特殊な考え方の不可避的な帰結なのである。その考え方とは、いまを去る数世紀も以前に近代の幕開けとともに、西洋文明のなかからもたらされたものなのである。」とし、今日の状況を齎した機械論と自由市場主義のドグマを指摘する[28]。

シカゴのGRI（Reproductive Genetic Institute）は、2001年6月段階で100件以上のPGDを実施し実施対象疾患を公開している[29]。

3．着床前遺伝子診断の第一の問題は、生命倫理と法の視点からの分析である[30]。ガイドラインによるソフトな規制に終始するのか、行政法による規制か、更に一歩踏み込んで処罰を伴うハードな刑事規制の対象とするのかは見解の分かれるところである[31]。

山中敬一教授は、「科学的・技術的に可能なことを、法によって禁止するのかという科学と倫理と法の関係に対する基本的なスタンスの問題のほか、科学的可能性をどのように許容するかという立法問題の解決が課題である。」と指摘する[32]。

ドイツでは、1986年連邦司法省によって回覧された「胚子の保護に関する法律討議草案」を契機に「生殖医学と人類遺伝学が生み出した新たな挑戦に対する刑法の反応」という視点から生殖医学と遺伝子工学の倫理的・法的根本問題についての議論が重ねられた[33]。ギュンターは、「この10年ほどの間に生じて

いる出生前診断の方法ならびに胎生学の革命的な進展は、一面、胎児医療という第1の可能性により、他面、人類遺伝学の進展は人間のゲノムの解読を進めることにより、刑法218条 a 2 項 1 号との関係で、刑法的さらに倫理的、法的な評価ならびに限界設定の必要性という新しい問題を提起している。この問題の緊急性は、体外受精という手法によって、試験管内の生殖細胞ならびに全形成能をもつ胚子の細胞に遺伝的影響を与える可能性を阻害するものがなくなったために、さらに高められている。」と指摘する[34]。

　4．玉井真理子准教授は、出生前診断の乖離性について「出生前診断には、診断と治療の乖離、現在と未来の乖離、決定する主体と決定を引き受ける主体の乖離という 3 つの乖離状況が含まれている。」と指摘する[35]。着床前遺伝学的診断にも同様の乖離性が、内在している。

　PGD の問題の所在は、ART の視点からの問題と優生学的視点からの問題に端的に顕在化している。ART 技術を基盤とする PGD は、分割初期胚（8 細胞期胚）から 1 ～ 2 個の割球を採取し、生検で遺伝性疾患の有無を確認して遺伝性疾患因子の無い場合に受精卵を子宮に移植する。第 1 の問題は、初期胚から 1 ～ 2 個の割球を採取された受精卵の安全性である。PGD は、遺伝性疾患の見つかった受精卵を廃棄することにより染色体数的異常児の妊娠を回避する。第 2 の問題は、このプロセスに内在する優生学的思考である[36]。

　吉村㤗典教授は、胚の尊厳との視点から PGD に対する幾つかの見解を紹介した後、「中絶するか否かという苦悩から逃れ、多数の受精卵を作ってそのなかから移植する胚を選ぶ行為は、あたかも "もの" を選ぶような感覚に陥りやすいという指摘は、人間の胚に対する姿勢への警句として傾聴に値する。いずれにしても、PGD によって使用されない胚が生じた場合には、個々の検査結果を問わず、将来人になりえたかもしれない生命の萌芽として丁重に取り扱われるべきである。」と指摘する[37]。

　ゲノム DNA 解析で取得された遺伝情報（genetic information）は、個人にとり一生変わらない情報（不変性）であるとともに親子や兄弟姉妹など同一家系内で共有（共有性・継承性・遺伝性）されるものである。遺伝情報は、その特性に鑑み倫理的・法的・社会的課題（ethical, legal and social issues）に留意した取り扱いが要請される[38]。

20   第1章　先端医療の現況と問題

　遺伝子検査は、遺伝情報のもつ特性に鑑み被検者のみならず周辺の人々にも影響を及ぼすものである。

　PGD は、従前の対症的医療から病因に対する直接的な approach として捉えられる[39]。

　PGD に対する多様な見解の存在は、社会の多様な価値観の反映であり、実施にあたっては当事者である医師及びクライアントの2者関係のみではなく社会的コンセンサスが前提である。

Ⅲ．着床前遺伝子診断に関する日本産科婦人科学会の立場

1．「『着床前診断』に関する見解」（平成10年6月27日）から「『着床前診断』に関する見解（平成22年6月）」に至る経緯

　1．日本産科婦人科学会は、理事会内に設置した「診療・研究に関する倫理委員会」に対し、「（1）ヒトの体外受精・胚移植の臨床応用の範囲、（2）ヒトの体外受精・胚移植の技術の受精卵（胚）の着床前診断への応用、（3）ヒト受精卵（胚）の着床前診断」について諮問した。同委員会は、平成8年5月31日第1回委員会を開催し、平成9年2月5日まで6回の委員会を開催した。更に、民法（人見康子慶應義塾大学名誉教授、山田卓生横浜国立大学教授）、刑法（中谷瑾子慶應義塾大学名誉教授、甲斐克則広島大学教授）、国際関係（金城清子津田塾大学教授）の専門家からの意見聴取、報道関係との懇話会、「優生思想を考えるネットワーク」との会談、日本筋ジストロフィー協会関係者及び筋ジストロフィーの治療・研究の専門家との意見交換を踏まえ答申した[40]。診療・研究に関する倫理委員会は、可能な限り広い範囲の意見聴取と審議過程の情報公開をはかり、平成10年3月14日第1回着床前診断に関する公開討論会の記録を公開する[41]。同日の討論会記録からは、着床前診断への「ヒトの体外受精・胚移植」技術の導入の経緯の一端と日本産科婦人科学会会員からの「何故着床前診断の導入を急ぐのか？安全性のエビデンスとしてマウス、ネズミでの研究及び1997年9月の第2回国際着床前診断シンポジウムでの166例の出産例で十分といえるのか」との趣旨の質問は説得力のあるものであり、パネリストからの明確な回答はなかった[42]。同委員会は、平成10年6月10日第2回着床前診断に関する公開討論会の記録を公開する[43]。同日の討論会記録からは、久保春海東邦大学

教授の具体的着床前診断受診の経緯の紹介が現場の状況と問題点の理解に示唆的である。

日本産科婦人科学会は、以上の経緯を経て平成10年6月27日「着床前診断に関する見解」において着床前診断を容認した[44]。

着床前診断は、従前不妊治療に限定してヒトの体外受精・胚移植を臨床応用してきた状況の変更により可能となった。日本産科婦人科学会は、「『ヒトの体外受精・胚移植の臨床応用の範囲』についての見解」において、「生殖生理学の知識は往時より飛躍的に増加し、その結果ヒトの未受精卵、受精卵の取扱い技術は著しく進歩した。このような生殖医療技術の進歩を背景にして、従来不妊の治療法としてのみ位置付けられていた本法に、新たな臨床応用の可能性が生じており、今後もその範囲は拡大するものと思われる。」としてヒトの体外受精・胚移植の臨床応用の範囲を限定し、着床前診断への適用を認めた。

「着床前診断に関する見解」は、ヒトの体外受精・胚移植技術の適用を認めた背景として「invitroでの受精卵の取扱い技術の進歩と、分子生物学的診断法の発展は、個体発生に影響を与えることなく受精卵の割球の一部を生検し、これにより当該個体の有する遺伝子変異を着床以前に検出、診断することを可能にした。」として生殖生理学の知識と技術の進歩を指摘する。

そのうえで、同見解は、着床前診断実施条件として6項目を挙げる。第4項は、「本法は重篤な遺伝性疾患に限り適用される。適応となる疾患は日本産科婦人科学会（以下本会）において申請された疾患ごとに審査される。なお、重篤な遺伝性疾患を診断する以外の目的に本法を使用してはならない。」とする。平成10年見解解説は、対象となる重篤な遺伝性疾患を「重篤かつ現在治療法が見出されていない疾患」に限定し、着床前診断審査小委員会の個別審査により対象疾患に該当するか否かを判定する。「着床前診断の実施に関する細則」は、審査小委員会での審査と構成メンバーについて規定する[45]。本細則の問題は、個別審査の偏向性及び未承認の際の異議申し立て手続が欠如している点である。更に、厳格な手続きの必要性について、「1）前記の会告に示された範囲が多岐にわたること、したがって、2）適応疾患が拡大解釈される可能性があること、3）治療法の進歩により一度認定された疾患が今後永久に適応となるとは限らないこと、4）将来予想される受精卵の遺伝子スクリーニング、遺伝子操作を防止することを目的としている。」と指摘し、適用の拡大と

22　第1章　先端医療の現況と問題

それに伴う問題点を把握する。

　ヒトの体外受精・胚移植技術による着床前診断は、「受精卵の遺伝子診断のみならず染色体異常や性判定などが可能」であり、今日問題となっている着床前スクリーニング（PGS）への拡大の可能性が内包されている。

　2．日本産科婦人科学会は、会員に対し会告「『着床前診断』に関する見解」（平成10年6月27日）において着床前診断の対象を重篤な遺伝性疾患に限定し、着床前診断に関する審査小委員会の審査を経ることを条件にヒトの体外受精・胚移植の適応を認めた。

　ARTの分野で積極的な診療を展開をしている大谷徹郎大谷婦人科院長及び根津八紘諏訪マタニティークリニック院長は、常に日本産科婦人科学会より一歩先の診療行為を実施して会告違反に問われ、会員除名や専門医の資格剥奪等の処分に対して訴訟を繰返している。

　平成16年2月3日、大谷徹郎院長は、日本産科婦人科学会の許可を得ないまま3例の着床前診断を実施していた[46]。日本産科婦人科学会は、4月10日、総会において大谷徹郎院長を除名処分とした。また、日本産婦人科医会は、6月27日、大谷徹郎院長を厳重注意処分とした。大谷徹郎院長及び根津八紘院長らは、除名撤回や着床前診断に関する見解の無効確認を求めて訴訟を開始し、平成20年4月23日東京高裁は原告大谷徹郎院長及び根津八紘院長らの控訴を棄却した。

　大谷徹郎院長及び根津八紘院長らは、平成16年7月10日、「着床前診断を推進する会」を結成し、「染色体異常のために流産を繰り返す習慣性流産の夫婦17組ほか、生まれてくる子供が筋緊張性ジストロフィーなど遺伝性の病気を発症する可能性がある4組。大谷院長は、個々の事例を院内の倫理委員会で審議し、遺伝カウンセリングなどを行った上で診断するという。同会以外からの患者も、希望があれば受け入れる方針だ。」として、同年秋に本格実施するとした[47]。平成17年5月12日、大谷徹郎院長は、27組の夫婦に着床前診断を実施し、妊娠した11人が年内出産の予定であると明らかにした[48]。

　3．日本産科婦人科学会倫理委員会吉村㤗典委員長は、平成17年6月10日開催平成17年度第2回常務理事会において日本産科婦人科学会会告「『着床前

第1節　着床前遺伝子診断　*23*

診断』に関する見解」（平成10年6月27日）を遵守せずに実施される着床前診断
に対する対策として「本会として着床前診断の適応を学問的・医学的に検討す
ることが必要な時期に来ており、習慣流産やその他の疾患について着床前診断
の適応を検討する調査委員会を早速に立ち上げたいので認めて頂きたい。近々
2施設より習慣流産の着床前診断申請が出されるとも報道されている。委員は
倫理委員会で検討して決めたいが、2～3名の産婦人科医以外の専門家をいれ
るつもりである」との提案をした。武谷理事長は、「生まれる子供の重篤性に
ついてはある程度基準が決まっているが、流産あるいは体内で発症するといっ
たことについては議論されていない。従来扱っていない領域に踏み込むので大
変難しい面がある」と指摘した。その上で、吉村倫理委員会委員長の提案は、
了承された[49]。

　吉村倫理委員会委員長は、平成17年6月24日開催平成17年度第2回倫理委員
会において「資料2にあるようなメンバーで着床前診断の適応に関するワーキ
ンググループを立ち上げたい。数回の審議ののち、本年度中には習慣流産も含
め着床前診断の適応を改めて考えていただきたい。女性を多くしたい。」と提
案し、安達委員から「患者の会の代表も入れてはどうか。」との意見があり、
非会員3名、女性3名を含む、計8名の「着床前診断の適応に関するワーキン
ググループ」の設置が承認された[50]。

　「着床前診断の適応に関するワーキンググループ」は、5回開催されてお
り、議事録を学会ホームページ上に公開することとし審議の透明性を確保し
た[51]。

　平成17年7月13日開催第1回着床前診断の適応に関するWGにオブザーバー
として参加した吉村倫理委員会委員長は、「オブザーバーとして参加させて頂
くが、まずこのWGについて簡単に説明させて頂く。着床前診断について、
本会は現在、現行の会告に従い、症例ごとに審査小委員会で審査を実施してい
る。本会の会告では着床前診断は重篤な遺伝性疾患に限り、臨床研究として実
施することを認めている。しかしながら、非会員の医師による習慣流産に対す
る着床前診断の実施の報道がなされ、大きな社会問題に発展している。この
WGでは第一に、着床前診断、つまりPGDの適応について習慣流産も含めて
検討して頂きたいと考えている。第二に現在の小委員会による審査の方法につ
いても検討して頂きたい。このWGの開始にあたりもう一つ重要な点を協議

して頂きたい。それはこの WG の公開性、透明性についてである。本会倫理委員会はすでに本年度より議事録をホームページで一般に公開している。この WG の議事録も個人情報保護に配慮した形で公開してはどうか。この WG の委員長を決めて頂き、議事を進行して頂きたい。」として、PGD の適応について習慣流産も含めての検討と現在の小委員会による審査の方法の検討を挙げる。オブザーバーとして参加する澤 倫太郎倫理委員会幹事は、「PGD に関しては中絶を回避できるからいいのだという意見と、だからこそよくないとの相反する意見がある。」とし、「PGD に胚の操作が必要なことも意識する必要がある。」と指摘する。末岡 浩委員は、「患者にとって PGD と中絶は明らかに異なると思っている。PGD の希望者がその後出生前診断に戻るクライアントはいないことからもわかる。PGD は妊娠出産をしようというモチベーションから成り立っており、一方、出生前診断は妊娠を中絶するかどうかを決断するというモチベーションからなっており、根本的には逆の方向にある。妊娠中絶は産科医も多くは望んでおらず、実施者としての大きなストレスもある。」と指摘する。高桑好一幹事は、「均衡型転座の患者でも自然妊娠する方は結構いるのが事実だ。しかし、選択肢の一つとして PGD はだめとはいえないのではないか。むしろ習慣流産で PGD をすればすべて解決できるという誤解を解くことは重要で、本当に PGD が均衡型転座の習慣流産の治療として有効なのか調査することが重要だ。」と指摘する。吉村倫理委員会委員長は、「21 トリソミーの胚をどう取り扱うのか。これが大きな問題となる。」と指摘し、PGD 問題の本質を指摘する[52]。

　平成17年8月31日開催第2回着床前診断の適応に関する WG では、着床前診断の技術的な面についての論議がなされた。杉浦真弓委員は、着床前診断の産婦人科学的定義と実態について、「産婦人科学的には3回以上の流産を習慣流産と呼び、2回以上を反復流産と呼んでいる。流産および死産を繰り返すことを不育症という。習慣流産の原因は多くある。その一つが夫婦どちらかの染色体異常であり、これは習慣流産全体の7～8％を占める。均衡型転座が有名である。染色体異常以外にも抗リン脂質抗体などの自己免疫の異常、黄体機能不全や甲状腺機能異常などのホルモンの異常、凝固因子の異常、双角や中隔などの子宮奇形などがある。40～50％は原因不明といわれ、そのなかには胎児の染色体異常を繰り返している症例もある。相互転座の症例は4.5％を占める。

習慣流産の原因は多岐にわたっており一つの疾患というよりは症候群ともいえる。この習慣流産に対する PGD は夫婦のいずれかが均衡型の転座の場合と夫婦染色体正常で、胎児染色体異常による習慣流産のスクリーニングが海外では実施されている。」との説明がなされ、「染色体均衡型転座による習慣流産において PGD はひとつの選択肢とはなりうるが、夢の様な治療では決してない。さらには多くのほかの原因があるのかについて十分スクリーニングを行う必要がある。」と指摘する。斎藤加代子委員は、「均衡型転座の保因者というだけで PGD を認めると適応の拡大が懸念される。」と適応範囲の拡大を懸念する。澤 倫太郎幹事は、「相互転座の PGD では、21トリソミーの胚をどうするのかという問題にぶちあたる。一番の問題点はここにある。」と問題の核心を指摘する。福嶋義光委員は、「新しい技術にはそれなりの歯止めは必要である。」と指摘する[53]。

　平成17年10月5日開催第3回着床前診断の適応に関する WG では、大濱紘三委員長が整理案として適応について「転座保因者をすべて着床前診断の適応とするのか習慣流産（2回以上の流産既往）患者で転座保因者である者のみを適応とするのか相互転座のみを対象とするのか21番染色体が関係する Robertson 型転座も対象とするのか致死的異常（流産に帰結）に結びつく染色体転座のみを対象とするのか」と問題提起をする。澤 倫太郎倫理委員会幹事は、「出生前診断と人工妊娠中絶についてまったく議論されずに着床前診断だけがこれほど細かく取り上げられることに疑問視する意見もある。それと比較すれば習慣流産については議論しやすいと思う。」と指摘する。斎藤加代子委員は、「着床前診断において21を含めたトリソミーのスクリーニングをどんどん行うことは心配である。」と指摘する[54]。

　着床前診断の適応に関する WG は、平成17年12月17日、「習慣流産（反復流産を含む）の染色体転座保因者を着床前診断の適応として認める。」との答申をした。同答申解説は、検査法について「出生前診断において不均衡型染色体構造異常を同定する際には十分量の細胞を得るべく培養を行い、分裂中期核板を作成し、複数の細胞を解析するのが一般的であるが、4〜8細胞期の受精卵から得られる1〜2細胞（割球）のみを材料とする着床前診断では、間期細胞核を FISH 法を用いて、目的とする染色体の量的変化の有無を解析することになる。その際に使用されるプローブは、染色体転座保因者の転座の内容によって

26　第 1 章　先端医療の現況と問題

選択される。間期細胞核を用いた FISH 法の診断精度には限界があり、プローブによっても精度が異なるため、本法を実施する際には、事前に当該転座保因者において不均衡型染色体構造異常の検出が可能かどうか予備実験を含め十分検討しておく必要がある。」とする。更に、追記で「本法の実施が承認された医療機関に対して、実施後の報告書（実施内容、妊娠成立の有無、妊娠の転帰、出生児所見、生後の発育状況など）の提出を義務付け、学会として着床前診断に関するデータの蓄積を図る必要がある。着床前診断に関する本学会の見解や資格要件、手続きなどを定期的（3～5 年ごと）に見直し、技術的進歩や社会的ニーズを適切に反映したものにする必要がある。」として臨床研究として報告書の作成や定期的見直しを指摘する[55]。

　4．平成22年 2 月 4 日開催平成21年度第 4 回倫理委員会において、竹下俊行着床前診断に関する WG 小委員長は、着床前診断の見解見直しを行う経緯及び着床前診断に関する WG の最終答申について「①着床前診断の見解について見直しを行った結果、平成18年見解「染色体転座に起因する習慣流産（反復流産を含む）を着床前診断の対象とする」の変更は行わず、「遺伝子の診断を基本とする」旨の解説を含む、平成10年見解の改訂を行うことにした。その改訂の骨子は、10年見解は、その解説を含め、18年見解および最近の着床前診断の考え方に合致しない部分が生じていること、両見解とも最近の生殖医療の進歩、社会状況の変化に応じて改変が必要となったためであることが報告された。資料 4 の別紙 1 に「着床前診断」に関する見解、別紙 2 に習慣性流産に対する着床前診断に関する解説の改定案を示している。②審査の迅速化を望む意見が多く、少しでも迅速な審査を遂行する上で、症例サマリーを添付することを義務づけた。審査の簡略化については具体的な指針を出すには至らなかったことが報告された。③着床前診断実施報告書の様式についても改訂を行った。」との報告をした[56]。平成22年 6 月 7 日開催平成22年度第 1 回倫理委員会において、着床前診断に関する WG の最終答申は審査対象を拡大するとの批判に対し、吉村泰典日本産科婦人科学会理事長は、「『今回の改定案は平成10、18年を合わせたのみであり、適応拡大の意思は全くない。他の方からも問い合わせがあり、その内容をわかりやすくするために改定を行った』このように返答してはどうか。」と発言する[57]。

第1節　着床前遺伝子診断　　*27*

　日本産科婦人科学会は、着床前診断の適応に関する WG の答申と着床診断に関する審査小委員会の議論を受けて、「『着床前診断』に関する見解の改定について（平成22年 6 月26日）」において習慣流産（反復流産を含む）の染色体転座保因者を着床前診断の適応として認めた[58]。

2 ．「『着床前診断』に関する見解の改定について（平成22年 6 月26日）」から「『着床前診断』に関する見解」（平成27年 6 月20日）に至る経緯

　1 ．日本産科婦人科学会は、「『着床前診断』に関する見解の改定について（平成22年 6 月26日）」作成後、倫理委員会で具体的な個別申請事例について検討する。平成22年11月22日開催平成22年第 2 回倫理委員会は、慶應義塾大学からの重篤な遺伝性疾患の重篤度の判定方法の照会についての回答を検討した。平成10年見解の重篤度については、既に指摘した様に重篤度の理解に幅があることが問題である。なお、制定時期は不明だが、重篤性に関する内規は、「重篤の基準は時代、社会状況、医学の進歩、医療水準、さらには判断する個人の立場によって変化しうるものであることを十分認識した上で、小委員会としては、成人に達する以前に日常生活を著しく損なう状態が出現したり、生命の生存が危ぶまれる状況になる疾患を、現時点における重篤な疾患の基準とすることとした。」と規定する[59]。

　平原史樹着床前診断に関する審査小委員会委員長は、「かねてより本学会の着床前診断の適応にかかわる"重篤・重症度"につきましては一般論との判断基準として①生後より日常生活に著しく障害をきたし、苦痛、困難を伴う障害が持続する。②生存期間が生存に達するに至らない病態を掲げており、実際の各症例を個々に慎重に対応するものであります。重症度の判断は家系内の罹患者の重篤・重症例に準じて判断し、また罹患重症度に幅があり、きわめて重篤であることが想定範囲内とされる申請例においては、特段重篤にはならないと科学的に推定されるものでなければ原則として重篤罹患の範囲内であるものとして判断をすることとします。」と回答案を示した。安達知子委員は、「Duchenne 型や Becker 型筋ジストロフィーの症状の重篤度が 2 つの境界のような症例で重篤度が問題となり差し戻して照会となった例があった。しかし、やはり、個々の症例を審査小委員会で詳細に個別検討するのは、原則であると思われる。」とし、杉浦真弓委員は、「この回答案では、重篤度の判定がかなり

28　第 1 章　先端医療の現況と問題

軽いものになってしまい、拡大解釈される可能性がある。」とし、石原 理委員は、「重篤にならないと科学的に推定できるかはどう証明するのか？この回答案では重篤度を軽く判断されてしまう可能性がある。重篤度の議論は避けたほうが良い。」との意見を表明した[60]。

　平成23年 1 月28日開催平成22年第 3 回倫理委員会において、久具宏司倫理委員会副委員長は、「PGD の審査の過程で、習慣流産に関してなどパターン化され、機械的に承認出来そうなものは、倫理委員会の承認で、理事会の承認なしで可能かとの提案があった。本件に関して常務理事会に諮ったところ、倫理委員会のみの承認とするのは如何かとされた。元々、理事会での承認となっており、ハードルを下げる事は如何かという議論があった。着床前診断審査小委員会でもう一度検討した。そもそも倫理委員会での承認 matter との検討案が出たのは、特に 6 月の理事会から次回が12月となっており、半年の期間が空いてしまうため、審査に遅れが出てしまっていたからである。しかし、今年から理事会は 9 月に開催予定となり、 3 ヶ月毎に理事会があることになった。よって審査間隔がさほど長期となる訳でなく、現行のままで良いのではとなった。もう一度、倫理委員会でご検討いただきたい。」として着床前診断審査小委員会に再検討を依頼した[61]。

　平成23年 5 月30日開催平成22年第 5 回倫理委員会において、平成22年第 2 回倫理委員会の議案「慶應大学からの重篤な遺伝性疾患の重篤度の判定方法の照会」に関連して「着床前診断に関する見解のお伺い」として平原史樹着床前診断に関する審査小委員会委員長から「1．副腎白質ジストロフィー（ALD）保因者、 2．筋強直性ジストロフィー（DM 1 ）保因者、 3．同一家系内にデュシエンヌ型筋ジストロフィー患者（DMD）とベッカー型筋ジストロフィー患者（BMD）が混在する場合、以上 3 件の着床前診断に関して、自施設の倫理委員会で結論が出ない為、当倫理委員会での審議を依頼してきた。」との説明があり審議された。

　平原史樹同委員長は、「慶応義塾大学には、昨年12月に「重篤な遺伝性疾患」の重篤度の判定に関する問い合わせに関して返事を出している。着床前診断の重篤性の判定に関しては、直接の自分の子供でなくても家系内に重篤な遺伝性疾患を示した方がいれば、それを考慮する方向性であると回答した。つまり、疾患自体に重篤性の幅があれば、より重篤と考えられる方で判断しますと

回答している。その後に、今回の問い合わせが来るとは、慶応義塾大学の中で、診断の技術論に関して揉めているのではないか。先日の着床前診断審査小委員会では、慶応義塾大学の倫理委員長に小委員会に来ていただきコミュニケーションをとった方が良いのではというのが結論であった。」との報告がなされた。嘉村敏治倫理委員会委員長は、「手詰まりになっているので直接話した方が良いのでは。」と発言した。平原史樹同委員長は、「発生源の施設で科学的にも倫理的にも整理をつけて申請していただきたいと思う。」とし、嘉村敏治委員長は、「原則としては、申請施設の倫理委員会で承認された症例を本倫理委員会にあげてほしい。」とする。久具宏司倫理委員会副委員長は、「自施設での倫理委員会と当会の倫理委員会での2審制で審査をおこなっている。これに関して審査結果が不一致となるジレンマを抱えているのではと思う。」とし、安達知子委員は、「しかし、2審制はやはり必要であると思われる。」とする。平原史樹同委員長は、「こちらが出向いてお話しするか、着床前診断に関する審査小委員会に来ていただきコミュニケーションを計ろうと思う。いずれにしても学会としては2審制を堅持する方向である。」とし、嘉村敏治委員長は、「了解した。着床前診断審査小委員会での直接の検討をすすめていただきたい。」とし、本件に関しては、着床前診断に関する審査小委員会で慶応義塾大学の倫理委員会委員長との話し合いをすすめることとなった。

　次に、「着床前診断に関する申請に伴う諸問題」について論議された。平原史樹着床前診断に関する審査小委員会委員長は、「着床前診断に関する申請に関して、次年度に検討課題が3つある。」として、「1. 倫理委員会の情報公開に関しての問題として、ここ数年にわたり、倫理委員会の議事録は公開していない。この間、夏の講習会でも検討内容を公表していただきたいといった意見もあった。公表が中止になった経緯としては、過去に倫理委員会の議事録の内容からの個人情報の漏出、メディアの取材による実害があったようである。現在はマスメディアにのみ情報提供して、会員は全く閲覧出来ない。しかし、今後は少なくともホームページの中で、ある程度は会員に対して公表していく必要があるかもしれない。」とする。「2. 実施済みのデータ解析と報告について、今後、結果をまとめて公表していく事を次年度以降検討して行く必要がある。」とする。「3. 施設認可申請に関して毎回の提出資料が膨大である事に関して、運用上申請用紙をスリム化する方向である。」とする[62]。

30　第1章　先端医療の現況と問題

　先に検討したように第1回着床前診断の適応に関するWGにオブザーバーとして参加した吉村泰典倫理委員会委員長は、審議の透明性確保の視点から倫理委員会の議事録公開の必要性を認識し同委員会議事録を学会のホームページ上にアップしてきた。日本産科婦人科学会は、基本的には医師集団の学会であるが、その対象となるクライアント及びその家族のみならず潜在的クライアントを含め産科及び婦人科医療の現況を公開し、的確な判断を形成するには情報提供が不可欠である。医療従事者と患者及び家族が、医療の方向性を考えるためには国民とのコミュニケーションを通しての相互理解が重要であり、その前提は情報公開である。

　平原史樹委員長の指摘する課題1及び2の指摘は、正鵠を得たものである。特に、課題2は、臨床研究としての着床前診断では必須である。

　2．平成23年9月12日開催平成23年度第1回倫理委員会では、大分市にあるセント・ルカ産婦人科宇津宮隆史院長からのPGS申請が論議された。平原史樹着床前診断に関する審査小委員会委員長は、「現在、習慣流産に関しては染色体に均衡型転座があるものについて認められている。しかし、宇津宮先生から出されたのはスクリーニングをさせて下さいというものである。したがって、基本的には非承認であるが、申請書の中にすでにPGSを実施している旨の記載があり、事実関係を照会の予定である。事実であれば見解違反と考えられる。ついては本件の取扱いについてご議論いただきたい。」と提案する。落合和徳倫理委員会委員長は、「PGSに関するセント・ルカの宇津宮先生からの申請の件である。見解ではスクリーニングを目的としないと明記されている。PGSを施行したいという申請でありながらすでにPGSを施行したというような内容が書かれている。厳しく取扱うとすると、見解に違反しているということで何らかのアクションを起こす必要がある。どのような対応にするか意見を頂きたい。」とし、杉浦真弓委員は、「対象としているのは転座のある症例か？」と問う。平原史樹委員長は、「転座はない。ただ、流産した際の絨毛染色体の結果がトリソミーであった。」とする。石原　理委員は、「最近のデータではトリソミーに対するPGSの利益がないということになっているので、意味はがないのではないか？患者の年齢は何歳か？」と問い、平原史樹委員長は、「41歳である。まずは事実であるかを問い合わせるか？以前にもPGSを申

第1節　着床前遺伝子診断　　*31*

請してきていて審査対象外として回答したことがあったが、審査対象外ならば自分たちの倫理委員会で審査してやってよいと解釈している可能性がある。」とする[63]。

　平成24年3月19日開催平成23年度第4回倫理委員会は、セント・ルカ産婦人科宇津宮隆史院長との話合いの席を設定し、意見交換を実施した。

落合和徳委員長　　話し合いを円滑に進めるために予め質問事項をお送りさせて頂いている。それに沿ってご回答頂いて協議をし、生殖医療を健全な方向に進めていくため、その後に御意見を伺いたいと思っている。
　まず、審査対象外とした症例に対するPGS施行の件について以下のような説明、討議が行われた。

宇津宮隆史先生　　こういう場を設けて頂いて感謝している。施設概要を説明すると採卵500〜700件、子宮筋腫等の手術もしている。ARTの妊娠率40％程度で、大分では唯一のART施設である。最近、40歳以上の高齢の患者が目立っている。PGDは2007年から始めている。施設の倫理委員会を当時から立ち上げている。PGDに関しては日産婦がダウン症や筋ジストロフィーなどの患者団体と話し合ってやってきたので強い反対意見が少なくなっていると感じている。
　PGSに関しては患者の高齢化とともに必要と感じて日産婦に申請したが、「審査対象外」とされた。セント・ルカの倫理委員会では「施行してはならない」とは書いていないこと、施設としての評価がされていること、患者さんが強く望んでいることから実施した。結局、戻せる胚はなかった。ただ、結果として流産は避けられたと思う。「審査対象外」は「施行してはいけない」という意味であるという認識がなかった。ESHREではPGSをしても効果には差がないという結果も出てきているが、日本でも研究を進めていく必要があると感じている。
落合和徳委員長　　我々の意図したことの真意が伝わらなかったことがわかった。
平原史樹委員　　セント・ルカの倫理委員会の議事などをみると切実な事情はわかる。しかし、現時点ではスクリーニングは見解で認められていないので、今しばらくは控えて頂きたい。しかしながら、議論は始めるべきだと思う。
宇津宮隆史先生　　PGSとPGDの区別がわからない。流産は患者さんにとても深刻な問題である。
杉浦真弓委員　　特定の遺伝子を調べるのがPGDで、いくつかの染色体を調べるのがPGSである。
宇津宮隆史先生　　致死的な疾患のPGDは認められているがトリソミーによる流産は重篤な疾患といえないのか？
平原史樹委員　　いくつかの遺伝子を調べるとなると網羅的であり、それはスクリーニングである。2010年改定で遺伝子の構造異常の適応を拡大した時にですら、パブリックコメントに大きな反響があった。そうした観点も含めて議論していく必要がある。
宇津宮隆史先生　　基本的にうちでは染色体はあまり検査していない。PGDに反対する

32   第1章　先端医療の現況と問題

会に出席したことがある。もし、結婚して子供を希望した時にはPGDを考えるという意見もあった。障害者の方でも自分の子供は健康に、という願いはあると思う。

落合和徳委員長　PGDは症例毎に検討して認めている。PGSについて現在は認められていないが、広く議論していく必要があると思う。学会で発表された2番目の症例については如何か？

宇津宮隆史先生　転座を持つ症例である。日産婦の見解では2回流産しないと認められない症例である。もう1回流産を待つのは残酷なことである。前もって転座がわかっている時に流産が2回ないといけない、というのはおかしいと思う。

平原史樹委員　8回のIVFの不成功の理由が転座であったか？

宇津宮隆史先生　それはわからない。

石原　理委員　問題は反復着床不全の理由の一つに転座があるかどうかである。可能性はあるが、今後議論していくべき問題である。

竹下俊行委員　前回の改定では化学流産について取り上げたが、あまり議論できなかった。

平原史樹委員　均衡型転座の人の3分の2は普通に出産する。流産する人との違いはわかっていない。

杉浦真弓委員　均衡型転座を持つIVF反復不成功例を認めてしまうと流産する可能性があるからPGSをする、ということに繋がってしまう。高齢女性の反復IVF不成功例＋反復流産のPGSは無作為割り付け試験が9つあり、出産成功にはつながっていない。むしろ出産率が低下している。科学的根拠にもとづいた議論が必要。

落合和徳委員長　我々はまだ議論が必要な領域だと認識している。これは倫理委員会として継続して審議をしていくということで宜しいか？スクリーニングに関しては、いろいろな意見を公開で討論することも考えている。審査については申請者の立場でみてどう思うか？専門家集団の中で生殖にかかわらない人たちも含めて納得することが必要である。法律がない中で日産婦の見解がソフトローとしての役割を果たしている面もあると思う。

宇津宮隆史先生　日本中の体外受精を行うクリニックでは、40歳以上の患者さんをどうするのかが課題となっている。PGD、PGSによって卵子の状況が悪いということがわかると、これを治療終了の根拠としたいという人もいる。多胎妊娠の時と同じように、PGD、PGSについてのメリット・デメリットを学会から出して頂きたい。患者さんの会にも、流産を防ぐための方法としてアピールするべきだと思う。ヨーロッパではどんどん行われているのに、日本はその辺が下手だと思う。私は、このままだと水面下で行うところが出てくる可能性がある、ということを危惧している。また、着床前診断が認可されない場合には出生前診断が行われ、中絶に繋がることもある。

落合和徳委員長　宇津宮先生には生殖医学の第一人者として益々ご活躍頂きたい。一方、指導者的立場にあるということも御認識いただきたい。日産婦学会でも見解は常に見直されるべきであるが、現時点でPGSは見解で認められていないので、日産婦学会会員としてそういう方向でご理解頂きたい。「審査対象外」についても、「自由にやってよいという意味ではなかった」ということで同様にご理解頂きたい。今後、日産婦学会をより健全な方向に進めていくためにも、先生には是非お力をお借りして勧めて参りたい。今後も忌憚のない御意見をお寄せ頂きたいと思う[64]。

第 1 節　着床前遺伝子診断　*33*

　上記の倫理委員会での議論からは、日本産科婦人科学会の会員である医師により『『着床前診断』に関する見解の改定について（平成22年 6 月26日）」で禁止する PGS が施行されている現状が明確にされた。

　平成23年11月28日開催平成23年度第 2 回倫理委員会において、会告の在り方について論議された。矢野　哲委員は、「倫理委員会のスタンスは障がい者団体を慮るところにあると思う。学会としてはその点を配慮して行き過ぎないように見解を決めている。見解を守らない施設があるということは、学会としてそれを守ってあげられないということを意味するので、自己責任でやってもらえばよい。見解を遵守しない施設に対して punishment を考える必要はないと思う。」とする。落合和德倫理委員会委員長は、「我々は、見解を守っている施設に対して護る必要はあるが、守っていない施設に対して擁護することは無い、ということか。」とし、苛原　稔委員は、「一旦決めた会告が、10年も20年も同じように変わらずにあるのはおかしい。この会の使命は常にアンテナを張って、ゆっくりでよいのでコンセンサスの得られるガイドラインを示していくことだと思う。」とする。落合和德委員長は、「とても大事な指摘だと思う。倫理委員会の見解、会告に関しては今までも見直してきた。しかし、診療ガイドラインも 2 年に一度改定されるような時代であるので、改定の必要な会告・見解を示していくことが必要である。来年度に向けてこれを行っていくことにする。必要に応じて小委員会やワーキンググループを設置することも考える。」とする。石原　理委員は、「研究に関する会告が時代に合わなくなっているので、変える必要がある。」とし、落合和德委員長は、「役割分担なども検討させていただきたい。」とする[65]。

　3.　日本産科婦人科学会倫理委員会は、PGD の実施状況を勘案しながら PGS についての検討を開始している。

　平成24年 2 月 6 日開催平成23年度第 3 回倫理委員会は、セント・ルカ産婦人科宇津宮隆史院長との話合いに先立ち、PGS の議論がなされた。平原史樹委員は、「PGS についての議論を始めていくと言ってもよいのではないか？」との見解を示す。杉浦真弓委員は、「PGS は欧米ではやっているが生児獲得率の向上に繋がっていない。聞こえはよいので患者さんやメディアは飛びつくと思う。ESHRE は高齢女性での RCT を開始している。」とする。落合和德倫理委

員会委員長は、「そのようなことも含めてどのような形で議論していくか?」
と問いかける。矢野　哲委員は、「PGS だけでなく、PGD 全体についてオープ
ンに議論する必要がある。」とする。平原史樹委員は、「前回の改定では改定す
る事項は竹下小委員会で検討していた。」と経緯を説明する。落合和徳委員長
は、「一度は公開シンポジウムをしてもよいかも知れない。」との考えを示す。
杉浦真弓委員は、「ESHRE の結果を待ってからでもよいのではないか?」と
する。落合和徳委員長は、「問題点があることに対して我々が黙認しているわ
けではないことをどう示していくかだと思う。」とする。平原史樹委員は、
「2010年の改定の時でも PGD の適応の拡大に対してパブコメは大きな反響が
あった。」と経緯を説明する。落合和徳委員長は、「時代時代で必要な議論をし
ておくのは大切である。まず、対象外に関してはやってはいけないということ
を説明しなければならない。また、現状では見解を守ってもらいたい。ただ
し、PGS については検討すべき事項なので国民にも見える形で議論を進めて
いく。」とし、PGS の議論の透明性を主張する。苛原　稔委員は、「世界で RCT
が進んでいる中で患者が求めるからといって認めてよいのか?」と疑問を呈す
る。落合和徳委員長は、「世界的に前向きな検討が進められている中で、患者
が求めているからといって安易に進めてもよいのかどうかを理解してもらうこ
とも必要である。」とし、基本的方向性を示す[66]。

　平成26年12月13日開催平成26年度第3回理事会において、着床前診断申請施
設における外部委託検査にともなう問題点に関する対応案について論議され
た。苛原　稔倫理委員会委員長は、「着床前診断の遺伝子診断に関して、日本だ
けでなく海外の業者に外部委託するケースがある。PGS の今後の対応等もあ
り、検査をどこに依頼しているかが重要になると思う。本日は現在こういうこ
とを考えているという紹介になるが、今後 PGS、PDG において外部委託の状
況を明確にして指導していくことを考えており、倫理委員会でも検討して、ま
た報告したい。」として PGS、PGD の外部委託検査状況の把握の必要性が説明
された[67]。

　平成27年2月10日開催平成26年度第5回倫理委員会では、「着床前診断」に
関する見解及び実施に関する細則の改定について論議する。平原史樹着床前診
断に関する審査小委員会委員長は、「従来、PGD は院内で遺伝子解析を行うこ
とを前提に実施許可されていたが、最近になってアレイ解析のみならず単一遺

伝子疾患の解析も外部委託する PGD 実施計画が一部の施設から提出され、その計画書を見る限り、責任の所在、品質管理、遺伝医療に対する配慮に関する懸念が指摘されている。そこで今回、PGD に関する見解および細則を【資料3-2】のように変更し、一定の基準、対応を明記したい。」と提案する。髙橋健太郎委員は、「解析データを見て、カウンセリングを行える遺伝子解析の専門家とは具体的にだれのことか？」と問い、山中美智子委員は、「サンプルを院外へ移送する際の安全管理などの規定も含めてはどうか？」と提案する。苛原 稔倫理委員会委員長は、「見解の変更を伴う案件なので総会事項となる。委員からの意見は通信を含め十分検討し、成案を次回理事会（2月末）に提出したい。その後パブリックコメントを求めて理事会、総会で協議したい。」と手続きの展開を示す。更に、着床前診断に関する情報公開について論議される。平原史樹委員長は、「見解が認められて以来の全 PGD 申請、実施許可、非承認例の詳細を【資料3-3】に示す。遺伝性疾患は大項目別に、染色体均衡転座を伴う習慣流産は一つにまとめて公表する準備を進めている。7月までにデータをまとめて日産婦誌、HP に公開する予定である。転帰に関しては、各々別の研究グループにより、遺伝性疾患ならびに習慣流産に関する検討が行われている。日産婦は、各施設で行われる PGD に関する研究申請を審査している。つまり、PGD の転帰は各 PGD 実施施設で臨床研究として公表するべきであり、学会が中心となって個々の研究結果を公開する義務はないと考える。学会としては PGD 申請、実施許可、非承認に関するデータ公開を行っていきたい。」として集積された着床前診断のデータ公表方法について説明する[68]。

　平成27年5月30日開催平成27年度第1回理事会においても臨床研究のデータ公開の必要性が論議された。藤井知行理事は、「倫理が絡む案件には『臨床研究』と言う言葉が出てくるが、臨床研究と言いながら研究発表がない。世間から見ればただの隠れ蓑に見えてしまいかねない。臨床研究として申請したものは何例を行った、というようなプログレスレポートでも良いと思うので、本会に報告することを求めても良いのではないかと思うがどうか。」と提案する。苛原 稔倫理委員会委員長は、「倫理委員会でも、先生と同様の考えを持っている。この臨床研究の意味は、その施設で臨床研究として行ってくださいという意味で、それを我々が認可しますということなのだが、誤解を生む可能性はある。現在臨床研究として行われているのは、PGD と NIPT になる。可能な限

36　第1章　先端医療の現況と問題

り早く、臨床研究の進行状況について、学会誌にレポートを掲載することを考えている。特にNIPTはコンソーシアムから報告が出ているが、これに入っていない施設もあるので、全体として倫理委員会において考えていきたいと思う。PGDも開始から年数が経ち、膨大な資料が集まっている。こちらも現在、整理・検討を行っているところである。」と倫理委員会の見解を述べる[69]。

　4．日本産科婦人科学会は、「『着床前診断』に関する見解の改定について（平成22年6月26日）」検討を重ね、同見解を改定し、「『着床前診断』に関する見解（平成27年6月20日）」を告知した。この間、PGDの論議もなされたが、事実として先行実施されているPGSへの対応の検討に重点が置かれた。
　平成27年見解は、施設要件等を「着床前診断の実施に関する細則」において詳細に規定する[70]。
　施設基準ならびに実施者・配置すべき人員の基準として以下の④から⑥の3項目が新たに追加された。
　④当該施設内における遺伝カウンセリング体制・人員の整備がされていること、⑤遺伝子(染色体)解析を外部検査企業等に委託する場合には、その外部検査企業等の業務が技術・学術的にも適正であり、かつ倫理的にも関連した倫理指針、ガイドラインを遵守していること。また結果の全情報【遺伝子(染色体)解析データ】を受けとり、着床前診断実施施設が全責任を負った上で解析結果を遺伝子(染色体)解析の専門家により判断、解釈を加え、共に情報提供し適切な検査後遺伝カウンセリングを行う体制・人員の配置が整備されていること、⑥着床前診断後、結果の全情報【遺伝子(染色体)解析データ】について専門的に判断、解釈し、対応できる遺伝子(染色体)解析の専門家の配置がされていること、の3項目である。
　申請方法は、遺伝性疾患と習慣流産に分けられた。遺伝性疾患では、⑤遺伝子(染色体)解析を外部検査企業等に委託する場合は、着床前診断実施施設が全責任を負った上で結果の全情報【遺伝子(染色体)解析データ】を受けとり、遺伝子(染色体)解析の専門家による判断、解釈を加え、共に解析結果を情報提供し、適切な遺伝カウンセリングを行う旨が明記された説明同意書の写し、⑥着床前診断後、結果の全情報【遺伝子(染色体)解析データ】について専門的に判断、解釈、対応できる遺伝子(染色体)解析の専門家の氏名、略歴、業績(様式1

に掲げた人員と同一の場合は氏名のみ)が追加された。習慣流産では、①着床前診断を行う疾患名(遺伝子異常、染色体異常、核型などを含む)、②症例の概要(妊娠歴、流産歴、分娩歴、夫婦および家族歴(遺伝家系図)、着床前診断を希望するに至った経緯、夫婦の染色体異常、核型、流産児(絨毛)の染色体分析結果、習慣流産関連の諸検査成績など)、③遺伝子異常、染色体異常等の診断法、④検査前の第三者による遺伝カウンセリングの報告（着床前診断実施診療部門以外の診療部門もしくは第三者機関における遺伝カウンセリングの内容（写し）と担当者の施設名、氏名）、⑤遺伝子(染色体)解析を外部検査企業等に委託する場合は、着床前診断実施施設が全責任を負った上で結果の全情報【遺伝子(染色体)解析データ】を受けとり、遺伝子(染色体)解析の専門家による判断、解釈を加え、共に解析結果を情報提供し、適切な遺伝カウンセリングを行う旨が明記された説明同意書の写し、が新設された。

また、審査小委員会の構成メンバーは、着床前診断に豊富な知識を有する複数の領域にわたる専門家、男性および女性の委員5名以上10名以内とする。

3．その後の展開

1．日本産科婦人科学会倫理委員会は、先に検討したように平成24年2月6日開催平成23年度第3回倫理委員会において落合和德倫理委員会委員長より「時代時代で必要な議論をしておくのは大切である。まず、対象外に関してはやってはいけないということを説明しなければならない。また、現状では見解を守ってもらいたい。ただし、PGSについては検討すべき事項なので国民にも見える形で議論を進めていく。（中略）世界的に前向きな検討が進められている中で、患者が求めているからといって安易に進めてもよいのかどうかを理解してもらうことも必要である。」としてPGSについての検討の可能性を示唆する[71]。

平成25年11月19日開催平成25年度第4回倫理委員会において苛原 稔倫理委員会委員長は、PGDに関連する事項として「実施の是非はともかく、PGSに関するWGを新設する」ことを提案し、了承された[72]。

日本産科婦人科学会は、平成26年2月22日開催平成25年度第4回理事会において苛原 稔倫理委員会委員長より平成25年12月23日開催の公開シンポジウム「着床前受精卵遺伝子スクリーニング（PGS）を考える」に211名の来場者が

あった旨の報告を受けた。苛原 稔委員長は、「本会で PGS を考える公開シンポジウムを行ったが多様な意見が出た。今後、小委員会を設置して検討したい。委員長は竹下俊行先生にお願いしており、資料 2 のメンバーで構成し、今後のあり方を検討して頂きたいと考えている。」として「PGS に関する小委員会」の設置を提案し、異議なく全会一致で承認された[73]。

　平成26年 3 月14日開催平成25年度第 6 回常務理事会において苛原 稔倫理委員会委員長は、平成26年 3 月12日「第 1 回 PGS に関する小委員会」が開催されたことを報告し、「今後、技術面、倫理面の検討と、臨床研究としてどのようにやっていく必要性があるのかなどについて 1 年くらいの期間の内にまとめていきたい。」との説明をした[74]。

　平成26年 5 月31日開催平成26年度第 1 回理事会において苛原 稔倫理委員会委員長は、平成26年 5 月31日「第 2 回 PGS に関する小委員会」が開催されたことを報告し、「日本における PGS の今後について検討してもらっている。現在、会告では PGS を行わないようにとされているが、PGS が体外受精に関して本当に有意義かどうかについて、海外から報告はあるが絶対的な結論は出ておらず、更に日本においては全くデータが無い。そこで臨床研究として、PGS は体外受精の妊娠率や生産率に寄与するのかということを明らかにしていく方向で検討している。できるだけ早期に小委員会で結論を出して、理事会に報告したいと考えている。」とする PGS 検討の理由について説明をした[75]。

　平成26年11月14日開催平成26年度第 3 回常務理事会は、苛原 稔倫理委員会委員長より11月16日に「PGS に関するマスコミ向けのブリーフィング」実施の報告の後、今後の予定として「PGS については、ワーキンググループの議論を通してプロトコルが固まってきた。今後は関係諸団体等と詰めて理事会に諮りたい。」との説明を受けた[76]。

　平成27年 2 月28日開催平成26年度第 4 回理事会において、苛原 稔倫理委員会委員長は、 2 月 7 日（土）開催の「PGS に関する公開シンポジウム」に297名が参加したとの報告をした[77]。

　平成27年 4 月11日、PGS についての倫理委員会マターの検討が進み「PGS 特別臨床研究に関する ART 実施施設向け説明会」が実施されている[78]。

　苛原 稔倫理委員会委員長は、PGS に関する小委員会を立ち上げたにも関わらず PGS 実施は考えていないとするが、実情は実施準備の方向性にシフトし

ている。

平成27年8月29日開催平成27年度第2回理事会において、苛原 稔倫理委員会委員長は、PGS特別臨床研究の実施について「現在プロトコールを煮詰めている。ランダム化比較試験（RCT）で進めているので、現在4月から実施された文部省、厚生省から出ているヒトを対象とした臨床研究倫理指針に従って行わないといけなくなり、相当ハードルが高くなっている。」と説明した[79]。

平成27年10月2日開催平成27年度第2回常務理事会において、苛原 稔倫理委員会委員長は、PGS特別臨床研究の実施について「プロトコルがほぼ煮詰まってきた段階である。『人を対象とする医学系研究に関する倫理指針』が施行されてハードルが高くなったことやRCTを行うことで費用がかかるので、進め方を検討したために少し時間がかかったが、早期に実施するべく努力している。」と報告する[80]。

日本産科婦人科学会は、平成27年度事業報告書において着床前診断に関する審査小委員会（平原史樹委員長以下10名の委員）が5回開催されたことを報告する（平成27年4月21日、7月14日、10月27日、平成28年2月2日、3月15日）。審査小委員会に申請された件数は、平成28年2月29日現在、申請550例、承認437例（慶應義塾大学109例、名古屋市立大学24例、セントマザー産婦人科医院103例、IVF大阪クリニック30例、セント・ルカ産婦人科5例、加藤レディスクリニック124例、竹内レディースクリニック13例、英ウィメンズクリニック4例、矢野産婦人科3例、扇町レディースクリニック1例、IVFなんばクリニック16例、札幌医科大学5例）、非承認8例、審査対象外27例、取り下げ5例、照会21例、保留2例、審査中50例である。上記のうち習慣流産：申請372例のうち承認321例、非承認4例、審査対象外25例、取り下げ2例、照会18例、保留2例であると報告する。

PGSに関する小委員会（竹下俊行委員長以下11名の委員）が2回開催されたことを報告する（平成27年9月1日、11月10日）。なお、平成27年4月11日の学術講演会会期中に、PGS特別臨床研究に関するART実施希望施設を対象とした説明会を行ったことと、平成28年度中にもパイロット試験を開始する予定であることを報告する[81]。

2．平成28年9月10日開催平成28年度第2回理事会で、苛原 稔倫理委員会委員長は、8月23日第2回「PGSパイロット試験に関する実務者会議」の開

40　第1章　先端医療の現況と問題

催を報告した[82]。

　平成28年11月22日開催平成28年度第3回倫理委員会で、竹下俊行PGSに関する小委員会委員長は、PGS臨床研究の進捗状況を報告した[83]。

　平成29年2月14日開催平成28年度第5回常務理事会で、苛原稔倫理委員会委員長は、「PGS特別臨床研究はほぼ準備が整い、エントリーが始まったところである。4施設が倫理委員会を通して実施可能となっている。もう1施設は倫理委員会にかかっているところである。本日の記者会見では、名前を出すことを了承している施設の施設名、プロトコルを含めてきちんと説明したい。」と報告した[84]。

　平成29年2月24日開催平成28年度第4回倫理委員会で、竹下俊行PGSに関する小委員会委員長は、PGS臨床研究について「仮登録が始まったこと、また、本日これから記者会見が行われる予定であることが報告された。今後は、研究の進捗を見ながらPGSに関する小委員会を開催し、情報を共有する必要がある。」と報告した[85]。

　以上で検討した理事会、常務理事会及び倫理委員会議事録は、議事内容の記載が不十分であるとともに資料が開示されておらず、PGD及びPGSについて専門家医師集団でどのような論議がなされているのか不明であり、議事録公開の趣旨に反し透明性が確保されていない。

　3．日本産科婦人科学会は、平成28年度事業報告書において着床前診断に関する審査小委員会（平原史樹委員長以下10名の委員）が5回開催されたことを報告する（平成28年4月25日、8月8日、11月7日、平成29年1月30日、2月27日）。

　審査小委員会に申請された件数は、平成29年2月28日現在、申請624例、承認528例（慶應義塾大学140例、名古屋市立大学24例、セントマザー産婦人科医院103例、IVF大阪クリニック34例、セント・ルカ産婦人科5例、加藤レディスクリニック155例、竹内レディースクリニック23例、英ウィメンズクリニック4例、矢野産婦人科3例、扇町レディースクリニック1例、IVFなんばクリニック25例、札幌医科大学7例、藤田保健衛生大学3例、おち夢クリニック名古屋1例）、非承認16例、審査対象外27例、取り下げ5例、照会16例、保留2例、審査中30例である。上記のうち（現在審査中の30例を除く）習慣流産：申請429例のうち承認380例、非承認7例、審査対象外25例、取り下げ2例、照会13例、保留2例である。

第1節　着床前遺伝子診断　*41*

　PGS に関する小委員会竹下俊行委員長は、各解析施設および実施施設より
パイロット試験の実務担当者を召集し、平成28年8月23日及び平成29年2月24
日に「実務者会議」を開催し、平成29年2月より PGS 特別研究への症例エン
トリーが可能となったと報告する。

　平成28年度事業報告書は、PGS 特別研究を実施する経緯について以下のよ
うに報告する。

　「ART の応用技術である着床前遺伝子診断（Preimplantation Genetic Diagnosis；
PGD）は、①重篤な遺伝性疾患児を出産する可能性のある遺伝子変異ならびに
染色体異常、および②染色体構造異常に起因する習慣流産の既往を有する夫婦
に対して、本会見解に基づいて平成10年より「臨床研究」として実施されてき
た。一方、配偶子形成において減数分裂の不分離による染色体数的異常の発生
は極めて多いことが示されており、胚の発育不全・着床不全などによる反復体
外受精不成功や、流産、胎児異常の原因となっていることが推定されている。
欧米においては、これらの疾患を回避する目的で、ART の際に PGS を実施
し、異数性をチェックすることの有効性を報告する論文や講演が増加し、臨床
研究が行われている。

　わが国では、結婚年齢の高齢化に伴い高齢の挙児希望女性が増加しており、
ART を行っても胚染色体数の異常が原因で成功に至らない夫婦が多い点で、
諸外国以上に反復 ART 不成功症例への対処を考えなければならない事情があ
る。患者の ART に対する期待と頻回に ART を行うことによる経済性を考
え、わが国で PGS の導入を検証する時期に来ていると考えられる。

　PGS の臨床応用に関しては、科学的検証と倫理的な問題の検討が必要であ
り、これらは同時並行して検討されることが望ましいが、まず我々が取り組む
べきことは、日本の施設で、日本人を対象に、有用であるとされる疾患を対象
に、科学的に担保された検証研究を行うことである。しかし、本会の見解でス
クリーニングを目的としないと明記されているため、これまでわが国では、
PGS を科学的に検証する臨床研究は行われて来なかった。また、PGS につい
ての議論も殆ど行われて来なかった。さらに、海外の評価が定まっていない
データを引用したり、見解を無視して行った一部の国内施設による誤った情報
が氾濫したりして、十分なカウンセリングの機会が保証されていない不妊に悩
む夫婦と一般国民に混乱を与えている現状が存在する。

42　第1章　先端医療の現況と問題

　倫理委員会は、PGS に関する学会見解の変更の必要性を検討する目的として、「特別臨床研究として限られた専門施設で PGS を研究することを企画した。臨床研究の実施にあたっては、科学的な評価が可能なプロトコールの作成と患者の利益の尊重を第一に考え、参加する施設も本研究の科学性、安全性を担保できる施設および解析施設を倫理委員会で選定する。評価項目は、PGS が妊娠予後（移植あたり妊娠率、採卵あたり妊娠率、流産率、実施症例あたり生産率・流産率）を改善するかどうかを検証することにある。対象患者基準は①反復ART 不成功例（体外受精で3回以上の着床不全）、②習慣流産（反復流産を含む）とする。本研究により、わが国における PGS の科学的有用性の評価の資料、および医療の妥当性の観点から技術的、倫理的社会的問題の議論に参考となる資料を作製し、不妊に悩む夫婦や一般国民にも広く理解される環境を整えながら、PGS 導入是非の検討を進めたいと考える。」として PGS に論及する[86]。

　日本産科婦人科学会は、平成27年見解で PGS は実施しないと明言しているにも関わらず、理事会及び倫理委員会での論議を通して PGS 解禁の方向に傾斜していることは日本産科婦人科学会平成27年度事業報告書及び同平成28年度事業報告書からも明らかである。

　日本産科婦人科学会倫理委員会は、同委員会内に設置した PGS に関する小委員会で PGS に関する学会見解の変更を前提に患者の利益の尊重を掲げ、科学的な評価が可能なプロトコールの作成のため「特別臨床研究」として限定した専門施設で PGS を研究することを検討している。

　平成29年7月5日、日本産科婦人科学会は、倫理委員会内に「PGT-A に関する WG（小委員会）」を立上げ、更に一歩進め異数性に関する着床前遺伝子検査（preimplantation genetic testing for aneuploidy：PGT-A）について検討を開始している[87]。

Ⅳ．結　語

　1．日本産科婦人科学会は、着床前診断の是非を巡り当初社会的・倫理的・医療的側面から慎重な論議を重ね着床前診断に関する見解（平成10年見解）を作成した。その後、ART 技術の革新と次世代シークエンサー（NGS）の登場に伴い「着床前診断の適応に関する WG」を立上げ論議を重ねた。

第1節　着床前遺伝子診断　　*43*

　着床前診断の適応に関する WG は、吉村㤗典倫理委員会委員長の提案により議事録の公開を念頭に論議を重ね、染色体転座に起因する習慣流産を適用に追加する答申をした。その後、日本産科婦人科学会は、着床前診断 WG 答申「着床前診断に関する見解の見直しについて」を受け、「『着床前診断』に関する見解の改定について（平成22年 6 月26日）」において適応対象に均衡型染色体構造異常に起因すると考えられる習慣流産（反復流産を含む）を追加する。

　日本産科婦人科学会は、「『着床前診断』に関する見解」（平成27年 6 月20日）において PGS に関する小委員会の論議をも踏まえ、PGD の実施について「着床前診断の実施に関する細則」を詳細に規定し、「施設基準ならびに実施者・配置すべき人員の基準」や「申請方法」を明確化した。

　日本産科婦人科学会は、習慣流産に対する着床前診断についての考え方において「流産の反復による身体的・精神的苦痛の回避を強く望む心情や、流産を回避する手段の選択肢のひとつとして本法を利用したいと願う心情に配慮」するとして PGD の適応対象を拡大した。日本産科婦人科学会倫理委員会に設置された PGS に関する小委員会は、PGD の検討において「科学的検証と倫理的な問題の検討が必要であり、これらは同時並行して検討されることが望ましい」としながらも、「まず我々が取り組むべきことは、日本の施設で、日本人を対象に、有用であるとされる疾患を対象に、科学的に担保された検証研究を行うことである。」であるとする[88]。

　PGD の理解は、PGS をどのように位置付けかに密接な関係を有する。PGT-A に関するワーキンググループのアカデミック・アドバイザーの一人である末岡　浩准教授は、「PGD は生殖による後世への遺伝形質の伝播を安全にかつ問題のない形で行うための補助予防医療として、しだいに確固たる位置づけがなされつつある。（中略）この技術の発展を人類にとって有益な方向性に導くために倫理的検証と同時に、運用ルールについても時代に即した鋭敏な対応が求められる。」とし、「PGD は、まさに健全な次世代を期待することから生まれた融合型の新しい医療である。」と指摘する[89]。

　なお、末岡　浩准教授は、PGD の課題について「PGD は排卵誘発、顕微授精、胚生検、胚凍結など生殖補助医療技術のすべてを含み、さらに遺伝子増幅および遺伝子解析が加わり、精度の確保とともに経費の負担も大きな課題である。」と指摘する[90]。

44　第1章　先端医療の現況と問題

　2．日本産科婦人科学会は、平成27年見解以降、倫理委員会内の「PGSに関する小委員会」や「PGT-Aに関するWG(小委員会)」の論議を追認し、PGSを着床前診断の適応外とする従前の見解を変更する方向に傾斜している。

　日本産科婦人科学会は、社会的・倫理的・医療的側面の論議を通して優生思想を排除するとの基本的視座からPGSを着床前遺伝子診断の対象外としてきた。

　近時の日本産科婦人科学会の方向性は、少なくとも社会的・倫理的側面の論議を等閑視した専門家集団の論理に埋没していると言わざるを得ない。

　生殖補助医療を前提とする着床前遺伝子診断は、単にクライアント・医療従事者の2者関係に終結することなく潜在的クライアント・家族及び市民をも視野にその是非の論議が不可欠である。

　吉村泰典教授は、「生殖医療においては人の幸福追求権や自己決定権の行使が、しばしば人間の尊厳に悖る行為とみなされることがあるかもしれない。別言すれば、自己決定権を最高原理とする個人主義的自由主義は、時として生殖医療の生命倫理に抵触するということである。この場合大切なことは、当事者の判断や想いが優先されるのではなく、医療技術の進歩を駆使することをわが国が社会として受け入れるかどうかが問題となる。」とし、問題の核心を指摘する[91]。

　非侵襲的出生前遺伝学的検査(NIPT)は、導入の是非を巡って論議を重ねて現在に至っている。新たな診断法・検査は、臨床研究として実施される限りはデータの公表を基にした論議が継続されねばならない[92]。

　着床前遺伝子診断は、その論議の第一歩が始まったにすぎず、PGSについては議事録公開のもとに広汎な論議がなされなければならない。

第1節　着床前遺伝子診断　　45

資　料

１．日本産科婦人科学会「『着床前診断』に関する見解（平成27年6月20日改定）」[93]

「着床前診断」に関する見解

受精卵(胚)の着床前診断に対し、ヒトの体外受精・胚移植技術の適用を認め、実施にあたり遵守すべき条件を以下に定める。

１．位置づけ

着床前診断(以下本法)は極めて高度な技術を要する医療行為であり、臨床研究として行われる。

２．実施者

本法の実施者は、生殖医学に関する高度の知識・技術を習得した医師であり、かつ遺伝性疾患に対して深い知識と出生前診断の豊かな経験を有していることを必要とする。また、遺伝子・染色体診断の技術に関する業績を有することを要する。

３．施設要件

本法を実施する医療機関は、すでに体外受精・胚移植による分娩例を有し、かつ出生前診断に関して十分な実績を有することを必要とする。実施しようとする施設の要件は、細則に定めるものとし、所定の様式に従って施設認可申請を行い、本会における施設審査を経て認可を得なければならない。

４．適応と審査対象および実施要件

１）適応の可否は日本産科婦人科学会(以下本会)において申請された事例ごとに審査される。本法は、原則として重篤な遺伝性疾患児を出産する可能性のある、遺伝子ならびに染色体異常を保因する場合に限り適用される。但し、重篤な遺伝性疾患に加え、均衡型染色体構造異常に起因すると考えられる習慣流産(反復流産を含む)も対象とする*。

２）本法の実施にあたっては、所定の様式に従って本会に申請し、認可を得なければならない。なお、申請にあたっては、会員が所属する医療機関の倫理委員会にて許可されていることを前提とする。

３）本法の実施は、強い希望がありかつ夫婦間で合意が得られた場合に限り認めるものとする。本法の実施にあたっては、実施者は実施前に当該夫婦に対して、本法の原理・手法、予想される成績、安全性、他の出生前診断との異同、などを文書にて説明の上、患者の自己決定権を尊重し、文書にて同意(インフォームドコンセント)を得、これを保管する。また、被実施者夫婦およびその出生児のプライバシーを厳重に守ることとする。

４）診断する遺伝学的情報(遺伝子・染色体)の詳細および診断法については審査対象とする。診断法および診断精度等を含めクライエントに対しては、十分な検査前、検査後の遺伝カウンセリングを行う。

５．診断情報および遺伝子情報の管理

診断する遺伝情報は、疾患の発症に関わる遺伝子・染色体の遺伝学的情報に限られ、

46   第1章　先端医療の現況と問題

スクリーニングを目的としない。目的以外の診断情報については原則として解析または開示しない。また、遺伝医学的情報は最も重大な個人情報であり、その管理に関しては「ヒトゲノム・遺伝子解析研究に関する倫理指針」、「人を対象とする医学系研究に関する倫理指針」および遺伝医学関連学会によるガイドラインに基づき、厳重な管理が要求される。

6．遺伝カウンセリング

本法は遺伝情報を取り扱う遺伝医療に位置づけられるため、十分な専門的知識と経験に基づく遺伝カウンセリングが必要である。この遺伝カウンセリングは、4項3）および4）に述べる実施診療部門内における説明・カウンセリングに加え、客観的な立場からの検査前の適切な遺伝医学的情報提供と、クライエントの医学的理解や意識の確認などを含めるものとし、着床前診断実施診療部門以外の診療部門もしくは第三者機関において、臨床遺伝専門医、認定遺伝カウンセラー等の遺伝医療の専門家によって行われるものとする。また、検査後にあってはその結果の全情報【遺伝子(染色体)解析データ】のすべてを受けとり、遺伝子(染色体)解析の専門家により判断、解釈を加え、着床前診断実施施設が全責任を負った上で解析結果を情報提供し、適切な遺伝カウンセリングを行う。

7．報　　告

本法はなお臨床研究の範囲にあり、診断精度・児の予後などを含め研究成果を集積、検討することが望まれる。実施状況とその結果について毎年定期的に本会へ報告する。

8．倫理審査および申請手続き

実施にあたっては、本会への倫理審査申請と認可が必要である。実施しようとする施設は施設認可申請し、認可を得た後、申請された事例ごとに着床前診断症例認可申請を行い、本学会の倫理委員会の下に設けられた審査小委員会で審査される。

9．見解等の見直し

本会は、着床前診断に関する本会の見解や資格要件、手続きなどを定期的(3～5年毎)に見直し、技術的進歩や社会的ニーズを適切に反映していくことに努める。

＊習慣流産に対する着床前診断についての考え方

本邦における着床前診断(以下本法)は、平成10年に本会見解が示されて以来、重篤な遺伝性疾患に限って適用されてきた。しかし、生殖補助医療技術の進歩、社会的な要請の出現に伴い、染色体転座に起因する習慣流産に対する本法の適用が検討され、慎重な議論の末、平成18年に「染色体転座に起因する習慣流産(反復流産を含む)を着床前診断の審査の対象とする」という見解を発表した。これは、流産の反復による身体的・精神的苦痛の回避を強く望む心情や、流産を回避する手段の選択肢のひとつとして本法を利用したいと願う心情に配慮したものであり、平成10年見解における審査対象「重篤な遺伝性疾患」の他に新たな枠組みを設けるものであった。

染色体転座に起因する習慣流産では自然妊娠による生児獲得も期待できることが多く、十分な遺伝カウンセリングのもとに、その適応は症例ごとに慎重に審査し決定されるべきである。

(平成27年6月20日改定)

第1節　着床前遺伝子診断　*47*

着床前診断の実施に関する細則

【1】施設基準ならびに実施者・配置すべき人員の基準
1）実施施設にあっては下記の実施実績、整備の要件を満たすものとする。
　①出生前診断の十分な実施実績を有すること
　②体外受精・胚移植の十分な実施実績を有すること
　③遺伝子（染色体）解析、診断の十分な実施実績を有すること
　④当該施設内における遺伝カウンセリング体制・人員の整備がされていること
　⑤遺伝子（染色体）解析を外部検査企業等に委託する場合には、その外部検査企業等の
　　業務が技術・学術的にも適正であり、かつ倫理的にも関連した倫理指針、ガイドラ
　　インを遵守していること。また結果の全情報【遺伝子（染色体）解析データ】を受け
　　とり、着床前診断実施施設が全責任を負った上で解析結果を遺伝子（染色体）解析の
　　専門家により判断、解釈を加え、共に情報提供し適切な検査後遺伝カウンセリング
　　を行う体制・人員の配置が整備されていること
　⑥着床前診断後、結果の全情報【遺伝子（染色体）解析データ】について専門的に判断、
　　解釈し、対応できる遺伝子（染色体）解析の専門家の配置がされていること
2）着床前診断の実施申請時には上記1）の実績、人員配置の状況を様式1により提出
　　するものとする。また本申請にかかわる実施者、人員の配置についてはその履歴、
　　業績を添付する。
〈記載を要する事項〉
　①施設の出生前診断の実施状況
　②施設の体外受精・胚移植の実施状況
　③施設の遺伝子（染色体）解析、診断の実施状況
　④施設の遺伝カウンセリング体制の状況
　⑤遺伝子（染色体）解析を外部検査企業等に委託する場合には、その外部検査企業等
　　の業務が倫理的に技術・学術的にも適正であり、かつ関連した倫理指針、ガイドラ
　　インを遵守していることを示す添付書類。また結果の全情報【遺伝子（染色体）解析
　　データ】を受けとり、着床前診断実施施設が全責任を負った上で解析結果を遺伝子
　　（染色体）解析の専門家と判断、解釈を加え、共に情報提供し適切な検査後遺伝カウ
　　ンセリングを行う体制・人員の配置状況についての記載
　⑥着床前診断の実施責任者および実施者（複数の場合は全員）の氏名、略歴、業績
　⑦施設内の遺伝カウンセリング担当者の氏名、略歴、業績
　⑧着床前診断後、結果の全情報【遺伝子（染色体）解析データ】について専門的に判断、
　　解釈し、対応できる遺伝子（染色体）解析の専門家の氏名、略歴、業績
【2】申請方法
1）施設認可申請
　着床前診断の実施を希望する施設は、前記の施設申請の書類に加えて、個々の症例の
申請書類を日本産科婦人科学会理事長宛に送付する。
　（1）着床前診断に関する臨床研究施設認可申請書（様式1）

48　第1章　先端医療の現況と問題

2）着床前診断症例認可申請【遺伝性疾患】

　遺伝性疾患に対する着床前診断の実施にあたり、下記の申請書類を日本産科婦人科学会理事長宛に送付する。申請は診断する症例ごとに行う。なお、用いる診断方法をすべて記載する。

　（1）着床前診断に関する臨床研究申請書(申請書の様式は定めないが、個別の症例ごとに以下の内容を含むものとする)

　①着床前診断を行う疾患名(遺伝子異常、染色体異常、核型などを含む)

　②症例の概要(妊娠歴、流産歴、分娩歴、夫婦および家族歴(遺伝家系図)、着床前診断を希望するに至った経緯、生まれてくる児の重篤性を示す臨床症状もしくは検査結果など)

　③遺伝子異常、染色体異常等の診断法

　④検査前の第三者による遺伝カウンセリングの報告(着床前診断実施診療部門以外の診療部門もしくは第三者機関における遺伝カウンセリングの内容(写し)と担当者の施設名、氏名)

　⑤遺伝子(染色体)解析を外部検査企業等に委託する場合は、着床前診断実施施設が全責任を負った上で結果の全情報【遺伝子(染色体)解析データ】を受けとり、遺伝子(染色体)解析の専門家による判断、解釈を加え、共に解析結果を情報提供し、適切な遺伝カウンセリングを行う旨が明記された説明同意書の写し

　⑥着床前診断後、結果の全情報【遺伝子(染色体)解析データ】について専門的に判断、解釈、対応できる遺伝子(染色体)解析の専門家の氏名、略歴、業績(様式1に掲げた人員と同一の場合は氏名のみ)

3）着床前診断症例認可申請【習慣流産】

　習慣流産に対する着床前診断の実施にあたり、下記の申請書類を日本産科婦人科学会理事長宛に送付する。申請は診断する症例ごとに行う。なお、用いる診断方法をすべて記載する。

　①着床前診断を行う疾患名(遺伝子異常、染色体異常、核型などを含む)

　②症例の概要(妊娠歴、流産歴、分娩歴、夫婦および家族歴(遺伝家系図)、着床前診断を希望するに至った経緯、夫婦の染色体異常、核型、流産児(絨毛)の染色体分析結果、習慣流産関連の諸検査成績など)

　③遺伝子異常、染色体異常等の診断法

　④検査前の第三者による遺伝カウンセリングの報告(着床前診断実施診療部門以外の診療部門もしくは第三者機関における遺伝カウンセリングの内容(写し)と担当者の施設名、氏名)

　⑤遺伝子(染色体)解析を外部検査企業等に委託する場合は、着床前診断実施施設が全責任を負った上で結果の全情報【遺伝子(染色体)解析データ】を受けとり、遺伝子(染色体)解析の専門家による判断、解釈を加え、共に解析結果を情報提供し、適切な遺伝カウンセリングを行う旨が明記された説明同意書の写し

　⑥着床前診断後、結果の全情報【遺伝子(染色体)解析データ】について専門的に判断、解釈、対応できる遺伝子(染色体)解析の専門家の氏名、略歴、業績(様式1に掲げた人員と同一の場合は氏名のみ)

4）申請症例に関する申請施設内倫理委員会の許可証のコピー

5）着床前診断症例認可申請チェックリスト（様式2-1または2-2）

【3】 審査小委員会 （以下小委員会）

1）小委員会は、原則として本会理事または倫理委員、および理事長が委嘱する着床前診断に豊富な知識を有する複数の領域にわたる専門家、男性および女性の委員をもって構成され、施設認定に関する審査、個々の申請事例についての適応可否に関する審査等を行う。委員は5名以上10名以内とする。委員の再任は妨げない。

2）小委員長は委員の互選により選出される。

3）小委員会は本会倫理委員長の諮問あるいは必要に応じて小委員長が召集する。

4）小委員会の職責遂行を補佐するため幹事若干名が陪席する。

【4】 施設および症例の認定

1）小委員会は書類により施設申請ならびに申請症例を審議し、必要に応じて調査を行う。

2）小委員長は申請審議内容を倫理委員会に報告し、理事会は認可の可否を決定する。

3）小委員会は施設ならびに症例(疾患)や診断方法について認可の可否を決定し、申請者に通知する。(様式3)

【5】 実施報告義務

1）本件に関わる報告対象期間は毎年4月1日から翌年3月31日までとする。

2）実施施設は、前年度の報告を毎年6月末日までに個々の実施報告書(様式4)、実施報告書のまとめ(様式5)を倫理委員長宛に送付する。

3）当該年度に実施例がない場合でも、実施報告のまとめは送付する。

4）倫理委員会は報告書を審議し、その結果を理事会に報告する。

【6】 見解の遵守

1）倫理委員会は認定施設および実施者が見解を遵守しているかを検討し、違反した場合にはその旨理事会に報告する。

2）理事会は見解に違反した施設および会員に対して本会見解の遵守に関する取り決めに従って適切な指導・処分を行う。

【7】 臨床研究の評価

1）倫理委員会は本臨床研究の有用性を当面2年ごとに再評価する。

（平成10年10月発表、会長　佐藤和雄）

（平成11年7月改定、会長　青野敏博、倫理委員会委員長　藤本征一郎）

（平成18年2月改定、理事長　武谷雄二、倫理委員会委員長　吉村㤗典）

（平成22年6月改定、理事長　吉村㤗典、倫理委員会委員長　嘉村敏治）

（平成27年6月20日改定、理事長　小西郁生、倫理委員会委員長　苛原　稔）

2．1999〜2015年度分の着床前診断の認可状況および実施成績[94]

表1　年度別申請・許可数

申請年度	遺伝性疾患					習慣流産					合　計				
	申請	承認	非承認	審査対象外	その他	申請	承認	非承認	審査対象外	その他	申請	承認	非承認	審査対象外	その他
1999	1	0	1	0	0	1	0	1	0	0	2	0	2	0	
2000															
2001															
2002															
2003	2	1	1	0	0						2	1	1	0	0
2004	2	2	0	0	0						2	2	0	0	0
2005	7	7	0	0	0	4	4	0	0	0	11	11	0	0	0
2006	3	3	0	0	0	12	11	0	1	0	15	14	0	1	0
2007	4	4	0	0	0	32	28	1	3	0	36	32	1	3	0
2008	2	2	0	0	0	55	48	0	6	1	57	50	0	6	1
2009	10	10	0	0	0	35	31	0	4	0	45	41	0	4	0
2010	16	15	0	0	1	39	35	0	3	2	55	50	0	3	2
2011	7	5	0	0	2	39	33	0	2	6	46	38	0	2	6
2012	11	10	0	0	1	46	34	0	5	7	57	44	0	5	8
2013	27	24	1	0	0	40	38	1	1	0	67	62	2	1	2
2014	17	16	1	0	0	41	35	0	3	3	58	51	1	3	3
2015	29	26	2	0	1	67	62	0	2	3	96	88	2	2	4
合計	138	125	6	0	7	411	359	3	30	19	549	484	9	30	26

表2　年度別遺伝性疾患の認可数

年度別遺伝性疾患の認可数

認可年度	A	B	C	D	E	F	G	合計
1999	0	0	0	0	0	0	0	0
2000	0	0	0	0	0	0	0	0
2001	0	0	0	0	0	0	0	0
2002	0	0	0	0	0	0	0	0
2003	0	0	0	0	0	0	0	0
2004	1	0	0	0	0	0	0	1
2005	5	0	0	0	0	0	0	5
2006	6	0	0	0	0	0	0	6
2007	1	0	0	0	0	0	0	1
2008	4	0	0	0	0	0	0	4
2009	12	0	0	0	0	0	0	12
2010	10	0	1	0	0	4	0	15
2011	4	0	0	0	0	1	0	5
2012	7	1	0	0	0	1	0	9
2013	14	1	1	0	1	0	0	17
2014	10	1	2	0	0	6	0	19
2015	19	2	2	0	0	1	2	26
合計	93	5	6	0	1	13	2	120

A　神経筋疾患　　　Duchenn 筋ジストロフィー
　　　　　　　　　筋強直性ジストロフィー
　　　　　　　　　副腎白質ジストロフィー
　　　　　　　　　Leigh 脳症
　　　　　　　　　福山型筋ジストロフィー
　　　　　　　　　脊髄性筋萎縮症
　　　　　　　　　Peliseus-Merzbacher
　　　　　　　　　先天性ミオパチー（myotubular myopathy）
B　骨結合織皮膚疾患　骨形成不全症II型
　　　　　　　　　成熟型遅延骨異形成症
　　　　　　　　　拘束性皮膚障害 restrictive dermopathy
C　代謝性疾患　　　オルニチントランスカルバミラーゼ欠損症
　　　　　　　　　PDHC 欠損症（高乳酸高ピビン酸血症）
　　　　　　　　　5，10-Methylenetetrahydrofolate reductase
　　　　　　　　　欠損症
　　　　　　　　　Lesch-Nyhan 症候群
　　　　　　　　　ムコ多糖症II Hunter
　　　　　　　　　グルタル酸尿症II型
D　血液免疫
E　奇形症候群
F　染色体異常　　　重篤な遺伝性疾患児を出産する可能性のある染色体構造以上
G　その他　　　　　X連鎖性遺伝性水頭症

第1節 着床前遺伝子診断 *51*

表3 年度別実施数

実施年度	実施例数	結　果				妊娠例数
		検査胚数	罹患胚数	非罹患胚数	移植胚数	
2005	1	4	1	–	–	–
2006	13	68	24	36	19	4
2007	31	170	78	71	47	10
2008	55	281	131	133	54	16
2009	93	332	142	181	71	16
2010	125	442	209	207	98	27
2011	143	547	299	247	126	33
2012	138	565	351	206	136	25
2013	105	525	296	219	108	23
2014	107	522	260	228	121	23
2015	102	515	265	171	78	24
合計	913	3971	2056	1699	858	201

遺伝性疾患

実施年度	実施例数	結　果				妊娠例数
		検査胚数	罹患胚数	非罹患胚数	移植胚数	
2005	1	4	1	0	0	0
2006	6	47	15	24	11	1
2007	11	60	19	27	20	3
2008	7	37	13	17	12	1
2009	6	30	13	15	14	0
2010	16	112	36	53	38	5
2011	26	147	96	51	39	6
2012	28	143	93	47	51	3
2013	21	120	77	43	35	8
2014	36	188	90	68	47	8
2015	26	136	53	52	22	1
合計	184	1024	506	397	289	33

習慣流産

実施年度	実施例数	結　果				妊娠例数
		検査胚数	罹患胚数	非罹患胚数	移植胚数	
2005	–	–	–	–	–	–
2006	7	21	9	12	8	3
2007	20	110	59	44	27	7
2008	48	244	118	116	42	15
2009	87	302	129	166	42	15
2010	109	330	173	154	60	22
2011	117	400	203	196	87	27
2012	110	422	258	159	85	22
2013	84	405	219	176	73	18
2014	71	334	170	160	74	15
2015	76	379	212	119	56	23
合計	729	2947	1550	1302	569	168

52　第1章　先端医療の現況と問題

表4　妊娠の転帰

総　計

実施年度	妊娠例数	総胎児数	流産児数	新生児数
2005	0	0	0	0
2006	4	4	2	2
2007	10	12	3	6
2008	16	16	3	11
2009	16	15	3	10
2010	27	28	2	19
2011	33	33	9	15
2012	25	28	4	19
2013	23	24	4	8
2014	23	22	6	7
2015	24	26	5	4
合計	201	208	41	101

遺伝性疾患

実施年度	妊娠例数	総胎児数	流産児数	新生児数	
				非無理感児	罹患児
2005	0	0	0	0	0
2006	1	1	1	0	0
2007	3	3	1	0	0
2008	1	1	0	0	0
2009	0	0	0	0	0
2010	5	5	0	2	0
2011	6	8	2	5	0
2012	3	3	0	3	0
2013	5	5	2	3	0
2014	8	6	2	4	0
2015	1	1	0	0	0
合計	33	33	8	17	0

習慣流産

実施年度	妊娠例数	総胎児数	流産児数	新生児数
2005	−	−	−	−
2006	3	3	1	2
2007	7	9	2	6
2008	15	15	3	11
2009	16	15	3	10
2010	22	23	2	17
2011	27	25	7	10
2012	22	25	4	16
2013	18	19	2	5
2014	15	16	4	3
2015	23	25	5	4
合計	168	175	33	84

註

1 ） See, JoëlleVailly, The Birth of a Genetics Policy: Social Issues of Newborn Screening, ASHGATE, 2013, pp.182., Kou Sueoka, Primplantation genetic diagnosis: an update on current technologies and ethical considerrations,Reprod Med Biol（2016）15: 69-75., Hiroki Kurahashi, Primplantation genetic diagnosis/screening by comprehensive molecular testing, Reprod Med Biol（2016）15: 13-1.

2 ） 着床前診断についての詳細な文献として、吉村泰典『生殖医療の未来学-生まれてくる子のために-』、診断と治療社、2010年、117頁以下、特に118頁参照。遺伝子医療の倫理的問題に関して、島田 隆「遺伝子医療の倫理的課題」、J Nippon Med Sch 2001: 68（5）430頁以下、同「遺伝子医療の最近の世界的動向」、Pharama MedicaVol. 33. No. 4 （2015年）9 頁以下参照。

3 ） 同旨、末岡 浩・田中 守「着床前診断/スクリーニング検査」、産科と婦人科84巻 1 号（2017年）12頁参照。

4 ） 日比野由利『ルポ 生殖ビジネス 世界で「出産」はどう商品化されているか』、朝日新聞出版、2015年、212頁参照。

5 ） 赤子産業・遺伝子ビジネス・胎児ビジネス等について広い視点からの指摘として、See, Andrew Kimbrell, The Human Body Shop: the Engineering and Marketing of Life, Harper SanFrancisco, 1993（A・キンブレル（福岡伸一訳）『生命に部分はない』、講談社現代選書、2017年）。

6 ） 毎日新聞2016年 4 月25日朝刊参照。NIPT について、拙稿「非侵襲的出生前遺伝学的検査についての刑事法的一考察」、武蔵野大学政治経済研究所年報 8 号（2014年）1 頁以下、同「検査結果の誤伝達によるクライアントの権利侵害」、武蔵野大学政治経済研究所年報11号（2015年）31頁以下、同「障害を理由とする人工妊娠中絶についての刑事法的一考察」、武蔵野大学政治経済研究所年報12号（2016年）1 頁以下、同「新たな医療技術・検査等の導入に伴う倫理的問題-NIPT Data の公表の在り方を契機に-」（『山中敬一先生古稀記念論文集 [下巻]』所収）、成文堂、2017年、465頁以下参照。

7 ） See, Andrew Kimbrell, The Human Body Shop, p.127.（前註 5 ）A・キンブレル（福岡伸一訳）『生命に部分はない』、246頁参照）。遺伝工学に内在する優生思想について、T．ハワード、J．リフキン（磯野直秀訳）『遺伝工学の時代-誰が神に代わりうるか-』、岩波現代選書、1979年参照。

8 ） 前註 6 ）拙稿「非侵襲的出生前遺伝学的検査についての刑事法的一考察」、武蔵野大学政治経済研究所年報 8 号68頁及び73頁参照。

9 ） 鈴木敏史・松本直通「疾患ゲノム解析」、産科と婦人科84巻 1 号（2017年）55頁参照。

10） 渡邊 淳『遺伝医学』、羊土社、2017年、134頁参照。

11） 総合科学技術会議「ヒト胚の取扱いに関する基本的考え方」（平成16年 7 月23日）参照（http://www8.cao.go.jp/cstp/tyousakai/life/haihu39/siryo5-1-1.pdf）。

12） 文部科学省及び厚生労働省「ヒト受精胚の作成を行う生殖補助医療研究に関する倫理指針」（平成22年12月17日）参照（http://www.mhlw.go.jp/general/seido/kousei/i-kenkyu/dl/9_01.pdf）。平成29年 2 月28日の一部改正が、最新のガイドラインである。主要な改正点は、①個情法等の改正に合わせて個人情報の定義を見直すとともに、個情法等で新たに定義された個人識別符号（生体情報をデジタルデータに変換したもの等）の用語を追加、②現行指針の「連結不可能匿名化」されている情報が、新指針施行後は個人識別符号が含まれる等により、特定の個人が識別されることがあることから、現行指針の「連結可能匿名化」及び「連結不可能匿名化」の用語を廃止し、代わりに「対応表」の用語を追加、③「連結不可能匿名化」の用語の廃止に伴い、現行指針にて当該用語が用いられている規定の見直し、である（http://www.mext.go.jp/b_menu/houdou/28/09/attach/1377582.htm）。

13） 毎日新聞2017年 7 月30日朝刊参照。

14） 文部科学省第25回科学技術・学術審議会生命倫理・安全部会「生殖補助医療研究専門委員会」、厚生労働省第 2 回厚生科学審議会科学技術部会「ヒト胚研究に関する審査専門委員会」

54 第1章 先端医療の現況と問題

（合同開催）参照（http://www.mext.go.jp/b_menu/shingi/gijyutu/gijyutu1/007/kaisai/1388195.htm）。

15) 着床前診断に関する日本産科婦人科学会の指針の変遷の概要について、前掲註6）拙稿「検査結果の誤伝達によるクライアントの権利侵害」、武蔵野大学政治経済研究所年報11号34頁以下参照。わが国の着床前診断（受精卵診断）をめぐる論争の詳細について、利光惠子『受精卵診断と出生前診断−その導入をめぐる争いの現代史』、生活書院、2012年、67頁以下参照。

16) 日産婦誌67巻8号（2015年）1649頁以下参照。

17) 日本産科婦人科学会平成28年度第4回常務理事会議事録参照（http://www.jsog.or.jp/activity/minutes/pdf/GIJIROKU/H28_4joumu.pdf）。

18) 日本産科婦人科学会平成28年度第5回常務理事会議事録参照（http://www.jsog.or.jp/activity/minutes/pdf/GIJIROKU/H28_5joumu.pdf）。

19) http://www.jsog.or.jp/ethic chakushouzen_20110226.html

20) 前掲註16参照（日本産科婦人科学会「『着床前診断』に関する見解（平成27年6月20日改定）」、日産婦誌67巻8号（2015年）1649頁以下参照）。

21) 日本産科婦人科学会平成25年度第5回倫理委員会議事録参照（http://jams.med.or jp/activity/gijiroku25_05.html）。

22) 平成25年度第6回常務理事会議事録参照（http://jams.med.or jp/activity/minutes/pdf/GIJIROKU/H25_6jyoumu.pdf）。PGSに関する小委員会について、日産婦誌67巻10号（2015年）2353頁以下参照。

23) 毎日新聞2014年12月13日朝刊参照。

24) 公開シンポジウム「着床前受精卵遺伝子スクリーニング(PGS)について」の報告者及びタイトルは、（1）基調講演 -1.「着床前受精卵遺伝子診断の動向」平原史樹（横浜市立大学・日産婦着床前診断に関する審査小委員会委員長）、（2）基調講演 -2.「PGSに関する特別臨床研究について」竹下俊行(日本医科大学・日産婦 PGS に関する小委員会委員長)である（http://jams.med.or jp/news/html/announce_20150207.html）。

25) PGT-A に関するワーキンググループの構成メンバーは、小委員長：竹下俊行、委員：石原 理、宇津宮隆史、加藤恵一、久具宏司、桑原 章、桑原慶充、榊原秀也、澤 倫太郎、杉浦真弓、柘植あづみ、阪埜浩司、福田愛作、アカデミック・アドバイザー：倉橋浩樹、黒澤健司、末岡 浩、山本俊至、オブザーバー：吉村泰典の17氏である。日産婦誌69巻8号（2017年）1589頁参照。

26) 日産婦誌69巻9号（2017年）1916頁以下参照。

27) 「平成28年度倫理委員会登録・調査小委員会報告（2015年分の体外受精・胚移植等の臨床実施成績および2017年7月における登録施設名）」、日産婦誌69巻9号（2017年）1841頁以下参照。

28) See, Andrew Kimbrell, The Human Body Shop, p. 127.（前註5）A・キンブレル（福岡伸一訳）『生命に部分はない』、246頁参照）。生命倫理に関しては、バイオエッシクス領域でのトム・L・ビーチャム、ジェイムズ・F・チルドレス（立木教夫・足立智孝監訳）『生命医学倫理（第5版）』、麗澤大学出版会、2011年参照。近時のニューロエシックス（Neuroethics）領域での美馬達哉『脳のエシックス−脳神経倫理学入門』、人文書院、2010年参照。

29) 伊藤道哉『生命と医療の倫理学 第2版』、丸善出版、2013年、108頁参照。現在、GRI（Reproductive Genetic Institute）にはアクセス出来ず、Reproductive Genetic Innovations が検査業務を実施している（http://www.rgipgd.com/）。

30) 龍谷大学「遺伝子工学と生命倫理と法」研究会編『遺伝子工学時代における生命倫理と法』、日本評論社、2003年参照。本書は、日独共同シンポジウム「遺伝子工学時代における生命倫理と法(Recht und Ethik im Zeitalter der Gentechnik)」をまとめたものであり、示唆的な報告が掲載されている。

31) 法的対応について、高嶌英義「日本における生殖補助医療の現状と法的対応」、前註30)『遺伝子工学時代における生命倫理と法』、404頁以下参照。特に、刑事法の対応について、甲斐克則「生殖医療技術の(刑事)規制モデル」、広島法学18巻2号（1994年）(同『生殖医療と刑法』、

第1節　着床前遺伝子診断　　55

成文堂、2010年所収、101頁以下）、金　尚均「日本における着床前診断」（前註30）『遺伝子工学時代における生命倫理と法』）468頁以下、石川友佳子「着床前診断をめぐる法規制のあり方」、福岡大学法学論集58巻4号（2014年）609頁以下参照。より広いルールという視点から、玉井真理子「ヒトゲノム・遺伝子解析をめぐる国内のルールづくり-21世紀ゲノム学を見すえて-」（甲斐克則編『遺伝情報と法政策』、成文堂、2007年所収）230頁以下参照。諸外国の法的規制について、安井一徳「諸外国における出生前診断・着床前診断に対する法的規制について」、調査と情報第779号（2013年）1頁以下参照。

32)　山中敬一『医事刑法概論Ⅰ』、成文堂、2014年、54頁以下参照。

33)　Vgl. Hans-Ludwig Gunther und Rolf Keller（hrsg.）, Fortpflanzungsmedizin und Humangenetik-Strafrechtliche Schranken?, 2Anfl. 1991. J. C. B. Mohr.（ギュンター／ケラー編著（中　義勝・山中敬一監訳）『生殖医学と人類遺伝学-刑法によって制限すべきか?』、成文堂、1991年）。その後のドイツの状況について、甲斐克則「ドイツにおける遺伝情報の法的保護-『連邦議会審議会答申』を中心に-」（前註31）甲斐克則編『遺伝情報と法政策』）199頁以下参照。ドイツの判例・学説の紹介及び我が国の着床前診断の問題点についての詳細な分析として、只木　誠「着床前診断をめぐる諸問題-ドイツにおける理論状況-」、法学新法111巻5＝6号（2005年）1頁以下（同『刑事法学における現代的課題』、中央大学出版部、2009年、43頁以下所収）、石川友佳子「着床前診断に関する一考察」（辻村みよ子監修『ジェンダー法・政策研究叢書第5巻　セクシュアリティと法』、東北大学出版会、2006年）156頁以下、三重野雄太郎「着床前診断と刑事規制：ドイツにおける近時の動向を中心として」、早稲田大学大学院法研論集143号（2012年）359頁以下、同「着床前診断の規制と運用：ドイツの着床前診断令の分析を中心として」、早稲田大学大学院法研論集148号（2013年）229頁以下、同「着床前診断の処罰根拠」、鳥羽商船高等専門学校紀要38号（2016年）7頁以下参照。

34)　Vgl. Gunther, a. a. O. S. 226.（ギュンター「刑法の観点から見た遺伝子『欠陥』の出生前診断および出生前治療」（『生殖医学と人類遺伝学-刑法によって制限すべきか?』）246頁参照）。

35)　玉井真理子「出生前診断・選択的中絶をめぐるダブルスタンダードと胎児情報へのアクセス権-市民団体の主張から-」、現代文明学研究第2号（1999）77頁以下、特に86頁参照。

36)　百枝幹雄「生殖補助医療における倫理的問題を考える」、産科と婦人科83巻3号（2016年）巻頭参照。

37)　前註2）吉村泰典『生殖医療の未来学-生まれてくる子のために-』、123頁参照。

38)　前註10）渡邊　淳『遺伝医学』、204頁以下参照。なお、ゲノム情報を用いた医療等の実用化推進タスクフォース『ゲノム医療等の実現・発展のための具体的方策について（意見とりまとめ）』（平成28年10月19日）参照（http://www.mhlw.go.jp/file/05-Shingikai-10601000-Daijinkanboukouseikagakuka-Kouseikagakuka/0000140440.pdf）。

39)　前註3）末岡　浩・田中　守「着床前診断／スクリーニング検査」、産科と婦人科84巻1号12頁参照。

40)　診療・研究に関する倫理員会の答申は、平成10年6月27日開催平成10年度第2回理事会で承認された。本答申は、「着床前診断に関する見解」の解説に比して検討結果を反映して具体的である。理事会内委員会「診療・研究に関する倫理委員会報告（平成8年度）」、日産婦誌49巻5号（1997年）269頁以下参照。同委員会の構成メンバーは、委員長：佐藤和雄、委員：大濱紘三、相良祐輔、武谷雄二、寺川直樹、西谷　巌、森　崇英、矢内原　巧、我妻　堯、矢嶋　聡、廣井正彦、幹事長：落合和徳、幹事：坂元秀樹の諸氏である。

41)　第1回着床前診断に関する公開討論会の記録について、理事会内委員会「平成9年度診療・研究に関する倫理委員会報告」、日産婦誌50巻7号（1998年）415頁以下参照。日本産科婦人科学会主催「着床前診断に関する公開討論会」は、テーマ「着床前診断をめぐって」の下に司会者：行天良雄（医事評論家）、パネリスト：吉村泰典（慶應義塾大学教授・日産婦学会倫理委員）、青野敏博（徳島大学教授・日産婦学会倫理委員長）、貝谷久宣（日本筋ジストロフィー協会理事）、石原傳幸（国立療養所東埼玉病院副院長）、斎藤有紀子（明治大学法学部兼任講師）、矢野恵子（優生思想を問うネットワーク代表）、玉井邦夫（日本ダウン症協会会長）、長沖暁子

56   第1章　先端医療の現況と問題

　　（SOSHIREN 女（わたし）のからだから）、星野一正（京都大学名誉教授）の９氏である。参
　　加者は、日本産科婦人科学会会員52名、一般参加者102名、記者クラブ関係者21名、計175名で
　　ある。
42)　虎の門病院産婦人科佐藤孝道医師から吉村泰典及び青野敏博両パネリストへの質問要旨であ
　　る。日産婦誌50巻７号（1998年）440頁以下参照。
43)　第２回着床前診断に関する公開討論会の記録について、理事会内委員会「平成10年度診療・
　　研究に関する倫理委員会報告」、日産婦誌50巻10号（1998年）912頁以下参照。第２回の公開討
　　論会は、平日開催ということで参加者が制約されたが126名が参加した。司会者：行天良雄（医
　　事評論家）、パネリスト：青野敏博（徳島大学教授・日産婦学会倫理委員長）、久保春海（東邦
　　大学教授）、長谷川良夫（全国青い芝の会事務局長）、横田昌樹（日本筋ジストロフィー協会理
　　事、北海道筋ジストロフィー協会副会長）、貝谷嘉洋（日本筋ジストロフィー協会会員）、大野
　　善三（医療ジャーナリスト）、新川詔夫（長崎大学教授）の７氏である。第２回記録は、第１
　　回記録と比較して図表等が挿入され事後的にも理解し易い記述となっている。同委員会の構成
　　メンバーは、委員長：藤本征一郎、委員：青野敏博、大濱紘三、加藤　紘、相良祐輔、新
　　屋　薫、矢内原　巧、吉村泰典、幹事長：落合和徳、幹事：苛原　稔、奥山和彦、坂元秀樹の諸
　　氏である。
44)　日産婦誌50巻10号（1998年）21頁以下参照。
45)　着床前審査小委員会の構成について、着床前診断の実施に関する細則２参照。
46)　朝日新聞及び読売新聞平成16年２月４日朝刊参照。大谷徹郎院長の着床前診断についての見
　　解について、大谷徹郎『新型「着床前診断」を知っていますか?』、海苑社、2013年参照。
47)　読売新聞平成16年７月10日朝刊参照。
48)　毎日新聞平成17年５月12日朝刊参照。
49)　日本産科婦人科学会平成17年度第２回常務理事会会議事録参照（http://www.jsog.or.jp/
　　activity/minutes/pdf/GIJIROKU/h17_02joumu.pdf)。
50)　日本産科婦人科学会平成17年度第２回倫理委員会議事録参照（http://www.jsog.or.jp/
　　activity/gijiroku17_02.html)。
51)　着床前診断の適応に関する WG は、第１回平成17年７月13日開催、第２回平成17年８月31日
　　開催、第３回平成17年10月５日開催、第４回平成17年11月10日開催、第５回平成17年12月１日
　　開催する。但し、第４回と第５回の議事録は欠如している。同 WG の構成メンバーは、委員
　　長：大濱紘三、委員：齋藤加代子、末岡　浩、杉浦真弓、鈴木良子、高桑好一、阪埜浩司、久
　　松美香、福嶋義光の９氏である。
52)　第１回着床前診断の適応に関する WG 議事録参照（http://www.jsog.or.jp/activity/pdf/
　　PGD_01minites.pdf)。
53)　第２回着床前診断の適応に関する WG 議事録参照（http://www.jsog.or.jp/activity/pdf/
　　PGD_02minites.pdf)。
54)　第３回着床前診断の適応に関するワーキンググループ議事録参照（http://www.jsog.or.jp/
　　activity/pdf/PGD_03minites.pdf)。
55)　「着床前診断の適応に関するワーキンググループ」答申（平成17年12月７日）について、日
　　産婦誌62巻４号（2010年）922頁以下参照。
56)　日本産科婦人科学会平成21年度第４回倫理委員会議事録参照（http://www.jsog.or.jp/
　　activity/gijiroku21_04.html)。
57)　日本産科婦人科学会平成22年第１回倫理委員会議事録参照（http://www.jsog.or.jp/activity/
　　gijiroku22_01.html)。
58)　「『着床前診断』に関する見解の改定について（平成22年６月26日）」及び「着床前診断の実
　　施に関する細則」について（http://www.jsog.or.jp/kaiin/html/Rinri/announce_19dec2005.
　　html)。
59)　本内規は、10年以上前に検討された内規と紹介されている。平成28年５月10日開催日本産科
　　婦人科学会平成28年度第１回倫理委員会議事録参照（http://www.jsog.or.jp/activity/

第 1 節　着床前遺伝子診断　*57*

gijiroku28_01.html）。
60）　日本産科婦人科学会平成22年第 2 回倫理委員会議事録参照（http://www.jsog.or.jp/activity/
　　　gijiroku22_02.html）。
61）　日本産科婦人科学会平成22年第 3 回倫理委員会議事録参照（http://www.jsog.or.jp/activity/
　　　gijiroku22_03.html）。
62）　日本産科婦人科学会平成22年第 5 回倫理委員会議事録参照（http://www.jsog.or.jp/activity/
　　　gijiroku22_05.html）。
63）　日本産科婦人科学会平成23年度第 1 回倫理委員会議事録参照（http://www.jsog.or.jp/
　　　activity/gijiroku23_01.html）。
64）　日本産科婦人科学会平成23年度第 4 回倫理委員会議事録参照（http://www.jsog.or.jp/
　　　activity/gijiroku23_04.html）。
65）　日本産科婦人科学会平成23年度第 2 回倫理委員会議事録参照（http://www.jsog.or.jp/
　　　activity/gijiroku23_02.html）。
66）　日本産科婦人科学会平成23年度第 3 回倫理委員会議事録参照（http://www.jsog.or.jp/
　　　activity/gijiroku23_03.html）。
67）　日本産科婦人科学会平成26年度第 3 回理事会議事録参照（http://www.jsog.or.jp/activity/
　　　minutes/pdf/GIJIROKU/H26_3riji.pdf）。
68）　日本産科婦人科学会平成26年度第 5 回倫理委員会議事録参照（http://www.jsog.or.jp/
　　　activity/gijiroku26_05.html）。
69）　日本産科婦人科学会平成27年度第 1 回理事会議事録参照（http://www.jsog.or.jp/activity/
　　　minutes/pdf/GIJIROKU/H27_1riji.pdf）。
70）　日産婦誌67巻 8 号（2015年）1652頁以下参照。
71）　前註66）参照。
72）　前註 6 ）拙稿「検査結果の誤伝達によるクライアントの権利侵害」、武蔵野大学政治経済研
　　　究所年報11号35頁参照。日本産科婦人科学会平成25年11月19日開催平成25年度第 4 回倫理委員
　　　会議事録参照（http://www.jsog.or.jp/activity/gijiroku25_04.html）。
73）　日本産科婦人科学会平成25年度第 4 回理事会議事録参照（http://www.jsog.or.jp/activity/
　　　minutes/pdf/GIJIROKU/H25_4riji.pdf）。
74）　日本産科婦人科学会平成25年度第 6 回常務理事会（http://www.jsog.or.jp/activity/minutes/
　　　pdf/GIJIROKU/H25_6joumu.pdf）。
75）　日本産科婦人科学会平成26年度第 1 回理事会議事録参照（http://www.jsog.or.jp/activity/
　　　minutes/pdf/GIJIROKU/H26_1riji.pdf）。
76）　日本産科婦人科学会平成26年度第 3 回常務理事会議事録参照（http://www.jsog.or.jp/
　　　activity/minutes/pdf/GIJIROKU/H26_3joumu.pdf）。
77）　日本産科婦人科学会平成26年度第 4 回理事会議事録参照（http://www.jsog.or.jp/activity/
　　　minutes/pdf/GIJIROKU/H26_4riji.pdf）。
78）　前註69）日本産科婦人科学会平成27年度第 1 回理事会議事録参照。
79）　日本産科婦人科学会平成27年度第 2 回理事会議事録参照（http://www.jsog.or.jp/activity/
　　　minutes/pdf/GIJIROKU/H27_2riji.pdf）。
80）　日本産科婦人科学会平成27年度第 2 回常務理事会議事録参照（http://www.jsog.or.jp/
　　　activity/minutes/pdf/GIJIROKU/H27_2joumu.pdf）。
81）　日本産科婦人科学会平成27年度事業報告書45頁以下参照（http://www.jsog.or.jp/about_us/
　　　pdf/jigyoureport_h27.pdf）。
82）　日本産科婦人科学会平成28年度第 2 回理事会議事録参照（http://www.jsog.or.jp/activity/
　　　minutes/pdf/GIJIROKU/H28_2riji.pdf）。
83）　日本産科婦人科学会平成28年度第 3 回倫理委員会議事録参照（http://www.jsog.or.jp/
　　　activity/gijiroku28_03.html）。
84）　日本産科婦人科学会平成28年度第 5 回常務理事会議事録参照（http://www.jsog.or.jp/

58　第 1 章　先端医療の現況と問題

activity/minutes/pdf/GIJIROKU/H28_5joumu.pdf）。

85)　日本産科婦人科学会平成28年度第 4 回倫理委員会議事録参照（http://www.jsog.or.jp/activity/gijiroku28_04.html）。

86)　日本産科婦人科学会平成28年度事業報告書51頁以下参照（http://www.jsog.or.jp/about_us/pdf/jigyoureport_h28.pdf）。

87)　PGT-A に関する WG の論議は、現段階では全く不分明である。なお、PGS に関する WG の構成員（平成28年12月 1 日現在）は、オブザーバー苛原　稔及び平原史樹の 2 氏を除いて PGT-A に関する WG の構成員にスライドしている。

88)　日本産科婦人科学会平成28年度事業報告書52頁以下参照（http://www.jsog.or.jp/about_us/pdf/jigyoureport_h28.pdf）。

89)　末岡　浩「着床前診断のいま」、医学のあゆみ246巻 2 号（2013年）169頁及び前註 3 ）末岡　浩・田中　守「着床前診断／スクリーニング検査」、産科と婦人科84巻 1 号12頁参照。

90)　末岡　浩「着床前診断」、産科と婦人科83巻 3 号（2016年）301頁参照。

91)　前註 2 ）吉村泰典『生殖医療の未来学-生まれてくる子のために-』、164頁参照。

92)　前註 6 ）拙稿「新たな医療技術・検査等の導入に伴う倫理的問題-NIPT Data の公表の在り方を契機に-」（『山中敬一先生古稀記念論文集［下巻］』所収）465頁以下参照。PGD のデータ解析と有効性の有無の評価と臨床応用の是非の日本産科婦人科学会の責任について、中岡義晴・森本義晴「着床前診断の進歩」、産科と婦人科83巻 7 号（2016年）809頁参照。なお、PGD のデータについての報告がなされるに至った。前註26）参照。

93)　日産婦誌67巻 4 号（2015 年）1271-1284 頁参照（http://www.jsog.or.jp/ethic/chakushouzen_20150620.html）。

94)　「倫理委員会　着床前診断に関する審査小委員会報告（1999～2015年度分の着床前診断の認可状況および実施成績)」、日産婦誌69巻 9 号（2017年）1917頁以下参照。

第2節　非侵襲的出生前遺伝学的検査

疑うことを恐れないひとに
疲れ果てることなく
死ぬほど苦しみながら
なぜかと問うひとに
生むか生まないかという
究極の選択をみずからに課すひとに
この本は捧げられる
ひとりの女から
すべての女へ
　　　　　　　－オリアーナ・ファラーチ『生まれなかった子への手紙』より－[1]

1．序　言

1．医療技術の進歩・革新は、多様な医療分野で人々の生命及び健康の維持促進に多大な寄与をしている。本稿では、子どもの出生前後の段階における医療技術及び診断について非侵襲的出生前遺伝学的検査（Non-Invasive Prenatal Genetic Testing；NIPT[2]）所謂「母体血を用いた新しい出生前遺伝学的検査」に焦点を絞り刑事法的視点から考察する。

わが国では非配偶者間人工授精（Artificial Insemination with Donor's Semen；AID, ID）は、不妊治療の一つの方法として1948年に慶應義塾大学医学部安藤画一教授によって開始され、既に1万5千人余が出生してきたことは公知の事実であり、事実上の出生前診断が法的・倫理的論議のないまま子を願う夫婦の要望を充足するために臨床で継続的に実施されている[3]。

1983年、日本産科婦人科学会は、何等の規制やガイドラインのないままに実施されてきた非配偶者間人工授精に対して、非配偶者間人工授精は不妊治療として行われる医療行為であり、「これ以外の医療行為によっては妊娠成立の見込みがないと判断されるものを対象」とし、「実施に際しては、遺伝子操作を行わない」こと等を条件とするガイドライン「体外受精・胚移植に関する見解」を会員に告示した。日本産科婦人科学会は、1985年「ヒト精子・卵子・受精卵を取り扱う研究に関する見解」及び1986年「体外受精・胚移植の臨床実施

60 　第1章　先端医療の現況と問題

の登録報告制について」等のガイドラインを告示し、非配偶者間人工授精を
「精子提供による非配偶者間人工授精（artificial insemination with donor semen；
AID、以下本法）は、不妊の治療として行われる医療行為であり、その実施に際
しては、我が国における倫理的・法的・社会的基盤を十分に配慮し、これを実
施する」と定義し、7要件の充足を実施条件とし、35年間暗黙裡に実施されて
きた非配偶者間人工授精に一定のルールを設定するに至った。なお、同学会
は、非配偶者間人工授精の対象を事実婚の夫婦にも拡大することを理事会で決
定し、2014年6月の学会総会に提案するという[4]。

　1999年以降、日本産科婦人科学会は、体外受精・胚移植等の臨床実施成績お
よび登録施設名を公表し、非配偶者間人工授精実施施設での治療成績として出
生児数等も公表し[5]、非配偶者間人工授精に関する研究及びデータの集積がな
されている。

　生殖補助医療（Assisted Reproductive Technology；ART）の定義としては、2
つのものがある。第1は、法制審議会生殖補助医療関連親子法制部会の「『生
殖補助医療』とは、生殖を補助することを目的として行われる医療をいい、具
体的には、人工授精、体外受精、顕微授精、代理懐胎等をいう」との定義であ
る[6]。第2は、日本学術会議「生殖補助医療の在り方検討委員会」最終報告書
の「不妊症の診断、治療において実施される人工授精、体外受精・胚移植、顕
微授精、凍結胚、卵管鏡下卵管形成等の、専門的であり、かつ特殊な医療技術
の総称である」との定義である[7]。

　生殖補助医療は、より高い確率の妊娠を齎すための技術革新により、多くの
出生児を得るに至った。生殖補助医療の最新状況は、以下の通りである（2011
年度データ、括弧内は2010年度データ）。体外受精治療件数71,422件（67,714件）、顕
微受精件数102,473件（90,677件）、凍結胚・卵を用いた治療件数95,764件（83,770
件）計269,659件（242,161件）である。それぞれの治療により出生した生産児数
は、体外受精治療生産児数4,546人（4,657人）、顕微受精生産児数5,415人（5,277
人）、凍結胚・卵を用いた治療生産児数22,465人（19,011人）計32,426人（28,945人）
であり、全出生児数1,050,806人（1,071,304人）の3.08%（2.70%）に該当する[8]。

　日本産科婦人科学会は、生殖補助医療分野において医療技術の進歩に即して
ルール化された医療体制を実効的に実施するために従前のガイドラインの改
正・改廃や新たなガイドラインを作成し、その都度会告として会員に告示して

いる。

以下、わが国の生殖補助医療の最新治療データを紹介する。

1988年、日本産科婦人科学会は、出生前に実施される胎児の生育状態及び健康状態の診断の在り方について「妊娠前半期におこなわれる先天異常の胎児診断には、羊水検査、絨毛検査、胎児鏡、胎児採血、超音波診断などの方法が応用されているが、これらの胎児診断は倫理的にも社会的にも多くの問題を包含

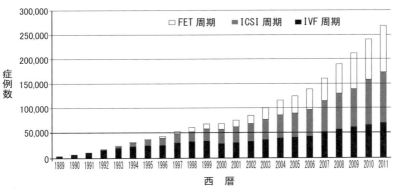

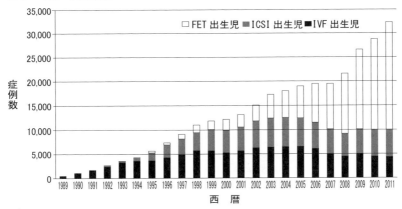

－図1及び図2：日本産科婦人科学会 ART データブック 2011年（http:plaza.umin.ac.jp/jsogart）より引用－

62　第 1 章　先端医療の現況と問題

表 1　凍結融解未受精卵を用いた治療成績〔2011年〕

	未授精凍結融解卵による移植
治療周期総数	104
採卵総回数	
移植総回数	63
妊娠数	17
移植あたり妊娠数	27.0%
採卵あたり妊娠率	
単一胚移植数	43
単一胚移植での妊娠	12
単一胚移植率	68.3%
単一胚移植での妊娠率	27.9%
流産数	1
妊娠あたり流産率	5.9%
異所性妊娠数（子宮外妊娠数）	0
人工妊娠中絶	0
単胎数（胎嚢）	13
多胎妊娠総数	0
双胎	0
三胎	0
四胎	0
五胎	0
胎嚢数多胎率	0.0%
生産分娩数	13
移植あたり生産率	20.6%
死産分娩数	0
出生児数	13
単胎生産	13
双胎生産	0
三胎生産	0
異正所同時妊娠（内外同時妊娠）	0
減数手術	0
妊娠後経過不明数※	2
妊娠後の転帰空欄	1

※転帰不明と明記されているもの

表 2　非配偶者間人工授精（AID）の治療成績〔2011年〕

患者総数	892
AID 周期総数	3,082
妊娠数	165
流産数	30
異所性妊娠数（子宮外妊娠）	0
生産分娩数	91
死産分娩数	1
出生児数	92
妊娠後経過不明数	43

表3 治療法別出生児数および累積出生児数〔2011年〕

	治療周期総数	出生児数	累積出生児数
新鮮胚（卵）を用いた治療	71,422	4,546	106,024
凍結胚（卵）を用いた治療※	95,764	22,465	117,736
顕微受精を用いた治療	102,473	5,415	80,046
合計	269,659	32,426	303,806

※凍結融解胚を用いた治療成績と凍結融解未受精卵を用いた治療成績の合計

−表1〜3：日産婦誌65巻4号、2091及び2092頁より引用−

していることに留意し、以下の点に注意して実施する必要がある」として「先天異常の胎児診断、特に妊娠初期絨毛検査に関する見解」を告示した。出生前診断の方法は、1960年代に羊水穿刺による染色体検査、1970年代に胎児鏡、皮膚生検、胎児採血、超音波診断法の発展、1980年代に絨毛検査、超音波リアルタイム画像診断の確立として展開してきた。

　出生前診断（prenatal diagnosis）は、出生前よりも更に遡及して受精卵の子宮への着床前にも及び着床前遺伝子診断（Preimplantation Genetic Diagnosis；PGD）が実施される状況に至った。1998年、日本産科婦人科学会は、着床前診断を「in vitro での受精卵の取扱い技術の進歩と、分子生物学的診断法の発展は、個体発生に影響を与えることなく受精卵の割球の一部を生検し、これにより当該個体の有する遺伝子変異を着床以前に検出、診断することを可能にした」診断法と位置付け、受精卵（胚）の着床前診断対象を「重篤な遺伝性疾患」とするガイドライン「着床前診断に関する見解」を会員に告示した。

　生殖補助医療のルール化を目指し、幾つかの報告書及びガイドラインが公表された。その主要なものとしては、1999年、厚生科学審議会先端医療技術評価部会生殖補助医療技術に関する専門委員会「母体血清マーカー検査に関する見解（報告）」、2000年、同「精子・卵子・胚の提供等による生殖補助医療のあり方についての報告書」、2008年、日本学術会議生殖補助医療の在り方検討委員会「代理懐胎を中心とする生殖補助医療の課題−社会的合意に向けて−」が公表されている。

　ヒトゲノム解析の成果は、今日の医療分野の技術革新に多大な影響を与えている。ヒトゲノム計画（Human Genome Project）は、1991年に開始され、2001年2月概要版が発表され、2003年4月解読完了宣言の後、2004年10月完成版の

64 第1章 先端医療の現況と問題

論文が発表された[9]。一連の経緯を踏まえ、2001年3月、文部科学省・厚生労働省・経済産業省は、「科学研究の推進は、人々が健やかで心豊かに生活できる社会を実現するための重要な課題である。その中で、20世紀後半に開始されたヒトゲノム・遺伝子解析研究は、生命科学及び保健医療科学の進歩に大きく貢献し、人類の健康や福祉の発展、新しい産業の育成等に重要な役割を果たそうとしている。

　一方、ヒトゲノム・遺伝子解析研究は、個人を対象とした研究に大きく依存し、また、研究の過程で得られた遺伝情報は、提供者（ヒトゲノム・遺伝子解析研究のための試料等を提供する人）及びその血縁者の遺伝的素因を明らかにし、その取扱いによっては、様々な倫理的、法的又は社会的問題を招く可能性があるという側面がある」との視点から「ヒトゲノム・遺伝子解析研究に関する倫理指針」を作成し、ヒトゲノム・遺伝子解析研究に関わるすべての関係者に対し同指針の遵守を求めた。

　ヒトゲノム・遺伝子解析研究の成果は、次世代シーケンサーの使用により生命誕生をめぐる医療技術分野にも反映され、非侵襲的出生前遺伝学的検査の是非として論議されるに至った。

　2． 出生前遺伝学的検査及び診断とは、日本産科婦人科学会の定義によると以下の通りである。

　「遺伝学的検査とは、ヒト生殖細胞系列における遺伝子変異もしくは染色体異常、先天異常に関する検査、あるいはそれらに関連する検査であり、染色体検査・遺伝生化学的検査・遺伝子診断、検査等が該当する。妊娠中に胎児が何らかの疾患に罹患していると思われる場合に、その正確な病態を知る目的で前項の検査を実施し、診断を行うことが出生前に行われる遺伝学的検査および診断の基本的な概念である[10]」。

　本稿の考察の中核は、非侵襲的出生前遺伝学的検査のコントロールの是非を刑事法的視点から検討するものである[11]。刑法は、人の始期を母体からの一部露出と解し、生命及び身体という保護法益を遵守する[12]。ヒトの生命の始源は、生物学的には精子と卵子の受精にあり、ヒトの萌芽としての受精卵は、刑法的な保護の対象となるか否かについては見解の対立がある。胎児は、受精卵の子宮内膜への接着・埋没による着床後の胎芽期（胎齢8週・妊娠10週未満）を

経て胎盤形成から出産までの期間母体内で成育し、刑法上は堕胎罪の保護の対象となるに過ぎない。

　本稿の考察の基本的視座は、当該検査及び診断の対象者である女性と胎児の生命及び身体の安全を図り、当該検査及び診断の理解と実施に関する社会的合意形成にある。かかる視座からの考察においては、法的問題点の解明と並んで検査対象となる受診者である女性自身の「声」と染色体の数的異常の方とその方を支える方々の実相を正確に把握することが重要である。

　非侵襲的出生前遺伝学的検査に対する女性の意識の確認は、アンケート調査等実証的なデータの蓄積に基づいた研究から示唆されるところ大である[13]。染色体の数的異常の方とその方を支える方々からの発言は、社会を構成する多様な見解の尊重という民主主義社会での重要な視点であり、示唆的な見解である[14]。更に、非配偶者間人工授精の当事者性の問題としては、AID で誕生した児のアイデンティティとしての自己の出自の問題[15]、戸籍上の父親の感情や治療当事者である母親の視点からの問題[16] 等がある。

　非侵襲的出生前遺伝学的検査への社会的関心は、非侵襲的出生前遺伝学的検査が不確定的診断にも関わらずダウン症を的確に診断出来る様な誤解を与える読売新聞2012年 8 月29日のセンセーショナルな報道に端を発する[17]。この様な報道姿勢に対して、ジャーナリスト坂井律子氏は、「複数の視点、問題意識と、歴史的な検証を踏まえてこの難しい問題を伝えてゆくこと。技術が日々進展するいまだからこそ“障害を持つ人生”について多様な情報を伝えること」との自省的発言をする[18]。

　3．ギュンターは、出生前診断の有するアンビヴァレントな側面として胚子あるいは胎児への治療との側面と妊婦の利益としての妊娠中絶を介しての胚子あるいは胎児の殺害への決断の契機との側面を指摘する[19]。

　産科医である大野明子氏は、「いかに美辞麗句で飾ろうとも、出生前診断の本質は、障害を持った子どもを人工妊娠中絶が可能な妊娠週数で見つけだし、排除することです。そして、そのおもな標的は、常染色体の数の異常として最も頻度が高く、かつ見つけやすいダウン症の子どもたちなのです。ダウン症は先天的な障害の一部にすぎず、しかも障害は後天的なもののほうが多いにもかかわらず、です。（中略）ダウン症の子どもたちを見ていて私が感じるのは、

66 第1章 先端医療の現況と問題

彼らは決して淘汰されるべき対象ではなく、逆にその存在が社会にとって必要だから生まれてくるということです。神様が決めた割合だけ存在することがおそらく必要なのです。彼らがいなくなってしまった社会は、健常者にとっても、もはや生きられない社会なのだと今の私は思います」と医師としての経験に基づき非侵襲的出生前遺伝学的検査の本質を指摘される[20]。

増﨑英明教授は、「出生前診断はきれいごとだけではすまされない。医療者が望む望まないにかかわらず、人工妊娠中絶と切り離して考えることは体のいい欺瞞である。出生前診断がこの世に生まれた当初から、法律および倫理と切り離すことは不可能な問題であった」と出生前診断に内在する本質的問題点を指摘する。増﨑教授は、超音波検査を実施する立場から現時点における出生前診断の問題として「1．みえる異常か、みえない異常か（対象は形態異常か機能異常か）、2．スクリーニング検査か精密検査か（疑いなのか確定診断なのか）、3．だれが何を、いつ診断するか（診断システムの構築）、4．どこまで診断するか（正常変異や美醜）、5．出生前診断の目的は（治療なのか、中絶なのか）、6．やっていいのか（法的問題）、7．やってほしいのか（意思確認、カウンセリング）、8．どのくらい確実といえるのか（診断精度）、9．やってよかったのか（長期予後の評価）、10．国としての見解、宗教との相克」を指摘する[21]。

本稿は、非侵襲的出生前遺伝学的検査がアメリカの検査会社シーケノムで開始されたとの情報が日本に齎され、日本産科婦人科学会等でその実施の是非についての論議が開始され始めた前後のマスコミ等の不正確かつセンセーショナルな報道への批判等が交錯する中で、国民的合意形成を目指す2012年以降の議論状況及び問題の所在の解明を企図するものである。

Ⅱ．出生前検査及び診断の概要

1．生殖補助医療技術（Assisted Reproductive Technology：ART）は、近時、生殖細胞系列の研究の成果により目覚ましい進展を示している。生殖細胞系列の細胞分化能は、通常の体細胞の分化様式と異なりヒトの受精卵から発生した胚盤胞（blastocyst）から胚性幹細胞（embryonic stem cell：ES 細胞）を樹立した[22]。更に、山中伸弥教授は、体細胞に転写因子を強制的に発現させることにより人工多能性幹細胞（induced pluripotent stem cell：iPS 細胞）を人為的に誘導

図3　発生文化能と細胞系譜

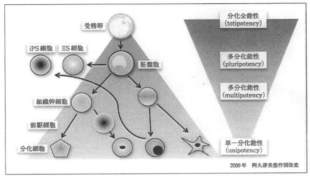

-山田満稔他「ARTから再生医療へ」、母子保健情報66号（2012年）86頁より引用-

することを可能にした[23]。

　生殖補助医療は、自らの子どもを切望する夫婦に様々な医療方法を提案し妊娠の可能性を現実化へと志向している。妊娠した妊婦及びパートナーは、妊婦のリスクを回避し胎児及び妊婦の健康の保続を前提に次へのステップに最大の関心を抱いている。2011年、次世代シーケンサーによるDNA検査の開始に伴い、非侵襲的出生前遺伝学的検査が注目されるに至った。

　出生前検査は、1997年に発表されたローの先駆的論文により新たな地平を拓いた[24]。ローは、母体血に含まれる胎児由来のDNAを分析する母体血胎児染色体検査がダウン症候群（Down Syndrome）のスクリーニングになる可能性を示唆した[25]。

　母体血胎児染色体検査は、非侵襲的出生前遺伝学的検査として胎児の21トリソミー、18トリソミー、13トリソミーの存否の非確定的検査として母体及び胎児への非侵襲性特に流産の危険性がゼロでありその簡便性から特に高齢妊婦から注目されている検査である。

　以下、わが国における生殖補助医療技術の最新データを紹介する。

　2．生殖補助医療の海外の状況については、多くの先行研究で詳細な紹介がなされている[26]。

　フランスにおける生殖補助医療の問題は、1983年のPerruche判決[27]に対抗

図4　ART 妊娠率・生産率・流産率〔2011〕

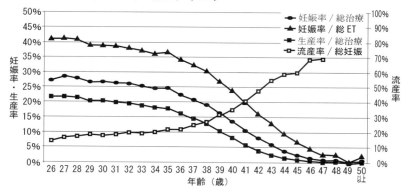

図5　ART 妊娠率・生産率・流産率〔2011〕

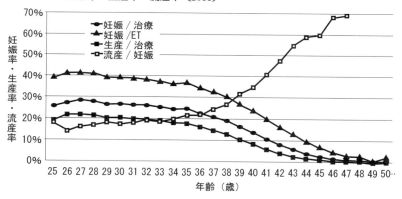

表4

年齢別	総治療周期数	移植周期数	妊娠周期数	生産周期数	流産数	妊娠率/総治療	妊娠率/総ET	生産率/総治療	流産率/総妊娠
20以下	17	5	1	1	0	12.50%	20.00%	12.50%	
21	11	7	5	2	2	45.45%	71.43%	18.18%	40.00%
22	57	35	14	9	4	24.56%	40.00%	15.79%	28.57%
23	138	92	43	31	11	31.16%	46.74%	22.46%	25.58%
24	308	185	70	55	9	22.73%	37.84%	17.86%	12.86%
25	685	455	177	132	32	25.84%	38.90%	19.27%	18.08%
26	1,086	722	297	237	42	27.35%	41.14%	21.82%	14.14%
27	1,971	1,362	561	429	91	28.46%	41.19%	21.77%	16.22%
28	3,074	2,098	858	661	146	27.91%	40.90%	21.50%	17.02%
29	4,671	3,189	1,244	959	226	26.63%	39.01%	20.32%	18.17%
30	6,233	4,268	1,661	1,269	290	26.62%	38.92%	20.36%	17.46%
31	8,304	5,655	2,184	1,650	397	26.30%	38.62%	19.87%	18.18%
32	10,667	7,320	2,782	2,078	544	26.08%	38.01%	19.48%	19.55%
33	12,956	8,834	3,272	2,432	622	25.25%	37.04%	18.77%	19.01%
34	15,316	10,372	3,736	2,769	740	24.39%	36.02%	18.08%	19.81%
35	17,399	11,711	4,275	3,064	920	24.57%	36.50%	17.73%	21.52%
36	19,007	12,451	4,243	3,059	920	22.32%	34.08%	16.09%	21.68%
37	20,783	13,343	4,305	3,002	1,049	20.71%	32.26%	14.44%	24.37%
38	21,764	13,660	4,128	2,785	1,094	18.97%	30.22%	12.80%	26.50%
39	22,859	13,883	3,709	2,329	1,170	16.23%	26.72%	10.19%	31.54%
40	22,122	12,584	2,981	1,784	1,030	13.48%	23.69%	8.06%	34.55%
41	20,346	10,777	2,131	1,143	862	10.47%	19.77%	5.62%	40.45%
42	18,378	9,088	1,452	688	684	7.90%	15.98%	3.74%	47.11%
43	15,598	7,052	900	361	489	5.77%	12.76%	2.31%	54.33%
44	11,267	4,483	412	153	241	3.66%	9.19%	1.36%	58.50%
45	6,518	2,236	148	53	88	2.27%	6.62%	0.81%	59.46%
46	3,963	1,166	50	15	34	1.26%	4.25%	0.38%	68.00%
47	2,228	640	16	3	11	0.72%	2.50%	0.13%	68.75%
48	992	248	6	3	2	0.60%	2.42%	0.30%	
49	143	0	0	0	0	0.00%	0.00%	0.00%	
50以上	388	102	2	0	2	0.52%	1.96%	0.00%	
合計	269,659	158,166	45,663	31,166	11,752	16.93%	28.87%	11.56%	25.74%

2011年全て

-図4、図5及び表4：前掲 ART・data book 2011年より引用-

70　第1章　先端医療の現況と問題

する規定として1998年から1,100回20万人が参加する「患者の権利に関する会議」が開催され、患者の権利及び保健システムの質に関する法律（2002年2月）が成立した。

　フランス保険衛生法L.2151-5条は、2004年8月6日法（生命倫理法）によって改正され、人の胚に対する研究を原則禁止しているが、カップルを構成する男性と女性が同意しているときには人の胚を侵害しない態様での研究を法律に規定する一定の条件を遵守した場合に例外的に許可する[28]。

　イギリスでは、1990年「ヒトの受精と胚の研究等に関する法律（Human Fertilisation and Embryology Act 1990)」、2001年「ヒト生殖クローニング法（Human Reproductive Cloning Act 2001)」が成立し、「受精以外の方法で形成されたヒト胚を女性体内に移植した者は法を犯したことにより有罪となる」とされた[29]。

　3．わが国の出生前検査及び診断法の歴史の概要は以下の通りである。

1960年代	X線、羊水穿刺による染色体検査
1970年代	胎児鏡、皮膚生検、胎児採血、超音波診断法の発展
1980年代	絨毛検査、超音波リアルタイム画像診断
1988年	日本産科婦人科学会「先天異常の胎児診断、特に妊娠初期絨毛検査に関する見解」で出生前検査の実施条件を提示
1998年	日本産科婦人科学会「着床前診断に関する見解」で着床前診断を容認
1999年	厚生科学審議会先端医療技術評価部会生殖補助医療技術に関する専門委員会「母体血清マーカーに関する見解（報告）」
2004年	日本産科婦人科学会「着床前診断」実施申請症例許可
2007年	日本産科婦人科学会「出生前に行われる検査および診断に関する見解」
2011年	日本産科婦人科学会「出生前に行われる検査および診断に関する見解」改定
2012年8月	母体血によるDown症診断法の国内実施への議論
9月	日本産科婦人科学会「新たな手法を用いた出生前遺伝学的検査について」声明
11月	日本産科婦人科学会主催公開シンポジウム「出生前診断–母体血を用いた出生前遺伝学的検査を考える」開催
2013年3月	日本産科婦人科学会「母体血を用いた新しい出生前遺伝学的検査」指針 日本医師会・日本医学会・日本産科婦人科学会・日本産婦人科医会・日本人類遺伝学会「母体血を用いた新しい出生前遺伝学的検査」につ

いての共同声明

4 月　認定された15施設で新型出生前診断開始

6 月　日本産科婦人科学会「出生前に行われる検査および診断に関する見解」改定、「先天異常の胎児診断、特に妊娠初期絨毛検査に関する見解」削除

7 月　新型出生前診断実施後 3 か月間の結果公表（全国22施設で1,534件実施、29件（1.9％）が陽性。陽性29件の内訳は、21トリソミー16件、18トリソミー 9 件、13トリソミー 4 件。確定診断結果の出た 8 件中 6 件で染色体異常があり、そのうちの 2 人が、羊水検査による確定診断を経て人工妊娠中絶を選択。受診した妊婦は27〜47歳で平均38.3歳、受診理由として「35歳以上の高齢妊娠」との理由が94.1％を占める。

11月　NIPT Consortium での実施後 6 か月間の data 分析公表。
受診者3,514人（平均年齢約38歳）の解析結果：陽性判定67人（約1.9％）中 2 人が流産、 3 人が確定診断未受診、確定診断受診62人中、陽性として疾患の存在を確定した56人中 2 人が流産し54人中53人が中絶を選択する。53人の染色体異常の内訳は、21trisomy 33人、18trisomy 16人、13trisomy 4 人。

－平原史樹「出生前診断−最近の動向」、臨床婦人科産科66巻12号（2012年）1049頁
表 1 出生前診断法の歴史及び澤井英明「出生前診断のいま」、医学のあゆみ246巻
2 号（2013年）151頁　表 1 出生前診断の歴史をベースに筆者作成－

　生殖補助医療の態様としては、下記表 5 の様々な組合せが想定される[30]。

　着床前診断は、胚移植前（妊娠成立前）の初期胚を検査する診断法であり、診断の具体的方法としては、遺伝疾患の保因者の体外受精卵に対する狭義の着床前遺伝子診断である着床前遺伝子診断（preimplantation genetic diagnosis；PGD）と、遺伝疾患の非保因者の体外受精卵の染色体の数的異常を検査する着床前スクリーニング（preimplantation genetic screening；PGS）がある[31]。白井泰子国立精神・神経センター精神保健研究所室長は、着床前診断に対して「人間の生命の始期における人的介入」の限界の問題として「生命の質に基づく受精卵（胚）／胎児の選択的出産」という内在的問題を指摘する[32]。

　出生前診断（prenatal diagnosis）の具体的診断方法には、以下の 5 つがある。

　1．超音波検査は、胎児形態異常のスクリーニングとして妊娠初期に実施される検査と中期・後期に行われる検査がある。なお、胎児の後頸部浮腫（nuchal translucency；NT）の計測にも関心が寄せられている[33]。

　2．MRI 検査は、母体内の胎児の鮮明な画像を用いて行う画像診断法である[34]。

72　第1章　先端医療の現況と問題

表5　さまざまな態様の生殖補助医療

精子	卵子	子宮	人口授精名称	日本の許容性	体外受精名称	日本の許容性	養親との遺伝的相同性	
							父と	母と
夫	妻	妻	AIH	○	IVF(ICSIなど)	○	○	○
提供者	妻	妻	AID	○	IVF(ICSIなど)	×(規定なし)	×	○
夫	提供者	妻	—		卵子提供者	×(規定なし)	○	×
提供者	提供者	妻	—		胚提供	×	×	×
夫	妻	第三者	—		代理懐胎(ホストマザー IVFサロガシー Fullサロガシー)	×	○	○
提供者	妻	第三者	—			×	×	○
夫	提供者	第三者	—			×	○	×
提供者	提供者	第三者	—			×	×	×
夫	第三者	第三者	代理懐胎(サロゲートマザー Partialサロガシー)	×	代理懐胎(サロゲートマザー Partialサロガシー)	×	○	×
提供者	第三者	第三者			—		×	×

－久具宏司「医療現場からみた生殖医療の問題点」、死生学研究15号（2011年）276頁図2より引用－

　3．CT検査は、胎児期発症の骨系統疾患（胎児骨系統疾患）の診断精度を向上させるための画像診断法である[35]。

　4．羊水検査（amniocentesis）は、羊水及び羊水に含まれる胎児由来細胞の染色体検査・遺伝子解析による胎児染色体異常・遺伝疾患の診断法である。検査は、原則として、妊娠15週以降に経腹的に羊水穿刺を行い、0.3％の流産リスクがある。なお、妊娠15週未満に実施する早期羊水穿刺や経腟的羊水穿刺は、その安全性が確認されておらず標準的な検査方法とはいえない[36]。

　5．絨毛検査（chorionic villus sampling；CSV）は、子宮内の絨毛を採取し、胎児のDNAを検査する方法である。絨毛採取の方法には経腹法と経頸管法があり、経腹法が国際的スタンダードである。絨毛検査の実施時期は、妊娠10週以降14週までが標準的である[37]。

　図6は、出生前診断と超音波検査の関係に重点を置いているが、各出生前診断法の関係性及び遺伝カウンセリングの要否について明快である。

図6　出生前診断と超音波検査の関係

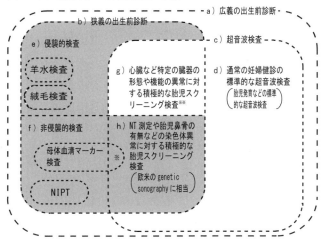

　広義の出生前診断（a）は出生前に胎児の状態を調べるすべての検査・診断を含んでいる。そして超音波検査のうち通常の妊婦健診で実施される標準的な超音波検査（d）を除くものが狭義の出生前診断（b）に位置づけられる。超音波検査（c）は通常の妊婦健診で実施される標準的な超音波検査（d）と積極的なスクリーニング検査（g, h）に分類される。この図で遺伝学的検査は網かけの部分（e, f, h）を示し、この部分は遺伝カウンセリングを必要とする。

　通常の妊婦健診で実施される標準的な超音波検査（d）は狭義の出生前診断（b）には含まれず、実施にあたってインフォームド・コンセントはかならずしも必要とはしないが、超音波検査であっても積極的なスクリーニング（g, h）については遺伝学的検査であっても（h）もなくて（g）も狭義の出生前診断（b）位置づけられ、インフォームド・コンセントが必要である。また、母体血清マーカー検査や母体血を用いた新しい出生前遺伝学的検査（NIPT）は狭義の遺伝学的検査（b）である。

　※は妊娠初期と中期の母体血清マーカー検査と超音波検査を組み合わせた複合検査 combined test であり、日本では普及していないが、海外では標準的なスクリーニング検査とされている。

　この図は超音波検査についてしか記載していないが、超音波検査以外の胎児の画像診断検査（MRI や CT）などは位置的には※※の部分に該当する。

　　　　　－澤井英明「出生前診断のいま－妊娠初期スクリーニングと母体血を用いた新しい出生前遺伝学的検査を中心に」、医学のあゆみ246巻2号（2013年）152頁より引用－

母体血清マーカーの利用状況については、下記図7及び図8で示す。

　3．非侵襲的出生前遺伝学的検査に内在する問題は、出生をめぐる倫理の問題でもある。松原洋子教授は、人の尊厳の座としての身体の境界性の問題、身体未満ともいうべき生命の現前性の問題を指摘したうえで、「出生に関わる

74　第1章　先端医療の現況と問題

図7　日本における母体血清マーカー総数

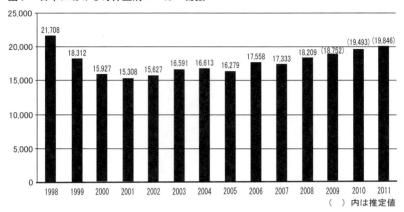

（　）内は推定値

図8　日本における出生数と高齢妊婦数と血清マーカー件数

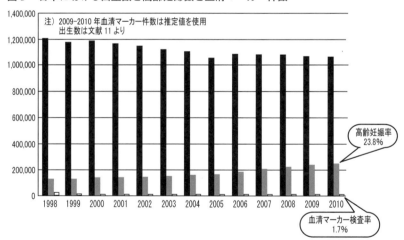

-図7及び図8：佐々木愛子・左合治彦「母体血清マーカー検査の現状と今後の方向性」、日本遺伝子カウンセリング学会誌34巻1号（2013年）2～3頁より引用-

決定は、親をはじめとする他者に全面的に委ねられており、本人は全く関与することができない。子の利益を親が捏造したり、子の福祉という名目で、社会が親の生殖を規制したりすることも起こりうる。出生の是非をめぐる論争は、本人不在の代理戦争にならざるを得ない。したがって『代理人』としての正統性と主張の妥当性を同時に吟味する作業が必要となってくる」と指摘する[38]。

　平原史樹教授は、「今後の技術革新、分析機器の発達などからさらなる胎児遺伝子診断と出生前診断の課題がクローズアップされる」とし、「胎児情報は母体血での遺伝子診断、超音波診断による詳細仔細な形態学的診断などによってさらなる進展が想定され、科学技術の進歩と、社会、世論がなお乖離する社会環境がある。胎児情報をめぐる生命倫理的議論が社会のなかで進まなければ多くの恩恵をもたらすであろう科学的成果も、最先端の技術革新も、きわめて不健全な形で不適切に汎用されることになりかねず、今後のなお一層の遺伝学的な基礎知識の普及と生物としての自然の摂理を知ることが求められている」と指摘する[39]。

Ⅲ. 出生前検査及び診断に内在する法的問題

　1. 非侵襲的出生前遺伝学的検査及び診断は、検査結果により人工妊娠中絶を誘因する可能性のある検査及び診断である[40]。

　母体保護法14条は、指定医師の認定による人工妊娠中絶を一定の要件のもとに妊娠22週未満の場合許容している。従来は、妊娠24週未満であったが、厚生事務次官通知に基づき変更した。厚生省保健医療局精神保健課長は、変更理由について「優生保護法第2条第2項の『胎児が、母体外において、生命を保続することのできない時期』の基準の変更は、最近における未熟児に対する医療水準の向上等により、妊娠満24週未満においても生育している事例がみられることにかんがみ行われたものであること。事務次官通知により示している基準は、優生保護法第2条第2項の『胎児が、母体外において、生命を保続することができない時期』に関する医学的な観点からの基準であり、高度な医療施設において胎児が生育できる限界に基づいて定めたものであって、当該時期以降のすべての胎児が生育することを必ずしも意味しないものであること。優生保護法により人工妊娠中絶を実施することができる時期の判定は、優生保護法第

76   第1章　先端医療の現況と問題

14条の規定に基づき都道府県の医師会が指定した医師が個々の事例において、医学的観点から客観的に判断するものであること」との補助的説明を行う。変更の医学的根拠は、平成元年9月19日付け社団法人日本産科婦人科学会・社団法人日本母性保護医協会から厚生省保健医療局長への「意見」に基づくとする。

　人工妊娠中絶のデータは、下記の通りであり、わが国の経年変化の状況が明確に示されている。表7及び表8は、人工妊娠中絶の年齢階級別の表である。

　2．本節では、出生前診断に関連する主要な裁判例を考察する。
〔妊娠初期に風疹に罹患した妊婦に対する医師の説明義務欠缺や検査不実施により先天性風疹症候群児が誕生した場合の損害賠償責任〕
　①　東京地裁昭和54年9月18日判決[41]
【事実の概要】
　原告は、昭和50年2月頃、風疹の諸症状の発現から風疹に罹患したと考え、被告医院を受診した。同年4月7日、被告医院で初診の際、被告は、原告に対して「血液検査を行いその結果を見てから、生むべきか否かの判断をするように」と述べ、この日は妊婦の風疹罹患による先天性異常児出産の危険性に関しては何等の説明もしなかった。被告は翌8日に原告の血液を採取したが、その際にも風疹罹患による先天性異常児出産の危険性に関してはまったく説明をせず、ただ「血液検査の検査結果は10日位かかるので、そのころ問合せるよう」と指示しただけであった。原告が、被告の指示に従って同年4月下旬に電話で血液検査の結果を問い合わせたところ、被告は、妊婦の風疹罹患による先天性異常児出産の可能性等については説明せず、各種の検査結果をふまえ「そのまま出産しても大丈夫である」旨返答した。同年5月8日の再診の際、被告は、原告に対して風疹罹患による先天性異常児出産の危険性に関して何等の説明もしなかった。昭和51年11月16日、原告は、被告の経営する産婦人科医院で長男を出産した。長男は、眼の障害（左眼は、白内障及び小眼球症であり、右眼は瞳孔閉鎖）により全盲であり、又高度の知能障害により、話すことや他人の言葉を理解することが不可能であると診断され、生後2年以上経過しても立つことも這うこともできず、無反応状態が続いている。

表6　人口動態総覧の年次推移

年　　次¹⁾		出　生　数	死　亡　数	（再　　掲）		自然増減数
				乳児死亡数	新生児死亡数	
1947	昭和22年	2 678 792	1 138 238	205 360	84 204	1 540 554
48	23	2 681 624	950 610	165 406	73 855	1 731 014
49	24	2 696 638	945 444	168 467	72 432	1 751 194
1950	25	2 337 507	904 876	140 515	64 142	1 432 631
51	26	2 137 689	838 998	122 869	58 686	1 298 691
52	27	2 005 162	768 068	99 114	51 015	1 240 094
53	28	1 868 040	772 547	91 424	47 580	1 095 493
54	29	1 769 580	721 491	78 944	42 726	1 048 089
55	30	1 730 692	693 523	68 801	38 646	1 037 169
56	31	1 665 278	724 460	67 691	38 232	940 818
57	32	1 566 713	752 445	62 678	33 847	814 268
58	33	1 653 469	684 189	57 052	32 237	969 280
59	34	1 626 088	689 959	54 768	30 235	936 129
1960	35	1 606 041	706 599	49 293	27 362	899 442
61	36	1 589 372	695 644	45 465	26 255	893 728
62	37	1 618 616	710 265	42 797	24 777	908 351
63	38	1 659 521	670 770	38 442	22 965	988 751
64	39	1 716 761	673 067	34 967	21 344	1 043 694
65	40	1 823 697	700 438	33 742	21 260	1 123 259
66	41	1 360 974	670 342	26 217	16 296	690 632
67	42	1 935 647	675 006	28 928	19 248	1 260 641
68	43	1 871 839	686 555	28 600	18 326	1 185 284
69	44	1 889 815	693 787	26 874	17 116	1 196 028
1970	45	1 934 239	712 962	25 412	16 742	1 221 277
71	46	2 000 973	684 521	24 805	16 450	1 316 452
72	47	2 038 682	683 751	23 773	15 817	1 354 931
73	48	2 091 983	709 416	23 683	15 473	1 382 567
74	49	2 029 989	710 510	21 888	14 472	1 319 479
75	50	1 901 440	702 275	19 103	12 912	1 199 165
76	51	1 832 617	703 270	17 105	11 638	1 129 347
77	52	1 755 100	690 074	15 666	10 773	1 065 026
78	53	1 708 643	695 821	14 327	9 628	1 012 822
79	54	1 642 580	689 664	12 923	8 590	952 916
1980	55	1 576 889	722 801	11 841	7 796	854 088
81	56	1 529 455	720 262	10 891	7 188	809 193
82	57	1 515 392	711 883	9 969	6 425	803 509
83	58	1 508 687	740 038	9 406	5 894	768 649
84	59	1 489 780	740 247	8 920	5 527	749 533
85	60	1 431 577	752 283	7 899	4 910	679 294
86	61	1 382 946	750 620	7 251	4 296	632 326
87	62	1 346 658	751 172	6 711	3 933	595 486
88	63	1 314 006	793 014	6 265	3 592	520 992
89	平成元年	1 246 802	788 594	5 724	3 214	458 208
1990	2	1 221 585	820 305	5 616	3 179	401 280
91	3	1 223 245	829 797	5 418	2 978	393 448
92	4	1 208 989	856 643	5 477	2 905	352 346
93	5	1 188 282	878 532	5 169	2 765	309 750
94	6	1 238 328	875 933	5 261	2 889	362 395
95	7	1 187 064	922 139	5 054	2 615	264 925
96	8	1 206 555	896 211	4 546	2 438	310 344
97	9	1 191 665	913 402	4 403	2 307	278 263
98	10	1 203 147	936 484	4 380	2 353	266 663
99	11	1 177 669	982 031	4 010	2 137	195 638
2000	12	1 190 547	961 653	3 830	2 106	228 894
01	13	1 170 662	970 331	3 599	1 909	200 331
02	14	1 153 855	982 379	3 497	1 937	171 476
03	15	1 123 610	1 014 951	3 364	1 879	108 659
04	16	1 110 721	1 028 602	3 122	1 622	82 119
05	17	1 062 530	1 083 796	2 958	1 510	△ 21 266
06	18	1 092 674	1 084 450	2 864	1 444	8 224
07	19	1 089 818	1 108 334	2 828	1 434	△ 18 516
08	20	1 091 156	1 142 407	2 798	1 331	△ 51 251
09	21	1 070 035	1 141 865	2 556	1 254	△ 71 830
2010	22	1 071 304	1 197 012	2 450	1 167	△ 125 708
11	23	1 050 806	1 253 066	2 463	1 147	△ 202 260
12	24	1 037 231	1 256 359	2 299	1 065	△ 219 128

注：1）昭和47年以前は沖縄県を含まない。
　　2）周産期死亡数は妊娠満22週以後の死産数に早期新生児死亡数を加えたものである。
　　3）（参考）の周産期死亡数（妊娠満28週以後）は妊娠満28週以後の死産数に早期新生児死亡
　　　　数を加えたものである。
　　　　平成7年から、周産期死亡のうち死産については妊娠満28週以後から妊娠満22週以後に
　　　　変更されたが、継続観察のため本数値を参考として掲載している。
　　4）死産数の総数の昭和23年、24年には自然死産・人工死産の不詳を含む。なお、＊印は概
　　　　数である。

78　第1章　先端医療の現況と問題

死産数			周産期死亡数²⁾	婚姻件数	離婚件数	周産期死亡数（妊娠満28週以後）³⁾	年次¹⁾	
総数	自然死産	人工死産				（参考）		
123 837	...	...	...	934 170	79 551	...	昭和22年	1947
⁴⁾143 963	*104 325	*31 055	...	953 999	79 032	...	23	48
⁴⁾192 677	*114 161	*75 585	...	842 170	82 575	...	24	49
216 974	106 594	110 380	...	715 081	83 689	108 843	25	1950
217 231	101 237	115 994	...	671 905	82 331	99 865	26	51
203 824	94 508	109 316	...	676 995	79 021	91 527	27	52
193 274	89 751	103 523	...	682 077	75 255	85 932	28	53
187 119	87 201	99 918	...	697 809	76 759	79 776	29	54
183 265	85 159	98 106	...	714 861	75 267	75 918	30	55
179 007	86 558	92 449	...	715 934	72 040	75 706	31	56
176 353	86 895	89 458	...	773 362	71 651	70 502	32	57
185 148	92 282	92 866	...	826 902	74 004	72 625	33	58
181 893	92 688	89 205	...	847 135	72 455	69 912	34	59
179 281	93 424	85 857	...	866 115	69 410	66 552	35	1960
179 895	96 032	83 863	...	890 158	69 323	65 063	36	61
177 363	97 256	80 107	...	928 341	71 394	62 650	37	62
175 424	97 711	77 713	...	937 516	69 996	60 049	38	63
168 046	97 357	70 689	...	963 130	72 306	56 827	39	64
161 617	94 476	67 141	...	954 852	77 195	54 904	40	65
148 248	83 253	64 995	...	940 120	79 432	42 583	41	66
149 389	90 938	58 451	...	953 096	83 478	50 846	42	67
143 259	87 381	55 878	...	956 312	87 327	45 921	43	68
139 211	85 788	53 423	...	984 142	91 280	43 419	44	69
135 095	84 073	51 022	...	1 029 405	95 937	41 917	45	1970
130 920	83 827	47 093	...	1 091 229	103 595	40 900	46	71
125 154	81 741	43 413	...	1 099 984	108 382	38 754	47	72
116 171	78 613	37 558	...	1 071 923	111 877	37 598	48	73
109 738	74 618	35 120	...	1 000 455	113 622	34 383	49	74
101 862	67 643	34 219	...	941 628	119 135	30 513	50	75
101 930	64 046	37 884	...	871 543	124 512	27 133	51	76
95 247	60 330	34 917	...	821 029	129 485	24 708	52	77
87 463	55 818	31 645	...	793 257	132 146	22 217	53	78
82 311	51 083	31 228	36 190	788 505	135 250	20 481	54	79
77 446	47 651	29 795	32 422	774 702	141 689	18 385	55	1980
79 222	46 296	32 926	30 274	776 531	154 221	16 531	56	81
78 107	44 135	33 972	28 204	781 252	163 980	15 303	57	82
71 941	40 108	31 833	25 925	762 552	179 150	14 035	58	83
72 361	37 976	34 385	25 149	739 991	178 746	12 998	59	84
69 009	33 114	35 895	22 379	735 850	166 640	11 470	60	85
65 678	31 050	34 628	20 389	710 962	166 054	10 148	61	86
63 834	29 956	33 878	18 699	696 173	158 227	9 317	62	87
59 636	26 804	32 832	16 839	707 716	153 600	8 508	63	88
55 204	24 558	30 646	15 183	708 316	157 811	7 450	平成元年	89
53 892	23 383	30 509	13 704	722 138	157 608	7 001	2	1990
50 510	22 317	28 193	10 426	742 264	168 969	6 544	3	91
48 896	21 689	27 207	9 888	754 441	179 191	6 321	4	92
45 090	20 205	24 885	9 226	792 658	188 297	5 989	5	93
42 962	19 754	23 208	9 286	782 738	195 106	6 134	6	94
39 403	18 262	21 141	8 412	791 888	199 016	5 526	7	95
39 536	18 329	21 207	8 080	795 080	206 955	5 321	8	96
39 546	17 453	22 093	7 624	775 651	222 635	4 974	9	97
38 988	16 936	22 052	7 447	784 595	243 183	4 927	10	98
38 452	16 711	21 741	7 102	762 028	250 529	4 665	11	99
38 393	16 200	22 193	6 881	798 138	264 246	4 562	12	2000
37 467	15 704	21 763	6 476	799 999	285 911	4 238	13	01
36 978	15 161	21 817	6 333	757 331	289 836	4 224	14	02
35 330	14 644	20 686	5 929	740 191	283 854	3 995	15	03
34 365	14 288	20 077	5 541	720 417	270 804	3 671	16	04
31 818	13 502	18 316	5 149	714 265	261 917	3 492	17	05
30 911	13 424	17 487	5 100	730 971	257 475	3 420	18	06
29 313	13 107	16 206	4 906	719 822	254 832	3 306	19	07
28 177	12 625	15 552	4 720	726 106	251 136	3 178	20	08
27 005	12 214	14 791	4 519	707 734	253 353	3 096	21	09
26 560	12 245	14 315	4 515	700 214	251 378	3 065	22	2010
25 751	11 940	13 811	4 315	661 895	235 719	2 961	23	11
24 800	11 448	13 352	4 133	668 869	235 406	2 759	24	12

－『平成24年（2012）人口動態統計（確定数）の概要』5〜6頁より引用－

第2節　非侵襲的出生前遺伝学的検査　　79

表7　人工妊娠中絶件数　年齢階級・年次別

| | | 総数 | 20歳未満 | 再掲 | | | | | | 20～24 | 25～29 | 30～34 | 35～39 | 40～44 | 45～49 | 50歳以上 | 不詳 |
				15歳未満	15歳	16歳	17歳	18歳	19歳								
昭和30年	-1955	1,170,143	14,475	…	…	…	…	…	…	181,522	309,195	315,788	225,152	109,652	13,027	268	1,064
31	('56)	1,159,288	13,585	…	…	…	…	…	…	180,127	316,782	310,804	220,873	103,004	12,752	230	1,131
32	('57)	1,122,316	12,835	…	…	…	…	…	…	173,626	313,112	301,883	212,490	95,443	11,571	270	1,086
33	('58)	1,128,231	13,448	…	…	…	…	…	…	173,875	315,100	302,719	218,101	92,748	10,874	254	1,112
34	('59)	1,098,853	14,177	…	…	…	…	…	…	173,572	309,356	293,333	210,550	86,141	10,436	274	1,014
35	('60)	1,063,256	14,697	…	…	…	…	…	…	168,626	304,100	278,978	205,361	80,716	9,650	253	875
36	('61)	1,035,329	15,515	…	…	…	…	…	…	166,645	300,624	275,671	190,935	76,089	8,702	218	930
37	('62)	985,351	14,386	…	…	…	…	…	…	158,319	285,282	267,877	177,162	73,181	7,840	214	1,090
38	('63)	955,092	13,642	…	…	…	…	…	…	153,382	275,510	260,578	170,353	72,932	7,304	230	1,161
39	('64)	878,748	12,217	…	…	…	…	…	…	144,992	247,866	239,158	156,208	70,195	6,805	200	1,107
40	('65)	843,248	13,303	…	…	…	…	…	…	142,038	235,430	230,352	145,583	68,515	6,611	237	1,151
41	('66)	808,378	15,452	…	…	…	…	…	…	136,143	226,063	220,153	141,002	61,602	6,537	211	1,215
42	('67)	747,490	15,269	…	…	…	…	…	…	124,801	199,450	204,257	138,570	57,367	6,391	177	1,208
43	('68)	757,389	15,668	…	…	…	…	…	…	133,206	203,004	202,307	139,320	56,495	6,030	182	1,177
44	('69)	744,451	14,943	…	…	…	…	…	…	137,354	201,821	191,913	135,269	54,793	6,105	166	1,087
45	('70)	732,033	14,314	…	…	…	…	…	…	141,355	192,866	187,142	134,464	54,101	6,656	162	973
46	('71)	739,674	14,474	…	…	…	…	…	…	152,653	184,507	184,447	138,073	56,379	6,024	197	920
47	('72)	732,653	14,001	…	…	…	…	…	…	148,943	181,291	186,379	137,432	57,801	5,668	153	985
48	('73)	700,532	13,065	…	…	…	…	…	…	134,053	177,748	179,887	131,010	57,658	5,985	151	975
49	('74)	679,837	12,261	…	…	…	…	…	…	119,592	177,639	181,644	125,097	56,737	5,816	127	924
50	('75)	671,597	12,123	…	…	…	…	…	…	111,468	184,281	177,452	123,060	56,634	5,596	208	775
51	('76)	664,106	13,042	…	…	…	…	…	…	108,187	190,876	168,720	121,427	55,598	5,386	155	715
52	('77)	641,242	13,484	…	…	…	…	…	…	99,123	175,803	163,432	123,832	56,573	5,774	157	573
53	('78)	618,044	15,232	…	…	…	…	…	…	94,616	159,926	167,894	120,744	53,431	5,614	169	418
54	('79)	613,676	17,084	…	…	…	…	…	…	94,062	145,012	173,976	125,973	51,521	5,228	124	696
55	('80)	598,084	19,048	…	…	…	…	…	…	90,337	131,826	177,506	123,277	50,280	5,215	132	463
56	('81)	596,569	22,079	…	…	…	…	…	…	90,525	123,825	185,099	118,528	50,724	5,246	141	402
57	('82)	590,299	24,478	…	…	…	…	…	…	90,257	113,945	181,148	121,809	53,133	5,095	127	307
58	('83)	568,363	25,843	…	…	…	…	…	…	89,235	103,597	165,680	126,215	52,862	4,539	104	288
59	('84)	568,916	28,020	…	…	…	…	…	…	90,293	101,304	155,376	135,629	53,571	4,366	117	240
60	('85)	550,127	28,038	…	…	…	…	…	…	88,733	95,195	142,474	139,549	51,302	4,434	94	263
61	('86)	527,900	28,424	…	…	…	…	…	…	84,931	90,479	130,218	141,675	47,299	4,511	121	242
62	('87)	497,756	27,542	…	…	…	…	…	…	81,178	86,633	117,866	131,514	48,262	4,408	105	248
63	('88)	486,146	28,596	…	…	…	…	…	…	82,585	83,734	110,868	123,387	52,477	4,241	83	175
平成元年	('89)	466,876	29,675	…	…	…	…	…	…	83,931	79,579	103,459	111,373	54,409	4,237	72	141
2	('90)	456,797	32,431	…	…	…	…	…	…	86,367	79,205	98,232	101,705	54,924	3,753	58	122
3	('91)	436,299	33,286	…	…	…	…	…	…	88,217	75,446	90,803	92,676	52,203	3,538	44	86
4	('92)	413,032	31,969	…	…	…	…	…	…	87,461	71,978	85,849	84,055	47,757	3,853	60	50
5	('93)	386,807	29,776	…	…	…	…	…	…	85,422	69,975	79,066	76,121	42,412	3,954	58	23
6	('94)	364,350	27,838	…	…	…	…	…	…	83,309	67,667	72,653	70,998	37,778	4,014	66	27
7	('95)	343,024	26,117	…	…	…	…	…	…	79,712	66,527	66,523	65,470	33,586	3,734	69	17
8	('96)	338,867	28,256	…	…	…	…	…	…	80,743	66,833	66,045	62,069	31,227	3,583	84	27
9	('97)	337,799	30,984	…	…	…	…	…	…	80,252	68,963	64,877	60,007	29,422	3,178	55	61
10	('98)	333,220	34,752	…	…	…	…	…	…	79,762	69,402	62,396	57,122	26,855	2,823	45	63
11	('99)	337,288	36,919	…	…	…	…	…	…	81,524	70,864	62,107	55,015	25,557	2,455	41	47
12	(2000)	341,146	44,477	…	…	…	…	…	…	82,598	72,626	61,836	53,078	24,117	2,287	42	85
13	('01)	341,588	46,511	…	…	…	…	…	…	82,540	72,621	63,153	51,391	23,085	2,139	30	118
14年度	('02)	329,326	44,987	…	…	…	…	…	…	79,224	68,766	63,293	49,403	21,618	1,885	36	114
15	('03)	319,831	40,475	483	1,548	4,795	7,915	11,087	14,647	77,469	66,297	63,923	48,687	20,950	1,853	28	149
16	('04)	301,673	34,745	456	1,274	3,875	6,447	9,747	12,946	74,711	61,881	61,628	46,878	20,067	1,666	16	81
17	('05)	289,127	30,119	308	1,056	3,277	5,607	8,236	11,635	72,217	59,911	59,748	46,038	19,319	1,663	28	84
18	('06)	276,352	27,367	340	995	3,071	4,911	7,191	10,859	68,563	57,698	57,516	45,856	17,725	1,572	26	29
19	('07)	256,672	23,985	345	974	2,811	4,392	6,245	9,218	62,523	54,653	52,718	44,161	17,145	1,447	24	16
20	('08)	242,326	22,837	347	976	2,771	4,247	6,071	8,425	56,419	51,726	49,473	43,392	17,066	1,379	22	12
21	('09)	226,878	21,535	395	947	2,548	4,031	5,683	7,931	51,339	48,621	45,847	41,644	16,544	1,302	27	11
22	('10)	212,694	20,357	415	1,052	2,594	3,815	5,190	7,291	47,089	45,724	42,206	39,964	15,983	1,334	25	12

注：平成13年までは「母体保護統計報告」による暦年の数値であり、平成14年度以降は「衛生行
　政報告例」による年度の数値である。
　1 ）平成22年度は、東日本大震災の影響により、福島県の相双保健福祉事務所管轄内の市町
　　村が含まれていない。

－『平成22年衛生行政報告例』より引用－

80 第1章 先端医療の現況と問題

表8 人工妊娠中絶件数及び実施率の年次推移

	16年度 (2004)	17年度 ('05)	18年度 ('06)	19年度 ('07)	20年度 ('08)	21年度 ('09)	22年度 ('10)	23年度 ('11)	24年度 ('12)	対前年度 増減数	増減率 (％)
総　数	301,673	289,127	276,352	256,672	242,326	226,878	212,694	202,106	196,639	△5,467	△2.7
20歳未満	34,745	30,119	27,367	23,985	22,837	21,535	20,357	20,903	20,659	△244	△1.2
15歳未満	458	308	340	345	347	395	415	406	400	△6	△1.5
15歳	1,274	1,056	995	974	976	947	1,052	1,046	1,076	30	2.9
16歳	3,875	3,277	3,071	2,811	2,771	2,548	2,594	2,831	2,701	△130	△4.6
17歳	6,447	5,607	4,911	4,392	4,247	4,031	3,815	4,099	4,038	△61	△1.5
18歳	9,747	8,236	7,191	6,245	6,071	5,683	5,190	5,264	5,344	80	1.5
19歳	12,946	11,635	10,859	9,218	8,425	7,931	7,291	7,257	7,100	△157	△2.2
20歳～24歳	74,711	72,217	68,563	62,523	56,419	51,339	47,089	44,087	43,269	△818	△1.9
25歳～29歳	61,881	59,911	57,698	54,653	51,726	48,621	45,724	42,708	40,900	△1,808	△4.2
30歳～34歳	61,628	59,748	57,516	52,718	49,473	45,847	42,206	39,917	38,362	△1,555	△3.9
35歳～39歳	46,878	46,038	45,856	44,161	43,392	41,644	39,964	37,648	36,112	△1,536	△4.1
40歳～44歳	20,067	19,319	17,725	17,145	17,066	16,544	15,983	15,697	16,133	436	2.8
45歳～49歳	1,666	1,663	1,572	1,447	1,379	1,302	1,334	1,108	1,163	55	5.0
50歳以上	16	28	26	24	22	27	25	21	14	△7	△33.3
不　詳	81	84	29	16	12	19	12	17	27	10	58.8

	実　施　率（女子人口千対）										
総　数	10.6	10.3	9.9	9.3	8.8	8.3	7.9	7.5	7.4		
20歳未満	10.5	9.4	8.7	7.8	7.6	7.3	6.9	7.1	7.0		
15歳	2.1	1.7	1.7	1.6	1.7	1.6	1.8	1.8	1.8		
16歳	6.1	5.3	5.1	4.8	4.7	4.4	4.4	4.8	4.7		
17歳	8.8	8.8	7.9	7.3	7.2	6.8	6.5	6.9	6.8		
18歳	14.5	12.4	11.2	10.0	10.0	9.6	8.8	8.9	8.9		
19歳	18.4	17.2	16.3	14.2	13.3	12.9	12.4	12.1	12.0		
20歳～24歳	19.8	20.0	19.2	17.8	16.3	15.3	14.9	14.1	14.1		
25歳～29歳	14.4	14.6	14.6	14.3	13.8	13.2	12.7	12.0	11.8		
30歳～34歳	12.7	12.4	12.1	11.4	11.2	10.8	10.3	10.0	9.9		
35歳～39歳	10.9	10.6	10.0	9.5	9.1	8.7	8.3	7.9	7.8		
40歳～44歳	5.1	4.8	4.5	4.2	4.1	3.7	3.7	3.4	3.4		
45歳～49歳	0.4	0.4	0.4	0.4	0.4	0.3	0.4	0.3	0.3		

注：2）実施率の「総数」は、分母に15～49歳の女子人口を用い、分子に50歳以上の数値を除い
　　た「人工妊娠中絶件数」を用いて計算した。

　　3）実施率の「20歳未満」は、分母に15～19歳の女子人口を用い、分子に15歳未満を含めた
　　「人工妊娠中絶件数」を用いて計算した。

　　－『平成20年度保健・衛生行政業務報告（衛生行政報告別）結果の概況』及び『平成24年度
　　衛生行政報告例の概況』を合わせて引用－

第2節　非侵襲的出生前遺伝学的検査　*81*

【判旨】

裁判所は、被告には原告夫婦に対し妊娠初期の風疹罹患に伴う先天性異常児出産の可能性があり、その確率は相当高いものであること、風疹症候群児の臨床症状は極めて悲惨なものであること等を説明し、原告夫婦において出産すべきかどうかの判断が可能である程度に具体的に説明、教示する義務を負うとした。裁判所は、原告等に慰藉料として各300万円及び弁護士費用各30万円の支払いを命じた。

【評釈】

裁判所は、医師の説明義務について「被告は、原告律子の本件妊娠については、妊娠のごく初期の段階で風疹に罹患したものであるから、先天性異常児出産の可能性があり、かつその確率は相当に高いものであること、仮に先天性風疹症候群児が出生した場合その臨床症状は、眼、心臓等人体の極めて重要な部分に重度の障害を呈する場合が多く、悲惨なものであること等を、医学的知識のない原告らにおいて出産すべきかどうかの判断が可能である程度に具体的に説明、教示する義務があった」と判示し、「何等の具体的説明も行わず、かえって生んでも大丈夫であるとの指示を行ったものであって、被告には過失があった」と判示する。

昭和50年春から風疹の流行の兆しが見られ、昭和51年初めから春にかけ全国的に大流行し、新聞等で妊婦が風疹罹患により先天性異常児を出産する可能性についてしばしば報道されていた。このような当時の状況の中、裁判所は被告医師に風疹とその影響についての説明義務があるとした判断は妥当である。

②　**東京地裁昭和58年7月22日判決**[42]

【事実の概要】

原告は、昭和51年6月28日、小田原市国府津所在の国鉄診療所においてM医師より風疹に罹患しているとの診断を受けた。同年7月22日、原告は、大蔵省印刷局小田原病院において、担当の産婦人科医Mから妊娠8週と診断された。原告は、昭和52年2月8日、同病院において第3子であるNを出産した。Nは、出生時体重1840gで、出生時から肺動脈狭窄、心奇形による疾患（ファロー四徴症）を有し、しばしば酸素欠乏による心臓発作、血行障害を起こした。その後、白内障、感音性聴力障害等のあることが確認され、昭和52年7月、先天性風疹症候群との診断を受けている。これらの障害によりNは満3歳を過

82　第 1 章　先端医療の現況と問題

ぎても、一般の幼児と異り、立つことはもちろん、這うこともできず、目や耳により他者と意思を交わすこともできない（言語も発することができない）状態にあり、昭和55年 6 月10日、心不全により死亡した。

【判旨】

　裁判所は、産婦人科医 M に対し風疹に罹患していた原告に対し適切な指示や説明をせず N を出産させ精神的打撃等を与えたとして被告国に対し原告夫婦に各165万円の支払いを命じた。

【評釈】

　裁判所は、風疹に罹患していた妊婦に対する産婦人科医の説明義務として「原告から『子供が 6 月下旬ころ風疹に罹患した』と告げられた M 医師としては、同原告が子供から風疹ウィルスに感染し、その結果出生児に先天性風疹症候群が発生する危険があることを予見し（原告がその子供と同じころ風疹に罹患したとすれば、その時期は先天性風疹症候群発生の危険が最も高い妊娠第 1、2 月に当たることになる）、問診、抗体価検査等を行って風疹罹患の有無、その時期を適確に診断するとともに、同原告に対し、先天性風疹症候群発生の危険性やその病態等について十分な説明を行うべき義務があった」と判示する。裁判所は、原告らの損害について「原告らは生まれる子の親であり、その子に異常が生ずるかどうかにつき切実な関心や利害関係を持つ者として、医師から適切な説明等を受け妊娠を継続して出産すべきかどうかを検討する機会を与えられる利益を有していたと言うべきである。また、この利益を奪われた場合に生ずる打撃の大きさを考えれば、右利益侵害自体を独立の損害として評価することは十分可能である」と判示する。

　風疹が全国的に流行していた昭和51年当時、医学界、特に産婦人科医の間では、先天性風疹症候群は出生児に重大な影響を及ぼす危険があるとの共通認識があった。日本母性保護医協会は、機関紙「日母医報」昭和51年 4 月 1 日号及び同年 7 月 1 日号で「妊娠の可能性のある女性、及び妊婦の初期の者は風疹抗体検査を受け風疹に免疫があるのかないのか、また妊娠中感染した可能性があったか否かを判定する必要があり、現時点では妊婦のワッセルマン反応と同様またはそれ以上に重要な検査であろうと考える」と記述し、抗体価検査の必要性と重要性を医師に告知していた。更に、厚生省「風疹の胎児に及ぼす影響」研究班も、妊婦の風疹罹患の有無を確認することの必要性や、その診断基

第 2 節　非侵襲的出生前遺伝学的検査　　*83*

準についての見解を発表していた。

　本判決は、このような当時の医学会等の状況を踏まえて医師の説明義務を肯定し、病院の賠償責任を認定した判断は妥当である。

③　東京地裁平成 4 年 7 月 8 日判決[43]

【事実の概要】

　原告は、昭和62年 1 月29日、被告医院を訪れ、同居の長男が風疹に罹患していること及び自分も風疹に罹患した疑いがあることを被告に告げ、妊娠の有無及び出産の可否についての判断を求めるため被告の診察を受けた。被告は、妊娠の有無についてはまだ時期が早いために判定できなかったが、風疹については、患者の血清中から産出される抗体を赤血球凝集抑制試験法を用いて測定するウィルス学的診断法・「HI 検査」を実施し、10日後位に再検査のために来院するように指示した。なお、後日に判明した HI 検査の結果は、抗体価が 8 未満であった。原告は、被告の指示に従い、同年 2 月 9 日、被告の再診を受け妊娠 1 か月であることが確認された。被告は、原告に対して、 2 回目の HI 検査を実施した。なお、後日に判明した HI 検査の結果は、やはり抗体価が 8 未満であった。原告は、下腹部痛、少量の性器出血等の切迫流産の兆候がみられたため、同月19日、被告医院を訪れ、切迫流産の応急処置を受け同月20日から27日まで被告医院に入院した。

　被告は、この間、切迫流産の予防のための処置に追われ、 4 回目の HI 検査の実施を失念し、原告の風疹罹患の有無についての検査・診断を行わず、原告に対し風疹罹患の有無についてなんら確定的な診断結果を告げなかった。同年10月13日、原告は、被告医院において、R を出産した。R は、体重1590g の未熟児で、精神運動発達遅延、両眼白内障、聴覚障害、摂食障害等の障害を有し、重度の先天性風疹症候群と診断された。被告は、R 出生後の同年11月11日、原告に 4 回目の HI 検査を実施し、検査の結果抗体価が128で、原告が風疹に罹患していたことが事後的に確認された。なお、満 4 歳に達した R は、現在も精神運動発達遅延、視聴覚障害、摂食障害等の極めて重度の障害を有している。

【判旨】

　裁判所は、被告の 4 回目の風疹検査の失念を債務不履行と判断し、妊娠初期の風疹罹患が胎児に先天的障害を惹起するとの説明義務を果たさず、「妊娠を

84　第1章　先端医療の現況と問題

継続して出産すべきかどうかの苦悩の選択をするべく、一刻も早くそのいずれ
であるかを知りたいと思うのが人情である。原告らが被告に求めたのも、この
ような自己決定の前提としての情報であり、債務不履行又は不法行為によって
その前提が満たされず、自己決定の利益が侵害されたときには、法律上保護に
値する利益が侵害されたものとして、慰藉料の対象になるものと解するのが相
当である」として原告らの自己決定権の前提となる情報を提供しなかった点を
慰謝料の対象とした。

　裁判所は、原告らが先天性風疹症候群児の出生を回避すべく人工妊娠中絶の
機会を失したことによる損害に関しては、「妊婦が風疹に罹患した場合には、
人工妊娠中絶の方法による以外には先天性風疹症候群児の出生を予防する途は
ないが、優生保護法上も、先天性風疹症候群児の出生の可能性があることが当
然に人工妊娠中絶を行うことができる事由とはされていないし、人工妊娠中絶
と我が子の障害ある生とのいずれの途を選ぶかの判断は、あげて両親の高度な
道徳観、倫理観にかかる事柄であって、その判断過程における一要素たるに過
ぎない産婦人科医の診断の適否とは余りにも次元を異にすることであり、その
間に法律上の意味における相当因果関係があるものということはできない。ま
た、先天性障害児を中絶することとそれを育て上げることとの間において財産
上又は精神的苦痛の比較をして損害を論じることは、およそ法の世界を超えた
ものといわざるを得ない」と判示する。

　【評釈】

　本判決は、被告の風疹検査の失念を債務不履行とし、先天性風疹症候群児出
生の可能性についての説明義務違背を認定した。その上で、先天性風疹症候群
児出生の可能性の回避の決断は、当該夫婦の判断であるとし先天性風疹症候群
児出生に伴う損害を被告におわせることを否定した。胎児条項のない現行法の
もとでは、妥当な判断である。

　④　京都地裁平成9年1月24日判決[44]

　【事実の概要】

　原告（出産時39歳）は、平成5年11月8日、腹痛を伴う妊娠のため、被告病
院を訪れ、O医師の診察を受け、超音波検査を受診し、妊娠6週目で卵巣嚢腫
等の疑いありと診断され手術を勧められた。同年12月13日、原告は、卵巣嚢腫
手術のため被告病院に入院し、主治医Aに同月15日、開腹手術を受け、子宮

第2節　非侵襲的出生前遺伝学的検査　　85

筋腫と診断されて筋腫核出術を受け、同月29日、被告病院を退院した。平成6年2月1日、原告は、左下腹部の痛みで被告病院に来院してA医師の診察及び超音波検査を受け、円靱帯けいれんと診断された。同月15日、原告は、左下腹部痛、腹部緊満で被告病院に来院してA医師の診察を受け、胎児精検を受けた。6月7日、原告は、被告病院において、長女Xを出産したが、同児は先天性ダウン症候群をもつ先天性異常児であった。Xは、出生後9か月を経てようやく首が据わるなど発達の遅れがあり、体力及び抵抗力が極めて弱く、感染症に罹患しやすく、心臓動脈管開存、右手小指関節欠損等があり、左耳が聞こえない疑いや、脳に異常がある疑いがあるなど顕著なダウン症の症状を有している。

　A医師は、原告に対し羊水検査の結果の判明には3から4週間かかること、妊娠22週を過ぎたら法律上中絶はできないこと、結果判明が妊娠23週を超えるから異常が分かっても中絶はできないと説明し、法定の中絶期間を経過するとして羊水検査実施を断り、受検できる他の機関も紹介しなかった。

　原告は、A医師が先天性異常児の出生前診断である羊水検査の実施の依頼に応じず、また、適切な助言等をしなかったため同児を出産するか否かの判断をするための検討の機会等を奪われ、精神的損害を被った等として、被告A医師及び被告病院経営団体に対し、不法行為に基づき慰謝料の支払を請求した。

　【判旨】
　裁判所は、原告の請求を棄却した。
　【評釈】
　裁判所は、原告の主張する出産を検討する機会を得るべき利益の侵害について、羊水検査結果が判明する時期は人工妊娠中絶が可能な法定期間を超過しているとして検討する機会そのものが存在しないと判示した。更に、裁判所は、産婦人科医師の羊水検査実施の法的義務に関して、「母体血液検査などの、障害児との確定診断には至らない程度の検査の実施の是非についても、倫理的、人道的な問題が指摘されているところである。これに比べ、羊水検査は、染色体異常児の確定診断を得る検査であって、現実には人工妊娠中絶を前提とした検査として用いられ、優生保護法が胎児の異常を理由とした人工妊娠中絶を認めていないのにも係わらず、異常が判明した場合に安易に人工妊娠中絶が行な

86　第1章　先端医療の現況と問題

われるおそれも否定できないことから、その実施の是非は、倫理的、人道的な問題とより深く係わるものであって、妊婦からの申し出が羊水検査の実施に適切とされる期間になされた場合であっても、産婦人科医師には検査の実施等をすべき法的義務があるなどと早計に断言することはできない。人工妊娠中絶が法的に可能な期間の経過後に胎児が染色体異常であることを妊婦に知らせることになれば、妊婦に対し精神的に大きな動揺をもたらすばかりでなく、場合によっては違法な堕胎を助長するおそれも否定できないのであって、出産後に子供が障害児であることを知らされる場合の精神的衝撃と、妊娠中に胎児が染色体異常であることを知らされる場合の精神的衝撃とのいずれが深刻であるかの比較はできず、出産準備のための事前情報として妊婦が胎児に染色体異常が無いか否かを知ることが法的に保護されるべき利益として確立されているとは言えないから、出産するか否かの検討の余地が無い場合にまで、産婦人科医師が羊水検査を実施すべく手配する義務等の存在を認めることはでき（ない）」と判示する。

　本判決は、人工妊娠中絶の緩やかな法運用の実態を論拠とする原告の主張に対し、胎児条項のない現行法の下で法的に許容された人工妊娠中絶を厳格に判断し原告の主張を排斥している点で妥当な判断である。

〔凍結保存精子を用いた体外受精〕

⑤　最高裁判所平成18年9月4日第2小法廷判決[45]

【事実の概要】

　AとBは、平成9年に婚姻した。Aは、婚姻前から慢性骨髄性白血病の治療を受け、婚姻から約半年後、骨髄移植手術を行うことが決まった。AB夫婦は、婚姻後、不妊治療を受けていたが、Bは懐胎しなかった。Aは、骨髄移植手術に伴い大量の放射線照射を受け無精子症になることを危惧し、平成10年6月、市内のE病院で自己の精子を冷凍保存した。Aは、平成10年夏頃、骨髄移植手術を受ける前に、Bに対し「自分が死亡するようなことがあってもBが再婚しないのであれば、自分の子を生んでほしい」と話した。また、Aは、骨髄移植手術を受けた直後、自己の両親に対し「自分に何かあった場合には、Bに冷凍保存精子を用いて子を授かり、家を継いでもらいたい」との意向を伝え、さらに、その後、自己の弟及び叔母に対しても、同様の意向を伝えた。AB夫婦は、Aの骨髄移植手術が成功し職場復帰した平成11年5月よりF病院

第2節　非侵襲的出生前遺伝学的検査　　*87*

で不妊治療を再開した。同年8月末頃、F病院は、E病院に保管されているA
の保存精子を受け入れ、これを用いて体外受精を行うことについて承諾した。
しかし、Aは、冷凍保存精子を利用した不妊治療実施に至る前の同年9月に
死亡した。Bは、Aの死亡後、Aの両親と相談し、Aの冷凍保存精子を用い
て体外受精を行うことを決意し、平成12年中にF病院でAの冷凍保存精子を
用いて体外受精を行い、平成13年5月Cを出産した。Cは、検察官に対し、A
の子であることについて死後認知を求めた。

【判旨】

　最高裁第2小法廷は、原判決を破棄し、被上告人の控訴を棄却した。本判決
には、滝井繁男裁判官及び今井功裁判官の補足意見がある。

【評釈】

　原審高松高裁平成16年7月16日判決は、控訴人Cの認知請求の認められる
要件について、「認知請求が認められるための要件は、自然懐胎による場合に
は、子と事実上の父との間に自然血縁的な親子関係が存することのみで足りる
と解される。しかしながら、人工受精の方法による懐胎の場合において、認知
請求が認められるためには、認知を認めることを不相当とする特段の事情が存
しない限り、子と事実上の父との間に自然血縁的な親子関係が存在することに
加えて、事実上の父の当該懐胎についての同意が存することという要件を充足
することが必要であり、かつ、それで十分であると解するのが相当である」と
判示する。その上で、高松高裁は、本件について「控訴人は、本件父の死後、
本件父の生前の同意の下、本件父の生前に保存した本件保存精子を利用した体
外受精によって懐胎した本件母から出生した者であることが認められる。した
がって、控訴人と本件父との間に、自然血縁的な親子関係が存すること、本件
父が、自己の死後、本件保存精子を利用して、本件母が懐胎し子を出産するこ
とについて同意していたことが認められ、本件全証拠によっても、認知を認め
ることを不相当とする特段の事情があると認められない控訴人の本件認知請求
は、上記要件を充足しており、認容されるものと判断する」と判示し、認知請
求を棄却した原審松山地裁平成15年11月12日判決を取り消し控訴人Cの認知
請求を認めた[46]。

　最高裁第2小法廷は、「民法の実親子に関する法制は、血縁上の親子関係を
基礎に置いて、嫡出子については出生により当然に、非嫡出子については認知

を要件として、その親との間に法律上の親子関係を形成するものとし、この関係にある親子について民法に定める親子、親族等の法律関係を認めるものである」と現行民法の下での実親子関係の法解釈を判示する。最高裁は、死後懐胎子と死亡した父親との関係について、「現在では、生殖補助医療技術を用いた人工生殖は、自然生殖の過程の一部を代替するものにとどまらず、およそ自然生殖では不可能な懐胎も可能とするまでになっており、死後懐胎子はこのような人工生殖により出生した子に当たるところ、上記法制は、少なくとも死後懐胎子と死亡した父との間の親子関係を想定していないことは、明らかである。すなわち、死後懐胎子については、その父は懐胎前に死亡しているため、親権に関しては、父が死後懐胎子の親権者になり得る余地はなく、扶養等に関しては、死後懐胎子が父から監護、養育、扶養を受けることはあり得ず、相続に関しては、死後懐胎子は父の相続人になり得ないものである。また、代襲相続は、代襲相続人において被代襲者が相続すべきであったその者の被相続人の遺産の相続にあずかる制度であることに照らすと、代襲原因が死亡の場合には、代襲相続人が被代襲者を相続し得る立場にある者でなければならないと解されるから、被代襲者である父を相続し得る立場にない死後懐胎子は、父との関係で代襲相続人にもなり得ないというべきである」と判示する。

　最高裁第2小法廷は、現行法の予定していない死後懐胎子と死亡した父親との間の「法律上の親子関係の形成に関する問題は、本来的には、死亡した者の保存精子を用いる人工生殖に関する生命倫理、生まれてくる子の福祉、親子関係や親族関係を形成されることになる関係者の意識、更にはこれらに関する社会一般の考え方等多角的な観点からの検討を行った上、親子関係を認めるか否か、認めるとした場合の要件や効果を定める立法によって解決されるべき問題であるといわなければならず、そのような立法がない以上、死後懐胎子と死亡した父との間の法律上の親子関係の形成は認められないというべきである」として、立法による解決を示唆する。

〔代理懐胎〕

⑥　**最高裁判所平成19年3月23日第2小法廷決定**[47]

【事実の概要】

　ＡとＢは、平成6年に婚姻した夫婦である。Ｂは、平成12年子宮頸部がん治療のため子宮摘出及び骨盤内リンパ節剝離手術を受けた際、将来自己の卵子

を用いた生殖補助医療により他の女性に子を懐胎し出産してもらういわゆる代理出産の方法により自分達夫婦の遺伝子を受け継ぐ子を得ることも考え、手術後の放射線療法による損傷を避けるため自己の卵巣を骨盤の外に移して温存した。

　A 及び B は、平成14年、米国在住の夫婦との間で代理出産契約を締結し、同国の病院において 2 度にわたり代理出産を試みたが、いずれも成功しなかった。A 及び B は、平成15年、米国ネバダ州在住の女性 X による代理出産を試みることとなり、Z センターにおいて同年 Y の卵巣から採取した卵子に A の精子を人工的に受精させその中から 2 個の受精卵を X の子宮に移植した。同年 5 月 6 日、A 及び B は、X 及びその夫である Y 夫妻との間で、X は A らが指定し承認した医師が行う処置により、A らから提供された受精卵を自己の子宮内に受け入れ、受精卵移植が成功した際には出産まで子供を妊娠すること、生まれた子については A らが法律上の父母であり、X 夫妻は子に関する保護権や訪問権等いかなる法的権利又は責任も有しないこと等を内容とする有償の代理出産契約を締結した。

　同年11月、X は、ネバダ州内の F センターにおいて双子の子 C と D を出産した。ネバダ州修正法126章45条は、婚姻関係にある夫婦は代理出産契約を締結することができ、この契約には、親子関係に関する規定、事情が変更した場合の子の監護権の帰属に関する規定、当事者それぞれの責任と義務に関する規定が含まれていなければならないこと（1 項）、同要件を満たす代理出産契約において親と定められた者は法的にあらゆる点で実親として取り扱われること（2 項）、契約書に明記されている子の出産に関連した医療費及び生活費以外の金員等を代理出産する女性に支払うこと又はその申出をすることは違法であること（3 項）を規定し、同章には、親子関係確定のための裁判手続に関する諸規定が置かれている。同章161条は、親子関係確定の裁判は、あらゆる局面において決定的なものであること（1 項）、親子関係確定の裁判が従前の出生証明書の内容と異なるときは、新たな出生証明書の作成を命ずべきこと（2 項）を規定する。A らは、同年11月下旬、ネバダ州ワショー郡管轄ネバダ州第二司法地方裁判所家事部に対し親子関係確定の申立てをした。同裁判所は、AB 及び XY 夫妻が親子関係確定の申立書に記載されている事項を真実であると認めていること及び XY 夫妻が C 及び D を AB の子として確定することを望ん

でいることを確認し、本件代理出産契約を含む関係書類を精査した。同家事部は、同年12月1日、ABが2004年1月あるいはその頃Xから生まれる子らの血縁上及び法律上の実父母であることを確認するとともに（主文1項）、子らが出生する病院及び出生証明書を作成する責任を有する関係機関に、ABを子らの父母とする出生証明書を準備し発行することを命じ（主文2項）、関係する州及び地域の登記官に、法律に準拠し上記にのっとった出生証明書を受理し、記録保管することを命ずる（主文3項）内容の「出生証明書及びその他の記録に対する申立人らの氏名の記録についての取決め及び命令」を出した。ABは、C及びDの出生後直ちに養育を開始した。ネバダ州は、平成15年12月31日付けで、C及びDについて、Aを父、Bを母と記載した出生証明書を発行した。A及びBは、平成16年1月、C及びDを連れて日本に帰国し、同月22日、東京都品川区長に対し、C及びDについてAを父、Bを母と記載した嫡出子としての出生届を提出した。品川区長は、ABに対し、同年5月28日、Bによる出産の事実が認められず、ABとC及びDとの間に嫡出親子関係が認められないことを理由として、出生届を受理しない旨の処分をしたことを通知した。

　東京家裁平成17年11月30日審判は、A及びBから品川区長にC及びDの出生届を受理せよとの申立を「夫の精子と妻の卵子からなる受精卵を用いて第三者により代理懐胎（いわゆる借り腹）され、出生した子の場合であっても、法律上の母は分娩者であると解すべきである」との理由から却下した。

　原審東京高裁平成18年9月29日判決は、「本件裁判は外国裁判所の裁判に該当し、民事訴訟法183条所定の要件を満たすものであるから、同条の適用ないし類推適用により、承認の効果が生じることになり、承認される結果、本件子らは、抗告人らの子であると確認され、本件出生届出も受理されるべきである」と判示し、原々決定を取消し本件出生届の受理を命じた。

【判旨】

　最高裁第2小法廷決定は、原決定を破棄し、原々決定に対するAらの抗告を棄却する。本決定には、津野修裁判官、古田祐紀裁判官及び今井功裁判官の補足意見がある。法廷意見は、民訴法118条所定の外国裁判所の確定判決について、「外国の裁判所が、その裁判の名称、手続、形式のいかんを問わず、私法上の法律関係について当事者双方の手続的保障の下に終局的にした裁判をいうものと解される（最高裁平成6年（オ）第1838号同10年4月28日第3小法廷判決・

民集52巻3号853頁）。ネバダ州裁判所による相手方らを法律上の実父母と確認する旨の本件裁判は、親子関係の確定を内容とし、我が国の裁判類型としては、人事訴訟の判決又は家事審判法23条の審判に類似するものであり、外国裁判所の確定判決に該当する」と判示する。法廷意見は、民訴法118条3号の要件について「外国でされた人為的な操作による懐胎又は出生に関し、外国の裁判所がした親子関係確定の裁判については、厳格な要件を踏まえた上で受け入れる余地はある」とした上で、「現在、我が国では代理出産契約について明らかにこれを禁止する規定は存せず、我が国では代理出産を否定するだけの社会通念が確立されているとまではいえない」と判示する。

　法廷意見は、実親子関係について、「実親子関係は、身分関係の中でも最も基本的なものであり、様々な社会生活上の関係における基礎となるものであって、単に私人間の問題にとどまらず、公益に深くかかわる事柄であり、子の福祉にも重大な影響を及ぼすものであるから、どのような者の間に実親子関係の成立を認めるかは、その国における身分法秩序の根幹をなす基本原則ないし基本理念にかかわるものであり、実親子関係を定める基準は一義的に明確なものでなければならず、かつ、実親子関係の存否はその基準によって一律に決せられるべきものである。したがって、我が国の身分法秩序を定めた民法は、同法に定める場合に限って実親子関係を認め、それ以外の場合は実親子関係の成立を認めない趣旨であると解すべきである。以上からすれば、民法が実親子関係を認めていない者の間にその成立を認める内容の外国裁判所の裁判は、我が国の法秩序の基本原則ないし基本理念と相いれないものであり、民訴法118条3号にいう公の秩序に反するといわなければならない。このことは、立法政策としては現行民法の定める場合以外にも実親子関係の成立を認める余地があるとしても変わるものではない」と判示する。

【評釈】

　法廷意見は、外国裁判所の判決の効力について従前の最高裁平成9年7月11日判決（民集51巻6号2573頁）を踏襲して本件ネバダ州裁判所判決は「わが国の法秩序の基本原則ないし基本理念と相いれない」公の秩序に反するものとする。

　但し、法廷意見は、生殖補助医療による代理出産等の実施は公知の事実であるとの認識から「現実に代理出産という民法の想定していない事態が生じてお

92 第1章 先端医療の現況と問題

り、今後もそのような事態が引き続き生じ得ることが予想される以上、代理出産については法制度としてどう取り扱うかが改めて検討されるべき状況にある。この問題に関しては、医学的な観点からの問題、関係者間に生ずることが予想される問題、生まれてくる子の福祉などの諸問題につき、遺伝的なつながりのある子を持ちたいとする真しな希望及び他の女性に出産を依頼することについての社会一般の倫理的感情を踏まえて、医療法制、親子法制の両面にわたる検討が必要になると考えられ、立法による速やかな対応が強く望まれるところである」と判示し、立法による早急な解決を強調する。

なお、津野修裁判官及び古田祐紀裁判官は、補足意見において本件事案の解決策として「本件において、相手方らが本件子らを自らの子として養育したいという希望は尊重されるべきであり、そのためには法的に親子関係が成立することが重要なところ、現行法においても、Ｘらが、自らが親として養育する意思がなく、相手方らを親とすることに同意する旨を、外国の裁判所ではあっても裁判所に対し明確に表明しているなどの事情を考慮すれば、特別養子縁組を成立させる余地は十分にあると考える」として特別養子縁組を示唆する。

〔性同一性障害者で女性から男性に性別変更し、結婚して妻が非配偶者間人工授精で出産した子を嫡出子と認めた事案〕

⑦　最高裁判所平成25年12月10日第3小法廷決定[48]

【事実の概要】

Ａは、生物学的には女性であるが、性同一性障害者の性別の取扱いの特例に関する法律2条に規定する性同一性障害者として平成16年に性別適合手術を受け、平成20年、特例法3条1項の規定に基づき男性への性別の取扱いの変更の審判を受けた者である。Ａの戸籍には、戸籍法13条8号及び戸籍法施行規則35条16号により同審判発効日の記載がされた。

平成20年4月、Ａは、女性であるＢと婚姻をした。Ｂは、夫であるＡの同意の下、Ａ以外の男性の精子提供を受け人工授精により懐胎し、平成21年11月、Ｃを出産した。

平成24年1月、Ａは、Ｃを自分ら夫婦の嫡出子とする出生届を東京都新宿区長に提出した。戸籍事務管掌者である同区長は、Ｃが民法772条による嫡出の推定を受けないことを前提に、出生届の父母との続柄欄等に不備があるとして追完をするよう催告した。Ａが催告に従わなかったので、平成24年2月、同

区長は、東京法務局長の許可を得て、戸籍法45条、44条3項、24条2項に基づき、同年3月、Cの「父」の欄を空欄とし、Bの長男とし、「許可日 平成24年2月」、「入籍日 平成24年3月」とする戸籍の記載をした。

Aらは、Cは民法772条による嫡出の推定を受けるから、本件戸籍記載は法律上許されないものであると主張して、戸籍法113条に基づき筆頭者Aの戸籍中、Cの「父」の欄に「A」と記載し、同出生の欄の「許可日 平成24年2月」及び「入籍日 平成24年3月」の記載を消去し、「届出日 平成24年1月」、「届出人 父」と記載する旨の戸籍の訂正の許可を求め東京家庭裁判所に提訴した。

東京家裁平成24年10月31日審判は、「子は、申立人母が、申立人父との婚姻中に懐胎した子ではあるが、夫である申立人父は、性同一性障害者の性別の取扱いの特例に関する法律3条に基づき、男性への性別の取扱いの変更の審判を受けたものであって、男性としての生殖能力がないことが戸籍記載上から客観的に明らかであって、子は申立人ら夫婦の嫡出子とは推定できない」と判示して申立てを却下した。

原審東京高裁平成24年12月26日判決は、A及びBの即時抗告に対し、「嫡出親子関係は、生理的な血縁を基礎としつつ、婚姻を基盤として判定されるものであって、父子関係の嫡出性の推定に関し、民法772条は、妻が婚姻中に懐胎した子を夫の子と推定し、婚姻中の懐胎を子の出生時期によって推定することにより、家庭の平和を維持し、夫婦関係の秘事を公にすることを防ぐとともに、父子関係の早期安定を図ったものであることからすると、戸籍の記載上、生理的な血縁が存しないことが明らかな場合においては、同条適用の前提を欠く」と判示し、抗告を棄却した。

【判旨】

最高裁判所第3小法廷は、原決定を破棄し、原々審判を取り消し、抗告人の申立てを容認し、本籍東京都新宿区、筆頭者Aの戸籍中、C（生年月日平成21年11月）の「父」の欄に「A」と記載し、同出生の欄の「許可日 平成24年2月」及び「入籍日 平成24年3月」の記載を消去し、「届出日 平成24年1月」、「届出人 父」と記載する旨の戸籍の訂正を許可した。

本決定には、岡部喜代子裁判官及び大谷剛彦裁判官の各反対意見があり、寺田逸郎裁判官及び木内道祥裁判官の各補足意見がある。

94　第1章　先端医療の現況と問題

【評釈】

　法廷意見は、「性別の取扱いの変更の審判を受けた者については、妻との性的関係によって子をもうけることはおよそ想定できないものの、一方でそのような者に婚姻することを認めながら、他方で、その主要な効果である同条による嫡出の推定についての規定の適用を、妻との性的関係の結果もうけた子であり得ないことを理由に認めないとすることは相当でないというべきである。そうすると、妻が夫との婚姻中に懐胎した子につき嫡出子であるとの出生届がされた場合においては、戸籍事務管掌者が、戸籍の記載から夫が特例法3条1項の規定に基づき性別の取扱いの変更の審判を受けた者であって当該夫と当該子との間の血縁関係が存在しないことが明らかであるとして、当該子が民法772条による嫡出の推定を受けないと判断し、このことを理由に父の欄を空欄とする等の戸籍の記載をすることは法律上許されないというべきである」と判示し、抗告人らの本件戸籍記載の訂正の許可申立ては理由があるとして許可申立てを却下した原々審判を取消し、同申立てを認容する。

　寺田逸郎裁判官は、補足意見で「民法が、嫡出推定の仕組みをもって、血縁的要素を後退させ、夫の意思を前面に立てて父子関係、嫡出子関係を定めることとし、これを一般の夫に適用してきたからには、性別を男性に変更し、夫となった者についても、特別視せず、同等の位置づけがされるよう上記の配慮をしつつその適用を認めることこそ立法の趣旨に沿うものであると考えられる」と判示する。木内道祥裁判官は、補足意見で「民法772条が出生時の母の夫を父とするのでなく、婚姻成立の200日後、婚姻の解消等の300日以内の出生をもって婚姻中の懐胎と推定し、婚姻中の懐胎を夫の子と推定したのは、親子関係が血縁を基礎に置くことと子の身分関係の法的安定の要請を調整したものと解される。夫婦の間の子の父子関係については、同条の定めによる出生に該当するか否かをもって父子関係の成立の推定を行うことにより、血縁関係との乖離の可能性があっても、婚姻を父子関係を生じさせる器とする制度としたものということができる」と判示する。

　岡部喜代子裁判官は、反対意見において「婚姻することを認めながらその主要な効果である民法772条による嫡出推定の規定の適用を認めないことは相当ではない」とする法廷意見に対して、「民法772条の推定は妻が夫によって懐胎する機会があることを根拠とするのであるから、その機会のないことが生物学

上明らかであり、かつ、その事情が法令上明らかにされている者については推定の及ぶ根拠は存在しないといわざるを得ない。抗告人らの指摘するように、血縁関係は存在しないが民法772条によって父と推定される場合もあるが、それは夫婦間に上記の意味の性的関係の機会のある場合つまり推定する根拠を有する場合の例外的事象といい得るのであって、本件の場合と同一に論じることはできない。以上の解釈は、原則として血縁のあるところに実親子関係を認めようとする民法の原則に従うものであり、かつ、上述した特例法の趣旨にも沿うものである」と判示する。

岡部裁判官の反対意見は、夫婦間の性交渉という行為事実を重視し夫の生殖能力を偏重する見解である。例えば、夫が非閉塞性無精子症（non-obstructive azoospermia：NOA）でかつ ED（Erectile Dysfunction）で性交渉を持てず顕微授精により妊娠し出産した子の父子関係は、如何に解するのであろうか。

Ⅳ．非侵襲的出生前遺伝学的検査のガイドライン

Ⅳ-ⅰ．生殖補助医療等に関する提言

1．生殖補助医療及び非侵襲的出生前遺伝学的検査に関しては、これまで法的規制を含め幾つかの提言がなされている[49]。本項では、主要な提言を検討する。

①生殖医療技術をめぐる法的諸問題にかんする研究プロジェクト「生殖に関する医療的技術（生殖医療技術）の適正利用および濫用規制に関する勧告（1994年）」は、わが国の生殖医療技術の状況を医学及び医療技術の独走状況との認識に基づいて法的規制ないし準則定立のための15勧告を提示する[50]。

本勧告は、規制対象とする生殖医療的技術を人工授精、非配偶者間人工授精、体外受精、卵提供、代理母等と限定し、そのための法的規制ないし準則定立の前提作業として、「諸技術の利用・供給をめぐる可及的正確かつ包括的な（少なくとも臨床的応用の実態、商業的市場制度化の現状等にかんする）情報の収集とその理論的分析、それら諸技術のもたらすであろう社会的経済的倫理的法的諸側面におけるイムパクトについてのマクロ・ミクロ両側面での定量的ないし定性的分析（そのような意味での「人為的生殖医療技

96 第1章 先端医療の現況と問題

術をめぐるテクノロジー・アセスメント」ともいうべきもの）、それらをめぐる
社会的論議・関係当事者の意識・「世論」の動向等についての情報の収
集・検討（とくにその規制の現状・動向・問題点等についての批判的検討）等が、
また上記生殖技術とその応用をめぐる解釈法学的評価にあたっては、親
（それも場合によっては、遺伝的‐生物学的‐社会的‐法的親というふうに分裂しうる）
‐子、供給側‐媒介者等の個別関係当事者間の利益・価値・権利・責任をめ
ぐる現実的対立状況の分析と、そのうえでの価値考量ないし現行実定法の
枠組みとの関連における法的推論とその限界づけ等が、最低限の基礎的作
業として要請されるであろう」とし、「法的な諸問題の規制ないしルール
化という課題の解決にあたっても、どこまでを学会等の職業的専門的自律
ないし倫理委員会等の社会的規制にゆだねるべきか、国家的介入をすると
しても、立法的規制がいかなる範囲・種類の問題に妥当か、刑事法‐行政
法‐私法間の役割分担をどうするか、等の基本的問題が根底によこたわ
り、さらにはこれらの医療技術ないしその応用が国境を越えたかたちで存
在している今日、問題は一国の国内法的処理の枠を超えて、国際司法・国
際刑法ひいてまた法的規制の国際的ハーモナイゼイションの次元までひろ
がらざるをえないものとなっている」との視点から検討し、理由を付した
広範な提言をする。

　各勧告はいずれも重要なものであるが、本稿との関係で特に注目するも
のを以下に紹介する。

勧告1（法的整備の必要性）
　　生殖医療技術の適正利用および濫用規制に関する法律を制定すべきことを勧告
　する。
勧告2（法律の目的）
　　制定される法律（以下同法という）は、不妊に悩む夫婦（法律上の夫婦のほ
　か、一定の証明可能な内縁の夫婦も含む）に対し、生殖医療技術が適正に利用さ
　れるため、生殖医療技術の濫用を防止し、かつこれを法的に保障することを目的
　とするものとなるよう勧告する。その際、民法、刑法、行政法その他の既存の法
　律との整合性が図られるべきである。
勧告3（許される生殖医療技術）
　　生殖医療技術において、代理母・貸し腹及び卵の提供は禁止されるべきことを
　勧告する。

非配偶者間人工授精（AID）については、実施のための手続要件の整備とともに、実施できる医療機関・医師の登録制度の検討、実施記録の保存及び開示等の要件を定める等、現行法制度の不備を早急に改めるよう勧告する。

勧告5（プライバシー保護）

生殖医療技術に関し、職務上知り得た秘密を故なく漏洩した者に対しては、同法において一定の行政制裁を加えるように勧告する。

勧告6（利用のための手続）

生殖医療技術を受けようとする者には、十分な医学的情報が提供されたうえ、カウンセリングが十分に受けられるような手続を保障するなど、自由な意思決定への援助が行われることが生殖補助医療技術実施の要件となるよう勧告する。

勧告7（商業主義の禁止）

営利目的で生殖医療技術の斡旋もしくは斡旋類似行為を行う者に対しては、同法において一定の刑罰を科すよう勧告する。

勧告15（生殖医療技術審査委員会）

生殖医療技術の適正利用の保障および濫用を防止するため、各都道府県単位でその利用の条件を満たしているかどうかの審査を行う機関（生殖医療技術審査委員会）を設置するよう勧告する。

生殖医療技術は、かかる生殖医療技術審査委員会により、医療技術並びに組織が一定の水準に達していると認められた医療機関で、登録された医師によってのみ実施されるべきことを定めることを勧告する。

生殖医療技術審査委員会は、生殖医療技術の実施に関して必要な情報を収集し、医療機関を監督し、記録の提出を求めることができる。

本勧告は、本稿の考察対象とする非侵襲的出生前遺伝学的検査は勧告の対象外の医療技術であるが、1994年当時において生殖の「質」の選択として「障害児の妊娠・出生回避ないしそのための出生前診断」に論及する先見性は評価できる。

②金城清子教授は、メルボルン市での生殖技術とその法的規制の研究に基づき生殖技術に関して法的制規制を実施する際のポイントを提言する[51]。

1. 生殖技術の実施にあたり、実親子は遺伝的な関係が伴うというこれまでの概念を根本的に変えることになる提供された配偶子（精子と卵）の利用を認めるのか。すでに長期間にわたって行われてきた人工授精での精子の提供にくわえて、体外受精での精子・卵・受精卵の提供、さらに妊娠・出産というサーヴィスの提供（代理母）の許否を検討する必要がある。そして認めるのならば、生まれてきた子どもの法律的な親として、その養育に責任をもつのは誰なのかを明確にしておくことが、生まれてくる子どもの人権とのかかわりで重要である。生殖技術が存在しなかった時代に制定された親子法は再検討されなければならない。

2．提供された精子・卵・受精卵から生まれた子どもに、その遺伝的親を知る権利を保障していくのか、保障していくとしたらそのための記録の作成と保存をどのようにしていくのか。

3．不妊治療においてインフォームド・コンセントを保障し、患者の権利を守っていくためには何が必要なのか。不妊医療の現状を正確に知らせるための情報の公開、医療施設についての許可制、カウンセリングの義務化などが考えられる。

4．誰が生殖技術を利用できるのか。第一に法律婚の夫婦に限るのか、事実婚のカップル、独身の男女、さらにホモセクシュアル・カップルやレズビアン・カップルなどいわゆる同性婚のカップルにも認めるのか。人権としての生殖の自由・権利、家族を形成する権利、科学技術の成果を享受する権利などを踏まえた検討が必要である。第二に、生殖技術を利用できるのは、自然の生殖では子どもをもつことができない不妊のカップルに限るのか、重い遺伝病の回避のために技術利用を認めるのか、さらに性の選択など親が希望する特性をもつ子どもを産むために技術の利用を認めていくのか。私たちは、生殖技術の基本的な位置付けにかかわる選択を迫られている。

5．受精卵を対象とした実験・研究について、どのような条件のもとで認めていくのか。監視機関による許可制とする、実験・研究の目的を不妊治療医療の改善に限定するなどの方法がある。

　金城教授の指摘は、今まさにわが国が現実の医療現場や裁判実務等で解決を迫られている問題そのものである。生殖補助医療及び非侵襲的出生前遺伝学的検査の是非及び法的規制の是非は、国民的合意形成の必要性が90年代半ばから指摘されていたにも関わらず未解決のまま今日に至っている。

③厚生科学審議会先端医療技術評価部会生殖補助医療技術に関する専門委員会「精子・卵子・胚の提供等による生殖補助医療のあり方についての報告書（2000年12月28日）」は、精子売買や代理懐胎の斡旋など商業主義的行為が発生している状況等への有効な規制等の未整備に対応する方策について3年以内の実施を求める提言である[52]。

　本報告書は、「生まれてくる子の福祉を優先する。人を専ら生殖の手段

として扱ってはならない。安全性に十分配慮する。優生思想を排除する。商業主義を排除する。人間の尊厳を守る」との視点から、営利目的での精子・卵子・胚の授受・授受の斡旋行為、代理懐胎のための施術・施術の斡旋行為、提供された精子・卵子・胚による生殖補助医療に関する職務上知り得た人の秘密を正当な理由なく漏洩した行為に対し罰則を伴う法律による規制を提案する。精子・卵子・胚の提供等によるその他の生殖補助医療に対しては、「国民の幸福追求権と公共の福祉の観点との均衡を勘案し、それが過度なものとならないよう留意」しながら法律に基づく指針等規制の実効性を担保できる他の態様による規制を提案する。なお、本報告書は、別添において減数手術について付言する。

　本報告書は、必要な制度整備を3年以内に実施するとしてタイムリミットを設け早期の実現を促す点で評価に値する。本報告の刑罰法規作成の提案は、上記「生殖に関する医療的技術（生殖医療技術）の適正利用および濫用規制に関する勧告」と同一の方向性を志向する（刑罰法規の提案は、双方の構成メンバーである法律系委員石井美智子教授及び丸山英二教授の影響もあるものと思慮する）。

④日本医学会臨床部会運営委員会「遺伝子・健康・社会」検討委員会「拡がる遺伝子検査市場への重大な懸念表明（2012年3月1日）」は、「現在行われている『一般市民を対象とした遺伝子検査』には、生体試料をあずけ、個人の遺伝情報が明らかにされる一般市民に対して、科学的側面から見て、また倫理的社会的法的側面から見て不利益を与えてしまう可能性が考えられる」として商業主義の下での遺伝子検査の危険性に警鐘を鳴らし、以下の提言を行う[53]。

1．一般市民を対象とした遺伝子検査においては、その依頼から結果解釈までのプロセスに、学術団体等で遺伝医学あるいは当該疾患の専門家として認定された医師等（臨床遺伝専門医等）が関与すべきである。

2．不適切な遺伝子検査の実施によって消費者が不利益を受けないように、関係者は、関連する科学者コミュニティと連携を図り、ヒトゲノム・遺伝子解析研究の最新の進行状況についての情報を得るとともに、遺伝子解析の意義、有用性、およびその限界に関する科学的な検証を継続的に行うべきである。

100   第1章　先端医療の現況と問題

 3．国と医学界は、あらゆる機会を通じて、一般市民、学校教育関係者、
　　マスメディアに対し、ヒトゲノム解析研究の成果や今後急速に市民生活
　　の様々な分野で拡がりを見せるであろう遺伝子検査がもたらす意味につ
　　いて、積極的に教育・啓発活動を行ない、遺伝子検査に関する一般市民
　　の理解が促進されるように努力すべきである。

 4．市場が拡大しつつある一般市民に提供される遺伝子検査事業の質的な
　　保証や提供体制について、既に諸外国で行われている規制法の制定、公
　　的機関による継続的な監督システム、専門家を中心とした第三者検証機
　　関の設立、一般市民を巻き込んだ議論の場を設ける等の取り組みが、わ
　　が国ではほとんど行われていない状況に鑑み、今後速やかに、国による
　　遺伝子検査を監視・監督する体制の確立を早急に検討すべきであり、そ
　　の実現を強く求めていくものである。

 5．日本医学会としては、医療分野・事業分野等領域毎に所掌官庁の異な
　　る多領域にまたがる遺伝子検査を統合的に規制・管理する部署を、一案
　　として消費者庁に設置するという選択肢を示すとともに、その下位組織
　　として各省庁に共通基準で分掌管理させるシステムの構築と立法化を早
　　急に整備されるよう求めるものである

⑤日本生殖補助医療標準化機関（Japanese Institution for Standardizing Assisted
　Reproductive Technology；JISART）は、究極の目標を患者の満足を高めるこ
　ととし、品質管理システムを導入して生殖補助医療専門施設の生殖補助医
　療の質的向上を目的に2003年3月1日に創設された団体である[54]。

　　本機関は、2005年に生殖補助医療専門施設での医療の質を高めるため独
　自の認定審査をするためオーストラリアRTAC（生殖技術認定委員会）委員
　長Saunders教授をコンサルタントに招聘して審査チームを立上げ、会員
　施設に対する審査を実施し、審査チームの推薦によってJISARTより認
　定証を発行する。2008年より、JISART会員がRTAC委員会を中心に毎
　年システムの改善を図りながら施設審査を実施し、現在全国で27施設をメ
　ンバーとしている。

　　日本産科婦人科学会は、卵子提供体外受精・胚移植に関して厚生労働省
　雇用均等・児童家庭局母子保健課からの厚生科学審議会先端医療技術評価
　部会生殖補助医療技術に関する専門委員会「精子・卵子・胚の提供等によ

る生殖補助医療のあり方についての報告書（2000年12月28日）」の指摘する制度整備がなされるまで実施を控えるようとの指導に従っている。

　本機関は、制度設計も法規制も未整備な状況のなか、卵子提供者を匿名の第三者とする「精子・卵子・胚の提供等による生殖補助医療のあり方についての報告書」に対し、独自の「非配偶者間の精子又は卵子の提供による生殖補助医療を実施するに当たっての指針」を作成し、ガイドラインに基づく審査を充足したメンバーの施設で非配偶者間体外受精を実施している。本機関倫理委員会の基本方針は、「①人間の尊厳及び自由意思の尊重、②提供者及び被提供者に対する事前の十分な説明とその明確な同意、その他精子又は卵子提供の手続の適正の確保、③施術の安全性、医学的妥当性の確保、④生まれた子等の福祉の確保、⑤生まれた子等の出自を知る権利の尊重、⑥関係者の個人情報の保護、⑦商業主義の排除、⑧その他、非配偶者間体外受精を行うことの必要性及び社会的相当性の確認」である[55]。

　本機関は、平成18年4月20日会員のA施設からの「早発閉経の患者に友人からの卵子提供による非配偶者間体外受精」実施要請に対し、倫理委員会で受理した。同年11月6日、会員のB施設からの同様の患者への姉妹からの卵子提供申請を受理した。本機関は、会員施設での実施状況と臨床成績のデータをHP上に公表している[56]。

⑥「生殖補助医療の法制化に関する日本医師会生殖補助医療法制化検討委員会の提案（2013年2月13日）」は、生殖補助医療の許容性や実施条件、親子関係に関連する法整備の必要性が繰り返し指摘されながら今なお日本産科婦人科学会の見解に準拠し、医師の自主規制のもとに実施されている現状の打開を図る提案である[57]。

　「生殖補助医療の実施に関する法律案要綱骨子（案）」は、以下の通りである。

第1　　目的

　　この法律は、生殖補助医療が、妻が子を懐胎することが困難な夫婦にとって医学的に対応するための重要な手段となっていること、長年にわたり生殖補助医療によって数多くの子が出生してきていること等に鑑み、生殖補助医療について必要な事項を定めることにより、生殖補助医

療の適正な実施に資することを目的とすること。

第2　定義

1　この法律において「生殖補助医療」とは、夫婦双方の意思表示と同意にもとづいて、人工授精、体外受精等の医学的技術を適用することをいうこと。

2　この法律において「夫婦」「夫」および「妻」とは、婚姻の届出をしてないが、事実上婚姻関係と同様の事情にある者を含むものとする。【国民年金法第5条8を援用】

第3　生殖補助医療により出生した子の親子関係に関する民法の特例

生殖補助医療技術により出生した子については、分娩した女性を母とし、当該生殖補助医療の実施を依頼し同意した夫を父とする。

第4　生殖補助医療指定医制度の創設

1　都道府県の区域を単位として設立された公益社団法人たる医師会もしくは母体保護法第40条に定める「特定法人」たる医師会の指定する医師（以下「指定医師」という）は、依頼夫婦の同意を得て、生殖補助医療を行うことができること。

2　指定医師は、生殖補助医療を行った場合は、その年の施術の結果を取りまとめて、都道府県知事に届け出なければならないこと。

3　生殖補助医療の施行の事務に従事した者は、職務上知り得た人の秘密を、漏らしてはならないこと。また、その職を退いた後においても同様とすること。

4　何人も、この法律の規定による場合の外、故なく、生殖補助医療を行ってはならないこと。

5　人の精子、卵子、受精卵の売買禁止

1　何人も、人の精子、卵子、受精卵を提供すること若しくは提供したことの対価として財産上の利益の供与を受け、またはその要求若しくは約束をしてはならないこと。

2　何人も、人の精子、卵子、受精卵の提供を受けること若しくは受けたことの対価として、財産上の利益を供与し、又はその申込み若しくは約束をしてはならないこと。

本提案は、配偶者間体外受精及び非配偶者間体外受精の包括的規制の

第2節　非侵襲的出生前遺伝学的検査　　*103*

提案を企図するが、非配偶者間体外受精に関しては、別途、立法に向けた検討が必要であるとする。

　本提案は、従来法整備の必要性が再三再四にわたり指摘されながらも行政も含め何等の対応のないまま時日を経過する中で、日本医師会が法律案要綱骨子（案）を提案したことは評価できる。

　しかしながら、本提案は、生殖補助医療指定医制度の創設の項で母体保護法第40条の「指定医師」を生殖補助医療施術者とする。本項で提案する母体保護法第40条の「指定医師」を生殖補助医療施術者とするのであれば、従来から指摘されているように人工妊娠中絶手術の施術者と生殖補助医療の施術者が同一とするのは疑問である。本項の母体保護法第40条の「指定医師」の趣旨は、母体保護法第40条の「指定医師」と同様に生殖補助医療専門の「指定医師」を新たに指定する趣旨なのか不分明である。

2．日本生殖補助医療標準化機関による非配偶者間体外受精実施の倫理審査及び会員施設での実施データの公表と「生殖補助医療の法制化に関する日本医師会生殖補助医療法制化検討委員会の提案（2013年2月13日）」は、既に検討した「生殖に関する医療的技術（生殖医療技術）の適正利用および濫用規制に関する勧告（1994年）」や厚生科学審議会先端医療技術評価部会生殖補助医療技術に関する専門委員会「精子・卵子・胚の提供等による生殖補助医療のあり方についての報告書（2000年12月28日）」の提言以降何等のアクションのない状況への法整備に向けた具体的作業の一里塚となるであろう。

　他方、生殖補助医療は、ガイドライン等において配偶者間人工授精や卵子提供等実施する術式の対象者を限定し、生殖補助医療の安易な拡散防止を図っている。しかしながら、医療現場の視点からは、対象者の限定の判断基準の明確性に疑問が提起され、判断当事者である医師の裁量に委ねられる余地があるとの指摘にも配意しながら検討されなければならない[58]。

Ⅳ-ⅱ．非侵襲的出生前遺伝学的検査に関するガイドライン成立の経緯

　1．各国は、生殖補助医療の利用についてそれぞれの国情に合わせて法律やガイドラインによる規制を実施している。

104　第1章　先端医療の現況と問題

表9　先進諸国における対応の比較

国　名	規制方法	精子提供	卵子提供	代理懐胎
アメリカ	州法、統一法等	○	○〜規定なし （州法による）	○〜× （州による）
イギリス	法律	○	○	×
フランス	法律	○	○	×
ドイツ	法律	○	×	×
スイス	憲法、法律	○	×	×
オーストリア	法律	○	×	×
イタリア	法律	×	×	×
スウェーデン	法律	○	○	×
ノルウェー	法律	○	×	×
カナダ	法律等	○	○	○
オーストラリア	州法等	○	○	○〜規定なし （州による）
韓　国	学会指針等 （法律は検討中）	○	○	○（非営利のみ） →規定なし
台　湾	法律	○	○	規定なし
中　国	法律	○	○	×
日　本	審議会答申（法律化されず）(2003)	○（営利は処罰）	○（営利は処罰）	×
	学会見解	○（AIDのみ）	規定なし	
	学術会議報告（2008）	言及せず	言及せず	×（試行の余地）

○：容認、×：禁止〜無効

－久具宏司「医療現場からみた生殖医療の問題点」、死生学研究15号（2011年）275頁図4より引用－

先進諸国における対応は、以下の通りである[59]。

　2．生命誕生をめぐる医療技術の進展に伴い各審議会や日本産科婦人科学会等は、ガイドライン等を作成し公表してきた。

　ガイドラインは、大別すると生殖補助医療に関するものと出生前診断（Prenatal Diagnosis）に関するものがある。後者の診断には、胚移植前（妊娠成立前）の初期胚から検査する診断法である着床前診断が含まれ、具体的診断方法として着床前遺伝子診断（Preimplantation Genetic Diagnosis；PGD）と着床前スクリーニング（Preimplantation Genetic Screening；PGS）がある。その主要なガイドラインの一覧は、【資料編・別表1】に示す[60]。

　2013年4月以降、非侵襲的出生前遺伝学的検査は、臨床研究として被験者に対して実施されるに至った。

　本項では、日本産科婦人科学会「母体血を用いた新しい出生前遺伝学的検査」指針に至る生殖補助医療に関するガイドラインの中から重要な諸見解を検

第2節　非侵襲的出生前遺伝学的検査　　*105*

討する。

①「体外受精・胚移植に関する見解（1983年10月）」は、体外受精・胚移植を
不妊治療として行われる医療行為と規定し、治療対象を明確化し「本法
は、これ以外の医療行為によっては妊娠成立の見込みがないと判断される
ものを対象とする」とし、同見解解説で対象疾患を「卵管性不妊症、乏精
子症、免疫性不妊症、原因不明不妊症等」に限定する。更に、実施上の制
約として「本法の実施に際しては、遺伝子操作を行わない」とし、同見解
解説で体外受精の基本的目的を「夫婦の遺伝子をそのまま子供に伝えるこ
と」とし、遺伝子操作を「医療として行なう体外受精の目的に全く反する
ものであり、医の倫理に反する」とする[61]。

②「先天異常の胎児診断、特に妊娠初期絨毛検査に関する見解（1988年1
月）」は、「妊娠前半期におこなわれる先天異常の胎児診断には、羊水検
査、絨毛検査、胎児鏡、胎児採血、超音波診断などの方法が応用されてい
るが、これらの胎児診断は倫理的にも社会的にも多くの問題を包含してい
ることに留意し、以下の点に注意して実施する必要がある」とし、特に、
絨毛検査による流産の危険性に着目し流産のリスクを冒してまで検査する
必要性のある事情ないし特定疾患の回避の視点から当該夫婦の検査実施の
希望という自発性を要件とする。出生児の遺伝性疾患発症のリスクと流産
のリスクを比較衡量し、染色体異常児の出生回避から、診断対象を「a.
夫婦のいずれかが染色体異常の保因者、b.　染色体異常児を分娩した既往
を有するもの、c.　高齢妊娠、d.　重篤な伴性（X連鎖）劣性遺伝性疾患の
保因者、e.　重篤で胎児診断が可能な先天性代謝異常症の保因者、f.　重篤
でDNA診断が可能な遺伝性疾患の保因者、g.　その他重篤な胎児異常の
恐れがある場合」に限定する。

　　本見解は、胎児診断の問題性について「倫理的にも社会的にも多くの問
題を包含」するとの認識に基づいて提示されたが、対象疾患を特定したこ
とで後に障害者団体との軋轢となった。

③「体外受精・胚移植に関する見解（1998年10月）」は、上述①見解の治療対
象を不妊治療から受精卵（胚）の着床前診断へと適用範囲を拡張する。本
見解は、範囲拡張の論拠として「生殖生理学の知識は往時より飛躍的に増
加し、その結果ヒトの未受精卵、受精卵の取扱い技術は著しく進歩した。

このような生殖医療技術の進歩を背景にして、（中略）新たな臨床応用の可能性が生じており、今後もその範囲は拡大するものと思われる。本法の適用範囲を拡大する必要性が存在し、（中略）適用範囲の歯止めのない拡大に繋げない」とする。しかしながら、技術の進歩・革新が適用範囲拡張の正当化根拠となるかは疑問である。

④「着床前診断に関する見解（1998年10月）」は、生殖補助医療技術の進歩に着目し「in vitro での受精卵の取扱い技術の進歩と、分子生物学的診断法の発展は、個体発生に影響を与えることなく受精卵の割球の一部を生検し、これにより当該個体の有する遺伝子変異を着床以前に検出、診断することを可能にした」として、受精卵（胚）の着床前診断対象を「重篤な遺伝性疾患」に限定した[62]。本見解は、数次の改定を経て（1999年7月5日改定され、2006年2月習慣流産に関して、2010年6月26日改定）現在に至る[63]。

⑤厚生科学審議会先端医療技術評価部会出生前診断に関する専門委員会「母体血清マーカー検査に関する見解（報告）（1999年6月23日）」は、母体血清マーカー検査について「出生前診断は、胎児が出生する前に胎児及び母体の状況を把握するために行われる。母体血清マーカー検査は、妊婦から採取した少量の血液を用いて血中の α-フェトプロテイン、hCG（free-β hCG）、エストリオール（uE3）などの物質が、胎児が21トリソミー（ダウン症候群）等であった場合にそれぞれが増減することを利用して、胎児に21トリソミー等の疾患のある確率を算出する方法であり、その簡便さから、今後広く普及する可能性がある」とする。本見解の基本的視点は、「先天異常などでは、治療が可能な場合が限られていることから、この技術の一部は障害のある胎児の出生を排除し、ひいては障害のある者の生きる権利と命の尊重を否定することにつながるとの懸念がある。現在、我が国においても、また、国際的にも、障害のある者が障害のない者と同様に生活し、活動する社会を目指すノーマライゼーションの理念は広く合意されており、平成8年には旧優生保護法が母体保護法に改正され、優生思想に基づき優生手術、人工妊娠中絶等を認めていた条項が削除されたところである。（中略）出生前診断は医療の問題のみならず、倫理的、社会的、心理的な問題も含んでいる」と問題点を指摘した上で、詳細な医師向け実施要項を添付する。

⑥「出生前に行われる検査および診断に関する見解（2007年4月）」は、「先天異常の胎児診断、特に妊娠絨毛検査に関する見解」（1988年1月）を廃止するものである。本見解は、廃止と改定の理由として「胎児を対象とした診断は、新たな技術の開発、対象となる疾患の多様化等、著しい変容をみせ、かかる医療技術への要求も多面的なものとなっています。それに加えて、すべての医療技術が高いレベルでの安全性、倫理性、社会性を担保することについての社会の要請はますます大きくなっております。（中略）現代社会の情勢、法的基盤の整備、倫理的観点を考慮しつつ、生殖・周産期医療の現状および将来の進歩の可能性に立脚した新たな見解」の必要性をあげる。本見解は、胎児の検査及び診断を胎児異常の有無のスクリーニングないし重篤な疾患が強く疑われる場合の検査として位置付け、新たな妊娠前半期の出生前検査および診断として「羊水、絨毛、その他の胎児試料、母体血由来胎児細胞などを用いた細胞遺伝学的、遺伝生化学的、分子遺伝学的、細胞・病理学的方法、超音波検査などを用いた画像診断的方法」をあげる。侵襲的な出生前検査及び診断の対象となる場合は、夫婦からの希望に基づく「（1）夫婦のいずれかが、染色体異常の保因者である場合、（2）染色体異常症に罹患した児を妊娠、分娩した既往を有する場合、（3）高齢妊娠の場合、（4）妊婦が新生児期もしくは小児期に発症する重篤なX連鎖遺伝病のヘテロ接合体の場合、（5）夫婦の両者が、新生児期もしくは小児期に発症する重篤な常染色体劣性遺伝病のヘテロ接合体の場合、（6）夫婦の一方もしくは両者が、新生児期もしくは小児期に発症する重篤な常染色体優性遺伝病のヘテロ接合体の場合、（7）その他、胎児が重篤な疾患に罹患する可能性のある場合」に限定する。

⑦日本医学会「医療における遺伝学的検査・診断に関するガイドライン（2011年2月）」は、遺伝学的検査及び診断の特性に配慮し「遺伝学的検査・診断では生涯変化せず、血縁者にも影響を与えうる個人の遺伝情報を扱うため、その特性に十分配慮した対応が求められる。また、その前提として、遺伝子の変化に基づく疾患・病態や遺伝型を例外的なものとせず、人の多様性として理解し、その多様性と独自性を尊重する姿勢で臨む」とする。本ガイドラインは、適用範囲を「遺伝学的検査［分子遺伝学的検査（DNA/RNA検査）、染色体検査、遺伝生化学的検査、等］及びヒト生殖細

胞系列における遺伝子変異もしくは染色体異常に関する検査」とし、「保
因者検査、発症前検査、易罹患性検査、薬理遺伝学検査、出生前検査、先
天代謝異常症等に関する新生児マススクリーニング」により診断可能な類
型として「・非発症保因者（将来的に発症する可能性はほとんどないが、遺伝
子変異を有しており、その変異を次世代に伝える可能性のある者）の診断ができ
る場合があること。・発症する前に将来の発症をほぼ確実に予測すること
ができる場合があること。・出生前診断に利用できる場合があること」を
あげる。本ガイドラインは、出生前診断についても「出生前診断には、広
義には羊水、絨毛、その他の胎児試料などを用いた細胞遺伝学的、遺伝生
化学的、分子遺伝学的、細胞・病理学的方法、着床前診断、および超音波
検査などを用いた画像診断的方法などがある。出生前診断には、医学的に
も社会的および倫理的にも留意すべき多くの課題があることから、検査、
診断を行う場合は日本産科婦人科学会等の見解を遵守し、適宜遺伝カウン
セリングを行った上で実施する」と論及する。

⑧「出生前に行われる検査および診断に関する見解（2011年6月25日改定）」
は、「生殖・周産期医療における診療環境、それを取り巻く社会情勢、法
的基盤、出生前遺伝学的検査に求められる安全性、倫理性、社会性を考
慮」して2007年に告示された同見解の改正である。本見解は、出生前検査
及び診断の目的を「妊婦の管理の目標は、母体が安全に妊娠・出産を経験
できることであるが、同時に児の健康の向上、あるいは児の適切な養育環
境を提供することでもある。基本的な理念として出生前に行われる検査お
よび診断はこのような目的をもって実施される」と明確化し、内在する
「医学的にも社会的および倫理的にも留意すべき多くの課題」を踏まえて
の実施を求める。

　なお、本見解の承認に際しては、2011年度日本産科婦人科学会定時総会
において、改正案の3つの点につき質問がなされ倫理委員会委員長の回答
の後に、採決がなされて承認された経緯があるとの指摘がなされてい
る[64]。第1は、出生前に行われる検査および診断の概念について「改定案
の文言からは、胎児に疾患を有する可能性が高くないローリスク妊婦を対
象に、出生前検査としての超音波胎児スクリーニングはやるべきではない
という意味か」との質問である。倫理委員会委員長の回答は、「文書の中

に、『基本的な出生前検査、診断の概念』と記載されているように、あくまで、"基本的"であり、ローリスク妊婦に対する超音波胎児スクリーニングを否定するものではない。すなわち、ローリスク妊婦に対する超音波胎児スクリーニングは、行ってよい」とのものである。第2は、検査施行前の遺伝カウンセリングの実施者について「遺伝カウンセリングを行う専門職は、『例えば臨床遺伝専門医』となっており、臨床遺伝専門医でない産婦人科医が遺伝カウンセリングを行うことを否定しているように読める。産婦人科医も実施できるように、『等』を付けて、遺伝カウンセリングを行う専門職を、『例えば臨床遺伝専門医"等"』にしてはどうか」との質問である。倫理委員会委員長の回答は、「『例えば臨床遺伝専門医』というのは、"例え"として、臨床遺伝専門医を上げているだけである。すなわち、検査の実施手技を含めて、十分な遺伝医学の基礎的・臨床的知識のある産婦人科医なら、臨床遺伝専門医の資格を持っていなくても、遺伝カウンセリングを行ってよい」とのものである。第3は、絨毛採取、羊水穿刺など侵襲的な検査、または母体血中胎児由来細胞等を用いた検査の適応について「改定案の（解説）の中で、『高齢妊娠の場合』と記載されているが、具体的な年齢が記載されていないと、高齢を理由に検査を行って良いのか悪いのか、現場で混乱が生じる。具体的な年齢を記載したほうが良いのではないか」との質問である。倫理委員会委員長の回答は、「35歳とか40歳とか高齢の具体的な定義は記載していないが、現場の判断で、臨機応変に対応してほしい。すなわち、夫婦からの希望があり、検査の意義について十分遺伝カウンセリングによる理解の後、同意が得られれば、30歳の妊婦さんであっても、現場で高齢妊娠と判断すれば、『高齢妊娠』の適応で検査を行ってよい」とのものである。

⑨日本医学会臨床部会運営委員会遺伝子・健康・社会検討委員会「拡がる遺伝子検査市場への重大な懸念表明（2012年3月1日）」は、コマーシャリズムを媒介に市民生活に広がりつつある遺伝子検査に対して「現在行われている『一般市民を対象とした遺伝子検査』には、生体試料をあずけ、個人の遺伝情報が明らかにされる一般市民に対して、科学的側面から見て、また倫理的社会的法的側面から見て不利益を与えてしまう可能性が考えられる」と警鐘を鳴らす。遺伝子・健康・社会検討委員会は、「1. 一般市民

110   第1章　先端医療の現況と問題

を対象とした遺伝子検査においては、その依頼から結果解釈までのプロセスに、学術団体等で遺伝医学あるいは当該疾患の専門家として認定された医師等（臨床遺伝専門医等）が関与すべきである。2．不適切な遺伝子検査の実施によって消費者が不利益を受けないように、関係者は、関連する科学者コミュニティと連携を図り、ヒトゲノム・遺伝子解析研究の最新の進行状況についての情報を得るとともに、遺伝子解析の意義、有用性、およびその限界に関する科学的な検証を継続的に行うべきである。3．国と医学界は、あらゆる機会を通じて、一般市民、学校教育関係者、マスメディアに対し、ヒトゲノム解析研究の成果や今後急速に市民生活の様々な分野で拡がりを見せるであろう遺伝子検査がもたらす意味について、積極的に教育・啓発活動を行ない、遺伝子検査に関する一般市民の理解が促進されるように努力すべきである。4．市場が拡大しつつある一般市民に提供される遺伝子検査事業の質的な保証や提供体制について、既に諸外国で行われている規制法の制定、公的機関による継続的な監督システム、専門家を中心とした第三者検証機関の設立、一般市民を巻き込んだ議論の場を設ける等の取り組みが、わが国ではほとんど行われていない状況に鑑み、今後速やかに、国による遺伝子検査を監視・監督する体制の確立を早急に検討すべきであり、その実現を強く求めていくものである。5．日本医学会としては、医療分野・事業分野等領域毎に所掌官庁の異なる多領域にまたがる遺伝子検査を統合的に規制・管理する部署を、一案として消費者庁に設置するという選択肢を示すとともに、その下位組織として各省庁に共通基準で分掌管理させるシステムの構築と立法化を早急に整備されるよう求めるものである」との提言を行なう。日本人類遺伝学会は、本表明に先立ち、2010年に「一般市民を対象とした遺伝子検査に関する見解」を示している[65]。

3．日本産科婦人科学会は、「出生前に行われる検査および診断に関する見解（2011年6月25日改定）」を契機としてアメリカ等での次世代シーケンサーを使用した検査の実施開始をも視野に入れ非侵襲的出生前遺伝学的検査の日本への波及に対応するための準備を開始した。

⑩日本産科婦人科学会は、「新たな手法を用いた出生前遺伝学的検査につい

て（2012年9月1日）」との理事長及び倫理委員会委員長声明を出す[66]。本声明は、当時の状況を「最近、海外では、網羅的な分子遺伝学的解析・検査手法を用いた新たな出生前診断、あるいは従来の検査よりも非侵襲的な母体採血による検査が注目され、普及しはじめています。すなわち、絨毛採取や羊水検査におけるマイクロアレイ法（CGHアレイ法やSNPアレイ法等）、非侵襲的な検体（母体血液中の胎児・胎盤由来細胞やDNA/RNA等）を用いた高速ゲノムシーケンサー（次世代シーケンサー）等による遺伝学的検査です」と認識する。本声明は、非侵襲的出生前遺伝学的検査の特性について「これらの検査では、解析結果の解釈が従来の検査に比較して難しいことも多く、臨床対応には遺伝医学的専門知識が求められ、検査実施や診断には専門家による検査前ならびに検査後の遺伝カウンセリングが必須です。なお、母体血を用いる検査については、現在、国内の臨床研究の準備が進行しており、その結果を注視していきたいと考えます。一方で、これらの検査が広範囲に実施された場合、社会に大きな混乱を招くことが懸念されますので、マススクリーニングとしての安易な実施は厳に慎むべきであります」と把握し、「出生前に行われる遺伝学的検査および診断には、胎児の生命にかかわる社会的および倫理的に留意すべき多くの課題が含まれています。遺伝子の変化に基づく疾患・病態や遺伝型を人の多様性として理解し、その多様性と独自性を尊重する姿勢で臨むことが重要であります」として学会の対応を提示する。

⑪日本産科婦人科学会倫理委員会は、内部に「母体血を用いた出生前遺伝学的検査に関する検討委員会」を立上げ、具体的ガイドラインの作成に取り組む。検討委員会は、「母体血を用いた新しい出生前遺伝学的検査に関する指針（案）（2012年12月15日）」を公表し[67]、Public Comment を募集する[68]。日本産科婦人科学会は、219件のパブリックコメントの結果を公表した[69]。

⑫日本産科婦人科学会は、2012年10月2日から2013年2月4日まで4回開催された「母体血を用いた出生前遺伝学的検査に関する検討委員会」での論議、2012年11月13日開催公開シンポジウム「出生前診断−母体血を用いた出生前遺伝学的検査を考える」及び「母体血を用いた新しい出生前遺伝学的検査に関する指針（案）（2012年12月15日）」に対する Public Comment を

112　第1章　先端医療の現況と問題

踏まえて、「母体血を用いた新しい出生前遺伝学的検査に関する指針（2013年3月9日）」を会告として公表するに至った[70]。

　本指針は、「3つの染色体（13番、18番、21番）の数的異常は、母体血を用いた新しい出生前遺伝学的検査により診断を行っても、それが治療につながるわけではない。その簡便さを理由に母体血を用いた新しい出生前遺伝学的検査が広く普及すると、染色体数的異常胎児の出生の排除、さらには染色体数的異常を有する者の生命の否定へとつながりかねない」として非侵襲的出生前遺伝学的検査特有の問題点を指摘する。その上で、非侵襲的出生前遺伝学的検査の具体的問題点として、「妊婦が十分な認識を持たずに検査が行われる可能性があること。検査結果の意義について妊婦が誤解する可能性のあること。胎児の疾患の発見を目的としたマススクリーニング検査として行われる可能性のあること」を指摘する。本指針は、産婦人科医師と小児科医師および認定遺伝カウンセラーまたは遺伝看護専門職による妊婦とパートナー（場合によっては他の家族）への検査前及び検査後の十二分な説明と遺伝カウンセリングの実施を義務付け、具体的なカウンセリングの説明項目も明示する。

　本指針は、非侵襲的出生前遺伝学的検査の実施要件として、「実施施設の要件、対象妊婦、検査会社の要件」を規定し、実施施設を登録認定制度とし、非侵襲的出生前遺伝学的検査を臨床研究と位置付ける。

　本指針は、特に、医師や検査会社に対し非侵襲的出生前遺伝学的検査への基本的姿勢として「母体血を用いた新しい出生前遺伝学的検査の実施施設であるかないかに関わらず、すべての医師は母体血を用いた新しい出生前遺伝学的検査に対して次のような姿勢で臨んで差し支えない。1．母体血を用いた新しい出生前遺伝学的検査について医師が妊婦に積極的に知らせる必要はない。ただし、妊婦が本検査に関する説明を求めた場合には、医師は本検査の原理をできる限り説明し、登録施設で受けることが可能であることを情報として提供することを要する。2．医師は、母体血を用いた新しい出生前遺伝学的検査を妊婦に対して安易に勧めるべきではない。また、検査会社等がこの検査を勧める文書などを作成し不特定多数の妊婦に配布することは望ましくない」と明示する。

　本指針が非侵襲的出生前遺伝学的検査の対象とする妊婦は、「1．胎児

超音波検査で、胎児が染色体数的異常を有する可能性が示唆された者。2．母体血清マーカー検査で、胎児が染色体数的異常を有する可能性が示唆された者。3．染色体数的異常を有する児を妊娠した既往のある者。4．高齢妊娠の者。5．両親のいずれかが均衡型ロバートソン転座を有していて、胎児が13トリソミーまたは21トリソミーとなる可能性が示唆される者」に限定する。

　本指針は、先に示された指針（案）と比較して遺伝カウンセリングの実施要件を明確化するとともに「性染色体の数的異常を検出するための血液による非確定的検査も臨床実施が可能となっているが、今回の検討の対象とはなっていない。性染色体の数的異常検出のための検査の指針策定には別途検討を要する」として指針の対象範囲を限定し、性染色体の数的異常検出のための検査については射程外とした。

⑬日本医学会・日本産科婦人科学会・日本産婦人科医会・日本人類遺伝学会は、日本産科婦人科学会の作成・公表した「母体血を用いた新しい出生前遺伝学的検査に関する指針（2013年3月9日）」を支持する「『母体血を用いた新しい出生前遺伝学的検査』についての共同声明（2013年3月9日）」を公表した。なお、公表当日、会見資料として日本医学会臨床部会運営委員会「遺伝子・健康・社会」検討委員会作成「拡がる遺伝子検査市場への懸念表明」が配布された。

　本共同声明は、「1．本検査には倫理的に考慮されるべき点のあること、試料を分析する検査会社が未だ国内にはないこと、わが国独自の解析経験とデータの蓄積が存在しないとことなどから、その実施は、まず臨床研究として、認定・登録された施設において慎重に開始されるべきである。また、文部科学省、厚生労働省、経済産業省の定める『ヒトゲノム・遺伝子解析研究に関する倫理指針』、および日本医学会『医療における遺伝学的検査・診断に関するガイドライン』に則って行われるべきである。2．本検査を実施する施設の認定・登録は、日本医学会臨床部会運営委員会『遺伝子・健康・社会』検討委員会の下に設置する『母体血を用いた出生前遺伝学的検査』施設認定・登録部会で行う。本部会は、日本産科婦人科学会、日本小児科学会、日本人類遺伝学会からの委員および法学・倫理の専門家で構成される。3．今後、出生前遺伝学的検査には、今回のような

常染色体の数的異常に関する検査以外にも種々の遺伝学的検査が開発されることが予想される。このような検査を用いた出生前診断では、十分な遺伝カウンセリングが行われる体制の整備が必要であり、私たちは、わが国における遺伝カウンセリング体制のより一層の普及と充実のために努力する所存である。4．日本医師会、日本医学会、日本産科婦人科学会、日本産婦人科医会、日本人類遺伝学会の会員以外の、学術団体、医学研究機関、医療機関、臨床検査会社、遺伝子解析施設、遺伝子解析の仲介会社、健康関連企業、マスメディアなどにも、本指針の考え方を尊重するよう呼びかける」として方針を提示する。

　本共同声明は、日本産科婦人科学会の作成した指針の権威付け的色彩が濃厚であり、とりわけ医師への影響力は分科会を通じて大である[71]。

　日本医学会は、「母体血を用いた新しい出生前遺伝学的検査の実施に関する規則」を制定し、同学会臨床部会運営委員会「遺伝子・健康・社会」検討委員会の下に「母体血を用いた新しい出生前遺伝学的検査」施設認定・登録部会を設置した[72]。

⑭日本産科婦人科学会は、「母体血を用いた新しい出生前遺伝学的検査に関する指針（2013年3月9日）」及び日本医学会・日本産科婦人科学会・日本産婦人科医会・日本人類遺伝学会「『母体血を用いた新しい出生前遺伝学的検査』についての共同声明（2013年3月9日）」を受け、「対象となる疾患は多様化する一方、新たな分子遺伝学的解析・検査技術を用いた胎児診断法が世界的にもきわめて急速に発展し、広まってきており、これらの視点からの見直しが再び求められています」との理由から、上記⑧「出生前に行われる検査および診断に関する見解（2011年6月25日改定）」を改定するとともに、上記②「先天異常の胎児診断、特に妊娠初期絨毛検査に関する見解」（1988年1月）を廃止する「出生前に行われる遺伝学的検査および診断に関する見解（2013年6月22日）」を告知した[73]。

　本見解は、「出生前に行われる遺伝学的検査および診断には、胎児の生命にかかわる社会的および倫理的に留意すべき多くの課題が含まれており、遺伝子の変化に基づく疾患・病態や遺伝型を人の多様性として理解し、その多様性と独自性を尊重する姿勢で臨むことが重要です」と指摘し、遺伝子変化に基づく疾患・病態や遺伝型を「人の多様性」と解し、そ

第2節　非侵襲的出生前遺伝学的検査　　*115*

の「多様性と独自性」を尊重するとの基本的視座を設定した。

　本見解は、遺伝カウンセリングの重要性を指摘し、「また児が罹患している場合の妊娠中の胎児の健康状態、出生した後に要する医療、ケア等についてあわせて説明する。なお、遺伝カウンセリングにおいては、罹患の可能性のある疾病、異常に携わる医療者、患者支援組織（者）からの情報等も適切に取り入れることが重要である」として具体的説明事項をも指示する。他方、本見解は、非侵襲的出生前遺伝学的検査が胎児の疾患の発見を目的としたマススクリーニング検査として行われる可能性を回避するため「出生前に行われる検査および診断に関する見解（2011年6月25日改定）」に用いられていた非確定的検査（いわゆるスクリーニング的検査）に関する「上記で述べたスクリーニング検査の結果、胎児異常の可能性が一定の基準よりも高いと推定された場合のほか、通常の妊婦健診にともなう超音波検査で、意図せず偶発的にソフトマーカー等が発見された場合にも、引き続き精査を受ける前に遺伝カウンセリングを十分に行い、結果の解釈とその意義について、理解を得られるように説明したのち確定診断を目的とする検査を実施することがある」との文言を削除した。

Ⅳ-iii．非侵襲的出生前遺伝学的検査に関するガイドライン作成の論議状況

　1．非侵襲的出生前遺伝学的検査のガイドライン作成には、日本産科婦人科学会内に設置された「母体血を用いた出生前遺伝学的検査に関する検討委員会」で4回論議が交わされた。検討会の構成メンバーは、久具宏司（日本産科婦人科学会）、海野信也（日本産科婦人科学会）、水沼英樹（日本産科婦人科学会）、奥山虎之（日本小児科学会）、斎藤加代子（日本人類遺伝学会）、澤倫太郎（日本産科婦人科学会）、丸山英二（生命倫理・法学）の7氏であり、落合和徳倫理委員会委員長より久具宏司委員が委員長に推薦され了承された。

　2012年10月2日開催第1回検討会では、NIPTコンソーシアム研究代表国立成育医療研究センター左合治彦氏から、NIPTコンソーシアムの臨床研究について説明の後、臨床研究の基本的な考え方について「マススクリーニングとして行わない、適切な遺伝カウンセリング体制を整備する、染色体異常児を産む選択をサポートする」との指摘がなされた。学会陪席の平原史樹出生前診断WG委員会委員長は、「欧米では中絶する人も産んで育てる人も尊重するとい

う社会的基盤があるのでフラットな議論ができる。産んで育てるのは大変であるという日本の現状とは社会の基盤が異なる。しかし、議論の中で社会が成熟することを期待する」との発言があった。斎藤加代子委員からは、「今回の研究では、遺伝カウンセリングのマニュアルの確立と、産む選択肢を担保するために病気を怖がることがないような疾患の説明が重要である」との指摘がされた。澤倫太郎委員からの「超音波診断を含めて、出生前診断が発展してきてダウン症の出生は減っているのか？」との質問に対して、平原史樹WG委員会委員長から「中絶数も出生数も同じ比率で増えている。高齢妊娠が増えているのが原因である。イギリスでは全例スクリーニングしているが、結果は変わっていない」との考えが示された[74]。

　2012年11月1日開催第2回検討会では、有識者として齋藤有紀子北里大学准教授（医学原論）、玉井邦夫日本ダウン症協会理事長、有森直子日本遺伝看護学会理事長、山内泰子川崎医療福祉大学准教授（認定遺伝カウンセラー）、今村定臣日本医師会常任理事の5氏がそれぞれの立場から意見表明を行った。有森直子氏は、看護の立場から非侵襲的出生前遺伝学的検査について「女性およびその家族が安心して子供を産み育てていく環境を整えることが必要である」とし、「今回の議論は遺伝カウンセリングの内容だけでなく、検査前後にかかるストレスに関しても十分に慎重に検討しながら検査の内容には何が含まれるべきかを議論していくべきである」と主張する。海野委員は、「コンソーシアムはNIPT導入ありきの研究である。我が国の現状ではNIPTをどう捉えて考えて行くのかというレベルの議論が十分なされていない段階だと思う。したがって、まずこの段階の議論から始めることが重要だと考えている」と発言したのに対し、小西郁生理事長は、「仰る通りである。コンソーシアムには、責任者がはっきりしていないので代表責任者を明確にするよう求めている。また、妊婦さんへの説明文書などについてはこちらの意見を伝えて行きたい」と答えた。山内泰子氏は、遺伝カウンセラーの立場から「今回のNIPTについて我々は何ができるのかと考えると、受ける方に検査の意味を知ってもらい、検査のことやそれに関わる疾患のことを考える必要があることをお伝えすること、また困ったときには相談の窓口があることをお伝えして専門家として関わっていきたい。NIPTが今までの出生前診断に加わった新しい検査であり、そのことで遺伝カウンセリングに新たに加えることがあるかについても考えて

いきたい。NIPT が今回のテーマであるが、出生前の検査を受けるという点から出生前診断全体についても関わり方を考えていきたい」と意見表明した。有森直子氏は、「われわれも自分らしい意思決定をしていくプロセスを援助しているが、中絶を選択した場合は決して自分らしい選択とは言えず、苦渋の選択の末の結果でありその人らしいものとは言えないと思う」と発言したのに対し、久具委員長は、「その人らしいとは結果ではなく、そこに至るまでのプロセスがその人らしくなるように持って行くことだと思う」との考えを示した。玉井邦夫氏は、「今問われているのはダウン症のことではなく、このまま遠からず胎児のあらゆる DNA 情報が母体血からわかるようになった時にどこで線を引くのかという議論の始まりであって、これを、安易にダウン症だからということで一歩踏み出せば、知らないうちに私たちはすごく大きな曲がり角を曲がってしまった後で気がつくことになりかねない、と感じている」とし、「我々がカウンセリングで伝えていただきたいのは、ダウン症に関する正確な知識以上に、彼らと生きて行く知恵である。それを与えてもらえるようなカウンセリングが前提で今回の研究が進むことを切に希望する。その中で提供されるダウン症の情報がどのようなものであるかを公開して欲しい、そして可能であるならば、プロトコールに意見を付け加えたい」との見解を示した。今村定臣氏は、「いわゆる学会や民間団体の認定だけでは不十分である。一つ提案として、医師の資格の上に、生命倫理の理解ということを前提として指定されている母体保護法の指定医並びに指定機関に限定することはいかがであろうか？中絶が選択肢に入ってきた場合には、指定医が責任を持って行うことになるので、指定医に生命倫理や学問的意味合いなどについての研修等を行って、ある程度全国的に配置して認定する」との提案をした[75]。

　第1回及び第2回検討委員会ではオブザーバーとして出席した有識者から意見聴取を行い、総論的論議をした。第3回及び第4回検討委員会では資料として配布された「指針案」を基に内容の検討及び論議が交わされているが、議事録には資料が添付されておらず不分明であり議事録としては、事後的検証が十二分にできず瑕疵があるといわざるを得ない。なお、第3回検討委員会で傍聴者に配布した資料がマスコミに流れ報道される事態が生じたことが、2013年2月4日第4回検討委員会の冒頭で久具委員長から告げられている[76]。久具委員長は、検討委員会の結論を指針とする考えを示した上で、見解として会告に

118　第1章　先端医療の現況と問題

する場合には総会の議決を必要とし、違反した会員には罰則が適用される可能
性のあることを検討委員会の最後で発言した。

　先に考察したように、日本医学会・日本産科婦人科学会・日本産婦人科医
会・日本人類遺伝学会「『母体血を用いた新しい出生前遺伝学的検査』につい
ての共同声明（2013年3月9日）」を経て、日本産科婦人科学会が「出生前に行
われる遺伝学的検査および診断に関する見解（2013年6月22日）」を会告として
告知した経緯を併せ考えるとき、久具委員長の発言は示唆的であったと言わざ
るを得ない。

　**2．日本産科婦人科学会は、非侵襲的出生前遺伝学的検査のガイドライン
作成に際して「母体血を用いた出生前遺伝学的検査に関する検討委員会」の論
議と並行して理事会等で非侵襲的出生前遺伝学的検査の問題点を論議してい
る。**

　2012年9月1日開催平成24年度第2回理事会では、出生前診断に関する検討
ワーキングの活動についての論議の中で、和氣徳夫監事の「今回の検査はリス
クがあるものではないので、染色体異常を持った児の生きる権利をカウンセリ
ングして行くシステムがあるかがこの臨床研究の重要なところである」との発
言に対し、平原史樹出生前診断に関する検討ワーキング委員長より「非医師の
遺伝カウンセラーについては、医療報酬対価が付かないという問題がある」と
の指摘がなされた。また、吉村泰典理事から「NIPTコンソーシアムについて
は、臨床研究としてまだ自施設の倫理委員会を通っていないのにかかわらず今
回の報道になったのは非常に遺憾である。着床前診断における議論も考慮すれ
ば、本件は現在ワーキングで作成している見解案に従って進めていただくとい
うのがよいと思う。またダウン症についてばかり注目が集まることも避けるべ
きである。特に本件は社会的に大きな問題であるという認識を持ち、十分に考
えて対応することが公益社団法人として求められているのではないか」との指
摘がなされた。日本産科婦人科学会としての基本方針について、上妻志郎理事
からは「基本は、マスクリーニングは行わないことと遺伝カウンセリングを
しっかり行うということであり、本会はその原則を貫いて行けばよい」との見
解が、水沼英樹理事からは「最終的には受け入れることになるかも知れない
が、本件は臨床研究審査以前の倫理的な大きな問題を抱えているので、学会と

第 2 節　非侵襲的出生前遺伝学的検査　　*119*

してはそこをきちんと固めておく必要がある」との見解が、水上尚典理事から
は「厚生労働大臣が本会に指針を作ってほしい、とコメントしたようだが、検
査の容易性と高齢出産の増加を考えると、本検査はマススクリーニングに移行
してしまう可能性がある。国民的な議論が必要な問題であり、国が指針を出す
べきテーマではないか。本会は産婦人科の職能集団であり倫理学、法律学、社
会学の専門家ではない。本会のみで対応すべき問題ではないのではないか」と
の見解が示された。各理事の発言を受けて小西郁生理事長は、「今後確実に導
入される検査であり、これを放置すると混乱が起こる可能性は高く、本会とし
ても何らかの関与を行いルール立てを示す必要はあると思う。今回の臨床研究
から距離を置いて意見をいって行くのか、それとも関係学会と連携して委員会
を設けて審査していく方向なのか、難しいところである」としたうえで、「今
後、関係する学会にも声をかけて本会が中心となった委員会を設けて倫理面を
含めた検討を行い、この問題に責任を持って対応していく、ということで進め
たい」との基本的方向性を示した[77]。

　2012年10月 5 日開催平成24年度第 3 回常務理事会では、関係各学会に委員の
推薦を依頼して「母体血を用いた出生前遺伝学的検査に関する検討委員会」を
スタートしたことが報告された。久具宏司検討委員会委員長は、「今回の母体
血を用いた出生前遺伝学的検査は、遺伝子そのものを分析する検査ではない。
この検査の感度は99％だが、陽性的中率は罹患率によっては50％位に下がるな
ど大きく変化することや、21トリソミーの現れ方は多様であることなどについ
ても、患者さんに誤解のないように適切なカウンセリングが必要になる。また
検査の特性を考えればマススクリーニングで行うことは適切でない。当委員会
としては、臨床研究の意義や進め方について検討を加え、公開シンポジウムを
開いた上で、検査についての指針を作成する方針で進めたい」として検討委員
会の方向性を説明した。吉川裕之理事の「NIPT コンソーシアムと検査会社と
の関連の有無は明確にするべきである。検査会社がバックにあるのであればこ
れは公的研究とは言えないし、外国で行うため本来無料で行うべき治験が有料
になるのではおかしい。検査会社との関係はないと考えてよいか」との問題提
起に対し、小西郁生理事長は、「検査料の内訳について公開するようにお願い
している」と答えた。上妻志郎理事は、「本会は、この検査の適切性とは関係
がなく染色体異常に関してマススクリーニングは行わない、という立場を取る

120 第1章 先端医療の現況と問題

べきである。また本件は患者さんの立場に立ち、そのニーズに合わせてどう対応するかを考えていく必要がある」との見解を示した。澤倫太郎副幹事長は、臨床研究について「薬事未承認の試薬を用いた臨床研究についてはどう考えるべきか」との問題提起をし、吉川裕之理事は、「薬事承認を取れていない一般的な学術的臨床研究は可能であり、それが治験を兼ねる場合もあるし、治験とならない研究として行う場合もある」との見解を示した。小西理事長は、「この検査の承認については厚生労働省でも困っているが、NIPTコンソーシアムには5年後にどうなっているかを想定して進めてほしいと依頼した。多数の人が検査を受けることを想定して日本で行える体制が必要であることや、患者さんから見ると有料であれば診療と思うことを前提に考える必要がある」との見解を示し、吉村泰典未来ビジョン委員長は、「この検査でマススクリーニングは行わないことを強調すべきである。また有料であることはコマーシャリズムに乗ることであり、実施する場合は例えば1000件を検査会社が無料で行い、これを臨床研究として判断した上で進めるのが本来の姿ではないか。だからこの委員会で一定の方向性を決めるので、それまでは臨床研究は待ってもらうという姿勢を本会として明確に示した方がよいと思う」との見解を示した[78]。

　3．非侵襲的出生前遺伝学的検査の導入に当たっては、正確な理解に基づく社会的合意形成に向け様々なレベルでの啓蒙活動が実践されている。その主要なものは、下記の通りである。
　学会関係では、2012年11月13日開催日本産科婦人科学会主催公開シンポジウム「出生前診断−母体血を用いた出生前遺伝学的検査を考える」[79]、2013年6月20日から23日開催日本遺伝カウンセリング学会第37回学術集会での2つのシンポジウム「遺伝学的検査ビジネスに法規制は必要か？」及び「出生前診断新時代を迎えて」等が開催されている[80]。講演会等では、2013年7月4日開催全日本仏教会主催「新出生前診断を考える」[81]、2013年9月7日開催日本学術会議主催学術フォーラム「新型出生前診断の広がりや遺伝子医療の発展への対応−ヒトの遺伝と遺伝性疾患の正しい理解に向けて」[82]、2013年11月2日開催「妊娠と出生前検査〜日米の女性の選択をめぐって〜」[83]等が開催されている[84]。

第2節　非侵襲的出生前遺伝学的検査　　*121*

V.　結　語

1．非侵襲的出生前遺伝学的検査は、非確定的検査であり陽性結果が判明した後、羊水検査等の確定的検査及び診断により胎児の3類型のトリソミーの有無の確定がなされる。確定診断で陽性とされた妊婦やパートナーは、22週未満の胎児の妊娠を継続するか否かの判断が不可避となる。

胎児条項を有するイギリスでは、二人の医師が信義誠実義務に従い胎児が出生に伴い深刻なハンディキャップを有する精神的・身体的異常の発症リスクを肯定した場合、出産時まで染色体異常を理由とする人工妊娠中絶が堕胎法で認められている（AbortionAct1967）。

わが国は、現行法上胎児条項の規定が存しないので非侵襲的出生前遺伝学的検査で判明した染色体数的異常を理由とする人工妊娠中絶は厳格な文理解釈上は禁止されており、実施した場合には堕胎罪の適用対象となる[85]。

母体保護法14条1項の緩やかな運用が指摘されるが、そのような運用は非侵襲的出生前遺伝学的検査で判明した染色体数的異常の「胎児の生存権」という不可避的・根源的問題を直視せずに問題回避を行い、社会的合意形成を阻害している。伊東研祐教授は、選択的妊娠中絶に関して「胎児の生命との対抗関係において認められる自己決定権の範囲内において、女性が個人として事実上『生命の質』を考慮することは許されるという理論構成は十分成り立つように思われる。（中略）罪のない胎児の生命を抹消することに対する女性自身の真摯な意思決定態度に期待ないし信頼するものであることに充分留意する必要があろう」と一定の留保を付される[86]。

日本産科婦人科学会は、「先天異常の胎児診断、特に妊娠初期絨毛検査に関する見解（1988年1月）」では胎児の先天異常を診断し得る出生前診断受診対象妊婦を、「a．夫婦のいずれかが染色体異常の保因者、b．染色体異常児を分娩した既往を有するもの、c．高齢妊娠、d．重篤な伴性（X連鎖）劣性遺伝性疾患の保因者、e．重篤で胎児診断が可能な先天性代謝異常症の保因者、f．重篤でDNA診断が可能な遺伝性疾患の保因者、g．その他重篤な胎児異常の恐れがある場合」としていた。「出生前に行われる検査および診断に関する見解（2013年6月22日）」では、1988年見解を廃止し、出生前診断受診対象妊婦を

122　第1章　先端医療の現況と問題

「1．夫婦のいずれかが、染色体異常の保因者である場合、2．染色体異常症に罹患した児を妊娠、分娩した既往を有する場合、3．高齢妊娠の場合、4．妊婦が新生児期もしくは小児期に発症する重篤なX連鎖遺伝病のヘテロ接合体の場合、5．夫婦の両者が、新生児期もしくは小児期に発症する重篤な常染色体劣性遺伝病のヘテロ接合体の場合、6．夫婦の一方もしくは両者が、新生児期もしくは小児期に発症する重篤な常染色体優性遺伝病のヘテロ接合体の場合、7．その他、胎児が重篤な疾患に罹患する可能性のある場合」とした。「母体血を用いた新しい出生前遺伝学的検査に関する指針」では、受診対象妊婦を更に限定して「1．胎児超音波検査で、胎児が染色体数的異常を有する可能性が示唆された者、2．母体血清マーカー検査で、胎児が染色体数的異常を有する可能性が示唆された者、3．染色体数的異常を有する児を妊娠した既往のある者、4．高齢妊娠の者、5．両親のいずれかが均衡型ロバートソン転座を有していて、胎児が13トリソミーまたは21トリソミーとなる可能性が示唆される者」とした。

　流産の危険性が0.3％あるとされる羊水検査や1％あるとされる絨毛検査の前に非侵襲的出生前遺伝学的検査を受診することは、陰性であった場合にはその後の確定的検査が回避でき流産の危険性0％になることが非侵襲的出生前遺伝学的検査のメリットとされている。澤井英明教授は、「NIPTの利点は罹患児の妊娠を診断するという点よりもむしろ、非罹患児の妊娠を診断して積極的に羊水穿刺などの侵襲的な検査を減らすことができる点である」とする[87]。澤井教授の見解は、非侵襲的出生前遺伝学的検査を限定的に実施しようとする日本医学会及び日本産科婦人科学会の指針に抵触し、非侵襲的出生前遺伝学的検査のマススクリーニング検査化に繋がる懸念がある。

　非侵襲的出生前遺伝学的検査のメリットにもかかわらず、非侵襲的出生前遺伝学的検査には21トリソミー、18トリソミー、13トリソミーの者の存在そのものを否定する検査であるとの批判が繰り返されている。

　関沢明彦教授は、母体血中cell-free DNA胎児染色体検査について「胎児染色体の数的異常の診断から染色体の微小欠失や重複などの検出、単一遺伝子病の検出まで大きく広がることが予想される」とし、「出生前に胎児のあらゆる遺伝情報が解明されマイナス要因の重複により妊娠継続の機会を喪失する惧れが飛躍的に増大する」と指摘する[88]。

更に、平原史樹教授は、「2013年4月からはじまった母体血胎児DNA出生前診断は、私たち周産期医療のなかでさまざまなことを改めて考えさせられる契機となった。そもそも出生前診断は何のためにあるのか？はたして人類に有益な、意義あるものなのか？　先天異常とは何であろう？　生まれつきもち合せた遺伝情報、遺伝子異常を発症前に知る、出生前に診断することは私たちにどのような意味を示しているのであろうか？　この先、科学が進むことで人類にもたらされるものは何であろうか？」と非侵襲的出生前遺伝学的検査に内在する問題を指摘した上で、「今回の議論で実は"Down症"が単に序章にすぎないことは多くの識者の間で共有された認識であり、これからおこる想像もできない広がりに人類はどう対峙すべきなのかがもっと大きな問題として問われていることは実はあまり知られていない。最先端の高度分析機器が急速に進歩するなか、詳細に判明する個人の遺伝子情報・構成がすべて明らかになり、臨床応用されるのはもはや秒読みの段階である。個々人には遺伝子レベルでさまざまな遺伝学的差異が数多くあることが解明されている。"遺伝性の重篤"疾患にかかわる遺伝子異常をヒトみな等しく、例外なく平等にもち合せていることもわかってきた。私たちはこれからどのような遺伝子変異（異常）を"異常"として選別していくのであろうか？」と根源的な問いかけをする[89]。

2．遺伝情報管理体制の在り方は、非侵襲的出生前遺伝学的検査においてはとりわけ重要である。吉村泰典教授は、医学情報の長期保存及び個人情報保護の観点からヨーロッパ諸国のような公的管理運営機関の設置を提案される[90]。非侵襲的出生前遺伝学的検査は、検査から得られた遺伝子情報に含まれる胎児以外の妊婦及びパートナーを含む親族の遺伝子情報をも内包するので解析されたデータの管理は重要である。日本人類遺伝学会は、遺伝子情報の取扱いに関して、「遺伝子検査や解析の提供に際しては、検体の品質管理や検査の精度保証等に関する質的保証が適切になされていること、および遺伝子検査に使用された後の試料等が適切に処理されていることは必須であり、消費者にこの点について十分な情報提供がなされるべきである。さらに、事業者内において、遺伝子検査の結果がどのように取扱われているのかについても消費者に十分な情報提供を行なう必要がある。すなわち、遺伝情報はその個人に固有のものとして、血縁者間で共有し、子孫に伝えられるという特徴があり、慎重に取

り扱われなければならない。このため、遺伝子検査を提供する事業者は、個人情報とともに、遺伝子検査により明らかにされた個人遺伝情報を適切に保護する必要があり、消費者に対しては個人遺伝情報の保護の方法についての説明責任がある。わが国においては、個人情報保護法に基づき、『経済産業分野のうち個人遺伝情報を用いる事業者における個人情報保護ガイドライン』（経済産業省）に従った取扱いが求められている」として遺伝情報の取扱いの重要性を指摘する[91]。

　近時報道されている遺伝情報等の管理に関する具体的な事例として、非侵襲的出生前遺伝学的検査を実施した検査会社が依頼された病院へ検査結果を伝達する際にファックスを用いかつ誤った送信先に検査データを送信していた[92]。

　受精卵診断結果は、重要な遺伝情報であるにもかかわらずその取扱いに関しても不備が指摘された事例がある[93]。

　更に、日本産科婦人科学会は、「『母体血を用いた新しい出生前遺伝学的検査』に関する指針」を無視して非侵襲的出生前遺伝学的検査を実施する検査会社の営業活動に対して指針の遵守を求めている[94]。

　このような遺伝子情報の漏洩には、故意過失を問わず刑事制裁が必要である[95]。

　3． 情報の開示の在り方は、非侵襲的出生前遺伝学的検査の問題点解明及び啓蒙にとって不可欠である。この点で、非侵襲的出生前遺伝学的検査の導入を前提とする NIPT Consortium のスタンスには、疑問が寄せられている。

　序言で指摘した読売新聞2012年8月29日のセンセーショナルな報道については、2012年9月1日開催日本産科婦人科学会平成24年度第2回理事会において吉村泰典理事は、「NIPT コンソーシアムについては、臨床研究としてまだ自施設の倫理委員会を通っていないのにかかわらず今回の報道になったのは非常に遺憾である」と指摘する[96]。

　また、2012年10月5日開催日本産科婦人科学会平成24年度第3回常務理事会において吉川裕之理事は、「NIPT コンソーシアムと検査会社との関連の有無は明確にするべきである。検査会社がバックにあるのであればこれは公的研究とは言えないし、外国で行うため本来無料で行うべき治験が有料になるのではおかしい。検査会社との関係はないと考えてよいか」と指摘する[97]。

第2節 非侵襲的出生前遺伝学的検査 *125*

　更に、NIPT Consortium は、2013年11月22日開催日本人類遺伝学会第58回
大会シンポジュウム「母体血を用いた出生前遺伝学的検査」の際、NIPT
Consortium は、メディアに実施開始後6ヵ月間の非侵襲的出生前遺伝学的検
査の実施状況と結果について情報提供をしている。毎日新聞は同日、読売新聞
は翌日の紙面で、「受診者3,514人（平均年齢約38歳）の解析結果として、陽性判
定67人（約1.9％）中2人が流産、3人が確定診断未受診、確定診断受診62人
中、陽性として疾患確定した56人中2人が流産し54人中53人が中絶を選択す
る。53人の染色体異常の内訳は、21トリソミー33人、18トリソミー16人、13ト
リソミー4人」との記事を報道する。NIPT Consortium は、読売新聞2012年
8月29日記事のニュース・ソースでもあり、記事内容の不十分さが論議を呼
び、日本産科婦人科学会等から報道の在り方を批判されている。

　NIPT Consortium は、自らの使命の1つを「一般社会、及び医師・遺伝カ
ウンセラーに向けて NIPT についての正確な知識・情報を発信する」ことし、
具体的には、「受検数、陽性数、罹患数、妊娠帰結、絨毛検査・羊水検査数な
どを集計し、検査の実態を明らかにする」として非侵襲的出生前遺伝学的検査
について一定の発言をしているのであるからメディアに不正確なままリーク す
るだけではなく、NIPT に精通した専門家集団として自らの HP 上に責任ある
正確な情報提供をすべき責務があるとともにコメント記事内容のチェックも不
可欠であると思慮する。

　なお、今回の報道内容は、中絶を選択した53人が母体保護法の如何なる条文
に基づく人工妊娠中絶の実施なのか、非常に不正確な記事である。少なくとも
現行母体保護法は、優生保護法3条1号乃至3号の「本人又は配偶者ないし4
親等内の血族関係にある者が遺伝性疾患に罹患している場合」の人工妊娠中絶
を許容し、別表に具体的疾患名が記載されていた法規定とは異なり、胎児条項
の規定はない。検査料21万円の非侵襲的出生前遺伝学的検査を受診する夫婦が
比較的高収入であるとされている現状からは、身体的ないし経済的理由に該当
しない堕胎罪の構成要件に該当する懸念もある。この点からも、NIPT
Consortium は、分析対象となった非侵襲的出生前遺伝学の検査受診者3,514人
の data 分析で受診者の収入の分析等も不可欠である。

126 第1章 先端医療の現況と問題

　4．非侵襲的出生前遺伝学的検査は、その簡便性と非侵襲性がメリットで
あるとされている。このメリットは、デメリットともなり得る可能性を秘めて
いる。E. Jackson ロンドン大学 LSE 教授は、妊婦が深く考慮せずに安易に検
査を受けてしまう懸念や非侵襲的出生前遺伝学的検査が日常業務化した場合の
遺伝子カウンセリングの充実した実施の困難性を指摘する[98]。イギリスには、
出生前検査を受けたりその結果を知らされた人々をサポートする団体として
Antenatal Results and Choices（ARC）があり、検査結果を告知された妊婦や
パートナーを支援している[99]。

　日本産科婦人科学会作成の「母体血を用いた新しい出生前遺伝学的検査に関
する指針（2013年3月9日）」及び「出生前に行われる遺伝学的検査および診断
に関する見解（2013年6月22日）」は、遺伝子カウンセリングの重要性を再三に
わたり強調する。2013年末現在、わが国の遺伝子カウンセリングの担当可能な
人的リソースは、臨床遺伝専門医951名、認定遺伝カウンセラー151名に過ぎ
ず、人的リソースの確保は従前からも関連学会から指摘されていたにも拘らず
放置され今日に至っている。

　非侵襲的出生前遺伝学的検査の実施前後の充実し継続的カウンセリングを担
保するには、余りにも不足しカウンセリング体制不備であり、非侵襲的出生前
遺伝学的検査実施の前提条件そのものを充足しないといえる。

　遺伝カウンセリングの重要性の指摘にも関わらず、具体的手法について十分
なカウンセリング・スキルが涵養されているかの自覚的検討が不可欠である。
Shared decision making というアプローチが紹介されるが、遺伝子カウンセ
リング担当者の十二分な訓練がなされているかは、疑問である[100]。

　非侵襲的出生前遺伝学的検査は、妊娠10週から検査が可能である。わが国で
は、妊婦やパートナーにとり非侵襲的出生前遺伝学的検査受診への周囲からの
プレッシャーがあるという。河合 蘭氏は、妊娠10週という検査時期につい
て、NIPT 検査の前後は母親と胎児はその関係性を作っている最中でありその
段階で陽性結果を知らされる可能性及びその結果の受容は「自己決定」という
形で妊婦に過重の負担を強いると指摘する。更に、河合氏は、アンケート調査
で「障害は出産のときに受けとめたい」、「生まれてから知ったら受け入れられ
る」との妊婦の発言を紹介するが、これら妊婦当事者の発言は、傾聴に値す
る[101]。

第2節　非侵襲的出生前遺伝学的検査　*127*

　非侵襲的出生前遺伝学的検査の是非を検討する際には、当事者の自己決定権の問題とするだけではなく、陽性結果を告知され、確定診断で染色体数的異常との診断がなされた時の当事者をサポートする社会的体制の構築が不可欠である[102]。

　「出生前に行われる遺伝学的検査および診断に関する見解（2013年6月22日）」で示された「遺伝子の変化に基づく疾患・病態や遺伝型を人の多様性として理解し、その多様性と独自性を尊重する」との視点は、遺伝子変化に基づく疾患や病態を持つ児の両親や彼らをサポートする人々の声に傾聴する上で重要である。「いつの時代でも忘れてはならないことは生命の尊厳に対する畏と謙虚さである。一方で行政管理を主体とした規制は、ややもすれば研究の進歩の妨げとなることもあるため、関連医学や科学の進展を不必要に妨げないようなシステム作りが急務である」との医師からのメッセージは、示唆的である[103]。

　「多様性と独自性を尊重する」視点は、非侵襲的出生前遺伝学的検査の規制を検討する前提である。

　5．非侵襲的出生前遺伝学的検査及び診断に内在する諸問題の考察から明確になったことは、非侵襲的出生前遺伝学的検査及び診断の是非を日本産科婦人科学会の会告に依拠するだけでは同学会の構成員に対する単なる内部規制に留まるに過ぎず、会告に違反した者に対しては除名という処分が限界である。

　とりわけ、非侵襲的出生前遺伝学的検査は、検査に関与する検査会社の情報管理、検査受検者の陽性結果に対する行動決定及び受検者が増加した場合のトリソミーの発症リスクのある胎児・トリソミーを有する出生児の両親を検査前及び出生後にサポートする継続的遺伝学的カウンセリングの保障等未解決の問題が山積している。当該学会の自律的内部規制に留まるのみならず刑事規制を含むコントロールの必要性の不可欠である所以である[104]。

　生殖補助医療に対する早急な法的整備の必要性は、司法サイドからも再三にわたって指摘されている。例えば、今井功裁判官が、凍結保存精子を用いた体外受精で出生した死後懐胎子の問題の抜本的解決として、「医療法制、親子法制の面から多角的な観点にわたる検討に基づく法整備が必要である。すなわち、精子提供者の死亡後に冷凍保存精子を用いた授精を行うことが医療法制上是認されるのか、是認されるとすればどのような条件が満たされる必要がある

のかという根源的な問題についての検討が加えられた上、親子法制の面では、医療法制面の検討を前提とした上、どのような要件の下に父子関係を認めるのか、認めるとすればこの父子関係にどのような効果を与えるのが相当であるかについて十分な検討が行われ、これを踏まえた法整備がされることが必要である。子の福祉も、このような法の整備が行われて初めて実現されるというべきである。そして、生殖補助医療の技術の進歩の速度が著しいことにかんがみると、早期の法制度の整備が望まれるのである」と補足意見で判示する[105]。

非侵襲的出生前遺伝学的検査及び診断についても法的整備の必要性は、生殖補助医療同様である。

甲斐克則教授は、「メディカル・デュープロセスの法理」を提唱され、医学と法の関係について「本来、医学の独走をチェックするのは、自律した医プロフェッションによる自主規制ないし医の倫理であるべきだと思われる。しかし、それらが社会に対して責任を貫徹しうるほどに確固たるものであるためには、医プロフェッションの強力な自律意識と責任意識があり、しかも社会がそれに対して相当の信頼を置いているという前提がなければならないであろう。しかし、日本の現状は、それを期待するのがなお困難な状況にある。そうだとすれば、人権侵害を最後にチェックするのは、まさに強制力を持った法の役割であるし、国民もそれを期待しているように思われる。もちろん、その場合でも、とりわけ刑法の出番は、民法、そして行政法の後、すなわち最後でならなければならない」と指摘される[106]。

刑事法が、非侵襲的出生前遺伝学的検査及び診断のコントロールとして適用されるのは ultima ratio であることは自明である。

受胎した女性は、非侵襲的出生前遺伝学的検査及び診断結果により妊娠の継続の是非を「自己決定権」という名の下に過重な負担を強いられる。非侵襲的出生前遺伝学的検査及び診断の前提である継続的な遺伝カウンセリングの担保が、人的リソースにより遺伝カウンセリング体制の構築が十全でない現状では非侵襲的出生前遺伝学的検査は臨床研究に限定すべきである。

資　料

I．**別表 1**（特に、表記のないものは日本産科婦人科学会作成のガイドラインである）。

I．生殖補助医療に関するガイドライン

1. 「体外受精・胚移植に関する見解」1983年10月
2. 「体外受精・胚移植に関する見解」（1983年見解の適用範囲の拡張　1998年10月
3. 「ヒト精子・卵子・受精卵を取り扱う研究に関する見解」1985年 3 月
4. 「体外受精・胚移植の臨床実施の登録報告制について」1986年 3 月
5. 「死亡した胎児・新生児の臓器等を研究に用いることの是非や許容範囲についての見解」1987年 1 月
6. 「ヒト胚および卵の凍結保存と移植に関する見解」1988年 4 月
7. 「顕微授精法の臨床実施に関する見解」1992年 1 月
8. 「XY 精子選別におけるパーコール使用の安全性に対する見解」1994年 8 月
9. 「多胎妊娠に関する見解」1996年 2 月
10. 「非配偶者間人工授精と精子提供に関する見解」1997年 5 月
11. 「ヒトの体外受精・胚移植の臨床応用の範囲についての見解」1998年10月
12. 厚生科学審議会先端医療技術評価部会生殖補助医療技術に関する専門委員会「精子・卵子・胚の提供等による生殖補助医療のあり方についての報告書」2000年12月28日
13. 「ヒト精子・卵子・受精卵を取り扱う研究に関する見解付：ヒト ES 細胞の樹立及び使用に関する指針」2002年 1 月
14. 厚生科学審議会先端医療技術評価部会生殖補助医療技術に関する専門委員会「精子・卵子・胚の提供等による生殖補助医療制度の整備に関する報告書」2003年 4 月10日
15. 「代理懐胎に関する見解」2003年 4 月
16. 「胚提供による生殖補助医療に関する見解」2004年 4 月
17. 「体外受精・胚移植に関する見解」2006年 4 月
18. 「顕微授精に関する見解」2006年 4 月
19. 「XY 精子選別におけるパーコール使用の安全性に対する見解」削除　2006年 4 月
20. 「非配偶者間人工授精に関する見解」2006年 4 月
21. 「精子の凍結保存に関する見解」2007年 4 月
22. 日本学術会議生殖補助医療の在り方検討委員会「代理懐胎を中心とする生殖補助医療の課題-社会的合意に向けて-」2008年 4 月 8 日
23. 「生殖補助医療における多胎妊娠防止に関する見解」2008年 4 月12日
24. 「生殖補助医療実施医療機関の登録と報告に関する見解」2010年 4 月
25. 「ヒト胚および卵子の凍結保存と移植に関する見解」2010年 4 月
26. 日本産科婦人科学会倫理委員会「ヒト精子・卵子・受精卵を取り扱う研究に関する見解（改定案）」2013年 1 月18日
27. 日本生殖医学会倫理委員会「未受精卵子あるいは卵巣組織の凍結・保存に関するガイドライン」2013年11月

130　第 1 章　先端医療の現況と問題

Ⅱ．出生前診断に関するガイドライン

Ⅱ-ⅰ．出生前診断（Prenatal Diagnosis）

1．「先天異常の胎児診断、特に妊娠初期絨毛検査に関する見解」1988 年 1 月
2．厚生科学審議会先端医療技術評価部会出生前診断に関する専門委員会「母体血清マーカー検査に関する見解（報告）」1999 年 6 月 23 日
3．「母体血清マーカー検査に関する見解」1999 年 7 月 21 日 '98 日本人類遺伝学会見解
4．遺伝医学関連 10 学会「遺伝学的検査に関するガイドライン」2003 年 8 月
5．「出生前に行われる検査および診断に関する見解」2007 年 4 月
6．文部科学省生命倫理・安全対策室「ヒト ES 細胞等からの生殖細胞の作成に関する指針について」2010 年 5 月
7．日本医学会「医療における遺伝学的検査・診断に関するガイドライン」2011 年 2 月
8．「出生前に行われる検査および診断に関する見解」2011 年 6 月 25 日改定
9．「出生前に行われる検査および診断に関する見解」改定の補足説明　2011 年 6 月 25 日
10．日本医学会臨床部会運営委員会「遺伝子・健康・社会」検討委員会「拡がる遺伝子検査市場への重大な懸念表明」2012 年 3 月 1 日
11．「新たな手法を用いた出生前遺伝学的検査について」2012 年 9 月 1 日
12．「母体血を用いた新しい出生前遺伝学的検査」指針　2013 年 3 月 9 日
13．日本医学会・日本産科婦人科学会・日本産婦人科医会・日本人類遺伝学会「母体血を用いた新しい出生前遺伝学的検査」についての共同声明　2013 年 3 月 9 日
14．「出生前に行われる遺伝学的検査および診断に関する見解」の改定　2013 年 6 月 22 日
15．日本生殖医学会倫理委員会「未受精卵子および卵巣組織の凍結・保存に関するガイドライン」2013 年 11 月 15 日

Ⅱ-ⅱ．着床前遺伝子診断に関するガイドライン

日本産科婦人科学会「着床前遺伝子診断に関する見解」1998 年 10 月
　　　　　　　　　　　　　　　　　　　　1999 年 7 月 5 日改定
　　　　　　　　　　　　　　　　　　　　2006 年 2 月　習慣流産
　　　　　　　　　　　　　　　　　　　　2010 年 6 月 26 日改定

第2節　非侵襲的出生前遺伝学的検査　*131*

別表2

1．生殖医療技術をめぐる法的諸問題にかんする研究プロジェクト「生殖に関する医療的技術（生殖医療技術）の適正利用および濫用規制に関する勧告」1994年
2．日本弁護士連合会「生殖医療技術の利用に対する法的規制に関する提言」2000年3月
3．同「人の誕生や受精卵・胚に関する先端医療・医科学研究のルール策定を求める決議」2003年10月17日
4．同「生殖医療技術の利用に対する法的規制に関する提言」についての補充提言−死後懐胎と代理懐胎（代理母・借り腹）について−」2007年1月19日
5．日本学術会議・生殖補助医療の在り方検討委員会「代理懐胎を中心とする生殖補助医療の課題−社会的合意に向けて−」2008年4月8日
6．東京財団政策研究部「停滞する生殖補助医療の論議を進めるために−代理懐胎は許されるか−」2010年2月
7．室月　淳「母体血を用いた新しい出生前遺伝学的検査」指針案に対する意見」2013年1月19日
8．日本医師会生殖補助医療法制化検討委員会「生殖補助医療の法制化に関する日本医師会生殖補助医療法制化検討委員会の提案」2013年2月13日

Ⅱ．アンケート等
Ⅱ−ⅰ．体外受精・胚移植等の生殖医学に関する登録臨床実施施設へのアンケート

132　第1章　先端医療の現況と問題

表9　オンライン個別調査票「治療から妊娠まで」

患者識別 No.（必須）	[　　　　　　　　　　　　　　　　　　　　　　　　　　　]
特定不妊治療費 助成制度の利用（必須）	1 利用　制度を利用した自治体 [　　　　　　　　　　　　　　] 2 利用せず　　3 保留
治療周期開始時の 満年齢（必須）	[　　　　　　　　] 歳
適応（必須）	1 卵管因子　　2 子宮内膜症　　3 抗精子抗体陽性　　4 男性因子　　5 原因不明 6 その他
卵巣刺激法	1 自然　　　　2 CC　　3 CC + hMG or FSH　　　4 hMG or FSH 5 GnRHagonost + hMG or FSH 6 GnRHHantagonist + hMG or FSH　　　7 その他 [　　　　　　　　　　]
採卵法（必須）	1 採卵に至らず　　2 経腟超音波　　3 腹腔鏡　　4 凍結保存胚・卵の融解 5 その他 [　　　　　　　　　　　　　　　]
治療に用いた、 あるいは用いようとした 卵・胚の種類（必須）	1 新鮮卵・胚　　2 凍結胚　　3 凍結卵
行った、あるいは行おう とした治療方法（必須）	1 IVF-ET　　2 GIFT　　3 顕微授精　　4 IVF-ET +顕微授精　　5 融解胚 6 その他 [　　　　　　　　　　　]
精子回収法	1 射出精子　　2 Testicular sperm extracition（TESE） 3 その他 [　　　　　　　　　　　　　]
精液所見	※【精子回収法】で［射出精子］を選択した場合のみ入力してください。 　精子濃度　[　　　　　　　] × 10⁶/ml　（小数点以下第2位まで） 　運動精子率 [　　　　　] ％（整数）
―以下の2項目は、【治療に用いた、あるいは用いようとした卵・胚の種類】で［1 新鮮卵・胚］を 選択した場合に入力が必要です―	
採卵数	[　　　　　　　　　　　　　　　　] （整数）
受精卵数	[　　　　　　　　　　　　　　　　] （整数）
―以下の1項目は、【治療に用いた、あるいは用いようとした卵・胚の種類】で［2 凍結胚］を 選択した場合に入力が必要です―	
融解胚数	[　　　　　　　　　　　　　　　　] （整数）
―以下の2項目は、【治療に用いた、あるいは用いようとした卵・胚の種類】で［3 凍結卵］を 選択した場合に入力が必要です―	
融解卵数	[　　　　　　　　　　　　　　　　] （整数）
受精卵数	[　　　　　　　　　　　　　　　　] （整数）
―以下の7項目は、【治療に用いた、あるいは用いようとした卵・胚の種類】で ［1 新鮮卵・胚］［2 凍結胚］［3 凍結卵］選択した場合に入力が必要です―	
胚移植時の発育段階	1 卵（未授精）　　2 初期胚　　3 胞胚　　4 ET キャンセル 5 その他 [　　　　　　　　　　　]
移植杯・卵数	[　　　　　　　　　　　　　　　　] （整数）
凍結胚・卵数	[　　　　　　　　　　　　　　　　] （整数）
Assisted hatching	1 施行　　2 非施行
黄体期管理	1 なし　　2 プロゲステロン(P)　　3 hCG　　4 hCG+P　　　5 エストロゲン+P 6 その他 [　　　　　　　　　　　]
副作用の有無	1 なし　　2 出血　　3 感染　　4 OHSS（2度以上） 5 その他 [　　　　　　　　　　　]
妊娠の有無	1 なし 2 臨床妊娠(GS(+)以上)　（移植口：西暦[　　　　　]/[　　　　　]/[　　　　　　　]） ※「2 臨床妊娠」を選択した場合は、登録完了画面から個別調査票『妊娠から 出産後まで』の入力画面に進んでください。 3 妊娠保留 ※まだ妊娠の判定が未確認の場合に選択してください。妊娠の有無が判定後 「1 なし」or「2 臨床妊娠」を選択し直してください。

第2節 非侵襲的出生前遺伝学的検査 **133**

表10 オンライン個別調査票「妊娠から出産後まで」

GS の数（必須）	1 [　　　　　]　　（整数）　　2 不明
確認された胎児数（必須）	1 [　　　　　]　　（整数）　　2 不明
妊娠の転婦（必須）	1 流産（22 週未満）　　2 異所性妊娠（子宮外妊娠） 3 異正所同時妊娠（内外同時妊娠）　　4 人工妊娠中絶（理由 [　　　　　　　　]） 5 生産　　　6 死産 7 減胎手術（[　　]個から [　　]個に減数）　　（整数）　　8 不明
出産児数	※【妊娠の転婦】で［5 生産］［6 死産］を選択した場合に入力が必要です。 1 [　　　　　]人（整数）（出産日：西暦 [　　　]/[　　　]/[　　　]） 2 不明
分娩様式	1 経腟　　　2 帝切　　　3 経腟および帝切　　　4 不明
産科合併症	1 なし　　　2 あり　　　3 不明 [　　　　　　]

				児の所見					
	性別	出生児の 在胎週数	出生時の 体重	児の状況			生後、児の予後		
				生産 死産	一卵性 多胎	先天異常の状況	7日 未満	28日 未満	死亡月日 （西暦）
1	1 男 2 女 3 不明	1 [　　]週 2 不明	1 [　　]g 2 不明	1 生産 2 死産 3 不明	1 Yes 2 No 3 不明	[　　　　]	1 生存 2 死亡 3 不明	1 生存 2 死亡 3 不明	[　　　]
2	1 男 2 女 3 不明	1 [　　]週 2 不明	1 [　　]g 2 不明	1 生産 2 死産 3 不明	1 Yes 2 No 3 不明	[　　　　]	1 生存 2 死亡 3 不明	1 生存 2 死亡 3 不明	[　　　]
3	1 男 2 女 3 不明	1 [　　]週 2 不明	1 [　　]g 2 不明	1 生産 2 死産 3 不明	1 Yes 2 No 3 不明	[　　　　]	1 生存 2 死亡 3 不明	1 生存 2 死亡 3 不明	[　　　]
4	1 男 2 女 3 不明	1 [　　]週 2 不明	1 [　　]g 2 不明	1 生産 2 死産 3 不明	1 Yes 2 No 3 不明	[　　　　]	1 生存 2 死亡 3 不明	1 生存 2 死亡 3 不明	[　　　]

表11 非配偶者間人工授精（AID）の治療成績

患者総数	
AID 周期総数 ＊2011 年 1 月 1 日から同年 12 月 31 日の間に受精を行った症例に対する延べ受精周期数の計	
妊娠数 ＊この場合、妊娠とは胎嚢が確認された症例を指し、妊娠反応のみ陽性の症例は含まない。 ＊異所性妊娠（子宮外妊娠）では、胎嚢が確認されなくても手術で異所性妊娠（子宮外妊娠）の 確認、または 2 点の hCG の測定で上昇を認める場合を含む。	
流産数	
異所性妊娠（子宮外妊娠） ＊異所性妊娠（子宮外妊娠）のうち 22 週未満の流産は「異所性妊娠（子宮外妊娠）」とし、流産 とはしない。 ＊22 週以後は 1 児でも生産したものは生産分娩とし、すべての児が死産したものは死産分娩と する。	
生産分娩数 ＊多胎のうち 1 児でも生産したものは生産分娩とする。	
死産分娩数 ＊多胎のうちすべての児が死産したものとする。	
出生児数 ＊上記の治療によって出生（生産）した児の総数	
妊娠後経過不明数 ＊妊娠が確認されたが、妊娠経過を追跡できず、その帰結が不明であるもの。	

134　第1章　先端医療の現況と問題

表12　登録施設数と回答率〔2011年〕

登録施設数	586
回答施設数	581
回答率	99.2%
実施施設数	551
実施しなかった施設数	30
非配偶者間人工授精実施施設	15

表13　妊娠・分娩例報告施設数〔2011年〕

	IVF-ET	Split	ICSI（射出精子）	ICSI（TESE精子）	GIFT	凍結融解胚	凍結融解未受精卵	その他
実施施設数	532	375	456	214	17	515	46	150
妊娠例報告施設数	437	216	372	84	2	469	10	31
実施施設数に対する割合	82.1%	57.6%	81.6%	39.3%	11.8%	91.1%	21.7%	20.7%
生産分娩例報告施設数	393	191	344	68	2	441	7	25
実施施設数に対する割合	73.9%	50.9%	75.4%	31.8%	11.8%	85.6%	15.2%	16.7%

表14　治療周期数からみた施設数の分布〔2011年〕

治療周期	IVF-ET	Split	ICSI（射出精子）	ICSI（TESE精子）	GIFT	凍結融解胚（受精卵）	凍結融解未受精卵	その他	全治療周期*
1〜10	95	182	67	172	16	83	44	110	42
11〜50	180	128	122	39	1	126	2	31	95
51〜100	97	38	83	2	0	82	0	4	58
101〜150	59	9	56	0	0	60	0	1	47
151〜200	28	7	28	0	0	34	0	0	34
201〜300	30	5	43	0	0	41	0	3	59
301〜400	9	3	16	0	0	31	0	0	51
401〜500	6	1	10	0	0	15	0	0	36
501〜600	7	1	7	0	0	12	0	1	19
601〜700	5	0	3	0	0	6	0	0	17
701〜800	5	0	5	0	0	4	0	0	9
801〜900	3	0	3	0	0	2	0	0	15
901〜1000	2	0	3	0	0	7	0	0	8
1001〜2000	5	1	7	0	0	10	0	0	41
2001〜3000	0	0	1	0	0	1	0	0	11
3001 以上	1	0	3	0	0	1	0	0	9
合　計	532	375	456	214	17	515	46	150	551

－表10〜14：「平成24年度倫理委員会　登録・調査小委員会報告」、日産婦誌65巻9号（2013年）
2086頁以下より引用－

第2節　非侵襲的出生前遺伝学的検査　　*135*

Ⅱ-ⅱ.　母体血胎児染色体検査依頼書例

表15　昭和大学病院　母体血胎児染色検査について（お願い）

ご担当医各位

昭和大学病院　産婦人科
臨床遺伝医療センター
担当医　関沢　明彦

母体血胎児染色体検査について（お願い）

　昭和大学病院では母体血胎児染色体検査を実施するにあたって遺伝カウンセリングを受けていただく必要があります。つきましては母体血胎児染色体検査を希望される妊婦さんについて、下記の検査対象に該当するかをご確認いただき、2枚目にあります専用の診療情報提供書（母体血胎児染色体検査専用）にて医療機関からご紹介ください。

　検査可能時期は、妊娠10−22週ですが、実際の検査はその後の検査計画を考えると、妊娠10週から18週くらいの実施を推奨しています。

　お手数をおかけいたしますが、お取り計らいの程、よろしくお願いいたします。

記

検査対象者
1.　高年妊娠（出産予定日に35歳以上）である
2.　染色体異常症[*1]児の出産既往がある
3.　児が染色体異常症を罹患している可能性が高い[*2]
　　*1　21-トリソミー、18-トリソミー、13-トリソミーをさす
　　*2　血清マーカー検査や超音波検査（後頸部浮腫などの所見）で染色体異常症のリスクの上昇を指摘されたなどを指す

検査対象除外者
1.　胎児形態異常が証明されている（転座を含めて診断可能な染色体検査を推奨します）
2.　出産予定時年齢が34歳以下である（ローリスク妊婦での検査精度について検証されていない）
3.　両親のいずれかが転座などの染色体異常症の保因者である（染色体検査を推奨します；ただし、21/18/13番染色体に関連する転座などでは本検査の対象になる場合があります）
4.　多胎妊娠（双子、三つ子以上の妊娠）である。

紹介の手順
1.　妊娠10-18週頃に外来予約をお願いいたします。
2.　遺伝カウンセリングを受けて頂く必要があり、専用の遺伝カウンセリングの外来（NIPT外来）をご予約いただきます。
3.　外来予約には人数に限りがあります。予約人数が一杯になった場合には、検査をお受けできません。
4.　診療情報提供書（2枚目の紹介状）を当院医療連携室宛にFAXいただいた上で、当院医療連携室に直接電話していただき、遺伝カウンセリング外来の予約をしていただきます。
5.　受診の際には、初診料5,250円と遺伝カウンセリングの費用とて、5,000円（30分まで）〜8,000円（30分以上）かかります。また、検査を受ける場合には別途210,000円（消費税込）かかります。

問い合わせ先
予約内容：医療連携室　　　（03-3784-8400）

136   第1章　先端医療の現況と問題

紹介状(診療情報提供書)

―母体血胎児染色体検査専用―

紹介先医療機関・診療科
昭和大学病院・産婦人科
遺伝カウンセリング外来（ＮＩＰＴ外来）

紹介元医療機関	
住　　　所：	
医療機関名：	
診療科名：	
紹介医師名：	
電話番号：	

下記妊婦が母体血よりの胎児染色体検査を希望しておりますので、紹介いたします。

患者氏名（ふりがな）：

生年月日：昭和・平成　　　年（西暦　　　年）　　　月　　　日（　　　歳）

緊急時連絡先（携帯など）：

患者情報（以下は必須項目です）：

分娩予定日：平成　　　年　　　月　　　日

妊娠週数：妊娠　　　週　　　日【　　　月　　　日現在】

妊娠初期 CRL：　　　mm；胎児心拍：（＋）・（－）【　　　月　　　日現在】

家族歴・既往歴：なし・あり（詳細：　　　　　　　　　　　　　　　　　　　　）

身長　　　　　cm　体重（現在）　　　　　kg

検査の適応：
- □　高年妊娠（出産予定日に35歳以上）
- □　21トリソミー、18トリソミー、13トリソミーの染色体異常児の出産既往がある
- □　児が染色体異常症を罹患している可能性が高い

適応除外（以下に該当する場合には羊水検査などの侵襲検査を推奨いたします）：
- □　胎児異常（奇形など）が証明されている
- □　両親のいずれかが転座などの染色体異常症の保因者である

検査依頼方法：遺伝カウンセリング外来（NIPT外来）のご予約をお願い致します。検査の希望者が多い場合には、先着順での受付となります。本用紙に記入の上、FAXで 03-3784-8822 までお送り下さい。その上で、当院医療連携室宛に直接電話（TEL：03-3784-8400）していただき、遺伝カウンセリング外来（NIPT外来）をご予約下さい。

－表15及び紹介状：昭和大学医学部産婦人科学講座、診療情報提供書（http://www.10.showa-u.ac.jp/~obstgyne/what_new/13040/_NIPT_info.html）より引用－

第2節　非侵襲的出生前遺伝学的検査　　*137*

註

1 ）　オリアーナ・ファラーチ（竹山博美訳）『生まれなかった子への手紙』、講談社、1977年 3 頁参照。

2 ）　非侵襲的出生前遺伝学的検査という呼称は、医学的に正式なものである。日本産科婦人科学会等では、「母体血を用いた新しい出生前遺伝学的検査」と表記し、メディア等では、新型出生前診断と表記している。

3 ）　この点について、平成25年 1 月18日日本産科婦人科学会「『卵子の提供による生殖医療』に関する報道についてのコメント」（http://www.jsog.or.jp/statement/statement_130121.html）は、AID 実施について論及する。慶應義塾大学病院における非配偶者間人工授精に関して1970年から1998年までの29年間の精子数変化のドナー精液所見からの研究として、末岡浩「非配偶者間人工授精ドナー精子の精液所見に関する研究」、2000年（http://www.nihs.go.jp/edc/houkoku10/10-13/10-13-sueoka.pdf）、同病院の第 1 号ケースに関し、由井秀樹「日本初の人工授精成功例に関する歴史的検討-医師の言説を中心に-」、Core Ethics Vol.8（2012年）参照。

4 ）　毎日新聞2014年 1 月 6 日朝刊 1 面参照。

5 ）　最新の報告として、「平成24年度倫理委員会 登録・調査小委員会報告」、日産婦雑誌65巻 9 号（2013年）2083頁以下参照。

6 ）　法制審議会生殖補助医療関連親子法制部会「精子・卵子・胚の提供等による生殖補助医療により出生した子の親子関係に関する民法の特例に関する要綱中間試案」（http://www.moj.go.jp/content/000071864.pdf）。同試案には、詳細な補足説明がある（http://www.moj.go.jp/content/000071864.pdf）。

7 ）　日本学術会議・生殖補助医療の在り方検討委員会「代理懐胎を中心とする生殖補助医療の課題-社会的合意に向けて-」参照。

8 ）　ART・data book の生産周期数（31,166）と「平成24年度倫理委員会 登録・調査小委員会報告」出生児数（32,426）の相違は、凍結胚（卵）を用いた治療の出生児数のデータの相違である。「平成24年度倫理委員会 登録・調査小委員会報告」の凍結胚（卵）を用いた治療の出生児数のデータは、凍結融解胚を用いた治療成績と凍結融解未受精卵を用いた治療成績の合計である。齋藤英和「わが国における生殖補助医療（ART）の現状」、母子保健情報第66号（2012年）13頁以下、前掲註 5 ）及び「平成23年度倫理委員会 登録・調査小委員会報告」、日産婦誌64巻 9 号（2012年）2110頁以下、「平成24年（2012）人口動態統計（確定数）の概況」（http://www.mhlw.go.jp/toukei/saikin/hw/jinkou/kakutei12/dl/00_all.pdf）、前掲註 5 ）平成24年度衛理委員会 登録・調査小委員会報告」、日産婦誌65巻 9 号（2013年）2083頁以下参照（なお、「2005年分の体外受精・胚移植等の臨床実施成績」及び「2007年 7 月における登録施設名」以降、先天異常児の調査結果が報告されている。日産婦誌59巻 9 号（2007年）1717頁以下参照）。

9 ）　ヒトゲノム解析による医療革命に関して、See, S. Collins, The Language of Life: DNA and the Revolution in Personalized Medicine, 2010, Harper Collins.（フランシス・S・コリンズ（矢野真千子訳）『遺伝子革命-ゲノム科学がわたしたちを変える』、NHK 出版、2011年）。囊胞性腺維症に注目して新生児のスクリーニングテストの問題性を生物学的・社会的・政治的視点から考察する論稿として、See, J. Vailly, The Birth of a Genetics Policy, 2013, Ashgate.

10）　「出生前に行われる関する遺伝学的検査および診断に関する見解」、日本産科婦人科学会平成25年 6 月22日会告より。日産婦誌65巻 8 号（2013年）1519頁以下参照。

11）　生殖補助医療に関する刑事法の視点から考察する主要な先行研究として、Vgl.L. Günther, R. Keller, Fortplanzungsmedizin und Humangenetik-Strafrechtliche Schranken?, 1987, Mohr.（ギュンター／ケラー編著・中 義勝・山中敬一監訳『生殖医学と人類遺伝学-刑法によって制限すべきか？』、成文堂、1991年）、アルビン・エーザー（上田健二・浅田和茂監訳）『医事刑法から統合的医療法へ』、成文堂、2011年。生殖補助医療の刑事規制に関する研究は、甲斐克則教授の一連の研究が嚆矢である。甲斐克則「生殖医療技術の規制モデル」、広島法学18巻 2 号（1994年）65頁以下、（甲斐克則『生殖医療と刑法』、成文堂、2010年、101頁以下所収。）。石川友佳子「生殖医療技術をめぐる刑事規制（ 1 ）」、法学70巻 6 号（2007年）18頁以下、同

138 第1章　先端医療の現況と問題

「生殖医療技術をめぐる刑事規制（2）」、法学71巻1号（2007年）128頁以下、同「生命の発生と刑法」（甲斐克則編『現代社会と刑法を考える』、法律文化社、2012年、所収）30頁以下、特に、42頁参照。石川友佳子准教授は、着床前診断の規制について謙抑的な刑事制裁の必要性に論及する。石川友佳子「着床前診断に関する一考察」、141頁以下参照（斎藤豊治・青井秀夫編『セクシュアリティと法』、東北大学出版会、2006年、所収）。

12)　伊東研祐教授は、独立生存可能性説を主張する。伊東研祐『現代社会と刑法各論［第2版］』、成文堂、2002年、1頁以下、同『刑法講義各論』、日本評論社、2011年、16頁参照。

13)　白井泰子国立精神・神経センター精神保健研究所室長は、受精卵（胚）の着床前診断（Pre-implantation Genetic Diagnosis；PGD）に対する専門家と市民との見解の相違のアンケート調査について報告する（「受精卵の着床前診断に内在する倫理的・社会的問題の検討」、精神保健研究51巻1号（1996年）61頁以下参照）。白井室長は、東邦大学医学部付属大森病院産婦人科のPGD受診者に対するアンケート調査も報告する（片山　進・白井泰子・斎藤有紀子他「デュシェンヌ型筋ジストロフィーの遺伝子診断を受けたクライアントは着床前診断についてどう考えているか」、日本遺伝カウンセリング学会雑誌24巻2号（2003年）93頁以下参照）。柘植あづみ・菅野摂子・石黒眞理『妊娠-あなたの妊娠と出生前検査の経験をおしえてください』、洛北出版、2009年、柘植あづみ『妊娠を考える-〈からだ〉をめぐるポリティクス』、NTT出版、2010年参照。なお、柘植教授は、前回2003年調査から10年目の2013年7月から9月にかけて都内の保育園12か所、子育て支援グループ2か所及び医療施設7か所に調査票を配布して「妊娠と出生前検査の経験」についてのアンケート調査を実施し、有効回答378票の分析について報告されている（2013年11月2日、公開講演会「妊娠と出生前検査-日米の女性の選択をめぐって-」文京区男女平等センターに於いて）。配布調査票958票、回答397票、有効回答378票（有効回収率39.5％。同講演会では、柘植教授の報告の他に左合治彦国立成育医療研究センター副院長「日本における出生前検査の現状」及びRayna Rappニューヨーク大学文化人類学部教授「DNAの将来に賭ける人々：社会における新型出生前検査の意味を考える」の報告の後、質疑応答がなされた。）。非浸襲的遺伝学的出生前検査を受けた理由と受けなかった理由に関するアンケート調査として、河合　蘭『卵子老化の真実』、文春新書、2013年、172頁以下参照。

14)　染色体数的異常のグループからの提言としては、以下のものがある。21トリソミー（Down Syndrome）の視点から、水田善次郎「ダウン症候群の心理学的研究4．ダウン症児をもつ親の理解・態度」、長崎大学教育学部教育科学研究報告第1分冊（1978年）、水田善次郎編著『ダウン症者の社会生活』、学苑社、1982年、正村公宏『ダウン症の子をもって』、新潮社、2001年、大野明子『子どもを選ばないことを選ぶ-いのちの現場から出生前診断を問う-』、メディカ出版、2003年、渡部麻衣子「イギリスにおけるダウン症を対象とした出生前スクリーニングの発展と現状」、南山大学社会倫理研究所、2004年（http://www.ic.nanzan-u.ac.jp/ISE/japanese/database/discourse/2004watanabe.html）、公益財団法人日本ダウン症協会（http://www.jdss.or.jp/index.html）、18トリソミー（Edwards Syndrome）の視点から、「18トリソミーの会」（http://18trisomy.com/frame_top.htm）、13トリソミー（Patau Syndrome）の視点から、13トリソミーの子供の両親のみを会員とする「13トリソミーの子供を支援する親の会」（http://www.13trisomy.com/next.html）、22q11.2欠失症候群の視点から、子どもと家族の会として「22HEART CLUB」（http://22hc.com/index.html）等がある。子どもを持つことがかなわなかった妊婦の声として、流産・死産経験者で作るポコズママの会編『ともに生きる-たとえ産声をあげなくとも』、中央法規、2007年参照。

15)　吉村泰典教授は、AID児の発育と発達について論究する。吉村泰典『生殖医療の未来学』、診断と治療社、2010年、58頁以下、由井秀樹「非配偶者間人工授精によって出生した人のライフストーリー」、立命館人間科学研究24号（2011年）35頁以下参照。

16)　吉村泰典「非配偶者間人工授精により挙児に至った男性不妊患者の意識調査」、1999年（「我が国における生殖補助医療の実態とその在り方に関する研究」http://www.nihs.go.jp/wadai/mhlw/1999/h1118026.pdf）、安田裕子「血のつながりのない家族関係を築くということ-非配偶者間人工授精を試み、その後、養子縁組で子どもをもった女性の語りから-」、2006年、（http://

第2節　非侵襲的出生前遺伝学的検査　　*139*

www.licflc.com/write/2006/yasuda_family/）参照。

17)　読売新聞は、「妊婦血液でダウン症診断 国内5施設 精度99％、来月から」とのタイトルの下、「妊婦の血液で、胎児がダウン症かどうかがほぼ確実にわかる新型の出生前診断を、国立成育医療研究センター（東京）など5施設が、9月にも導入することがわかった。妊婦の腹部に針を刺して羊水を採取する従来の検査に比べ格段に安全で簡単にできる一方、異常が見つかれば人工妊娠中絶にもつながることから、新たな論議を呼びそうだ。導入を予定しているのは、同センターと昭和大（東京）、慈恵医大（同）、東大、横浜市大。染色体異常の確率が高まる35歳以上の妊婦などが対象で、日本人でのデータ収集などを目的とした臨床研究として行う。保険はきかず、費用は約20万円前後の見通しだ。検査は、米国の検査会社「シーケノム」社が確立したもので、米国では昨年秋から実施。妊婦の血液にわずかに含まれる胎児のDNAを調べる。通常1対2本ある染色体が3本ある数の異常のうち、ダウン症かどうか99％以上の精度でわかるほか、重い障害を持って生まれる別の2種類の染色体の異常も同様にわかる。羊水検査に比べ5週以上早い、妊娠初期（10週前後）に行うことができる。国内で現在行われている「母体血清マーカー」はダウン症などの確率がわかるだけだ。確実な診断には、羊水検査が必要だが、200人に1人の割合で流産の危険も伴う。高齢出産の増加に伴い、羊水検査は増加傾向にあり、2008年には約1万3,000件行われた。新型の出生前診断は血液検査でほぼ確実に異常がわかるため、検査を希望する人が増えることが予想され、安易なら人工妊娠中絶の増加も懸念される。導入する施設などの産科医らら有志は、今月31日に共同の研究組織を発足させる予定だ。研究組織では、他の医療機関への導入拡大を前提に、この検査を実施できる施設の基準作りを行う考えで、①遺伝の専門医やカウンセリングの専門家が複数いる②30分以上のカウンセリングを行う③継続してフォローできる小児科医がいる−ことなどを検討している。左合治彦・国立成育医療研究センター周産期センター長は「出生前診断の概念を変える新技術だが、安易に実施されれば、倫理的な問題にもつながる。適切なカウンセリングの下、慎重に運用したい」と話す」と報道し、編集委員の解説で日本ダウン症協会玉井邦夫理事長のコメントを引用するが、記事のタイトルからは非侵襲的出生前遺伝学的検査がダウン症診断に特化している様な誤解を与えるミスリーディングな記事である（読売新聞2012年8月29日）。読売新聞の報道は、NIPTコンソーシアムからの情報提供に依拠するものと思慮する。ニュース・ソースとしては、提供した情報がどのような報道内容となるのかについては配信前に十分な確認作業が不可欠である。その後、読売新聞は、新型出生前診断について「論点 スペシャル」において千代豪昭兵庫医大特別招聘教授・大野明子産婦人科医・白井泰子元国立精神・神経センター室長の3氏の意見を掲載している（読売新聞2012年10月5日朝刊）。

18)　坂井律子「"新型出生前検査"の語られ方とメディアの責任」、医学のあゆみ246巻2号（2013年）181頁以下参照。

19)　前掲註11)・ギュンター「刑法の観点から見た遺伝子『欠陥』の出生前診断および出生前治療」（ギュンター／ケラー編著『生殖医学と人類遺伝学−刑法によって制限すべきか？』）246頁参照。

20)　大野明子・前掲註14) 34頁以下参照。

21)　増﨑英明「画像診断としての遺伝学的出生前診断」、医学のあゆみ246巻2号（2013年）158頁以下、特に163頁参照。

22)　奈良哲雄「ES細胞と生命の発生」（霜田 求・虫明 茂責任編集『シリーズ生命倫理学12・先端医療』、丸善、2012年）42頁以下参照。

23)　See, Takahashi K, S Yamanaka, Induction of induced pluripotent stem cells from mouse embryonic and adult fibroblast cultures by defined factors. Cell 126（4）: 663-676, 2006. 山田満稔、浜谷敏生、福永朝子、吉村泰典「ARTから再生医療へ」、母子保健情報第66号（2012年）85頁参照。

24)　See, Lo YM, Corbetta N, Chamberlain PF, et al.: Presence of fetal DNA in maternal plasma and serum. Lancet,. 350: 485-487, 1997.

25)　See, id. at 487. イギリスにおけるダウン症を対象とした出生前スクリーニングの実態につい

140　第1章　先端医療の現況と問題

て、渡部麻衣子・前掲註4）参照。The Down's Syndrome Research Foundation in the UK
は、ダウン症に関する最新の情報を提供している。同財団は、21トリソミーの子を持つ親への
ガイドブックとして、『Bright Beginnings-Newborn Parent Guide』（http://www.dsrf-uk.
org/library/documents/BrigtBiginnings2011.pdf）を公表している。更に、広範なダウン症の
リサーチとして、Malt Project がある（http://www.dsrf-uk.org/researchers/dsrf-research/
malta-project-down-syndrome-research-2013）。

26）　主要な文献として、村上弥生「イギリスにおける中絶論の現状」2002年3月、只木 誠「着
　　床前診断をめぐる諸問題−ドイツにおける理論状況−」、法学新報111巻5・6号（2005年）1頁
　　以下、（同『刑事法学における現代的課題』、中央大学出版部、43頁以下所収）、本田まり「フ
　　ランス」（丸山英二編『出生前診断の法律問題』、尚学社、2008年）60頁以下、林かおり「海外
　　における生殖補助医療法の現状-死後生殖、代理懐胎、子どもの出自を知る権利をめぐって−」、
　　外国の立法243号（2010年）99頁以下、柳田芳伸「イングランドにおける受胎調節運動」、長崎
　　県立大学経済学部論集43巻4号（2010年）311頁以下、安井一徳「諸外国における出生前診断・
　　着床前診断に関する法的規制について」、調査と情報779号（2013年）1頁以下、渡辺富久子
　　「ドイツにおける着床前診断の法的規制」、外国の立法256号（2013年）1頁以下参照。See,
　　Charles P. Kindregan, Jr. & Maureen McBrien, Assisted Reproductive Technology − A
　　Lawyer's Guide to Emerging Law and Science, Second Edition, ABA Publishing.

27）　Perruche 判決において、本田まり「《Wrongful life》訴訟における損害（1）−フランス法
　　を中心として−」、上智法学論集46巻4号（2003年）21頁以下、門彬「医療過誤による先天的障
　　害児の出生をめぐって−司法判断に対する立法府の対抗措置」、外国の立法215号（2003年）109
　　頁以下、柿本佳美「フランス社会と遺伝子診断」、『医療・生命と倫理・社会』10巻（2011年）
　　70頁参照。

28）　末道康之『フランス刑法の現状と欧州刑法の展望』、成文堂、2012年、45頁参照。

29）　村上弥生・前掲註26）参照。

30）　久具宏司「医療現場からみた生殖医療の問題点」、死生学研究15号（2011年）276頁図2参照。

31）　診断の詳細は、末岡浩「着床診断のいま」、医学のあゆみ246号2巻（2013年）165頁以下参
　　照。

32）　白井泰子「着床前診断によって惹起された新たな波紋」（湯沢雅彦・宇都木伸編『人の法と
　　医の倫理』、信山社、2004年）523頁以下参照。受精卵の着床前遺伝学的診断のわが国での論争
　　の経緯を実証的に検討する先行研究として、利光惠子『受精卵診断と出生前診断−その導入を
　　めぐる争いの現代史』、生活書院、2012年参照。

33）　詳細は、亀井良政「超音波検査 ①初期の検査」、臨床婦人科産科66巻12号（2012年）1071頁
　　以下及び和田誠司・杉林里佳・住江正大 ［他］「超音波検査 ②中期・後期の検査」、臨床婦人
　　科産科66巻12号（2012年）1080頁以下参照。なお、柘植あづみ教授は、日本の受診率の高さと
　　危険性の意識の欠如を指摘する。柘植あづみ・前掲註13）『妊娠を考える』147頁参照。

34）　詳細は、川鰭市郎「MRI検査」、臨床婦人科産科66巻12号（2012年）1088頁以下参照。

35）　詳細は、室月 淳「CT検査 胎児骨系統疾患」、臨床婦人科産科66巻12号（2012年）1094頁以
　　下参照。

36）　鈴森伸宏・熊谷恭子・大林伸太郎 ［他］「羊水検査」、臨床婦人科産科66巻12号（2012年）
　　1099頁以下参照。

37）　夫律子「絨毛検査（CVS）」、臨床婦人科産科66巻12号（2012年）1103頁以下参照。

38）　松原洋子「まえがき」、生存学研究センター報告書［10］櫻井浩子・堀田義太郎編「出生を
　　めぐる倫理−「生存」への選択」、2009年、5頁参照。

39）　平原史樹「出生前診断-最近の動向」、臨床婦人科産科66巻12号（2012年）1048頁以下参照。

40）　出生前診断に内在する中絶の倫理的問題について、河原直人「出生前診断（2）生命倫理の
　　側から」（家永 登・仁志田博司責任編集『シリーズ生命倫理学7　周産期・新生児・小児医
　　療』、丸善、2012年）138頁以下参照。

41）　下民集31巻9-12号1271頁参照。

第2節　非侵襲的出生前遺伝学的検査　　*141*

42)　判時1100号89頁、西井龍生「出生児の先天性風疹症候群の発生につき妊婦にその症状・発現率などの説明を怠った医師の過失が肯定された事例」、判時1114号178頁以下、我妻尭「先天性風疹症候群」、年報医事法学9号（1994年）138頁以下、服部篤美「先天性風疹症候群児出生事件」、別冊ジュリスト102号44頁参照。

43)　判時1468号116頁参照。

44)　判時1628号71頁、服部篤美「ダウン症児出産に関する説明、検査義務」、年報医事法学14号（1999年）117頁以下参照。

45)　民集60巻7号2563頁、青野洋士「保存された男性の精子を用いて当該男性の死亡後に行われた人工生殖により女性が懐胎し出産した子と当該男性との間における法律上の親子関係の形成の可否」、最高裁判所判例解説［民事篇］平成18年度、936頁、松川正毅「男性死亡後に保存精子を用いた人工生殖によって生まれた子の親子関係」、ジュリスト〔平成18年度重要判例解説〕1332号89頁、吉田邦彦「死者凍結保存精子による体外受精子の亡父への死後認知請求（法律上の父子関係形成）の可否」、判時2036号148頁参照。

46)　水野紀子、判タ1169号98頁、石井美智子「夫の死後の凍結精子による子からの認知請求」、医事法判例百選183号82頁、家永登「亡夫の凍結精子による出生子の法的地位」、専修法学論集95号（2005年）167頁参照。

47)　民集61巻2号619頁、窪田充見「代理懐胎における母子関係」、ジュリスト〔平成19年度重要判例解説〕1354号95頁、中野俊一「代理出産に基づく親子関係の成立と外国裁判の承認」、ジュリスト〔平成19年度重要判例解説〕1354号332頁、土谷裕子・中村心「1　民法が実親子関係を認めていない者の間にその成立を認める内容の外国裁判所の裁判と民訴法118条3号にいう公の秩序　2　女性が自己以外の女性の卵子を用いた生殖補助医療により子を懐胎し出産した場合における出生した子の母」、最高裁判所判例解説［民事篇］平成19年度、259頁参照。

48)　裁判所時報1593号4頁参照。性同一性障害について法律家からの呼掛けに呼応じた医師たちとの先駆的研究として、石原明・大島俊之編著『性同一性障害と法律-論説・資料・Q＆A-』、晃洋書房、2001年参照。山内俊雄「性同一性障害の医学・医療の現状と課題」、精神神経誌（2011年）第106回日本精神神経学会総会シンポジウム160頁以下参照。性同一性障害者の性別の取扱いの特例に関する法律第3条第1項に基づく、性別の取扱いの変更数は、司法統計によると2012年737名が性別の取扱いの変更が容認となり、2012年末までに総数3584名である（一般社団法人「日本性同一性障害と共に生きる人々の会」HPより http://www.gid.jp/html/GID_law/index.html）。特例法第3条第1項に基づき男性として戸籍変更した当事者性として、前田健裕『あなたが「僕」を知ったとき』、文芸社、2009年参照。

49)　その主要な提案の一覧は、【資料編】別表2参照。

50)　生殖医療技術をめぐる法的諸問題にかんする研究プロジェクトは、東海林邦彦北海道大学法学部教授を代表に五十嵐清札幌大学法学部教授、石井美智子東京都立大学法学部助教授、浦川道太郎早稲田大学法学部教授、甲斐克則広島大学法学部教授、加藤久雄慶應義塾大学法学部教授、品川信良弘前大学名誉教授、菅野耕毅岩手医科大学教養部教授、高井裕之京都産業大学法学部助教授、手嶋豊広島大学法学部助教授、野村豊弘学習院大学法学部教授、長谷川晃北海道大学法学部教授、丸山英二神戸大学法学部教授、山田卓生横浜国立大学経済学部教授、吉田敏雄北海学園大学法学部教授から構成されている。ジュリスト No.1045（1994年）105頁以下参照。

51)　金城清子『生殖革命と人権-産むことに自由はあるのか』、中公新書、1996年（再版2004年）、180頁参照。

52)　厚生科学審議会先端医療技術評価部会生殖補助医療技術に関する専門委員会は、委員長中谷瑾子慶應義塾大学名誉教授、石井美智子東京都立大学法学部教授、石井トク岩手県立大学看護学部教授、加藤尚武京都大学文学部教授、高橋克幸国立仙台病院名誉院長、辰巳賢一梅ヶ丘産婦人科副院長、田中温セントマザー産婦人科医院院長、丸山英二神戸大学法学部教授、矢内原巧昭和大学名誉教授、吉村泰典慶應義塾大学医学部教授から構成されている（http://www1.mhlw.go.jp/shingi/s0012/s1228-1_18.html）。

142　第 1 章　先端医療の現況と問題

53)　日本医学会臨床部会運営委員会「遺伝子・健康・社会」検討委員会は、委員長福嶋義光信州大学医学部教授（遺伝医学・予防医学講座）、鎌谷直之株式会社スタージェン情報解析研究所所長、高田史男北里大学大学院医療系研究科教授（臨床遺伝医学）、中村清吾昭和大学医学部教授（乳腺外科）・大学病院ブレストセンター診療科長、宮地勇人東海大学医学部教授（基盤診療医学系臨床検査学）、横田俊平横浜市立大学教授（小児科学）から構成されている（http://jams.med.or.jp/rinshoubukai_ghs/pressconf_0301.html）。

54)　日本生殖補助医療標準化機関の設立趣旨について（http://www.jisart.jp/about/policy/）。

55)　http://www.jisart.jp/common/pdf/external/guideline/1.pdf。

56)　http://www.jisart/performance。

57)　生殖補助医療法制化検討委員会は、丹羽国泰岡山県医師会長、寺尾俊彦日本産婦人科医会会長、吉村泰典慶應義塾大学医学部産婦人科教授、石原理埼玉医科大学産婦人科教授、滝田研司岩手県医師会常任理事、佐々木悦子宮城県医師会常任理事、浮田俊彦石川県医師会副会長、藤野俊夫山口県医師会監事、温泉川梅代広島県医師会常任理事、橳島次郎東京財団研究員から構成されている。「生殖補助医療の実施に関する法律案要綱骨子（案）」について（http://dl/med.or.jp/dl-med/teireikaiken/20130213_1.pdf）。

58)　久具宏司・前掲註30）、271頁以下参照。

59)　久具宏司・前掲註30）、275頁図 4 参照。

60)　各ガイドライン等に関する詳細な文献として、町野朔他編『生殖医療と法』、信山社、2010年参照。本書は、2009年までの各種報告書を詳細に検討する。学術会議での論議の状況について、櫻田嘉章他『生殖補助医療と法』、日本学術協力財団、2012年参照。本書は、2008年 4 月までの学術会議での検討を人文（社会）科学、医学・生物学及び法学の視点から検討する。

61)　日産婦誌36巻 7 号（1984年）1131頁以下参照。

62)　日産婦誌51巻 1 号（1999年）39頁参照。

63)　日産婦誌64巻 1 号（2012年）44頁参照。

64)　http://www.jsog.or.jp/ethic/H23_6_shusseimae.html。

65)　http://jshg.jp/news/data/Statement_101029_DTC.pdf。

66)　http://www.jsog.or.jp/statement/statement_shussyoushindan_120901.html。

67)　http://www.jsog.or.jp/news/pdf/FinalProposalForNIPT_20121215.pdf。

68)　NIPT コンソーシアムのメンバーでもある室月　淳医師は自己の HP に Public Comment を掲載している（http://plaza.umin.ac.jp/~fskel/cgi-bin/wiki/wiki.cgi?page＝NIPT）。室月医師は、「北米ではシーケノム社のほか、アリオサ社、ベリネイト社の 2 社が NIPT 検査を商業ベースで受託しています。またナテラ社、中国系の BGI もそれぞれ日本法人や代理店をすでにもち、日本での検査受託を目指しています。今のわが国の現状において、商業主義主導で新しい検査が普及していくことは、『産むか産まないかは本人がきめる』かわりに、『どちらを選択しても家族が社会的不利益を受けないよう、国や社会は全力で援助する』というわれわれの理念そのものがおびやかされるのではないかとの危惧をもたざるをえません」との現状認識から「NIPT の導入は『滑りやすい坂（slipping slope）』です。将来の課題をみすえての対応が求められています」と指摘する。

69)　http://www.jsog.or.jp/news/html/announce_20130309.html。

70)　http://www.jsog.or.jp/news/pdf/guidelineForNIPT_20130309.pdf。

71)　http://jams.med.or.jp/rinshoubukai_ghs/statement.pdf。

72)　本規則には申請方法など具体的手続き書式等も添付されている（http://jams.med.or.jp/rinshoubukai_ghs/rule.pdf）。2013年 3 月26日開催第 1 回『『母体血を用いた新しい出生前遺伝学的検査』施設認定・登録部会」では、登録申請のあった15施設のうち14施設（独立行政法人国立成育医療研究センター、独立行政法人国立病院機構九州医療センター、横浜市立大学附属病院、名古屋市立大学病院、昭和大学病院、岩手医科大学附属病院、徳島大学病院、北海道大学病院、長崎大学病院、大阪大学医学部附属病院、藤田保健衛生大学病院、愛媛大学医学部附属病院周産母子センター、宮城県立こども病院、大阪市立総合医療センター）を不足書類の後

第2節　非侵襲的出生前遺伝学的検査　　*143*

日提出を条件に認可した（http://jams.med.or.jp/rinshoubukai_ghs/proceedings01.pdf）。同部会の構成メンバーは、日本産科婦人科学会より久具宏司東邦大学医療センター大橋病院産科婦人科教授、澤倫太郎日本医科大学女性生殖発達病態学講師、榊原秀也横浜市立大学産婦人科准教授、日本小児科学会より川目　裕東北メディカル・メガバンク機構教授、日本人類遺伝学会より高田史男北里大学大学院医療系研究科臨床遺伝医学教授、法律・倫理関係り丸山英二神戸大学大学院法学研究科教授で、部会長には互選で久具宏司委員が選出されている。なお、同部会は、平成25年11月29日現在37施設を認可している（http://jams.med.or.jp/rinshoubukai_ghs/facilities.html）。

73)　http://www.jsog.or.jp/ethic/H25_6_shusseimae_idengakutekikensa.html。日産婦誌65巻8号（2013年）1519頁以下参照。

74)　http://www.jsog.or.jp/activity/pdf/20121002kentouiminutes-1.pdf。第1回「母体血を用いた出生前遺伝学の検査に関する検討委員会」には、学会陪席として小西郁生理事長、落合和徳倫理委員会委員長、平原史樹出生前診断WG委員会委員長、榊原秀也倫理委員会主務幹事。陪席として桑島昭文厚生労働省雇用均等・児童家庭局母子保健課課長、山本圭子同課長補佐が列席する。

75)　http://www.jsog.or.jp/activity/pdf/20121002kentouiminutes-2.pdf。第2回「母体血を用いた出生前遺伝学の検査に関する検討委員会」には、学会陪席として小西郁生理事長、落合和徳倫理委員会委員長、榊原秀也倫理委員会主務幹事、陪席として桑島昭文厚生労働省雇用均等・児童家庭局母子保健課課長、山本圭子同課長補佐、傍聴として、清野弘子日本ダウン症協会常務理事、水戸川真由美日本ダウン症協会理事、加智理代日本ダウン症協会権利擁護委員が列席する。

76)　http://www.jsog.or.jp/activity/pdf/20130204kentouiminutes-4.pdf。

77)　平成24年度第2回理事会議事録参照（http://www.jsog.or.jp/activity/minutes/pdf/GIJIROKU/H24_2riji.pdf）。

78)　平成24年度第3回常務理事会議事録参照（http://www.jsog.or.jp/activity/minutes/pdf/GIJIROKU/H24_3joumu.pdf）。

79)　公開シンポジュウムの報告者と演題は、平原史樹日本産科婦人科学会倫理委員会「出生前に行われる検査および診断に関する見解」改定案ワーキンググループ委員長「出生前診断に関する見解（日本産科婦人科学会）について」、左合治彦国立成育医療研究センター周産期センター長「NIPT（無侵襲的出生前遺伝学的検査）の臨床研究」、齋藤加代子東京女子医科大学附属遺伝子医療センター所長「遺伝医療に携わる小児科医の立場から」、有森直子日本遺伝看護学会理事長「妊娠中の女性の不安−出生前検査は安心だけをもたらすのか」、山内泰子川崎医療福祉大学医療福祉学部医療福祉学科准教授「認定遺伝カウンセラーの立場から」、齋藤有紀子北里大学医学部附属医学教育研究開発センター医学原論研究部門准教授「母体血を用いた出生前遺伝学的検査：確認すべき基本理念はなにか、見切り発車を始める前に」、玉井邦夫財団法人日本ダウン症協会理事長「何を問うのか〜新しい出生前検査・診断とダウン症〜」である。

80)　シンポジウム「遺伝学的検査ビジネスに法規制は必要か？」の報告者と演題は、小杉眞司「アカデミアの立場から」、山内泰子「認定遺伝カウンセラーの立場から」、江崎禎英「遺伝子検査ビジネス」である。シンポジウム「出生前診断新時代を迎えて」の報告者と演題は、室月　淳「出生前超音波診断の現状とこれから」、関沢明彦「母体胎児染色体検査とNIPTコンソーシアムの取り組み」、玉井邦夫「『当事者』に指定された立場から」、古庄知己「信州大学医学部付属病院遺伝子診療部の取り組み〜小児科出身の遺伝科医としての関わりと思い」、浦野真理「出生前診断に関わる遺伝カウンセリング−当センターの経験から」である。報告概要について、日本遺伝カウンセリング学会誌34巻2号（2013年）25頁以下参照。

81)　講演会の報告者と演題は、吉村泰典内閣官房参与・慶應義塾大学医学部教授「出生前診断を考える」、柘植あづみ明治学院大学社会学部教授「出生前診断における女性の選択とはなにか」、村上興匡大正大学部文学部教授「大学生と考える出生前診断」である。

82)　学術フォーラムの報告者と演題は、講演I：久具宏司日本学術会議連携会員・東邦大学教授

144　第1章　先端医療の現況と問題

　　「新型出生前診断指針作成までの道のり」、講演Ⅱ：関沢明彦昭和大学教授「非侵襲的出生前検
　　査の現状と課題」、パネルディスカッション：パネリスト：白石直樹都立豊島高校教諭、櫻井
　　晃洋札幌医科大学教授、福嶋義光日本学術会議連携会員・信州大学教授である。
83)　講演会の報告者と演題は、左合治彦国立成育医療研究センター副院長・周産期センター長
　　「日本における出生前検査の現状」、柘植あづみ妊娠研究会代表・明治学院大学教授「妊娠と出
　　生前検査に関するアンケートから見えること」、Rayna Rapp ニューヨーク大学文化人類学部教
　　授「DNA の将来に賭ける人々：社会における新型出生前検査の意味を考える」である。
84)　啓蒙的論文として、柘植あづみ「『新型出生前検査』が可視化する日本社会の問題」、世界
　　2013年1月号、152頁以下参照。
85)　堕胎を直接堕胎（direct abortion）、間接堕胎（indirect abortion）、治療的堕胎（therapeutic
　　abortion）に類型化し「胎児の生命」の保護の視点から治療的堕胎を厳しく批判する宗教の見
　　解を詳細に分析し、更に医学の視点との比較で処罰に緩やかな法律の立場・背景を紹介する論
　　稿として、宮野　彰「胎児の生命と治療的堕胎」、鹿児島大学・法学論集2号（1966年）77頁以
　　下、東西ドイツ統一の際の堕胎罪規定の統一とEU 刑法にも論及する論稿として、佐久間修
　　「ドイツにおける法の統一について−妊娠中絶規定の適用及び改正問題−」、産大法学26巻2号
　　（1992年）78頁以下（同『最先端法領域の刑事規制』、現代法律出版、2003年、143頁以下所
　　収）、人としての存在である胎児と妊婦の自己決定権の双方を尊重するとの前提から胎児の観
　　点に立った福祉法的な法制度を整える法政策論を提言する論稿として、三枝　有「人工妊娠中
　　絶と胎児の生命」、信州大学法学論集20号（2012年）1頁参照。妊娠中絶に関して、江口　聡
　　編・監訳『妊娠中絶の生命倫理−哲学者たちは何を議論したか』、勁草書房、2011年、荻野美穂
　　『中絶論争とアメリカ社会−身体をめぐる戦争』、岩波書店、2012年参照。
86)　伊東研祐・前掲註12）12頁参照。
87)　澤井英明「出生前診断のいま−妊娠初期スクリーニングと母体血を用いた新しい出生前遺伝
　　学的検査を中心に」、医学のあゆみ246巻2号（2013年）156頁参照。
88)　関沢明彦「母体血中胎児 DNA 検査の現状と課題」、日産婦誌65巻9号（2013年）121-123参
　　照。
89)　平原史樹「最近の出生前診断をめぐって−はじめに」、医学のあゆみ246巻2号（2013年）143
　　頁参照。
90)　吉村泰典・前掲註15）161頁参照。
91)　日本人類遺伝学会「一般市民を対象とした遺伝子検査に関する見解」（2010）（http://jshg.
　　jp/news/data/Statement_101029_DTC.pdf）参照、日本医学会臨床部会運営委員会「遺伝子・
　　健康・社会」検討委員会「拡がる遺伝子検査市場への重大な懸念表明」も「検査受託者の義務
　　として、個人の遺伝情報を扱う際には匿名化等を適切に行い、個人情報や個人の遺伝情報の保
　　護に努めるとともに、その情報に接する者に対する守秘に関する教育を十分行うことが必要で
　　あるが、遺伝子検査を提供する企業やクリニックにおいて、どのように個人遺伝情報保護のた
　　めの対策（組織的・人的・物理的・技術的安全管理措置）が講じられているかについてはガラ
　　ス張りになっていない」と指摘する（http://jams.med.or.jp/rinshoubukai_ghs/
　　pressconf_0301.html）。最新の論稿として、瀬戸山晃一「遺伝学的情報と法−象徴的機能として
　　の遺伝子差別禁止法−」、名古屋大学法政論集第250号（2013年）393頁以下参照。
92)　「新型出生前診断で、西日本の病院から解析を依頼された検査会社が結果を、病院とは無関
　　係の第三者にファクスで誤って送り、受検者の氏名と結果などの個人情報が外部に漏れていた
　　ことがわかった。結果は陰性だった。検査を行う約30の医療機関でつくる団体『NIPT コン
　　ソーシアム』は、同社に情報の取り扱いを徹底するよう求めた。新型出生前診断では、病院が
　　妊婦から採血し、米国の検査会社に送って解析してもらう。複数の関係者によると、病院から
　　解析を依頼された1人分の結果を、検査会社が、病院とは無関係の場所に誤ってファクス送信
　　したという。個人名も記入した状態だった。結果を受け取った側が、検査会社に一報し、誤送
　　信が発覚した。本来、重要な個人情報を含む検査結果は、検査会社の日本法人が直接、病院に
　　持参するか郵送で届けている。急ぐ場合には例外的に、事前に病院に電話連絡した上で、ファ

第2節　非侵襲的出生前遺伝学的検査　*145*

クスで送ることがあるという。ただし、ファクスでは受検者は匿名にして送り、追って電話で個人名を確認することにしていた。検査会社は病院や受検者に謝罪し、今後、同様の間違いを起こさないよう文書で約束したという」【岡崎明子、阿部彰芳】朝日新聞2013年11月23日参照。

93)　「将来遺伝性の病気になるおそれがあるかどうかなどを調べる『受精卵診断』について、厚生労働省の研究班が国内12の医療機関を対象に調べたところ、少なくとも３つで、検査結果が事務職員など担当の医師以外でも見られるようになっていたことがわかりました。研究班では、就職活動や保険への加入で不利益を被るおそれがある情報で、管理態勢を改善すべきだとしています。厚生労働省研究班の吉村泰典慶應大学教授らのグループは、体外受精で出来た受精卵から細胞を取り出し、その遺伝情報を調べる『受精卵診断』を行っている国内12の医療機関を対象にアンケート調査を行いました。その結果、少なくとも３つの医療機関では検査の結果の閲覧に厳密な制限がなく、担当の医師以外の事務職員でも見られる状態だったということです。受精卵診断は、将来筋ジストロフィーの一部など、重い遺伝性の病気になるおそれがどのくらいあるかや、習慣流産かどうかなどを調べるもので、調査結果をまとめた慶應大学の末岡浩准教授は「遺伝情報が漏れると、保険の加入や就職活動の際に不利益を被るなど、問題が生じるおそれがある。管理は厳密に行うべきで、今後改善してほしい」と話しています。」、NHK 2013年11月25日ニュースより。

94)　2013年12月26日日本産科婦人科学会小西郁生理事長「『母体血を用いた新しい出生前遺伝学的検査』に関する指針の遵守について」(http://www.jsog.or.jp/news/html/announcement_20131226.html) 及び2013年12月23日日本医学会臨床部会運営委員会「遺伝子・健康・社会」検討委員会福嶋義光委員長「『母体血を用いた新しい出生前遺伝学的検査』に関する最近の報道について」(http://www.jsog.or.jp/news/pdf/20131223_igakukai_siryou.pdf) 参照。

95)　NIPT コンソーシアムは、「新しい出生前検査である NIPT を国内に導入するに当たり、適切な遺伝カウンセリングによって情報提供できる検査体制を構築するためのコンセンサス形成の主体となる。一般社会、及び医師・遺伝カウンセラーに向けて NIPT についての正確な知識・情報を発信する」ことを自らの使命として掲げ、「・臨床研究の実施（NIPT に関する遺伝カウンセリングの実施とその評価）、・適切な周産期の遺伝カウンセリング体制構築への提言をする、・NIPT 実施状況を把握し、その転帰を含めた実態を公表する、・医師・遺伝カウンセラーへの NIPT についての情報提供などを行う、・一般社会に向けて出生前検査についての情報を発信する」ことを活動目的とする北川道弘・山王病院を組織代表、左合治彦・国立成育医療研究センターを研究代表、関沢明彦・昭和大学を研究事務局とする遺伝学的出生前診断に精通した専門家（産婦人科、小児科、遺伝カウンセラー）の自主的組織である（http://www.nipt.jp/nipt_01.html）。NIPT コンソーシアムは、臨床研究課題名を「無侵襲的出生前遺伝学的検査である母体血中 cellfree DNA 胎児染色体検査の遺伝カウンセリングに関する研究」とし、その目的を「無侵襲的出生前遺伝学的検査を適切に運用するための遺伝カウンセリングの基礎資料（検査実態、施設基準、情報提供、カウンセリング内容など）作成」とし、研究の課題として「検査を適切に運用するための遺伝カウンセリングの基礎資料（検査実態、施設基準、カウンセリング内容など）を作成する。適切な遺伝カウンセリングの下で検査が行われる体制を整備する。検査の適応や施設条件など一定のコンセンサス（原則の共有）のもとで各施設が検査する」をあげる。研究の具体的な内容は、「１. 検査の前と、検査を希望した場合は検査の後に遺伝カウンセリングを行う。２. 検査前後の遺伝カウンセリングの後にアンケート調査を行う。３. 遺伝カウンセリングを評価するとともに問題点を検討して、適切に遺伝カウンセリングを行うために必要な情報提供の内容、カウンセリング内容や施設基準などの基礎資料を作成する。４. 受検数、陽性数、罹患数、妊娠帰結、絨毛検査・羊水検査数などを集計し、検査の実態を明らかにする」とする（http://www.nipt.jp/rinsyo.html）。

96)　http://www.jsog.or.jp/activity/minutes/pdf/GIJIROKU/H24_2riji.pdf。

97)　http://www.jsog.or.jp/activity/minutes/pdf/.../H24_3joumu.pdf。

98)　See, E. Jackson, Regulating Non-Invasive Prenatal Testig (NIPT)：the view from the UK,

146 第1章 先端医療の現況と問題

2013. 本論文は、2013年11月30日開催日本法政学会シンポジウム「母体血を用いた出生前遺伝学的検査－イギリスの現状をきっかけとして－」での基調講演である。本シンポジウムの報告者とタイトルは、奥山虎之国立成育医療研究センター臨床研究部長「非侵襲的出生前診断の現状と今後：医学の視点から」、丸山英二神戸大学大学院法学研究科教授「出生前診断と選択的中絶：法の視点から」、瀬戸山晃一大阪大学大学院特任教授「新型出生前診断技術の利用に対する倫理的懸念の考察：生命倫理学・法哲学の視点から」、林弘正武蔵野大学政治経済学部教授「非侵襲的出生前遺伝学的検査－刑事法の視点から－」、和田美智代宝塚医療大学教授「非侵襲的出生前診断：児童福祉の視点から」であり、コメンテーターは野畑健太郎白鴎大学法科大学院院長、総合司会は五十子敬子尚美学園大学大学院教授である。シンポジウムの詳細は、法政論叢51巻2号に掲載予定である。

99) 具体的内容については、http://www.arc-uk.org/ 参照。

100) Shared decision making について、See, Baty, B.J: A guide to genetic counseling. 2Nded. Wiley-Blackwell, 2009. pp.207-250. 澤井英明「出生前診断の遺伝カウンセリング」、臨床婦人科産科66巻12号（2012年）1063頁以下、関沢明彦・四元淳子・小出馨子・松岡 隆・市塚清健・岡井 崇「無侵襲的出生前遺伝学的検査と遺伝カウンセリング」、日本遺伝カウンセリング学会誌34巻1号（2013年）11頁以下及び川目 裕「出生前診断の遺伝カウンセリング」、医学のあゆみ246巻2号（2013年）170頁以下参照。

101) 河合 蘭・前掲註11)、177頁参照。サポート体制構築に際しての留意点等について、永田雅子「我が子に障害があると知った親への支援」、精神科治療学28巻6号（2013年）721頁、平山史朗「不妊治療におけるメンタルケア」、精神科治療学28巻6号（2013年）733頁参照。

102) 出生前診断と妊娠中絶の自己決定に関するドイツの状況について、vgl. A. Rummer, Selbstbestimmt entscheiden : Beratung bei Pranataldiagnostik und Scwangerschaftsabbruch, PL Academic Research, 2013.

103) 山田満稔、浜谷敏生、福永朝子、吉村泰典・前掲註23)89頁参照

104) 同旨、浅田和茂註11)アルビン・エーザー『医事刑法から統合的医事法へ』、「編訳者あとがき」、379頁参照。

105) 民集60巻7号2573頁以下参照。

106) 甲斐克則「日本医事法学会40年の歩みと今後の展望－唄孝一先生を偲びつつ」、年報医事法学26号（2011年）8頁、同『被験者保護と刑法』、成文堂、2005年、30頁参照。

第3節　非侵襲的出生前遺伝学的検査
—刑事法の視点から—

はじめに

　私は刑事法の視点から非侵襲的出生前遺伝学的検査の問題を考えたいと思います。実はこの問題について刑事法の視点からどのように考えるべきかといろいろ考えておりました。刑事法プロパーの問題でいきますと、どうしてもいわゆる堕胎罪との関係が一つの議論になると思い、久しぶりに刑法の堕胎罪の判例を検索しておりました。堕胎罪は実際に検挙される件数が非常に少なくなっておりますし、判例としてもなかなか少ない状況でございます。

　そのような中で検索していて、興味深い事例が一件ありました。これは不同意堕胎罪（刑法215条）の事例で、3年位は子供を産まないで夫婦共稼と決めていた夫がまだ入籍をしていない妻が妊娠してしまったので、これを法律婚にしたくない、何とか堕胎させてしまおうと考え、子供も欲しいし出産すれば入籍してもらえると思っていた妻を無理やり病院に連れて行って妻に秘して医師に人工妊娠中絶手術を依頼し、嫌がる妻に「堕胎しなければ別れる、堕胎すれば籍も入れる」と虚言を弄して堕胎させてしまったという判例が一つありました[1]。なかなか堕胎罪に関する判例は少ない状況です。

　今回の報告に際しまして、出生前診断がどのような経緯を辿って現在に至っているのか、みなさんのお手元のレジュメに書きましたように、我が国の出生前診断法の歴史を長々といろいろ書いてみました。そのうち1960年代から2011年までの項目では主に医師たちがどのような診断法を実施しているのかを挙げてみました。

　私のこの一覧表で見ますと、非侵襲的出生前遺伝学的検査に関する事項が一挙に出てきますのが2012年8月以降です。これは先程来、丸山先生にお示しいただいた読売新聞2012年8月29日の記事が出た後です。その後からいろいろ賛否の情報が出ており、特にダウン症の報道が出たのでダウン症の方々から反論が出ております。

　一連の経緯を調べてまいりますと、特に2012年11月13日に日本産科婦人科学会が「母体血を用いた新しい出生前遺伝学的検査」のためのシンポジウムを開

いています。このシンポジウムの論議を受けまして2013年3月9日、日本産科婦人科学会の「母体血を用いた新しい出生前遺伝学的検査指針」が公表されました。そして同じ日に日本医学界、日本産科婦人科学会、日本産婦人科医会、日本人類遺伝学会からこの日本産科婦人科学会の指針を支持するという共同声明が出されております。

2013年4月になりましてから認定された15の施設で新型出生前診断が開始されております。6月には日本産科婦人科学会が従来採用しておりました「出生前に行われる検査および診断に関する見解」を改定し、昭和63年（1988年）に制定されました「先天異常の胎児診断、特に妊娠初期絨毛検査に関する見解」の削除という形で新たな対応をしております。

同年7月、新聞報道を多くの先生方がご覧かと思いますが、記事では全国22施設で実際に行われた1534件についてのデータが紹介されていました。非侵襲的出生前遺伝学的検査で陽性と判定された29件について羊水検査等の確定検査により既に結果の出た8件中6件で染色体異常があり、そのうちの2人が実施施設で人工妊娠中絶を選択したとの報告がなされております[2]。それからこの11月、つい最近ですが、22日と23日の毎日新聞及び読売新聞で、検査開始後6カ月間のデータ分析がなされ3514人に対しての解析結果が紹介されております。

その中で特に目を引きましたのは、54人中53人が中絶を選択したという記事です[3]。私はこの「54人中53人が中絶を選択」との部分が刑事法の視点からしますと、どのような理由で一体中絶をしたのか、この部分はひょっとすると、私たち刑法屋から見ますと「これは堕胎罪に該当するのではないのか」という懸念を抱きます。こういうデータを公表された時に、母体保護法のどの条項を使って人工妊娠中絶手術が実施されたのかを知りたいというのが、私たち刑事法を専攻している人間からの関心です。

実際この検査が行われている機関・施設といたしましては、日本医学会が臨床研究施設を2013年10月15日の段階で31施設に限定しております。これはあくまでも臨床研究という形で実施されています。それに対しましてNIPTコンソーシアムでは、2013年11月17日の段階で29施設について認定しております[4]。この認定施設数の違いは一体何に起因するのかということに非常に興味があります[5]。

第3節　非侵襲的出生前遺伝学的検査　　*149*

　特に私が関心を持っておりますのは、先ほど少し触れましたように、出生前診断がなされて、先ほどの11月22日の報道のように54人中53人が中絶を選択した際に、どのような法律即ち母体保護法のどの条項に基づいてなされたのか。つまり少なくとも我が国の現在の母体保護法には胎児条項がないのです。胎児条項がないにもかかわらず、母体血を用いた新しい出生前遺伝学的検査の結果、陽性と判定された後、確定診断を受け陽性と確定した後に人工妊娠中絶を実施するのは、いかなる条文上の根拠に基づくのかに大変関心を持っております。

　実施状況及び確定診断後の受診者の対応については、今後それぞれの医療機関等から何らかの報告があがってくるものと思います[6]。

　確定診断陽性54人中53人（98.14%）が人工妊娠中絶を選択したとの報道を受け改めて人工妊娠中絶の実施件数を調べてみました。厚生労働省の「平成22年度衛生行政報告例」を見ますと、1955年から2010年までの人工妊娠中絶のデータを調べてみました。そうしますと、1955年の段階では117万143名です。ところが2010年の段階では21万2694人となっております。このデータを少し詳しく見てみますと、大体5歳刻みで、どの年齢でどのくらいの人工妊娠中絶がなされているのか。表1には平成22年度の人工妊娠中絶件数、年齢階級・妊娠週数・事由別の詳細なデータが紹介されています。更には、人工妊娠中絶が母体の健康を理由としてなされているのか、それともいわゆる暴行等の暴行脅迫等の結果、いわゆる母体保護法14条1項2号に基づいてなされているのか、かなり詳細なデータが出ております[7]。

　今回の54人中53人は母体保護法14条1項のいずれの号に該当するのかはわかりませんが、久しぶりにこの人工妊娠中絶の件数を見ておりまして大変驚きましたのは、2003年のデータからは、それまで20歳未満と区分されていましたのが15歳未満、15歳、16歳、17歳、18歳、19歳と20歳未満をかなり詳細に分けております。このデータが取られました1955年段階での20歳未満の人工妊娠中絶全体の中のパーセントで申しますと、1955年段階では1.2%です。ところが2010年のデータを見ますと、20歳未満の人工妊娠中絶の割合が9.5%とかなりの割合を占めております。

　今回の報告にあたりまして、人工妊娠中絶のデータがどうなっているのか確認しましたら、このような形でかなり数字が推移しております。特に、今回の

150　第1章　先端医療の現況と問題

54人中53人は一体どの段階で、母体保護法のどの条項に基づいてなされたのか
について、刑事法を専門とする者としては大変関心を持っております。

　先生方にお配りしましたレジュメのⅡに生命誕生をめぐる日本産科婦人科学
会等のガイドラインの一覧を掲記致しました。これを羅列しましたのは、それ
ぞれどういう形で、生殖補助医療や出生前診断の問題について対応しているの
かを調べるために並べてみました。

　ここには日本産科婦人科学会のものを主に挙げましたが、いわゆる厚生労働
省が行っているものが11．に記載しました「厚生科学審議会先端医療技術評価
部会生殖補助医療技術に関する専門委員会『精子・卵子・胚の提供等による生
殖補助医療のあり方についての報告書』」です。それからその下の出生前診断
のⅡ-ⅱ-a．2．の同じ厚生科学審議会先端医療技術評価部会生殖補助医療技
術に関する専門委員会の「母体血清マーカー検査に関する見解」があります。
それからⅡ-ⅰ．20．に日本学術会議・生殖補助医療の在り方検討委員会「代
理懐胎を中心とする生殖補助医療の課題－社会的合意に向けて－」という形でい
く幾つかのガイドラインや報告書を記載しております。

　例えば、日本産科婦人科学会のガイドラインであれば、先ほど瀬戸山先生も
指摘されておられましたけれども、あくまでもガイドラインの対象は当該学会
の構成メンバーでしかないわけです。会員に対して会告という形式でこの様な
指針・ガイドラインを示しているに過ぎません。

　レジュメⅣ．にそれぞれのガイドラインの規定の仕方を幾つか挙げておきま
した。例えば、1988年（昭和63年）の「先天異常の胎児診断、特に妊娠初期絨
毛検査に関する見解」では、「以下の点に注意して実施する必要がある」と書
かれているだけです。

　また、2007年（平成19年）に示されました「出生前に行われる検査および診
断に関する見解」では、「学会は、本学会会員が診療を行うにあたり、この新
見解を厳重に遵守されることを要望いたします」という書き方です。

　次に、2011年（平成23年）に示されました日本医学会の「医療における遺伝
学的検査・診断に関するガイドライン」を挙げてありますが、かなり長いので
これも終わりのほうだけを見ます。「遺伝医学は今後も急速に発展すると考え
られ、遺伝学的検査はさまざまな医療の領域に広く応用されることが予想され
る。各医学会分科会においては、それぞれの領域の疾患に関する遺伝医療や遺

伝カウンセリングのあり方について教育・啓発を行うことが望まれる」と書かれております。

そして、最も新しい2013年（平成25年）の日本産科婦人科学会「出生前に行われる遺伝学的検査および診断に関する見解」の改定では、「日本産科婦人科学会は本学会会員が診療を行うにあたり、この見解を厳重に遵守されることを要望いたします。また、遺伝学的検査の実施にあたっては本学会でも承認された日本医学会『医療における遺伝学的検査・診断に関するガイドライン』（平成23年2月）を遵守し、そこに掲げられた理念を尊重することを併せ求めます」と書かれております。

これらはあくまでもガイドラインであって、対象となっているのは、もちろん日本医学会が出せば医師たちが対象になるでしょう。それから日本産科婦人科学会が出せば、その会員である産婦人科医の方々が対象になっています。

そうしますと私たちが今ここで新しい非侵襲的出生前遺伝学的検査を考える時、これらのガイドラインだけで果たして充分にフォローできるのかどうかが大変気になっているところです。

何らかの形でより広い、いわゆる立法化が必要なのかどうかを検討することが不可避であると考えます。刑事法的視点からということで、刑事制裁をしようということではなく、あくまでも非侵襲的出生前遺伝学的検査という新しい診断方法には一定のメリットは十分あるのですから、それを活かしながら、なおかつそれをどのようにして、いわゆるマス・スクリーニングにならないかという視点から、何らかのコントロールが必要ではないかということが、本日の御報告の主旨であります。この後のディスカッションの素材となれば幸です。

ご清聴ありがとうございました。

【解題】

本節は、2013年11月30日開催第119回日本法政学会・シンポジウム「母体血を用いた出生前遺伝学的検査-イギリスの現状をきっかけとして-」の報告である。本シンポジウムは、総合司会：五十子 敬子尚美学園大学大学院教授のもと、基調講演：Emily Jackson ロンドン大学 LSE 教授「Regulating Non-Invasive Prenatal Testing: the view from the UK」の後、奥山虎之国立成育医療研究センター臨床検査部長「出生前診断の現状：NIPT を中心に」、丸山英

152 　第1章　先端医療の現況と問題

二神戸大学大学院法学研究科教授「出生前診断と選択的中絶−法的観点から−」、瀬戸山晃一大阪大学教授「新型出生前診断技術の利用をめぐる倫理的懸念の考察−生命倫理学・法哲学の視点から−」、林　弘正武蔵野大学教授「非侵襲的出生前遺伝学的検査：刑事法の視点から−」、和田美智代宝塚医療大学教授「非侵襲的出生前診断−児童福祉の観点から−」の5報告を基に論議がなされた後にコメンテーター：野畑健太郎白鴎大学法科大学院教授より総括された。

　野畑健太郎教授のコメント及び筆者への質疑応答等は、以下の通りである（法政論争50巻2号（2014年）311頁以下参照）。

【シンポジウム】母体血を用いた出生前遺伝学的検査−イギリスの現状をきっかけとして

【コメントと質疑応答】
【コメント】
コメンテーター（野畑健太郎）　　野畑でございます。新理事長を拝命し、その最初の仕事が、NIPT問題に関するご報告へのコメントということになりました。私のコメントのあと、休憩を挟んだのちに、フロアの先生方とパネリストの先生方との質疑応答を進めていく予定です。それにつながるようなコメントをさせていただきます。

　まずジャクソン先生ですが、先生には、NIPT問題に言及していただきました。NIPTは、イギリスでは既に実施はされていますが、国民医療サービス（NHS）の適用はないということです。これについては利点と問題点があるとのご指摘をいただきました。利点については、何よりも安全性、それから簡便性が挙げられます。こうした点が注目されて、イギリスではNIPTは普及拡大の様相を示しているということです。その反面、NIPTの普及には問題点があるということでした。つまり、普及に伴うジレンマとリスクがあるとのことです。この点について具体的に指摘されたのが、カウンセリングをめぐる問題です。NIPTの普及の結果、カウンセリングの機会が不十分になれば、カウンセリングにおけるインフォームド・コンセントという重要な要素が簡略化されてしまうことになります。NIPTの普及に、このような危険性は伴わないのか、というご指摘でした。

　また、選択中絶の問題にも言及していただきました。選択中絶について、ちなみにドイツでは1995年に胎児条項を廃止しましたが、イギリスでは1967年の中絶法において胎児条項を認めています。それによって、イギリスでは選択中絶が可能とされ、しかも中絶の実施は、驚いたことに、出産の直前まで可能だということです。もっとも、それは医師の判断を経ての話ですが、イギリスでは、出産の直前まで胎児異常を理由とする中絶が可能であるとのことです。

　医師の判断は、二人の医師によって、かなり慎重に行われているとのことですが、妊婦の自己決定の局面において、医師の判断がかなり作用する面もあるわけです。

　NIPTがこれから普及していくことにおいて、日本でも、的確な遺伝カウンセリング

が確保できるのかという点が問われています。また、選択的中絶についても、考えなければならない諸点に関していろいろとご指摘を受けました。ジャクソン先生が基調講演として示された事柄は、パネリストの先生方のそれに続くご報告の内容につながっているものです。

次に、奥山先生から、医療の現場におられるドクターならではのご報告がありました。選択的中絶については、妊娠を諦めざるを得ない特別な事情があるのではないか、そのような事情を考慮してほしい。そうした考慮なしにNIPTの問題を一般化して一律的な解答を得ようとすることには、現場のドクターの立場からは懸念を抱かざるを得ないというご指摘でした。それから、これは「母体血を用いた新しい出生前遺伝学的検査」についての日本産科婦人科学会倫理審査委員会の「指針」に対するご見解だと思いますが、NIPTを、胎児の疾患の発見を目的としたマススクリーニング検査として行わないということが、やはり必要であるということでした。さらには、遺伝カウンセリング体制を整備していかなければいけないというご指摘がありました。

そして、何よりも、障害児の出産を可能とするような環境を作っていくことが一つの大きな課題だろうというご指摘がありました。これは、最後のご報告をされた和田先生のご指摘にもつながっているところです。

遺伝カウンセリングについては、奥山先生は、妊婦の立場に立って、実際の妊婦の苦しみや悲しみにも配慮したカウンセリングを……というように、カウンセリングのあり方や中身の重要性を示唆されました。

丸山先生には、本日は、法的な観点から、NIPTの問題を少し広げた形で優生保護法の問題に言及されつつ出生前診断の問題について、お考えを述べていただきました。この問題について、具体的に、わが国における関連判例を取り上げていただき、ご専門の視座から貴重なご指摘をいただきました。

最初のご指摘は、林先生のご報告につながっていますが、わが国においては、現在、胎児異常を理由とする中絶は、ずばり違法であるということです。胎児条項もありません。胎児条項の導入については、優生保護法の改正時に大変強い反対がありました。わが国の場合、ジャクソン先生のお国・イギリスとは違って、胎児条項には反対があり、胎児条項の導入が否定されるかたちで優生保護法の改正が行われました。このことを丸山先生からご指摘いただきました。胎児条項のない現行母体保護法の下で、中絶が「妊娠の継続又は分娩が身体的又は経済的理由により母体の健康を著しく害するおそれがあるもの」（14条1項1号）という枠組みの中で行われている点については、当該条項の「拡大解釈」や「緩やかな解釈」によって対応する傾向が見られます。中絶の理由が問われないということもあって、わが国では、事実上、胎児異常を理由とする中絶を行うことが可能となっています。

丸山先生が考察された中絶に関する訴訟（医療者のミスによって中絶の選択が妨げられたとして損害賠償を請求する訴訟）においては、中絶の適法性をめぐる裁判所の判断は一様ではなかったとのことです。倫理の面にかかわるところについては、もう一歩踏み込んだ判断がなされておらず、曖昧さが残る判断が下されていたようです。しかしながら、この曖昧さこそが、選択中絶、あるいは、出生前診断をめぐる法的あり方を方向づけるわが国の風土、土壌、法的環境等を反映している面があるとのご指摘であったと思います。

154 第1章 先端医療の現況と問題

　瀬戸山先生には、新型出生前診断技術の医療への利用について、生命倫理学および法哲学の視点から考察していただきました。NIPT、学際的なアプローチが必要だとされますが、瀬戸山先生には、生命倫理学の視点から、NIPT 判断枠組みとして有用な4つの倫理原則、すなわち、自律尊重、無危害、パターナリズムおよび正義に触れていただきました。20分という少ない報告時間ですので、これら倫理原則の NIPT 問題への当てはめを行う時間がとれなくなり、まことに残念に思われました。

　NIPT は日本では10週から検査でき、約2週間、つまり12週目で検査結果が出ます。NIPT が行われる10週から12週というのは脳が形成される時期ですから、瀬戸山先生が示唆されるパーソン論や脳生説の考え方に依拠しますと、「人格」という問題を考えなければならないことになり、ここに胎児の生命権の問題が発生します。こうして、一般的に言いますと、胎児の生命権と、母親となる妊婦の「自己決定権」が衝突する問題が生じることになります。この問題をどのように考えていくか、これが瀬戸山先生のお考えの出発点にある問題意識の一つのように思います。

　NIPT には、長所と短所がありますが、目下、短所や問題点をどうやって解決ないし解消していくかということが問題になっています。とはいえ、林先生のご報告にもつながっていますが、NIPT はもう止めることができない状況にあるのではないかということです。このような状況を踏まえますと、NIPT の短所や問題点の議論に終始するだけではなく、NIPT には長所もあるということを認めて、これにどうやって制約・枠づけをしていくか、あるいは、NIPT がうまく機能するよういかなる条件づくりをしていくか、というアプローチが大切ではないかということになります。瀬戸山先生のご報告には、このようなご指摘もあったと思います。

　先ほどから何度も触れさせていただきました、林先生のご報告において、11月22日の新聞の夕刊記事「陽性判断をされた後に確定診断を受診した62人中、陽性として疾患確定した56人中2人が流産し、54人中53人が中絶を選択した」との現状をご紹介いただきました。これが、NIPT のあと最終的な確定診断をするために行われた羊水検査の実際の結果です。このように、林先生は、わが国の NIPT の現状に関する大変シビアな現実問題を指摘されました。NIPT という簡便で安全な検査方法の実施によって、結局は陽性の確定判断をされた妊婦の98％が選択中絶を行ったという現状には重いものがあります。この現状を軽視すべきではなく、NIPT 問題については、もう少し深刻に考えなければいけないというご指摘だったと思います。

　和田先生のご報告においては、遺伝カウンセリングにおけるインフォームド・コンセントの際、それに大きく影響するのは環境であり、出産・中絶を選択決定するときの妊婦の置かれた環境がどうあるべきかについてきちんと考えなければいけない、とりわけ、陽性の確定判断をされた妊婦において出産の選択が可能となるよう、出産後の環境を整備していかなければいけないという、政策論的に大変貴重なご指摘があったと思います。

　コメントが長くなって、申し訳ありません。以上のようなことが、パネリストの先生方のご報告において示されていたと思います。フロアの先生方にはご質問の方をよろしくお願いいたします。

【質疑応答】

司会（五十子敬子）　　ありがとうございました。林弘正先生には3名の会員の方から質

第3節　非侵襲的出生前遺伝学的検査　　155

問が寄せられていますので、お願い致します。

林　　どなたの質問に答えすればよろしいですか？

司　会　　北海学園大学の神元隆賢先生からお願いします。

林　　神元先生から、「インフォームド・コンセントなしでの遺伝子解析がガイドラインにより規制されているにも関わらず、健康診断で入手した血液を無断で遺伝子解析した大学病院の事実が多くみられるように、ガイドラインが有効な抑止力となり得ないのは明らかと思われ、ドイツでは刑法的規制も遺伝子解析において実施されています。これは遺伝情報保護の要請が強い問題でしょう。しかし、自ら進んで実施した NIPT については、情報管理上の同意の前提たるインフォームド・コンセントは問題とならない訳ですが、①果たして刑法的規制は必要というべきでしょうか。②また、母体保護法へ胎児条項を追加すべきとの見解についてはどのようにお考えでしょうか。」というご質問をいただきました。

　　まず一つは、刑事規制が必要かどうかのご質問です。ドイツでは、NIPT の実施の是非を検討する際に、刑事規制をも含めて本格的な論議がなされ妊婦個人の自己決定権のみに委ねるのではなくカウンセリングを含め社会的支援を考えているようです。遺伝情報の管理は、まさに重要な問題です。私は資料には書き入れなかったのですが、実はこの前後にいくつかの報道がなされています。

　　一つは、11月23日の朝日新聞に出ていた「新型出生前診断の検査結果を誤送信。個人情報をファクスで」という新聞記事がありました。それから25日 NHK のニュースでは、「受精卵診断について閲覧制限がない医療機関も」ということで、それぞれ非常に重要な個人の遺伝子情報が、本人だけに郵送などの手段で提供すべきものが外部に流れたり、受精卵診断結果という非常にプライベートな重要情報が閲覧制限なく本人以外に「漏洩」されてしまっているわけです。こうした部分について、何か、もちろん、それは検査会社、医療機関ということになるので、いわゆる刑事規制という形でゆくかどうかは、そこまでちょっと踏み込めません。しかし、何らかのやはり、単なる損害賠償責任を問うという形だけではなくて、もう少しきちんとした形の対応が必要ではないかと考えています。

　　それからもう一点は、母体保護法への胎児条項を追加すべきとの見解ついてはどのように考えるかというご質問でした。せっかく優生保護法から母体保護法への改正に際しまして胎児条項を無くしたわけで、逆戻りする必要は全くないと考えています。

司　会　　同じく林弘正先生への質問です。名古屋学院大学の山内義廣先生からの質問です。「遺伝病について胎児の知りたくない権利を前提にした場合、出生前診断は刑法上、胎児の人格に対するなんらかの侵害罪が考えられるのではないかと思いますが、先生の見解はいかがでしょうか。」

林　　山内先生、ご質問ありがとういございます。私は、いわゆる胎児の人格につきましては、若干、否定的です。果たして胎児に対して人格権というものを、いわゆる刑法上認められるのかという点については、若干、疑問を持っています。ですから、先生の言われる侵害罪になるのではないかという部分については、いや、胎児の人格権そのものが刑法上認められるのかと、そこでまだ留まっています。何かご教示をいただければ、大変ありがたいです。

司　会　　この点に関しましては、水俣病の時に、胎児の人格を認めたのに近い判決が

156　第1章　先端医療の現況と問題

出ております。刑法上の議論から言ったら、胎児は出生前ですので、まだ人格が備わっているわけではないと思います。

林　水俣病判決は、特殊な論理構成をしたものと、私は理解しています。せっかくですから、山内先生、その点についての先生のご見解をお教えください。せっかくのフロアのやり取りという関係になっておりますので。少しご教示いただければと思います。

山内　長くなると思いますので簡単に申し上げます。今、いろいろな検査があります。それについてはどうしてもこれです。例えば、胎児は人ではないかとか、そういうことで人格権を認めないという、それだけでは切り離せない、見捨てられない、それらの条件があるのではないかと思うのです。その意味で、やはり理論構成を前提にして胎児の人格というものを組み入れていかなければならないと私は思っています。

林　ありがとうございました。これで、山内先生と共同研究ができるのではないかと、大変楽しみにしています。

司会　では、次に林弘正先生に、関西外語大学の村井淳先生から、「結局、現在、人工妊娠中絶の実質的要件は、妊娠期間と同意、指定医ということになるのでしょうか。」ということです。先生よろしくお願いいたします。

林　村井先生、ご質問ありがとうございます。私は先生がご指摘のように、現在の母体保護法の要件では、厚生事務次官通知に基づく妊娠期間22週未満（母体外での生命保続可能性）、それから当事者及び当事者の配偶者の同意が必要だと考えています。実質的要件ということで、質問が出ているのですが、私は母体保護法の要件としてはそのようなものを考えております。村井先生は、そうではないのではないかというご意見でしょうか、お願いします。

村井　話の流れから聞くと、先生のご意見としては、もっと、現在でもタガをはめるべきではないかと推察しました。つまり、結局は堕胎罪で捕まった話があまりないという話で。

林　逆に、今、「身体的又は経済的理由により母体の健康を著しく害するおそれ」という要件で人工妊娠中絶が行われているわけですが、私から逆にドクターたちにお尋ねしたいのは、果たして母体保護法14条1項の2つの要件でうまくクリアできるのかということです。例えば今回のような報道で出た54人中53人が堕胎、人工妊娠中絶という記事が出ると、根拠はいったい何かというところにものすごく疑問を持つのです。ですから、そのあたりはどういう根拠で人工妊娠中絶をしたのか。

　現行の母体保護法ではその条項でよいと思いますが、果たして報道された54人中53人は、その枠内に入っているのかどうか。入っていたとして何を使ったのか。いわゆる胎児条項は無いわけですから、そのあたりは非常に疑問を持ちながらドクターたちはどうするのかということで問いかけたわけです。

村井　私もそのような疑問があって、堕胎罪が骨抜きになっているのではないかと思います。

林　確かに堕胎罪は本当に死文化してしまった条文の一つだということは、実際、裁判例が殆どないわけですから、その意味では死文化しています。

司会　ありがとうございました。少し司会から付け加えさせて頂きます。スウェーデンのトビアスというダウン症児のお母さんが書いた本があるのですが、私は子供が

第3節　非侵襲的出生前遺伝学的検査　　*157*

　小学校に入る前に読ませて聞かせました。やはりそのような障害を持つお子さんをマイノリティとして見てはいけないと思うのです。みんなと共生できるような社会になるように、家庭でも教育をしていく必要があるのではないかと思いました。

　もう一つ最後に丸山先生に対して武蔵野大学、林弘正先生からのご質問です。「プロット三枚目の出生前診断の種類③妊娠の継続・中絶を決定するための情報の提供を目的にするもの、いわゆる選択的中絶を法的にどのように位置づけるか？

　事実としては了解の余地のあるが」というご質問をいただいています。丸山先生どうぞよろしくお願いいたします。

丸　山　　ありがとうございます。私の話が尻切れトンボに終わったところを、明確にせよということなのだと思います。

　先ほどから、質疑でも話題になっている胎児条項の欠如をどのように考えるかということに帰着するのではないかと思います。

　理論的にすっきりさせるには、重篤な疾患について胎児条項を設けて、中絶を認めることにするということが、あり方として、整理としては望ましいかと思います。しかし、重篤な疾患として整理すると、例えば、デュシェンヌ型の筋ジストロフィーはそこに入ると思うのですが、ダウン症についてはいろいろな重篤度があり、多くの場合については重篤と性格付けるのは難しくなってしまうのではないかと思います。

　他方、通常の妊娠中絶については先ほどのご質問の中のご指摘にあったように、妊娠期間と、当事者、当事者の配偶者の同意、それから指定医の要件あたりのしばりしかなく、実質的に自由化されている状況があります。そのようなところで出生前診断の結果による中絶の場合は駄目だと言うのはバランスを失しているところがあり、なかなか難しいです。

　いろいろと考える点があり、違法阻却はできないにしても、責任阻却で考えて期待可能性がないとすることはできないか、というような検討の可能性はあることはあります。ただ、違法性が否定されないということになると、医療側のミスで選択が否定された場合に、慰謝料の救済を認める説明がなかなか難しくなるので、これも悩ましいところです。

　しかし、他方、こうした事態はいろいろなところで存在しており、例えば、選挙制度の一票の格差でも、最高裁は違憲と違憲状態を区別しているようです。この出生前診断の結果に基づく中絶も、違法状態かもしれないけれども、違法とまでは言わないというグレーゾーンにあるといえるかもしれません。憲法9条があっても自衛隊が存在しているお国柄ですので、そのようなところは現実の対応としては仕方がないのではないかと思います。

　ですから、現在の裁判所の判断、先ほど紹介しましたところで、医療側のミスがあればご両親になにがしかの救済は与えるけれども、財産損害についての救済は否定するという扱いが現実的な対応としては望ましいのではないかと思います。

　学者だったらもう少し整理した回答をしろと言われそうですが、それについてはやはり難しいところがあります。イギリスもそうではないかと思いますが、北欧などでは、障害を持って生まれてきた方に対しては、福祉を尽くすけれども、出生前については、出生前診断を進んでするという二枚舌、ダブルスタンダードです。そうした二つの視点での考えを使い分けるというのは、どうも我々は苦手のようです。現状のグ

158　第1章　先端医療の現況と問題

レーな扱いというのは仕方がないというか、それが妥当でないかと考えます。

本当にまとまりのない回答で申し訳ありません。今はそのように考えています。ありがとうございました。

註

1）　仙台高等裁判所昭和36年10月24日第2刑事部判決、高刑集14巻7号506頁参照。
2）　毎日新聞2013年7月18日参照。
3）　毎日新聞2013年11月22日及び読売新聞2013年11月23日参照。
4）　日本医学会臨床部会運営委員会「遺伝子・健康・社会」検討委員会「母体血を用いた出生前遺伝学的検査」施設認定・登録部会（部会長・久具宏司）は、臨床研究施設として2014年3月27日現在41施設を認定する。NIPTコンソーシアムは、2014年1月28日現在31施設を認定する。両認定機関いずれの認定施設のない地域として東北地方（青森、秋田、山形、福島）、北関東（茨城、栃木、群馬）、甲信越（長野）、山梨、北陸（富山、石川、福井）、山陰（鳥取、島根、山口）、高知、南九州（熊本、宮崎、鹿児島）、沖縄等がある。
5）　日本医学会臨床部会運営委員会「遺伝子・健康・社会」検討委員会「母体血を用いた出生前遺伝学的検査」施設認定・登録部会は、「母体血を用いた出生前遺伝学的検査の実施に関する規則」を示すのみで具体的な認定基準等を明示していない（http://www.jams.med.or.jp/rinshobukai_ghs/registration.html）。

　　NIPTコンソーシアムは、施設認定条件として下記に記載する独自の基準をHP上に明示する（http://www.nipt.jp/rinsyo_02_2.html）。

　　臨床研究に参加可能な施設条件（NIPTコンソーシアムの基準）

1．出生前診断に精通した臨床遺伝専門医・認定遺伝カウンセラーが複数名所属し、専門外来を設置して診療している。

2．専門外来で、一人30分以上の診療枠を設定してカウンセリングを行い、その中で検査や対象疾患の説明を行う。

3．検査後の妊娠経過についてのフォローアップが可能である。

4．絨毛検査や羊水検査などの侵襲的胎児染色体検査に精通し、安全に行える。

5．産婦人科医は、遺伝専門医であり、かつ、小児科医は、臨床遺伝専門医であるか、周産期（新生児）専門医であることを要し、その小児科医とも遺伝カウンセリング等の連携をとれる体制である（21トリソミー、18トリソミー、13トリソミー（注1）の妊娠・分娩ならびに生後の管理ができる）。

　（注1）　21トリソミー、18トリソミー、13トリソミー…出生頻度順

6．臨床遺伝専門医・認定遺伝カウンセラーは、

　・検査についての研修などを通し、NIPTについての知識を充分に有している。

　・院内で検査についての結果説明やカウンセリングに十分対応できる。

　※NIPTコンソーシアムの定める施設条件は、日本産科婦人科学会が公表した指針とは異なっています。

　　NIPTコンソーシアムは、臨床遺伝専門医・認定遺伝カウンセラーによる遺伝カウンセリングを重視すると共に、産婦人科医及び小児科医が臨床遺伝専門医であることを要件とする厳格な施設認定基準を設定する。この認定基準の差異が、認定施設数10の差異を齎しているものと思慮する。

6）　非侵襲的出生前遺伝学的検査開始後1年間の受診者は7775人で、陽性と判定されたのは141人（1.8％）との報告がなされている。但し、羊水検査等の確定診断を受診した人数及びその内の何人が陽性と確定したのかは集計中という。非侵襲的出生前遺伝学的検査受診者に対する遺伝カウンセリングを実施した専門医やカウンセラーを対象としたアンケート（回答者115人）の分析結果として、受診者である「妊婦の遺伝に関する基礎知識」についての問いに関して、回答者の64％が「不十分である」とし、31％が「妊婦によって差がある」とし、4％が「知識を

第3節　非侵襲的出生前遺伝学的検査　*159*

持っている」と回答している。毎日新聞2014年4月19日参照。今後の検討の際の実証データとして確定診断で陽性とされた人数及びその後の対応等のデータが公表される事は、日本医学会「母体血を用いた出生前遺伝学的検査」施設認定・登録部会及びNIPTコンソーシアムの社会的責務として不可欠である。

7）　資料末尾、表1参照。

160　第1章　先端医療の現況と問題

資　料

Ⅰ．わが国の出生前診断法の歴史

1960年代　　　Ｘ線、羊水穿刺による染色体検査

1970年代　　　胎児鏡、皮膚生検、胎児採血、超音波診断法の発展

1980年代　　　絨毛検査、超音波リアルタイム画像診断

1988年　　　　日本産科婦人科学会「先天異常の胎児診断、特に妊娠初期絨毛検査に関する見解」にて実施条件提示

1998年　　　　日本産科婦人科学会「着床前診断に関する見解」にて容認

1999年　　　　厚生省「母体血清マーカーに関する見解」

2004年　　　　日本産科婦人科学会「着床前診断」実施申請症例許可

2007年　　　　日本産科婦人科学会「出生前に行われる検査および診断に関する見解」

2011年　　　　「出生前に行われる検査および診断に関する見解」改定

2012年8月　　母体血によるDown症診断法の国内実施への議論

　　　　9月　　日本産科婦人科学会 声明「新たな手法を用いた出生前遺伝学的検査について」

　　　　11月　　日本産科婦人科学会主催公開シンポジウム「出生前診断−母体血を用いた出生前遺伝学的検査を考える」

2013年3月　　日本産科婦人科学会「母体血を用いた新しい出生前遺伝学的検査」指針

　　　　3月　　日本医学会・日本産科婦人科学会・日本産婦人科医会・日本人類遺伝学会「母体血を用いた新しい出生前遺伝学的検査」についての共同声明

　　　　4月　　認定された15施設で新型出生前診断が開始される

　　　　6月　　「出生前に行われる検査および診断に関する見解」改定、「先天異常の胎児診断、特に妊娠初期絨毛検査に関する見解」削除

　　　　7月　　実施後3か月間の結果が公表される（全国22施設で1534件実施され、そのうち29件（1.9％）が陽性（異常の可能性が高い）との判定結果。陽性29件の内訳は、21トリソミー16件、18トリソミー9件、13トリソミー4件。確定診断結果の出た8件中6件で染色体異常があり、そのうちの2人が、羊水検査による確定診断を経て人工妊娠中絶を選択。受診した妊婦は27〜47歳で平均38.3歳で受検理由として「35歳以上の高齢妊娠」との理由が94.1％を占める）。

　　　　11月　　NIPT Consortiumの実施後6か月間のdata分析。

　　　　　　　　受診者3514人（平均年齢約38歳）の解析結果：陽性判定67人（約1.9％）中2人が流産、3人が確定診断未受診、確定診断受診62人中、陽性として疾患確定した56人中2人が流産し54人中53人が中絶を選択する。53人の染色体異常の内訳は、21trisomy　33人、18trisomy　16人、13trisomy　4人。

　　　　　　　　（毎日新聞2013年11月22日及び読売新聞2013年11月23日）

−平原史樹「出生前診断−最近の動向」、臨床婦人科産科66巻12号（2012年）1049頁・表1　出生前診断法の歴史及び澤井英明「出生前診断のいま」、医学のあゆみ246巻2号（2013年）151頁・表1　出生前診断の歴史を参考に筆者作成−

第3節　非侵襲的出生前遺伝学的検査　*161*

Ⅱ．資料：生命誕生をめぐる日本産科婦人科学会等の Guideline 等

　生命誕生をめぐり医療技術の進展に伴い関連学会は、各種ガイドラインを公表してきた。ガイドラインは、大別すると生殖補助医療（ART、Assisted Reproductive Technology）に関するものと出生前診断（Prenatal Diagnosis）に関するものがある。後者の診断には、胚移植前（妊娠成立前）の初期胚から検査する診断法である着床前遺伝子診断（Preimplantation Genetic Diagnosis（PGD））が含まれる。各ガイドライン等の変遷の概要を一覧する。

Ⅱ-ⅰ．生殖補助医療（ART）

1．「体外受精・胚移植に関する見解」　　　　　　　1983年（昭和58年）10月
2．「体外受精・胚移植に関する見解」1983年（昭和58年10月）の適用範囲の拡張
　　　　　　　　　　　　　　　　　　　　　　　　1998年（平成10年）10月
3．「体外受精・胚移植の臨床実施の登録報告制について」
　　　　　　　　　　　　　　　　　　　　　　　　1986年（昭和61年）3月
4．「死亡した胎児・新生児の臓器等を研究に用いることの是非や許容範囲についての見解」　　　　　　　　　　　　　　　　　　1987年（昭和62年）1月
5．「ヒト胚および卵の凍結保存と移植に関する見解」
　　　　　　　　　　　　　　　　　　　　　　　　1988年（昭和63年）4月
6．「顕微授精法の臨床実施に関する見解」　　　　　1992年（平成4年）1月
7．「XY 精子選別におけるパーコール使用の安全性に対する見解」
　　　　　　　　　　　　　　　　　　　　　　　　1994年（平成6年）8月
8．「多胎妊娠に関する見解」　　　　　　　　　　　1996年（平成8年）2月
9．「非配偶者間人工授精と精子提供に関する見解」　1997年（平成9年）5月
10．「ヒトの体外受精・胚移植の臨床応用の範囲についての見解」
　　　　　　　　　　　　　　　　　　　　　　　　1998年（平成10年）10月
11．厚生科学審議会先端医療技術評価部会生殖補助医療技術に関する専門委員会「精子・卵子・胚の提供等による生殖補助医療のあり方についての報告書」
　　　　　　　　　　　　　　　　　　　　　　　　2000年（平成12年）12月28日
12．「ヒト精子・卵子・受精卵を取り扱う研究に関する見解　付：ヒト ES 細胞の樹立及び使用に関する指針」　　　　　　　　　　2002年（平成14）年1月
13．「代理懐胎に関する見解」　　　　　　　　　　　2003年（平成15年）4月
14．「胚提供による生殖補助医療に関する見解」　　　2004年（平成16年）4月
15．「体外受精・胚移植に関する見解」　　　　　　　2006年（平成18年）4月
16．「顕微授精に関する見解」　　　　　　　　　　　2006年（平成18年）4月
17．「XY 精子選別におけるパーコール使用の安全性に対する見解」の削除
　　　　　　　　　　　　　　　　　　　　　　　　2006年（平成18年）4月
18．「非配偶者間人工授精に関する見解」　　　　　　2006年（平成18年）4月
19．「精子の凍結保存に関する見解」　　　　　　　　2007年（平成19年）4月
20．日本学術会議・生殖補助医療の在り方検討委員会「代理懐胎を中心とする生殖補助医療の課題－社会的合意に向けて－」　　　2008年（平成20年）4月8日
21．「生殖補助医療における多胎妊娠防止に関する見解」
　　　　　　　　　　　　　　　　　　　　　　　　2008年（平成20年）4月12日

162　第1章　先端医療の現況と問題

22.「生殖補助医療実施医療機関の登録と報告に関する見解」

2010年（平成22年）4月

23.「ヒト胚および卵子の凍結保存と移植に関する見解」

2010年（平成22年）4月

24.　日本産科婦人科学会倫理委員会「ヒト精子・卵子・受精卵を取り扱う研究に関する見解（改定案）」　2013年（平成25年）1月18日

25.　日本生殖医学会倫理委員会「未受精卵子あるいは卵巣組織の凍結・保存に関するガイドライン」　2013年（平成25年）11月

Ⅱ-ⅱ．出生前遺伝子診断（PGD）

Ⅱ-ⅱ-a．出生前診断

1.「先天異常の胎児診断、特に妊娠初期絨毛検査に関する見解」

1988年（昭和63年）1月

2.　厚生科学審議会先端医療技術評価部会生出生前診断に関する専門委員会「母体血清マーカー検査に関する見解（報告）」　1999年（平成11年）6月23日

3.「母体血清マーカー検査に関する見解」

1999年（平成11年）7月21日 '98日本人類遺伝学会見解

4.　遺伝医学関連10学会「遺伝学的検査に関するガイドライン」

2003年（平成15年）8月

5.「出生前に行われる検査および診断に関する見解」　2007年（平成19年）4月

6.「胎児異常の有無のスクリーニングと重篤な疾患が強く疑われる場合の検査」

7.　日本医学会「医療における遺伝学的検査・診断に関するガイドライン」

2011年（平成23年）2月

8.「出生前に行われる検査および診断に関する見解」

2011年（平成23年）6月25日改定

9.　同・改定に関する補足説明

10.　日本医学会臨床部会運営委員会「遺伝子・健康・社会」検討委員会「拡がる遺伝子検査市場への重大な懸念表明」　2012年3月1日

11.「新たな手法を用いた出生前遺伝学的検査について」

2012年（平成24年）9月1日

12.　日本産科婦人科学会倫理委員会母体血を用いた出生前遺伝学的検査に関する検討委員会「母体血を用いた新しい出生前遺伝学的検査に関する指針（案）」

2012年（平成24年）12月15日

13.　日本産科婦人科学会倫理委員会母体血を用いた出生前遺伝学的検査に関する検討委員会「「母体血を用いた新しい出生前遺伝学的検査」指針（案）へのご意見について」　2013年（平成25年）3月9日

14.　日本産科婦人科学会倫理委員会母体血を用いた出生前遺伝学的検査に関する検討委員会「母体血を用いた新しい出生前遺伝学的検査」指針

2013年（平成25年）3月9日

15.　日本医学会・日本産科婦人科学会・日本産婦人科医会・日本人類遺伝学会「母体血を用いた新しい出生前遺伝学的検査」についての共同声明

第3節　非侵襲的出生前遺伝学的検査　*163*

　　　　　　　　　　　　　　　　　　　　　2013年（平成25年）3月9日
16．日本産科婦人科学会倫理委員会「出生前に行われる遺伝学的検査および診断に関する見解」の改定　　　　　　　　　　　2013年6月22日

Ⅱ-ⅱ-b.　着床前遺伝子診断（PGD）
着床前診断に関する見解　　1998年（平成10年）10月　1999年7月5日改定　2006年（平成18年）2月　習慣流産　2010年6月26日改定

Ⅲ．立法的規制等
Ⅲ-ⅰ.
ヒトに関するクローン技術等の規制に関する法律　法律第146号（平成12年12月6日）
　　第1条　この法律は、ヒト又は動物の胚又は生殖細胞を操作する技術のうちクローン技術ほか一定の技術（以下「クローン技術等」という。）が、その用いられ方のいかんによっては特定の人と同一の遺伝子構造を有する人（以下「人クローン個体」という。）若しくは人と動物のいずれであるかが明らかでない個体（以下「交雑個体」という。）を作り出し、又はこれらに類する個体の人為による生成をもたらすおそれがあり、これにより人の尊厳の保持、人の生命及び身体の安全の確保並びに社会秩序の維持（以下「人の尊厳の保持等」という。）に重大な影響を与える可能性があることにかんがみ、クローン技術等のうちクローン技術又は特定融合・集合技術により作成される胚を人又は動物の胎内に移植することを禁止するとともに、クローン技術等による胚の作成、譲受及び輸入を規制し、その他当該胚の適正な取扱いを確保するための措置を講ずることにより、人クローン個体及び交雑個体の生成の防止並びにこれらに類する個体の人為による生成の規制を図り、もって社会及び国民生活と調和のとれた科学技術の発展を期することを目的とする。
　　第3条　何人も、人クローン胚、ヒト動物交雑胚、ヒト性融合胚又はヒト性集合胚を人又は動物の胎内に移植してはならない。
　　第6条　特定胚を作成し、譲り受け、又は輸入しようとする者は、文部科学省令で定めるところにより、次に掲げる事項を文部科学大臣に届け出なければならない。
　　第16条　第3条の規定に違反した者は、10年以下の懲役若しくは千万円以下の罰金に処し、又はこれを併科する。

Ⅲ-ⅱ.
1．生殖医療技術をめぐる法的問題にかんする研究プロジェクト「生殖に関する医療的技術（生殖医療技術）の適正利用および濫用規制に関する勧告」
2．日本弁護士連合会「生殖医療技術の利用に対する法的規制に関する提言」
　　　　　　　　　　　　　　　　　　　　　2000年（平成12）年3月
3．厚生科学審議会先端医療技術評価部会生殖補助医療技術に関する専門委員会「精子・卵子・胚の提供等による生殖補助医療のあり方についての報告書」
　　　　　　　　　　　　　　　　　　　　　2000年12月28日
4．日本弁護士連合会「人の誕生や受精卵・胚に関する先端医療・医科学研究のルール策定を求める決議」　　　　　　　　　2003年10月17日
5．日本弁護士連合会「「生殖医療技術の利用に対する法的規制に関する提言」についての補充提言-死後懐胎と代理懐胎（代理母・借り腹腹）について-」

164   第1章　先端医療の現況と問題

2007年（平成19年）1月19日
6．日本学術会議・生殖補助医療の在り方検討委員会「代理懐胎を中心とする生殖補助
　　医療の課題−社会的合意に向けて−」　　　2008年4月8日
7．日本医学会「医療における遺伝学的検査・診断に関するガイドライン」
2011年（平成23年）2月
8．日本医師会生殖補助医療法制化検討委員会「生殖補助医療の法制化に関する日本医
　　師会生殖補助医療法制化検討委員会の提案」　　　2013年2月13日

IV.　日本産科婦人科学会等の Guideline
IV-i.「先天異常の胎児診断、特に妊娠初期絨毛検査に関する見解」
1988年（昭和63年）1月
　「妊娠前半期におこなわれる先天異常の胎児診断には、羊水検査、絨毛検査、胎児鏡、
胎児採血、超音波診断などの方法が応用されているが、これらの胎児診断は倫理的にも
社会的にも多くの問題を包含していることに留意し、以下の点に注意して実施する必要
がある.」
IV-ii.「出生前に行われる検査および診断に関する見解」
2007年（平成19年）4月
　「ここに、本学会は「先天異常の胎児診断、特に妊娠絨毛検査に関する見解」（昭和63
年1月）については、これを廃し、現代社会の情勢、法的基盤の整備、倫理的観点を考
慮しつつ、生殖・周産期医療の現状および将来の進歩の可能性に立脚した新たな見解「出
生前に行われる検査および診断に関する見解」を発表することといたしました. 学会は、
本学会会員が診療を行うにあたり、この新見解を厳重に遵守されることを要望いたしま
す.」
IV-iii.　日本医学会「医療における遺伝学的検査・診断に関するガイドライン」
2011年（平成23年）2月
　「日本医学会では、国民により良い医療を提供するためには、医師等が、医療の場にお
いて遺伝学的検査・診断を、遺伝情報の特性に十分留意し、配慮した上で、適切かつ効
果的に実施することが必要であると考え、その実施の際に医師等が留意すべき基本的事
項と原則を「医療における遺伝学的検査・診断に関するガイドライン」としてまとめた.
なお、遺伝学的検査が行われる疾患（群）、領域、診療科は多様であり、それぞれに固有
の留意点が存在するため、各医学会分科会は疾患（群）、領域、診療科ごとのガイドライ
ンやマニュアル等を本ガイドラインの趣旨に則して作成し、医療関係者はそれに従って
適切な医療を実施することが推奨される. また、研究として行われる遺伝学的検査に関
しては、研究に関する指針に則って実施する必要がある.（中略）遺伝学的検査・診断を
実施する際には、実施する各診療科の医師自身が遺伝に関する十分な理解と知識および
経験を持つことが重要である. 遺伝学的検査・診断に関する情報は常に更新されている
ことから、遺伝学的検査・診断に関わる医師は最新の研究成果を診療に生かすため積極
的に新たな情報を得るよう自己研鑽に努める必要がある. また、検査の対象となる疾患
や領域の特性を考慮し、必要に応じて、遺伝医療の専門家等と連携して対応することが
望まれる. 医療機関においては、本ガイドラインの趣旨を十分に理解し、医師だけでは
なく、遺伝学的検査・診断に関与する医療関係者を対象に、遺伝医学の基本的知識、お

第3節　非侵襲的出生前遺伝学的検査　　*165*

よび個人の遺伝情報の適切な取扱いに関する事項について啓発や教育を継続して行うこと、ならびに、適切な遺伝医療を実施できる体制を整備することが望まれる．遺伝医学は今後も急速に発展すると考えられ、遺伝学的検査はさまざまな医療の領域に広く応用されることが予想される．各医学会分科会においては、それぞれの領域の疾患に関する遺伝医療や遺伝カウンセリングのあり方について教育・啓発を行うことが望まれる．」

Ⅳ-ⅳ．日本産科婦人科学会「出生前に行われる遺伝学的検査および診断に関する見解」
　　　の改定　　　　　　　　　　　　　　　　2013年6月22日
　「日本産科婦人科学会は本学会会員が診療を行うにあたり、この見解を厳重に遵守されることを要望いたします．また、遺伝学的検査の実施にあたっては本学会でも承認された日本医学会「医療における遺伝学的検査・診断に関するガイドライン」（平成23年2月）を遵守し、そこに掲げられた理念を尊重することを併せ求めます．」

Ⅴ．臨床研究としての NIPT 実施に伴う刑事法上の問題

NIPT Consortium の実施後6か月間の data 分析報道との関連において

　受診者3514人（平均年齢約38歳）の解析結果：陽性判定67人（約1.9%）中2人が流産、3人が確定診断未受診、確定診断受診62人中、陽性として疾患確定した56人中2人が流産し54人中53人が人工妊娠中絶を選択する（98.15%）。53人の染色体異常の内訳は、21trisomy　33人、18trisomy　16人、13trisomy　4人。

　　　　　　　　　　　　　　（毎日新聞2013年11月22日及び読売新聞2013年11月23日）

表1　平成22年度における人工妊娠中絶件数、年齢階級・妊娠週数・事由別

	総数	15歳未満	15歳	16歳	17歳	18歳	19歳	20〜24歳	25〜29歳	30〜34歳	35〜39歳	40〜44歳	45〜49歳	50歳以上	不詳
総数	212694	415	1052	2594	3815	5190	7291	47089	45724	42206	39964	15983	1334	25	12
母体の健康	212509	412	1049	2586	3811	5181	7283	47037	45692	42172	39947	15969	1333	25	12
暴行脅迫	185	-	3	8	4	9	8	52	32	34	17	14	1	-	-
満7週以前	117538	160	409	1072	1605	2187	3431	24407	25374	24582	23741	9732	818	14	6
母体の健康	117453	160	407	1068	1604	2185	3429	24380	25358	24567	23733	9724	818	14	6
暴行脅迫	85	-	2	4	1	2	2	27	16	15	8	8	-	-	-
満8週〜満11週	83044	174	473	1192	1754	2485	3284	19889	17984	15559	14274	5500	461	10	5
母体の健康	82970	172	473	1189	1754	2478	3280	19870	17973	15544	14268	5494	460	10	5
暴行脅迫	74	-	-	3	-	7	4	19	11	15	6	6	1	-	-
満12週〜満15週	5958	35	76	159	227	266	303	1434	1203	977	906	349	23	-	-
母体の健康	5946	35	75	158	225	266	303	1432	1201	976	903	349	23	-	-
暴行脅迫	12	-	1	1	2	-	-	2	2	1	3	-	-	-	-
満16週〜満19週	4048	30	57	112	166	182	185	912	782	693	646	259	24	-	-
母体の健康	4042	30	57	112	166	182	184	911	779	692	646	259	24	-	-
暴行脅迫	6	-	-	-	-	-	1	1	3	1	-	-	-	-	-
満20週・満21週	2065	16	37	59	62	70	87	443	371	391	382	139	6	1	-
母体の健康	2057	15	37	59	61	70	86	440	371	389	382	139	6	1	-
暴行脅迫	8	1	-	-	1	-	1	3	-	2	-	-	-	-	-
週数不詳	41	-	-	-	-	-	-	4	10	4	15	4	2	-	-
母体の健康	41	-	-	-	-	-	-	4	10	4	15	4	2	-	-
暴行脅迫	-	-	-	-	-	-	-	-	-	-	-	-	-	-	-

注：東日本大震災の影響により、福島県の相双保健福祉事務所管轄内の市町村が含まれていない。

—「平成22年度　衛生行政報告例、第62表　人工妊娠中絶件数、年齢階級・妊娠週数・事由別」より引用—

第 2 章

先端医療技術・検査等の導入に伴う倫理的問題

I. 序 言

1. 高学歴化社会の進展は、女性の社会的活動を促進しライフスタイルの変化と相まって女性の晩婚化ないし非婚化現象を出現させる要因の一つとなっている。特に、晩婚化・晩産化現象は、女性の初産年齢・母体年齢の高齢化を齎し産婦人科領域で新たな問題を現出している。

性意識や家族形態の多様化は、子どもの出産を望む二人（法律婚・事実婚・同性婚等）にとって自然な形での妊娠及び出産が困難なケースでは様々な医学的介入により妊娠及び出産の実現可能性が上昇している。

医学的介入の在り方は、出産に至るまでを4段階に分けて考察することができる。①受精前のStageでは、生殖補助医療（Assisted Reproductive Technology：ART）、②受精から着床までのStageでは、着床前診断（Preimplantation Diagnosis：PD）として着床前遺伝子診断（Preimplantation Genetic Diagnosis：PGD）及び着床前スクリーニング（Preimplantation Genetic Screening：PGS）、③着床から妊娠22週までのStageでは、非侵襲的出生前遺伝学的検査（Non-Invasive Prenatal Genetic Testing：NIPT）、④着床から出産までのStageでは、出生前診断（Prenatal Diagnosis）が実施されている[1]。

2. 生殖補助医療（ART）は、自然な性交によらず精子と卵子を受精させ、妊娠に導く医療技術として狭義には体外受精ないし胚移植等の高度生殖医療技術を駆使して妊娠に至らせる医療技術である。不妊治療は、従前、排卵誘発、卵管のマイクロサージェリーや人工授精など体内における受精を再現する自然の生殖過程としてとらえられていた。1978年、イギリスの産婦人科医パトリック・ステプトー（Patrick Steptoe）と生物学者ロバート・エドワーズ（Robert Edwards）両名による体外受精研究の成果は、ルイーズ・ブラウン（Louise Brown）を世界に先駆けて誕生させた[2]。その後、顕微授精をはじめとする様々な医療技術の進歩に伴い、1990年代になり従前の不妊治療という呼称に代えて生殖補助医療という呼称が定着するに至った[3]。

生殖補助医療の具体的方法としては、顕微鏡を用いて受精を行なう顕微授精（Intracytoplasmic Sperm Injection：ICSI）、体外で受精を行なう体外受精（In Vitro

170　第２章　先端医療技術・検査等の導入に伴う倫理的問題

Fertilization：IVF）で得られた受精卵（胚）を専用カテーテルを用いて子宮内に移植して着床を促し妊娠をはかる胚移植（Embryo Transfer：ET）が実施されている。胚移植は、体外受精または顕微授精によって得られた胚を新鮮なまま移植に用いる新鮮胚移植と凍結胚移植（Frozen Embryo Transfer：FET）とがある。凍結胚移植は、体外受精または顕微授精によって得られた胚を凍結し融解後移植する方法と未受精凍結卵を融解した後に体外受精胚を移植する方法がある[4]。

　着床前診断（PD）は、胚移植前（妊娠成立前）の初期胚の段階から検査する診断法であり、遺伝疾患の保因者の体外受精卵に対する狭義の着床前遺伝子診断である着床前遺伝子診断（PGD）と遺伝疾患の非保因者の体外受精卵の染色体の数的異常を検査する着床前スクリーニング（PGS）がある。

　出生前診断（Prenatal Diagnosis）は、着床後の胎児の状態を検査する診断で超音波検査、特に妊娠初期における染色体異常（chromosomal aberration）を検査する侵襲性のある確定診断としての絨毛検査（経膣的・経腹的絨毛採取 chorionic villus sampling：CVS）及び羊水検査（経腹的羊水穿刺 amniocentesis）がある[5]。妊娠周期と検査の実施可能週数の相関は、妊娠10-16週において母体血胎児染色体検査（NIPT）（臨床研究）、妊娠11-13週において妊娠初期コンバインド検査（臨床研究）、妊娠10-14週において絨毛検査、妊娠15-18週において母体血清マーカー検査（クアトロテスト ™）、妊娠16週以降において羊水検査となっている。母体血清マーカー検査と超音波検査を組合わせた複合スクリーニング検査（Combined screening）には、妊娠初期コンバインド検査、統合型スクリーニング検査、段階的逐次型スクリーニング検査及び血清統合スクリーニング検査がある。妊娠初期コンバインド検査は、これまで別々に独立した検査として実施されてきた妊婦の血清検査（母体血清マーカー検査）と胎児の超音波検査（NT検査）を妊娠初期（妊娠11週から13週頃）に組合わせて胎児が21トリソミーまたは18トリソミーである確率を算出する非確定的検査である[6]。2013年以降、わが国でも臨床研究として導入された非侵襲的出生前遺伝学的検査（NIPT）は、母体血中に含まれる胎児由来の cell-free DNA を分析する胎児染色体検査であり妊娠10週前後から検査可能な非確定的検査である[7]。

　山中敬一教授は、ドイツ刑法理論についての精緻な研究と共に近時は医事刑法（Medizinstrafrecht）についての成果を集大成なされている。特に、『医事刑

法概論Ⅰ』は、医学と刑法の交錯領域に関心を抱きつつ先端医療における問題の一つである非侵襲的出生前遺伝学的検査（NIPT）に内在する倫理的問題の考察を進める筆者には Kompaβ である[8]。

山中敬一教授の古稀を祝して本小稿を献呈させて戴くこととしたい。

Ⅱ．NIPT 実施状況

1．非侵襲的出生前遺伝学的検査（NIPT）は、妊婦から20cc の採血という簡便な方法で胎児の染色体異常の有無を見分けられる検査である。NIPT は、簡便な方法による検査の故に人工妊娠中絶による胎児の排出の懸念から2012年以降その導入には慎重な対応がとられた[9]。

NIPT への社会的関心は、「妊婦血液でダウン症診断 国内5施設 精度99％、来月から」との読売新聞2012年8月29日のセンセーショナルな報道に端を発する[10]。

2012年11月7日、財団法人日本ダウン症協会は、報道各社に対して NIPT の検査の精度の正確な報道と報道に接するダウン症本人への配慮ある報道の「申し入れ書」を送付した[11]。日本ダウン症協会玉井邦夫理事長は、2012年11月13日開催された日本産科婦人科学会・公開シンポジウム「出生前診断−母体血を用いた出生前遺伝学的検査を考える−」において「何を問うのか 新しい出生前検査・診断とダウン症」との講演において21トリソミーの視点から問題点を指摘した[12]。

2013年3月9日、日本産科婦人科学会倫理委員会母体血を用いた出生前遺伝学的検査に関する検討委員会は「母体血を用いた新しい出生前遺伝学的検査」指針を公表し、同日、日本医師会・日本医学会・日本産科婦人科学会・日本産婦人科医会・日本人類遺伝学会は、「母体血を用いた新しい出生前遺伝学的検査」について共同声明を発表した。同声明は、「1．本検査には倫理的に考慮されるべき点のあること、試料を分析する検査会社が未だ国内にはないこと、わが国独自の解析経験とデータの蓄積が存在しないことなどから、その実施は、まず臨床研究として、認定・登録された施設において慎重に開始されるべきである。また、文部科学省、厚生労働省、経済産業省の定める『ヒトゲノム・遺伝子解析研究に関する倫理指針』、および日本医学会の『医療における

172   第2章　先端医療技術・検査等の導入に伴う倫理的問題

遺伝学的検査・診断に関するガイドライン』に則って行われるべきである。」として、NIPT を臨床研究として承認する[13]。

　アメリカの生物医学および行動学研究の対象者保護のための国家委員会(The National Commission for the Protection of Human Subjects of Biomedical and Behavioral Research) は、1979 年 4 月 18 日『The Belmont Report: Ethical Principles and Guidelines for the Protection of Human Subjects of Research』において「診療・実践（practice）」と「研究（research）」の差異について定義する中で「研究は、目的を設定し、目的を達成するための一連の手順を定めた、公式のプロトコールにおいて記述される。」とする。

　山本由美子講師は、NIPT を臨床研究と位置付けるには妊婦は被検者であり検査費の負担を免除されると共に確定検査の回避は被検者として精確なデータを「知らないでいる権利（right not to know）」の行使であり、研究者にデータを「知られない権利（right to be unknown）」の行使として許容されるべきであるとして、確定検査回避を妊婦の権利として2つの視点から指摘する[14]。

　文部科学省、厚生労働省、経済産業省「ヒトゲノム・遺伝子解析研究に関する倫理指針」（平成13年3月29日、平成25年2月8日全部改正）は、全ての研究者等の基本的な責務として「全ての研究者等は、研究実施に当たっての適正な手続の確保、外部の有識者による実地調査、提供者等からの研究の進捗状況の問合せへの的確な対応、研究結果の公表等、研究の透明性の確保を図らなければならない。」とする[15]。厚生労働省「臨床研究に関する倫理指針」（平成15年7月30日、平成20年7月31日全部改正）は、臨床研究について「医療における疾病の予防方法、診断方法及び治療方法の改善、疾病原因及び病態の理解並びに患者の生活の質の向上を目的として実施される次に掲げる医学系研究であって、人を対象とするものをいう。①介入を伴う研究であって、医薬品又は医療機器を用いた予防、診断又は治療方法に関するもの②介入を伴う研究（①に該当するものを除く。）③介入を伴わず、試料等を用いた研究であって、疫学研究（明確に特定された人間集団の中で出現する健康に関する様々な事象の頻度及び分布並びにそれらに影響を与える要因を明らかにする科学研究をいう。）を含まないもの（以下「観察研究」という。）」と定義する[16]。

　以上のガイドラインを踏まえて、日本医学会「医療における遺伝学的検査・診断に関するガイドライン」（平成23年2月）は、出生前診断について「出生前

診断には、広義には羊水、絨毛、その他の胎児試料などを用いた細胞遺伝学的、遺伝生化学的、分子遺伝学的、細胞・病理学的方法、着床前診断、および超音波検査などを用いた画像診断的方法などがある。しかしながら、出生前診断には、医学的にも社会的および倫理的にも留意すべき多くの課題があることから、検査、診断を行う場合は日本産科婦人科学会等の見解を遵守し、適宜遺伝カウンセリングを行った上で実施する。」とのガイドラインを公示する[17]。

日本医師会は、「母体血を用いた新しい出生前遺伝学的検査」指針及び「母体血を用いた新しい出生前遺伝学的検査」についての共同声明を受けて臨床研究としてNIPT実施に踏み切り、日本医学会臨床部会運営委員会「遺伝子・健康・社会」検討委員会の下部機関として「母体血を用いた出生前遺伝学的検査」施設認定・登録部会を設置した。同部会は、NIPT実施施設の選定を行い、各認定施設に対し実施状況等について6か月ごと実施症例ごとの実施報告書提出を義務付け、各認定施設から報告を受けている[18]。

NIPT Consortiumは、遺伝学的出生前診断に精通した専門家（産婦人科、小児科、遺伝カウンセラー）の自主的組織で2013年7月29日時点では組織代表・北川道弘（山王病院）、研究代表・左合治彦（国立成育医療研究センター）、研究事務局・関沢明彦（昭和大学）を中核にメンバー53人、研究実施施設24施設から構成されている。NIPT Consortiumは、3年余を経てメンバー136人（2016年8月7日現在）、研究実施施設73施設（2016年12月29日現在）に拡大している[19]。

NIPTは、陽性結果の出た場合の妊婦及びパートナーの対応に問題を内包するものであり実施の是非について論議が重ねられてきた経緯がある。NIPT導入の是非を巡る当初の論議の中で、増﨑英明教授及び平原史樹教授の指摘は、NIPT実施3年余を経た今なお正鵠を得たものである。増﨑英明教授は、「出生前診断はきれいごとだけではすまされない。医療者が望む望まないにかかわらず、人工妊娠中絶と切り離して考えることは体のいい欺瞞である。出生前診断がこの世に生まれた当初から、法律および倫理と切り離すことは不可能な問題であった」と出生前診断に内在する本質的問題点を指摘する。増﨑教授は、超音波検査を実施する立場から現時点における出生前診断の問題として「1.みえる異常か、みえない異常か（対象は形態異常か機能異常か）、2.スクリーニング検査か精密検査か（疑いなのか確定診断なのか）、3.だれが何を、いつ診断するか（診断システムの構築）、4.どこまで診断するか（正常変異や美醜）、5.

174　第2章　先端医療技術・検査等の導入に伴う倫理的問題

出生前診断の目的は（治療なのか、中絶なのか）、6．やっていいのか（法的問題）、7．やってほしいのか（意思確認、カウンセリング）、8．どのくらい確実といえるのか（診断精度）、9．やってよかったのか（長期予後の評価）、10．国としての見解、宗教との相克」を指摘する[20]。平原史樹教授は、「今後の技術革新、分析機器の発達などからさらなる胎児遺伝子診断と出生前診断の課題がクローズアップされる」とし、「胎児情報は母体血での遺伝子診断、超音波診断による詳細仔細な形態学的診断などによってさらなる進展が想定され、科学技術の進歩と、社会、世論がなお乖離する社会環境がある。胎児情報をめぐる生命倫理的議論が社会のなかで進まなければ多くの恩恵をもたらすであろう科学的成果も、最先端の技術革新も、きわめて不健全な形で不適切に汎用されることになりかねず、今後のなお一層の遺伝学的な基礎知識の普及と生物としての自然の摂理を知ることが求められている。」と指摘する[21]。

　NIPT は、非確定的検査であり陽性結果の際には確定検査として侵襲性のある絨毛検査や羊水検査の実施を前提とするものである。22週未満の妊婦及びパートナーは、NIPT の陽性判定段階ないし確定検査での陽性判定段階において妊娠継続是非の選択を迫られ倫理的問題に直面する。

　妊娠継続中止の選択は、現行の母体保護法の許容する要件の厳格適用を回避し弾力的運用を実態として許容する現状を鑑みると、事実上胎児条項を暗黙裏に許容する結果となる惧れが内在する。特に、NIPT で検出される21トリソミー患者・家族団体（日本ダウン症協会等）及び18トリソミーの会からは、自分たちの存在そのものを排除・抹殺するとの指摘がなされ、日本ダウン症協会は、日本産科婦人科学会の「母体血を用いた新しい出生前遺伝学的検査」指針作成の際に要望を提出した[22]。

　日本産科婦人科学会は、倫理委員会の下に設置された「母体血を用いた出生前遺伝学的検査に関する検討委員会」を中心に NIPT 導入について4回の論議を重ねた[23]。

　2．NIPT は、認定施設での遺伝カウンセリング受診を要件とする。日本産科婦人科学会は、会告で「出生前に行われる遺伝学的検査および診断は、十分な遺伝医学の基礎的・臨床的知識のある専門職（臨床遺伝専門医等）による適正な遺伝カウンセリングが提供できる体制下で実施すべきである。また、関係医

療者はその知識の習熟、技術の向上に努めなければならない。」とし、その内容は「遺伝カウンセリングとは遺伝性疾患の患者、あるいはその可能性を持つ者、家族に対してその後の選択を自らの意思で決定し行動できるよう臨床遺伝学的診断、医学的判断に基づき適切な情報を提供し、支援する診療行為である。」と告知する[24]。

　日本遺伝カウンセリング学会は、出生前遺伝カウンセリングについて「遺伝カウンセリングとは、クライエント（依頼者である患者や家族）のニーズに対応する遺伝学的情報などを提供し、クライエントがそれらを十分に理解した上で自らによる意志決定ができるように援助する医療行為である。したがって提供すべき情報は、単なる遺伝性疾患の医学的情報や検査内容だけではなく、社会的な支援体制や倫理的問題なども含めた広汎なものとなり、心理的な対応技術も必要となる。非指示的な、共感的理解を示した受容的な態度が重要であり、このような対応の中で、クライエント自身が問題解決能力を高めていくコミュニケーションプロセスが遺伝カウンセリングといえる。（中略）出生前の遺伝カウンセリングは、妊婦とパートナーと胎児という３者の立場を同時に考える必要があること、状況によって人工妊娠中絶との関連が生じること、限られた時間で重大な決断をしなければならない可能性があることなどから、遺伝カウンセリングの中でも、特に難しい分野と考えられている。」と捉える。更に、NIPT の遺伝カウンセリング内容については、「・出生前染色体検査の確定検査を実施するか否かを判断するためのトリソミーを対象とした非確定検査（スクリーニング検査）であり、その結果のみを用いて染色体疾患の診断をしてはならない。確定診断には侵襲的検査を要する。・検査の実施と結果の説明は基準に則って行い、その後の精査や侵襲検査の選択肢を提示する。疾患リスクが高いと判断された場合に確定検査を施行しないと染色体正常を染色体異常と誤認する可能性がある。・実施施設は、施設基準、実施基準、遺伝カウンセリング体制等を整備して各施設での倫理申請、許可を得たうえで日本医学会に申請をおこない、許可されたのち、臨床研究として行う。」と解説する[25]。

　３．実施施設認定機関である日本医学会臨床部会運営委員会「遺伝子・健康・社会」検討委員会「母体血を用いた出生前遺伝学的検査」施設認定・登録部会は、2016年12月９日現在79施設を認定し、臨床研究故に各施設に対し許可

176 第 2 章 先端医療技術・検査等の導入に伴う倫理的問題

後 6 か月毎に実施症例毎の実施報告書の提出を義務付けている。NIPT は、非確定検査故に陽性の被検者は羊水穿刺又は絨毛検査の確定検査を受けなければならない。実施報告書は、（7）確定検査所見の後に「人工妊娠中絶の有無」の記載を義務付けている[26]。同部会は、平成25年度及び平成26年度の実施状況について公表する。「母体血を用いた出生前遺伝学的検査」施設認定・登録部会平成25年度の NIPT 実施報告（2013年 4 月〜2014年 3 月）は、NIPT 実施総数8,016件中 NIPT および再検査非実施で羊水検査の結果陽性123件、妊娠を継続した症例 5 件（新生児 2 件、流産または死産 3 件）、妊娠中絶118件（95.93％）と報告する[27]。同平成26年度 NIPT 実施報告（2014年 4 月〜2015年 3 月）は、NIPT 実施総数11,885件中 NIPT および再検査陽性で羊水検査実施総数159件と報告する[28]。

NIPT Consortium の NIPT 実施報告（2013年 4 月〜2014年 3 月）は、NIPT 実施総数7,740名中陽性142名の各トリソミー別陽性数と検査適応別陽性率及び検査結果7,740名中の陰性例の一部1,638名の追跡結果を報告する[29]。NIPT Consortium は、加入44施設での NIPT 実施報告（2013年 4 月〜2015年12月）として、NIPT 実施総数27,696名中21トリソミー、18トリソミー、13トリソミーの 3 トリソミー陽性469名（1.7％）、その後確定診断である羊水検査結果陽性346名のうち人工妊娠中絶を選択した者334名（96.53％）、妊娠を継続した者12名であった[30]。

NIPT のデータとしては、2015年 1 月13日現在11,931件の症例が日本医学会「母体血を用いた出生前遺伝学的検査」施設認定・登録部会に報告されている[31]。非侵襲的出生前遺伝学的検査の実施件数の多い認定施設は、名古屋市立大学病院産科婦人科・臨床遺伝医療部（1,697件）、横浜市立大学附属病院遺伝子医療部（1,429件）、国立成育医療研究センター（1,359件）、昭和大学病院（1,183件）である[32]。

NIPT を実施している各医療機関は、学会報告等で個別に Data を公表している。一例を挙げれば、2016年 4 月21日から24日まで開催された第68回日本産科婦人科学会学術講演会では、昭和大学医学部付属病院産婦人科、熊本大学医学部付属病院産婦人科、愛媛大学医学部付属病院産婦人科、瀬戸病院産婦人科、国立成育医療研究センター及び中電病院産婦人科が NIPT 実施 Data 等に関する報告を行っている。但し、報告した各医療機関ごとの実施数は、日本産

科婦人科学会非会員にはアクセス不可能である[33]。なお、横浜市立大学附属病院は、2013年4月から2016年8月25日までのNIPT受検数2,644名、陽性48名で遺伝カウンセリング後のNIPT受検率が初年92.2%から3年目79.4%に減少しているとの情報を提供する[34]。

Ⅲ．臨床研究の責任の所在

1．NIPT実施3年余を経過し、遺伝カウンセリング実施を前提に日本医学会臨床部会運営委員会「遺伝子・健康・社会」検討委員会「母体血を用いた出生前遺伝学的検査」施設認定・登録部会が認定した実施機関での臨床研究としてのNIPT検査の制度設計の根幹に抵触する事態が、発生した。第一は、認定施設外でのNIPT検査実施である。日本産科婦人科学会藤井知行理事長は、認定医療機関でのNIPT実施について「NIPTは結果によって重い選択を迫る可能性がある。認可を受けた施設で受けることが本人の幸せにつながる」とコメントし、NIPTに内包する問題に論及する[35]。第二は、遺伝カウンセリングを実施せずにNIPT検査をイギリスの検査会社に委託するとの都内の民間機関の宣伝広告である[36]。

平成28年11月2日、これらの事態に対し、日本医師会・日本医学会・日本産科婦人科学会・日本産婦人科医会・日本人類遺伝学会は、「『母体血を用いた新しい出生前遺伝学的検査』についての共同声明」において「出生前に行われる遺伝学的検査等の医療技術の利用のあり方については、日本産科婦人科学会のみでの対応では限界がある点に鑑み、日本医学会に所属するすべての学会は、それぞれの学会に所属する会員への監督を適正に行い、また日本医師会に所属するすべての会員は指針等を遵守するよう求める。」と言及した[37]。なお、平成28年11月11日開催、日本産科婦人科学会平成28年度第3回常務理事会において苛原 稔倫理委員長より認定施設外でのNIPT検査実施について以下の報告がされた。

苛原 稔委員長　　本件について、東京のA医師、B医師に事情聴取を行った。A医師は見解違反であることを知っていたが採血だけであればということで実施したとのことである。現在は当該施設では取扱いを止めているが、代わりに産婦人科でない別のクリニックが採血協力施設として検査会社のホームページに掲載されている。B医師

178　　第2章　先端医療技術・検査等の導入に伴う倫理的問題

は出生前診断の説明会をやっているなかで患者さんからの希望があり、国内の検査会社から勧められて見解違反を知っていたが実施した。今後は認定を受けるように準備を進めるということであった。大阪のC医師は多忙とのことで事情聴取に応じなかったので、地方連絡委員の先生に電話でヒアリングを行っていただいた。見解は知っていたが、患者のためと思ってやっており、今後も止めるつもりはないとのことである。その後、自分からも電話聴取を行ったが、1例陽性が出たが患者がカウンセリングを拒んだのでそのままにしたとのことである。基本的に自分は正しいことをやっているとの反応であった。本件に関しては11月2日に日本医師会、日本医学会、本会、日本産婦人科医会、日本人類遺伝学会が共同で記者会見を行い、共同声明を出した。処分については11月22日の倫理委員会で検討して12月の理事会で協議、決定いただく予定である。その後、ホームページ、機関誌に掲載して会員に周知するつもりである。必要であれば日本医師会、日本医学会に処分を報告して両会から傘下の学会に通知することをお願いすることも考えている。加えて一般の患者さんがカウンセリングの重要性を理解していない面もあるので、一般に対するお知らせも工夫して行く必要があると思う。

藤井知行理事長　　共同声明については、これでは従来と何も変わらないとの批判もいただいている。一般の方にカウンセリングのない病院には行かないということを理解いただくことは大事である。

苛原　稔委員長　　NIPTについては臨床研究をまとめて方向性を出す必要があると考えている。

増﨑英明委員長　　検査機関に対して手は打てないのか。

苛原　稔委員長　　検査機関は海外のケースもあり、投資ファンドも絡んでいるため商業主義で動いている。厚生労働省は以前に本件について出した通達を守るように通達することは可能と言っている。

木村正副理事長　　妊婦さんの不安がベースにある。検査の精度を含めた正確な情報を発信していくことでカウンセリングの必要性を伝えていってはどうか。同時に現場の先生方もフラストレーションを感じており、それにも配慮する必要がある。

苛原　稔委員長　　見解違反を処分する一方で、前向きな対応は進めるという両輪の必要性は十分に理解している[38]）。

　平成25年3月9日公表した日本医師会・日本医学会・日本産科婦人科学会・日本産婦人科医会・日本人類遺伝学会「母体血を用いた新しい出生前遺伝学的検査」についての共同声明は、ガイドラインであり、違反行為については各学会からの除名処分が限界であり実効性が十分には担保されていない。

　実施状況の全Data公開は、NIPTが臨床研究として導入された経緯を勘案すると国民の知る権利の行使として十分に担保されねばならない。実施を承認した公的団体及び個々の検査実施機関は、論議の素材として実施Dataの完全公開義務を負うものである。

2．NIPT が臨床研究として実施施設を認定とする制度設計の下では、実施状況等の Data 公開は、第一義的には認定機関に、第二義的にはインフォームド・コンセントの前提として各実施施設に課される。

　実施状況報告の責務を有する具体的機関は、日本医学会臨床部会運営委員会「遺伝子・健康・社会」検討委員会「母体血を用いた出生前遺伝学的検査」施設認定・登録部会[39]、独自の基準で実施施設認定する NIPT Consortium 及び個別の実施機関であり、以下各機関の Data 公表の実情を検証する。

　日本医学会臨床部会運営委員会「遺伝子・健康・社会」検討委員会「母体血を用いた出生前遺伝学的検査」施設認定・登録部会のデータ公表は、NIPT の実施状況及び問題点を解明する資料として平成25年度データについては以下の点で評価できる。公表された平成25年度データを分析すると、NIPT 結果陽性で羊水検査未実施で人工妊娠中絶を選択した妊婦 3 名、流産または死産16名、NIPT 結果陽性で羊水検査結果陽性123名[40]のうち妊娠を継続した妊婦 5 名（新生児数 2 名・流産または死産 3 名）、人工妊娠中絶を選択した妊婦118名（118/123、95.93％）である。NIPT 検査結果陽性で羊水検査未実施で人工妊娠中絶をした妊婦をも含めて NIPT 検査結果による人工妊娠中絶を選択した妊婦は、121名（121/142、85.21％）である。また 5 名は非確定検査である NIPT 結果陽性のみで人工妊娠中絶を選択している。しかし、同部会の公表する平成26年度データは、NIPT および再検査非実施で羊水検査を実施した症例313件の分析結果項目を欠如する（末尾掲載資料Ⅰ網掛け部分）。同データは、NIPT の倫理問題を検討する際に最も重要な施設認可後 6 ヵ月ごとに提出を義務付ける（様式 6 ）母体血を用いた出生前遺伝学的検査実施報告書（実施症例毎）（7）確定検査項目中の人工妊娠中絶の有無報告に基づく人工妊娠中絶数を欠缺する瑕疵あるデータである。

　NIPT Consortium の NIPT 実施報告（2013年 4 月～2014年 3 月・以下 NIPT Consortium 第 1 データと略称する）は、陽性例のうち羊水検査結果陽性数とその中の妊娠継続数及び妊娠中絶数という最も必須の項目を欠缺する瑕疵あるデータである（末尾掲載資料Ⅱ網掛け部分）[41]。但し、病院グループとの名称でなされた NIPT Consortium 第 1 データと同一の NIPT 実施報告の新聞報道においては、羊水検査実施数、羊水検査結果陽性での人工妊娠中絶数（110/113 97.34％）及び NIPT 陽性で羊水検査未実施での人工妊娠中絶数（112/115

180　第2章　先端医療技術・検査等の導入に伴う倫理的問題

図1　平成25年度・日本医学会「遺伝子・健康・社会」検討委員会「母体血を用いた出生前遺伝学的検査」施設認定・登録部会データ

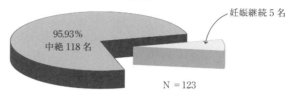

NIPT結果陽性後、羊水検査陽性の後、人工妊娠中絶を選択した妊婦（118名）と妊娠を継続した妊婦との割合（95.93％）

図2　平成25年度・日本医学会「遺伝子・健康・社会」検討委員会「母体血を用いた出生前遺伝学的検査」施設認定・登録部会データ

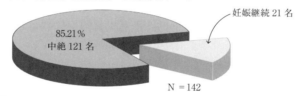

NIPT結果陽性のみで人工妊娠中絶を選択した妊婦（3名）及び羊水検査陽性の後、人工妊娠中絶を選択した妊婦（121名）と妊娠を継続した妊婦との割合（85.21％）
-図1・図2：日本医学会「遺伝子・健康・社会」検討委員会「母体血を用いた出生前遺伝学的検査」施設認定・登録部会（http://jams.med.or.jp/rinshobukai_ghs/implementation-report_h25.pdf）を基に筆者作成-

図3　NIPT Consortium NIPT 実施報告（2013年4月～2016年3月）

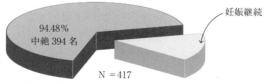

NIPT結果陽性後、羊水検査陽性と判定された417名のうち人工妊娠中絶を選択した妊婦394名との割合（94.48％）

-朝日新聞2016年7月17日を基に筆者作成-

97.39％）を公表している[42]。

　NIPT Consortium の HP 上に公表された NIPT Consortium 第 1 データは、NIPT Consortium にとり好ましくないデータを隠匿したままでの情報公開との疑念が払拭できない。NIPT Consortium の認定44施設での NIPT 実施報告（2013年 4 月〜2015年12月・以下 NIPT Consortium 第 2 データと略称する）は、NIPT 実施者27,696名、NIPT 陽性469名（1.7％）、その後確定診断である羊水検査結果陽性346名のうち人工妊娠中絶を選択した妊婦334名（96.53％）、妊娠を継続した妊婦12名とのデータを研究事務局関沢明彦教授のコメントと共に紙面で紹介するが、正式な HP 上での公表ではない（読売新聞の記事では、羊水検査結果陽性434名とし人工妊娠中絶率は76.95％に過ぎない）[43]。NIPT Consortium 第 2 データは、NIPT 陽性で羊水検査未実施での人工妊娠中絶数を欠缺する瑕疵あるデータである。NIPT Consortium は、2013年 4 月から2016年 3 月までの 3 年間の NIPT 実施データをメディアに公表する（以下 NIPT Consortium 第 3 データと略称する）。NIPT 実施者30,615名、NIPT 陽性547名、その後確定診断である羊水検査実施者458名、羊水検査結果陽性417名のうち人工妊娠中絶を選択した妊婦394名（94.48％）、妊娠を継続した妊婦12名である[44]。NIPT Consortium 第 3 データは、羊水検査陽性で妊娠を継続した妊婦数及び第 2 データ同様に NIPT 陽性で羊水検査未実施での人工妊娠中絶数を欠缺する瑕疵あるデータである。NIPT Consortium は、2013年 4 月から2016年12月末までの実績について「検査陽性者の確定検査実施状況（全会社検査データ結果37,506例中の陽性例の集計：28年 9 月までの実施分）」、「検査陽性者の妊婦転帰（全会社検査データ結果37,506例中の陽性例の集計：28年 9 月までの実施分）」及び「国内での NIPT の実績：検査陰性者の妊婦転帰（24,481検査中の陰性例の一部18,343例の追跡調査の結果：H25年 4 月〜H27年 9 月検査実施分）」の 3 統計を HP 上に公表する（以下 NIPT Consortium 第 4 データと略称する）（2017年 1 月17日付）。NIPT Consortium 第 4 データは、同第 1 データ同様に各トリソミー別陽性者的中率を示し各トリソミーの的中率の差異が明らかになる点で優れている。13トリソミー的中率は、同第 1 データ83.3％と比し第 4 データでは61.3％と大幅に低下しておりこの分析と検査精度の検討が必要となる。他方、NIPT Consortium 第 4 データは、検査陽性者の妊婦転帰における用語の不明確性とデータの解析の誤りを指摘せざるを得ない。第 1 は、妊娠継続の意である。妊娠継続数は、妊娠を継続し新

182　第2章　先端医療技術・検査等の導入に伴う倫理的問題

生児を得た数の意であるのか不明確である。IUFD（intrauterine fetal death）も妊娠継続し死亡した数ではないのか。第2は、妊娠中断の意である。妊娠中断とは、直截に妊婦自らの意思により人工妊娠中絶の意ではないのか。曖昧な表現は、データ項目として不適切である。第3は、妊娠中断率の母数である。第4データは、陽性者数から偽陽性者数のみを除外している。研究脱落者の妊娠継続の有無は不明であり、母数から除外すべきである。これにより、各トリソミー及び全体の妊娠中断率（人工妊娠中絶率）は、若干増加し、21トリソミー（333/375、88.80％）、18トリソミー（108/181、59.66％）、13トリソミー（35/43、79.46％）でありTOTAL（476/599、79.46％）となる。第4は、妊娠中断数をNIPT陽性の後、確定検査実施数と確定検査非実施数を一緒に集計している。日本医学会臨床部会運営委員会「遺伝子・健康・社会」検討委員会「母体血を用いた出生前遺伝学的検査」施設認定・登録部会のデータは、確定検査（羊水検査）未実施の者の妊婦帰属のデータを公表する。NIPT Consortium 第4データは、この点において不正確なデータと言わざるを得ない。臨床研究のデータは、first-hand Data を公表し、それに基づき分析し、問題点の顕在化を図る基礎データとして意味を有する。

　NIPT Consortium 第4データの公表は、従前 HP 上にアップしていた NIPT Consortium 第1データ消去を齎している。データ公表は、経年データの蓄積が重要であり、NIPT Consortium 第1データ消去は不可解であり不都合なデータの隠匿と言わざるを得ない。

　NIPT Consortium は、研究課題の変更及び研究の具体的内容の変更が発足以来数次行われている。NIPT Consortium の当初の研究課題名は、「無侵襲的出生前遺伝学的検査である母体血中 cell-free DNA 胎児染色体検査の遺伝カウンセリングに関する研究」（2013年7月29日閲覧）であったが、現在は、「母体血中 cell-free DNA を用いた無侵襲的出生前遺伝学的検査の臨床研究」と変更されている（2016年7月29日閲覧）。研究課題名変更は、2つの効果をもたらす。第1は、NIPT 前後に必須とされる遺伝カウンセリングの要素の払拭である。第2は、胎児染色体検査との文言を消去することにより NIPT に内包される倫理的問題を隠蔽することである。それに伴い、当初記載されていた研究の具体的内容の項目「2．検査前後の遺伝カウンセリングの後にアンケート調査を行う。3．遺伝カウンセリングを評価するとともに問題点を検討して、適切に遺

伝カウンセリングを行うために必要な情報提供の内容、カウンセリング内容や施設基準などの基礎資料を作成する。」が削除されている。NIPT Consortiumは、活動として「NIPT 実施状況を把握し、その転帰を含めた実態を公表する」を挙げ、新たに具体的研究内容として「2. 受検数、陽性数、罹患数、妊娠帰結、絨毛検査・羊水検査数などを集計し、検査の実態を明らかにする。」と掲げるが、妊娠帰結等の情報がどのように開示されているのか Data の公表手続の不明確性を指摘せざるを得ない。NIPT Consortium メンバーの論稿は、学会誌等には掲載されている[45]。然しながら、NIPT Consortium メンバーによる論稿は、学会構成員以外に対して公開されているものもあるが、非公開のものもある。NIPT Consortium は、組織として NIPT の啓蒙活動を進めており受検希望者に有益なサジェスチョンを与えており、それ故に専門家を対象とした学会誌への投稿のみならず HP 上に Data 公開の責務を負うものと思慮する。

　NIPT Consortium の公式な Data 公表は、従前 HP 上に１度公表したが、その後はメディア等にリークする形で行われているに過ぎない。NIPT Consortium は、HP 上に１度公表した【検査データ結果】において1,638例の分析をするのみで全データ分析を放置したままに推移する。更に、具体的な一例として NIPT Consortium 第２データ（'13年４月～'15年12月）は、NIPT Consortium が2016年４月25日付毎日新聞（千葉紀和署名記事）及び読売新聞にリークしたデータである（資料Ⅱ参照）。毎日新聞見出しは「新型出生前診断 異常判明の96％中絶　利用拡大」、読売新聞見出しは「出生前検査で胎児の病気確定、妊婦の８割が中絶」となっている。確定診断である羊水検査陽性数が、毎日新聞346名・読売新聞434名と異なり、人工妊娠中絶数は両紙同数の334名である。人工妊娠中絶率は、羊水検査陽性数の相違により毎日新聞96.53％・読売新聞76.95％の見出しとなり20％弱の相違を齎す。ニュースソースである NIPT Consortium は、データ公表に際し、人工妊娠中絶率の母数となる最も重要な確定検査結果陽性数のチェックは報道機関の誤報では済まされるものではない。NIPT Consortium は、近時 HP 上に「NIPT コンソーシアムの業績」として６本の論文を紹介するがデータ解析としては2013年４月から2014年３月までの１年間の分析に過ぎず、「検査が適正・適切に行われていることを社会にオープンにするため、実施例の評価・検証が可能な透明性のある

184   第2章　先端医療技術・検査等の導入に伴う倫理的問題

登録制度を設立する。」との提言が実践されているとは言い難い状況である[46]。

　NIPT Consortium は、メディアへのリークと併せて研究組織として本来自己の開設する HP 上に正確なデータを開示する責務を放棄した情報操作的方法での情報開示と言わざるを得ない[47]。

　3．日本産科婦人科学会は、生殖医学の進展に合わせて ART の実施状況等の Data を集積し、「生殖医学の登録に関する委員会」を理事会内に設置し平成元年度以降平成4年度まで報告書により公表してきた[48]。同学会は、平成5年度以降平成10年度まで「診療・研究に関する倫理員会」及び「生殖・内分泌委員会」が調査結果を公表してきた[49]。平成11年度以降は、「倫理委員会　登録・調査小委員会」が設置され Data の集積を実施している。図4は、1989年から2011年まで23年間の ART 治療周期数の Data である。図5は、同期間のART 出生児数と全出生児数の Data である。図6は、同期間の全出生児数と人工妊娠中絶数の Data である。表1は、2011年から2014年までの凍結融解未受精卵を用いた治療成績である。表2は、同期間の非配偶者間人工授精（AID）の治療成績である。表3は、同期間の治療法別出生児数および累積出生児数のData である。

　最新の Data によれば、ART の追跡調査として先天異常児の調査が行われ、1042例について母体年齢、治療方法、胚盤胞移植、妊娠の予後、出産・死産・流産週、胎児数、児の性、早期新生児死亡、先天異常名・染色体異常名、ICD-10の項目に亘って詳細な分析・報告がなされている。また、2014年分のART 治療別統計として新鮮胚（卵）を用いた治療による出生児数5,025人（累積出生児数120,565人）、凍結胚（卵）を用いた治療による出生児数36,595人（累積出生児数214,194人）、顕微受精を用いた治療による出生児数5,702人（累積出生児数96,626人）合計出生児数47,322人（累積出生児数431,626人）が公表されている[50]。

　日本産科婦人科学会は、ART のデータ集積・分析と並行して将来の ARTを担保する方策として「医学的適応による未受精卵子、胚（受精卵）および卵巣組織の凍結・保存に関する見案」において以下の様に言及する。同見解は、「悪性腫瘍など（以下、原疾患）に罹患した女性に対し、その原疾患治療を目的として外科的療法、化学療法、放射線療法などを行うことにより、その女性が妊娠・出産を経験する前に卵巣機能が低下し、その結果、妊孕性が失われると

図4　年別　治療周期数

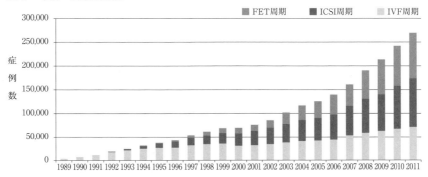

−日本産科婦人科学会 ART データブック2014年（http://plaza.umin.ac.jp/~jsog-art/2014data_201609.pdf）より引用−

予測される場合、妊孕性を温存する方法として、女性本人の意思に基づき、未受精卵子または胚・受精卵（以下胚という）を凍結・保存すること（以下、本法）が考えられる。本法は、原疾患治療で発生する副作用対策の一環としての医療行為と考えられるので、治療を受ける時期に挙児希望がない場合でも、本人が希望する場合には医療行為として認める必要がある。しかし、本法の実施が原疾患の予後に及ぼす影響、保存された卵子、胚により将来において被実施者が妊娠する可能性と妊娠した場合の安全性など、未だ明らかでないことも多いため、被実施者に十分な情報提供を行い、被実施者自身が自己決定することが重要である。」とし、ARTへの使用について「保存された未受精卵子または胚をARTに使用する場合には、改めて原疾患主治医から文書による適切な情報提供を得るとともに、本会会告『体外受精・胚移植に関する見解』、『顕微授精に関する見解』、および『ヒト胚および卵子の凍結保存と移植に関する見解』に準拠して行うことを要す。」とし、妊娠・出産を経験する前に卵巣機能の低下により妊孕性の喪失の予測される女性への配慮を示す[51]。

　日本産科婦人科学会は、ARTに関して従前の「生殖補助医療実施医療機関の登録と報告に関する見解」を「人を対象とする医学系研究に関する倫理指針」（平成26年文部科学省・厚生労働省告示第3号）に適合させるためアップデイトし4．実施施設が設置すべき委員会1）倫理委員会について旧見解「②倫理委員会は中立を保つため委員構成に配慮が必要であり、中立的な外部委員を複数

図5 年別出生児数及び ART 出生児数

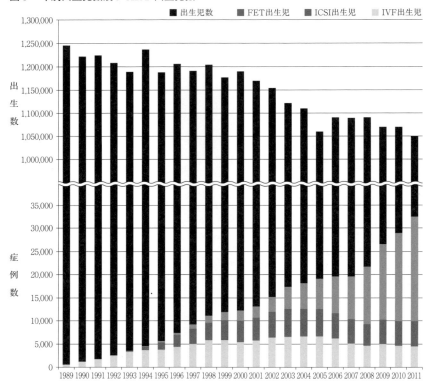

－日本産科婦人科学会 ART データブック2014年（http://plaza.umin.ac.jp/~jsog-art/2014data_201609.pdf）を基に筆者作成－

入れることが望ましい。③倫理委員会委員長を施設責任者・実施責任者が兼ねてはならない。」を「②倫理委員会は『人を対象とする医学系研究に関する倫理指針（平成26年12月22日　文部科学省、厚生労働省）』に定める『倫理審査委員会』が満たすべき各条件に合致することを必要とする。」と改正した[52]。

4．日本産科婦人科学会は、ART について以上のような Data 集積と緻密な分析の蓄積により ART の検証を通してクライアントの信頼を得ているのである。

NIPT の情報提供及び周知徹底は、日本医学会、日本産科婦人科学会及び

図6　出生児数及び人工妊娠中絶数

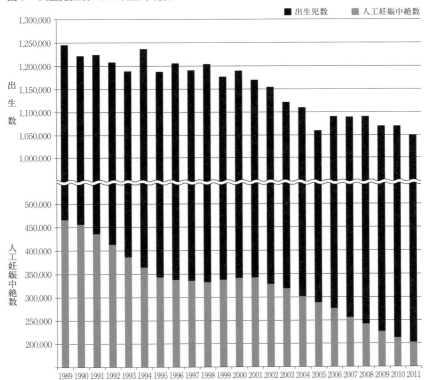

−『平成24年（2012）人口動態統計（確定数）の概要』5頁、『平成22年衛生行政報告例』及び『平成24年衛生行政報告例』を基に筆者作成−

NIPT Consortium にとり社会的責務であり、ART と比較しより少ない実施施設での実施数にもかかわらず NIPT の Data 集積と分析が何故十全に実施され得ないのか不可解である。かかる現況は、NIPT 受検を検討する妊婦とパートナー及び臨床試験に関心を有する者への日本医学会、日本産科婦人科学会及び NIPT Consortium の「自己責任の回避」であり職責放棄である。

イギリスでは、ヒトの授精と胚研究等に関する法律（Human Fertilisation and Embryology Act 2008）成立と同時に Human Fertilisation and Embryology Authority（HFEA）を設立し、データ収集や広報活動を行い、クライアント、ドナー及び実施クリニック等関係者及び関係機関への十全な対応を行っている[53]。

188 第 2 章　先端医療技術・検査等の導入に伴う倫理的問題

表 1　凍結融解未受精卵を用いた治療成績

未受精凍結融解卵による移植				
	2011年	2012年	2013年	2014年
治療周期総数	104	129	122	187
採卵総回数				
移植総回数				
妊娠数	63	68	74	109
移植あたり妊娠数	17	6	16	21
採卵あたり妊娠率	27.0%	8.8%	21.6%	19.3%
単一胚移植数	43	45	51	75
単一胚移植での妊娠	12	4	11	13
単一胚移植率	68.3%	66.2%	68.9%	68.8%
単一胚移植での妊娠率	27.9%	8.9%	21.6%	17.3%
流産数	1	2	9	5
妊娠あたり流産率	5.9%	33.3%	56.3%	23.8%
異所性妊娠数（子宮外妊娠数）	0	0	0	
人工妊娠中絶	0	0	0	
単胎数（胎囊）	13	6	15	18
多胎妊娠総数	0	0	0	3
双胎	0	0	0	3
三胎	0	0	0	0
四胎	0	0	0	0
五胎	0	0	0	0
胎囊数多胎率	0.0%	0.0%	0.0%	14.3%
生産分娩数	13	4	7	16
移植あたり生産率	20.6%			14.7%
死産分娩数	0	0	0	16
出生児数	13	4	6	16
単胎生産	13	4	6	
双胎生産	0	0	0	0
三胎生産	0	0	0	0
異正所同時妊娠（内外同時妊娠）	0	0	0	0
減数手術	0	0	0	0
妊娠後経過不明数※	2	0	0	0
妊娠後の転帰空欄	1	0		0

※転帰不明と明記されているもの

表2　非配偶者間人工授精（AID）の治療成績

年　次	2011年	2012年	2013年	2014年
患者総数	892	1,090	1,169	989
AID 周期総数	3,082	3,700	3,896	3,256
妊娠数	165	226	184	152
流産数	30	39	28	21
異所性妊娠数（子宮外妊娠）	0	0	0	0
生産分娩数	91	120	107	98
死産分娩数	1	1	0	0
出生児数	92	120	109	100
妊娠後経過不明数	43	64	48	33

表3　治療法別出生児数および累積出生児数

治療周期総数

年　次	2011年	2012年	2013年	2014年
新鮮胚（卵）を用いた治療	71,422	82,108	89,950	92,269
凍結胚（卵）を用いた治療※	95,764	119,089	141,335	157,229
顕微授精を用いた治療	102,473	125,229	137,479	144,247
合　計	269,659	326,426	368,764	393,745

出生児数

年　次	2011年	2012年	2013年	2014年
新鮮胚（卵）を用いた治療	4,546	4,740	4,776	5,025
凍結胚（卵）を用いた治療※	22,465	27,715	32,148	36,595
顕微授精を用いた治療	5,415	5,498	5,630	5,702
合　計	32,426	37,953	42,554	47,322

累積出生児数

年　次	2011年	2012年	2013年	2014年
新鮮胚（卵）を用いた治療	106,024	110,764	115,540	120,565
凍結胚（卵）を用いた治療※	117,736	145,451	117,599	214,194
顕微授精を用いた治療	80,046	85,535	91,165	96,867
合　計	303,806	341,750	384,304	431,626

※凍結融解胚を用いた治療成績と凍結融解未受精卵を用いた治療成績の合計
－表1～3：日産婦誌65巻4号（2013年）2091-2092頁、66巻9号（2014年）2453-2454頁、67巻9号（2015年）2085-2086頁及び68巻9号（2016年）2085-2086頁を基に筆者作成－

190 第2章 先端医療技術・検査等の導入に伴う倫理的問題

Ⅳ. 結　語

1. NIPT実施は、遺伝カウンセリング受診が前提である。各実施認定施設は、遺伝カウンセリングを担当する人的体制の確立が必須となる。

　現在、遺伝カウンセリングを担当するのは、日本人類遺伝学会、日本遺伝カウンセリング学会が合同で認定した「臨床遺伝専門医」1,301人（平成28年12月1日現在）及び医療専門職として非医師の認定遺伝カウンセラー205人（平成28年12月現在）に過ぎない。

　NIPT実施時及び事後の十全なフォローアップには、制度設計時から指摘されていた臨床遺伝専門医及び認定遺伝カウンセラーの養成・拡充が急務である。

2. 日本医学会臨床部会運営委員会「遺伝子・健康・社会」検討委員会「母体血を用いた出生前遺伝学的検査」施設認定・登録部会、NIPT Consortium及び各実施機関のNIPTデータ公表状況は、1989年以降四半世紀に及ぶ日本産科婦人科学会の実施するATRに関するデータ集積・分析及び公表の実績と比して臨床研究として十全とは言えない。

　NIPT Consortium研究事務局関沢明彦教授は、2013年4月から2016年3月までの被検者30,615名の分析結果について「臨床研究としての目的は終えつつある。一般の診療への移行に向けて、議論すべき時期にきている」とコメントする[54]。NIPTの臨床研究から本格的導入への移行を示唆する関沢教授の見解は、臨床遺伝専門医及び認定遺伝カウンセラーの不足とNIPT陽性ののち羊水検査結果陽性417名中394名（94.48%）が人工妊娠中絶を選択した事実を考慮するとき、NIPT導入時に懸念された優生思想に基づく「生命選択」との批判に反論できず、事実上の胎児条項の容認と言わざるを得ない。

　更に、NIPTの現状には、未解決の二つのより根源的な問題が内在する。第1は、臨床研究であるNIPT被検者である妊婦に対し「個人の生殖を公認のシステムを通して査定の対象とし、その査定結果とそれに伴う心身の侵襲を、妊娠している女性の『道徳性』を試すような形で、最終的に女性個人に差し戻すことにある」との批判に答え得ていない点である[55]。第2は、妊娠12週以降満

22週未満の中期中絶の実態が必ずしも妊婦及びパートナーに情報として十全に知らされていない点である。中期中絶は、薬剤投与により人工的に陣痛を誘発して分娩と同様に胎児を娩出する方法である[56]。山本由美子講師は、「羊水検査結果が判明したのちに行われる、妊娠中期もしくはそれ以降の中絶では、生きている胎児を出産と同様に人工的に娩出することになり、場合によっては、中絶胎児が娩出後もしばらく生きていることまでが記述されることはほとんどない。」と中期中絶の実態と問題点を直截に指摘する[57]。かかる指摘は、従来自覚されることの少ない視点であり傾聴すべき見解である。

　医事刑法に関する倫理的問題は、実態をオープンに提示し、直視した上で論議することが肝要である[58]。

　NIPT は、未だ実施条件の厳守と各実施機関に課された報告事項の正確な報告とデータの公開が実践されていない状況下では本格的導入の条件整備がなされておらず臨床研究として継続されるべきである。

【付記】

　本稿脱稿後、校正段階で NIPT Consortium　HP 上に2017年 1 月24日付「NIPT コンソーシアムの実績と報告」(http://www.nipt.jp/nipt_04.html) 及び「NIPT コンソーシアムの業績」(http://www.nipt.jp/nipt_05.html) を閲覧する機会を得た。可能な限り新たな情報を追記した。

192　第2章　先端医療技術・検査等の導入に伴う倫理的問題

資料　母体血を用いた出生前遺伝学的検査の実施報告

Ⅰ．日本医学会「遺伝子・健康・社会」検討委員会「母体血を用いた出生前遺伝学的検査」施設認定・登録部会のデータ

	平成25年度	平成26年度
遺伝カウンセリング実施総数	8,631	12,931
内、NIPT 実施総数	8,016	11,885
NIPT 非実施総数	615	1,046
内、NIPT 結果：陽性の症例	150	186
陰性の症例	7,847	11,652
保留の症例	19	47
内、再検査実施総数	17	42
再検査非実施総数	2	5
再検査結果：陽性の症例	0	4
陰性の症例	15	30
再度判定保留の症例	2	8
羊水検査実施総数	295	482
内、NIPT 及び再検査結果：陽性の羊水検査実施総数	131	159
陰性の羊水検査実施総数	3	10
NIPT 及び再検査非実施、羊水検査を実施した症例	161	313
羊水検査結果：陽性	123	
妊娠を継続した症例	5	
新生児数	2	
流産または死産数	3	
妊娠中絶数	118	
陰性	172	
NIPT および再検査結果：陽性、羊水検査未実施妊娠中絶数	3	3
流産または死産数	16	24

－日本医学会「遺伝子・健康・社会」検討委員会「母体血を用いた出生前遺伝学的検査」施設認定・登録部会のデータを基に筆者作成（平成28年11月28日閲覧、http://jams.med.or.jp/rinshobukai_ghs/implementation-report_h25.pdf、http://jams.med.or.jp/rinshobukai_ghs/implementation-report_h26.pdf）－

Ⅱ．NIPT Consortium のデータ（1）

	2013年4月～ 2014年3月	2013年4月～ 2015年12月	2013年4月～ 2016年3月
遺伝カウンセリング実施総数			
内、NIPT 実施総数	7,740	27,696	30,615
NIPT 非実施総数			
内、NIPT 結果：陽性の症例	141（142）	469	547
陰性の症例	7,581		
保留の症例	18		
内、再検査実施総数	17		
再検査非実施総数	2		
再検査結果：陽性の症例	1		
陰性の症例	13		
再度判定保留の症例	2		
羊水検査実施総数	（126）		458
内、NIPT 及び再検査結果 　：陽性の羊水検査実施総数	117	346（434）	417
陰性の羊水検査実施総数		35	41
NIPT 及び再検査非実施、 羊水検査を実施した症例			
羊水検査結果：陽性	（113）	346（434）	417
妊娠を継続した症例		12	
新生児数			
流産または死産数		73	
妊娠中絶数	（110）	334	394
陰性			
NIPT および再検査結果 　：陽性、羊水検査未実施妊娠中絶数	（2）		
流産または死産数			

-第1データ（'13年4月～'14年3月）は NIPT Consortium の HP 上に公表された NIPT 実施報告（http://www.nipt.jp/nipt_04.html）より、（　）内は日経新聞2014年6月27日より引用。第2データ（'13年4月～'15年12月）は毎日新聞2016年4月25日より、（　）内は読売新聞2016年4月25日より引用。第3データ（'13年4月～'16年3月）は朝日新聞2016年7月17日より引用-

194   第2章　先端医療技術・検査等の導入に伴う倫理的問題

Ⅲ．NIPT Consortium のデータ（2）

検査陽性者の確定検査実施状況（平成28年12月10日現在）

	Trisomy 21	Trisomy 18	Trisomy 13	TOTAL
陽性者数	394	211	67	673*
確定検査実施数	355	149	62	567*
真陽性数	345	125	38	508
陽性者的中率	97.2%	83.9%	61.3%	89.6%
偽陽性数	10	24	24	59*
確定検査非実施数	39	62	5	106
IUFD	28	51	5	84
核型判明	5	19	2	26
核型不明	23	32	3	58
妊娠継続	2	5	0	7
研究脱落	9	6	0	15

＊多発陽性例1例を含む

検査陽性者の妊娠転帰（平成28年12月10日現在）
全会社検査データ結果37,506例中の陽性例の集計（28年9月まで実施分）

	Trisomy 21	Trisomy 18	Trisomy 13	TOTAL
陽性者数	394	211	67	673*1
偽陽性数	10	24	24	59*1
妊娠継続数	10	9	1	20
IUFD	32	64	7	103
妊娠中断（妊娠中断率*2）	333 (86.7%)	108 (57.8%)	35 (81.4%)	476 (77.5%)
研究脱落	9	6	0	15

＊1　多発陽性例1例を含む
＊2　妊娠中断率＝妊娠中断数／（陽性者数−偽陽性数）

-NIPT Consortium HP上より引用（http://www.nipt.jp/nipt_04.html）-

註

1） 生命誕生に至る医療・診断方法の各プロセスを以下に図解する。

2） 石原 理『生殖医療の衝撃』、講談社現代新書、2016年、10頁以下参照。
3） 吉村泰典監修・大須賀讓・京野廣一・久慈直昭・辰巳賢一編集『生殖医療ポケットマニュアル』、医学書院、2014年、ⅴ頁参照。
4） 日本産科婦人科学会は、会告において従来の「医学的適応による未受精卵子および卵巣組織の採取・凍結・保存に関する見解（平成26年4月）」を改定し、新たに「医学的適応による未受精卵子、胚（受精卵）および卵巣組織の凍結・保存に関する見解（平成28年6月）」及び「同細則」を告示する。日産婦68巻8号（2016年）1470頁以下参照。
5） 各検査の詳細について、拙稿「非侵襲的出生前遺伝学的検査についての刑事法的一考察」、武蔵野大学政治経済研究所年報第8号（2014年）17頁以下参照。我が国における初期の侵襲的出生前診断の概況とデータについて、拙稿「検査結果の誤伝達によるクライアントの権利侵害 –非侵襲的出生前遺伝学的検査との連関–」、武蔵野大学政治経済研究所年報第11号（2015年）31頁以下、特に78頁註2参照。
6） 前掲註5）拙稿「検査結果の誤伝達によるクライアントの権利侵害–非侵襲的出生前遺伝学的検査との連関–」、武蔵野大学政治経済研究所年報第11号80頁註3参照。複合スクリーニング検査について、西山深雪『出生前診断』、ちくま新書、2015年、96頁以下参照。
7） NIPTについて、前掲註5）拙稿「非侵襲的出生前遺伝学的検査についての刑事法的一考察」、武蔵野大学政治経済研究所年報第8号1頁以下参照。なお、日本法政学会は、NIPT実施前2013年11月30日第119回大会国際シンポジウム「母体血を用いた出生前遺伝学的検査–イギリスの現状をきっかけとして」においてイギリスのEmily Jackson教授の基調講演に続き、シンポジストとして奥山虎之国立成育医療研究センター臨床検査部長、丸山英二神戸大学大学院教授、瀬戸山晃一大阪大学准教授、和田美智代宝塚医療大学教授及び筆者の5名で開催した。法政論叢50巻2号（2014年）254頁以下参照。拙稿「非侵襲的出生前遺伝学的検査：刑事法の視点から」、法政論叢50巻2号24頁以下参照。NIPTに内在する問題について、山本由美子「いわゆる『新型出生前診断検査』で語られないこと–妊娠中期中絶と『死産』の関係–」、生存学7号（2014年）166頁以下及び同『死産児になる–フランスから読み解く「死にゆく胎児」と生命倫理』、生活書院、2015年参照。
8） 山中敬一『医事刑法概論Ⅰ』、成文堂、2014年。
9） 前掲註5）拙稿「非侵襲的出生前遺伝学的検査についての刑事法的一考察」、武蔵野大学政治経済研究所年報第8号14頁以下参照。
10） 読売新聞2012年8月29日参照。その後、読売新聞は、新型出生前診断について「論点　スペシャル」において千代豪昭兵庫医大特別招聘教授・大野明子産婦人科医・白井泰子元国立精神・神経センター室長の3氏の意見を掲載している（読売新聞2012年10月5日）。
11） 「申し入れ書」について（http://www.jdss.or.jp/info/201211/jds_20121112.pdf）。
12） 日本ダウン症協会玉井邦夫理事長の講演について（http://www.jdss.or.jp/info/201211/symposium.pdf）。
13） 日産婦誌65巻4号（2013年）1215頁以下参照。
14） 山本由美子「母体血を用いた出生前検査（NIPT）と『臨床研究』システムが示すもの」、61頁以下、特に、68頁参照（吉田一史美・由井秀樹編『生殖と医療をめぐる現代史研究と生命倫理』、生存学研究センター報告書〔25〕、2016年所収）。

196　　第 2 章　先端医療技術・検査等の導入に伴う倫理的問題

15) http://www.lifescience.mext.go.jp/files/pdf/n1115_01.pdf
16) http://www.mhlw.go.jp/general/seido/kousei/i-kenkyu/rinsyo/dl/shishin.pdf
17) http://www.radiology.jp/content/files/840.pdf
18) 日本医学会臨床部会運営委員会「遺伝子・健康・社会」検討委員会「母体血を用いた出生前遺伝学的検査」施設認定・登録部会に提出する NIPT の実施報告書様式 6 、様式 7 及び実施報告フローチャートについて、前掲註 5 ）拙稿「検査結果の誤伝達によるクライアントの権利侵害-非侵襲的出生前遺伝学的検査との連関-」、武蔵野大学政治経済研究所年報第11号69頁以下参照。
19) NIPT Consortium は、発足当時の HP 上の研究目的及び研究内容を変更し、更に近時研究の具体的内容も変更する。前掲註 5 ）拙稿「検査結果の誤伝達によるクライアントの権利侵害-非侵襲的出生前遺伝学的検査との連関-」、武蔵野大学政治経済研究所年報第11号33頁及び84頁註10参照。
20) 増﨑英明「画像診断としての遺伝学的出生前診断」、医学のあゆみ246巻 2 号（2013年）158頁以下、特に163頁参照。
21) 平原史樹「出生前診断-最近の動向」、臨床婦人科産科66巻12号（2012年）1048頁以下参照。増﨑英明教授及び平原史樹教授の見解について、前掲註 5 ）拙稿「非侵襲的出生前遺伝学的検査についての刑事法的一考察」、武蔵野大学政治経済研究所年報第 8 号 9 頁以下及び20頁参照。
22) 平成24年 8 月27日付財団法人日本ダウン症協会権利擁護委員長水戸川真由美から公益社団法人日本産科婦人科学会理事長小西郁生への「遺伝子検査に関する指針作成についての要望」（http://www.jdss.or.jp/info/201208/youbou.pdf）
23) 日本産科婦人科学会「母体血を用いた出生前遺伝学的検査に関する検討委員会」は、 4 回開催され議事録を公開している。各議事録は、以下参照。
　　第 1 回平成24年10月 2 日（http://www.jsog.or.jp/activity/pdf/20121002kentouiminutes-1.pdf）、第 2 回同年11月 1 日（http://www.jsog.or.jp/activity/pdf/20121101kentouiminutes-2.pdf）、第 3 回同年12月 7 日（http://www.jsog.or.jp/activity/pdf/20121207kentouiminutes-3.pdf）、第 4 回平成25年 2 月 4 日（http://www.jsog.or.jp/activity/pdf/20130204kentouiminutes-4.pdf）。
24) 日産婦誌65巻 8 号（2013年）1519頁以下参照。
25) 日本遺伝カウンセリング学会「出生前遺伝カウンセリングに関する提言」（平成28年 4 月 4 日）参照（http://www.jsgc.jp/teigen_20160404.pdf）。
26) 前掲註17) 日本医学会臨床部会運営委員会「遺伝子・健康・社会」検討委員会の指定する（様式 6 ）母体血を用いた出生前遺伝学的検査実施報告書（実施症例毎）参照。
27) 日本医学会臨床部会運営委員会「遺伝子・健康・社会」検討委員会「母体血を用いた出生前遺伝学的検査」施設認定・登録部会の平成25年度（2013年 4 月〜2014年 3 月）の母体血を用いた出生前遺伝学的検査の実施報告参照（http://jams.med.or.jp/rinshobukai_ghs/implementation-report_h25.pdf）。
28) 日本医学会臨床部会運営委員会「遺伝子・健康・社会」検討委員会「母体血を用いた出生前遺伝学的検査」施設認定・登録部会の平成26年度（2014年 4 月〜2015年 3 月）の母体血を用いた出生前遺伝学的検査の実施報告参照（http://jams.med.or.jp/rinshobukai_ghs/implementation-report_h26.pdf）。
29) NIPT Consortium による国内での NIPT の実績データ参照（http://www.nipt.jp/nipt_04.html）。同データは削除され現在アクセス不能である。
30) 毎日新聞2016年 4 月25日参照。
31) 平成27年 1 月13日開催第11回日本医学会「母体血を用いた出生前遺伝学的検査」施設認定・登録部会議事要旨参照（http://jams.med.or.jp/rinshobukai_ghs/proceedings11.pdf）。
32) 各認定施設の NIPT 実施件数は、第 4 回から第11回の日本医学会「母体血を用いた出生前遺伝学的検査」施設認定・登録部会議事要旨記載の各実施認可施設からの症例報告数の総計（概数）である。前掲註 5 ）拙稿「検査結果の誤伝達によるクライアントの権利侵害-非侵襲的出

生前遺伝学的検査との連関-」、武蔵野大学政治経済研究所年報第11号33頁参照。

33）　日産婦誌68巻 2 号は、各報告タイトル及び報告者氏名が掲載されているのみで所属機関名は未記載であり、筆者が氏名から所属機関を推測したものである。日産婦誌68巻 2 号は、第68回日本産科婦人科学会学術講演会プログラムで非会員にはアクセス不可能であり、Data 公表という視点からも閉鎖性が問われる。

34）　http://www.townnews.co.jp/0117/2016/09/01/346648.html

35）　毎日新聞2016年12月10日参照。

36）　都内の不妊クリニックで妊婦の採血を実施し当該血液を英国の検査会社に送り、 1 週間程度で結果が得られるとホームページで宣伝する。更に、当該検査は、年齢制限もなく定められた病気以外に性別の判定もできるとし、臨床研究として承認された NIPT の実施要件を逸脱するマススクリーニングである（毎日新聞2016年10月13日）。

37）　日本医師会・日本医学会・日本産科婦人科学会・日本産婦人科医会・日本人類遺伝学会は、平成28年11月 2 日理事長・会長名で「母体血を用いた新しい出生前遺伝学的検査」についての共同声明を公表した（http://www.jsog.or.jp/news/pdf/20161102_5 dantaiseimei.pdf）。

38）　日本産科婦人科学会平成28年度第 3 回常務理事会議事録参照（http://www.jsog.or.jp/activity/minutes/pdf/GIJIROKU/H28_3joumu.pdf）。日本産科婦人科学会理事会は、会告において認定施設外で NIPT 検査を実施した医師のうち今後見解に従う旨を表明した 2 名を厳重処分に、見解に従う旨の表明が未だない 1 名を譴責とし始末書（処分を受けた当該会員が経緯説明のうえ反省し二度と違反しない旨の誓約書）提出を求めた。日産婦誌69巻 1 号（2017年） 1 頁参照。

39）　日本医学会臨床部会運営委員会「遺伝子・健康・社会」検討委員会「母体血を用いた出生前遺伝学的検査」施設認定・登録部会は、平成28年12月 9 日現在臨床研究として79施設認定する（http://jams.med.or.jp/rinshobukai_ghs/facilities.html）。なお、「母体血を用いた出生前遺伝学的検査」施設認定・登録部会構成メンバーは、設置された平成25年 3 月 9 日以降平成29年 6 月日本医学会連合社員総会開催日まで同一であり、【日本産科婦人科学会】◎久具宏司・東京都立墨東病院産婦人科部長、澤 倫太郎・日本医科大学女性生殖発達病態学講師、榊原秀也・横浜市立大学附属市民総合医療センター婦人科部長・准教授、【日本小児科学会】川目 裕・東北メディカル・メガバンク機構教授、【日本人類遺伝学会】高田史男・北里大学大学院医療系研究科臨床遺伝医学教授、【法律・倫理関係】丸山英二・神戸大学大学院法学研究科教授の 6 氏である（◎は部会長）（http://jams.med.or.jp/rinshobukai_ghs/roster.html）。

40）　同データの羊水検査実施総数295名は、NIPT 及び再検査結果陽性で羊水検査を実施した者131名と陰性羊水検査を実施した者 3 名及び NIPT 及び再検査非実施で羊水検査を実施した者161名であり、羊水検査結果陽性123名である。羊水検査結果陽性123名は、NIPT の特性から NIPT 受検者としてカウントする。

41）　NIPT Consortium による国内での NIPT の実績データ参照（http://www.nipt.jp/nipt_04.html）。

42）　日経新聞2014年 6 月27日参照。

43）　署名記事である毎日新聞は、ニュースソースを NIPT Consortium とし併せて関沢明彦教授のコメントも掲載する（毎日新聞2016年 4 月25日参照）。読売新聞2016年 4 月25日は、ニュースソースを共同研究組織とする。

44）　署名記事である朝日新聞には、関沢明彦教授のコメントが掲載されている（朝日新聞2016年 7 月17日参照）。

45）　NIPT Consortium 参加者の研究成果の学会誌等での公表については、2016年10月12日 NIPT Consortium 研究事務局関沢明彦昭和大学医学部教授より御教示頂いた。NIPT Consortium 1 年目の検査結果と妊娠帰結について Sago et al. Prenat Diagn 2015、同 1 年目の DNA 解析データについて Suzumori et al. JHG 2016、同 1 年目の GC に関するアンケート調査結果について Yotsumoto et al. JHG 2016、同 3 年間の検査結果と妊娠帰結について 佐村 JOGR（invited review 投稿中）。なお、NIPT Consortium は、近時 HP 上に「NIPT コンソーシアムの業績」

198　第 2 章　先端医療技術・検査等の導入に伴う倫理的問題

として、関沢明彦ら「無侵襲的出生前遺伝学的検査の現状と今後」、日本周産期・新生児医学会雑誌50巻 4 号（2014年）1202-1207、Miyuki Nishiyama et al. Chromosome abnormalities diagnosed in utero: a Japanese study of 28 983 amniotic fluid specimens collected before 22 weeks gestations, Journal of Human Genetics, 2015 Mar, 60（ 3), 133-7, Miyuki Nishiyama et al. Factors affecting parental decisions to terminate pregnancy in the presence of chromosome abnormalities: a Japanese multicenter study, Prenatal Diagnosis 2016, 36, 1121-1126, Nobuhiro Suzumori et al. Fetal cell-free DNA fraction in maternal plasma is affected by fetal trisomy,Journal of Human Genetics, 2016 Jul, 61（ 7), 647-52, Junko Yotsumoto et al. A survey on awareness of genetic counseling for non-invasive prenatal testing: the first year experience in Japan,Journal of Human Genetics 2016 Dec, 61（12), 995-1001, Haruhiko Sago et al. Nationwide demonstration project of next-generation sequencing of cell-free DNA in maternal plasma in Japan: 1-year experience, Prenatal Diagnosis, 2015, 35, 1-6. を UP する（http://www.nipt.jp/nipt_05.html）（2017.1.30. 閲覧）。関沢明彦、左合治彦「無侵襲的出生前遺伝学的検査の現状と今後」は、Haruhiko Sago et al. Nationwide demonstration project of next-generation sequencing of cell-free DNA in maternal plasma in Japan: 1-year experience, Prenatal Diagnosis, 2015, 35, 1-6. を原著とするものである。

46）　関沢明彦、左合治彦「無侵襲的出生前遺伝学的検査の現状と今後」、日本周産期・新生児医学会雑誌50巻 4 号1206頁参照。

47）　前掲註 5 ）拙稿「検査結果の誤伝達によるクライアントの権利侵害-非侵襲的出生前遺伝学的検査との連関-」、武蔵野大学政治経済研究所年報第11号32頁及び81頁註 4 ）参照。

48）　日本産科婦人科学会理事会内委員会「生殖医学の登録に関する委員会報告」、日産婦42巻 4 号（1990年）393頁以下、日本産科婦人科学会理事会内委員会「平成 2 年度 生殖医学の登録に関する委員会報告（平成元年分の臨床実施成績と昭和63年末までの治療により出生した児の調査成績）」、日産婦43巻 4 号（1991年）470頁以下、日本産科婦人科学会理事会内委員会「平成 3 年度 生殖医学の登録に関する委員会報告（第 3 報）（平成 2 年分の臨床実施成績、平成元年分の治療による出生児の追跡調査成績）」、日産婦44巻 4 号（1992年）499頁以下、日本産科婦人科学会理事会内委員会「平成 4 年度 生殖医学の登録に関する委員会報告（第 4 報）（平成 3 年分の臨床実施成績、平成 2 年分の治療による出生児の追跡調査成績、全追跡調査児の総合解析成績）」、日産婦45巻 4 号（1993年）397頁以下参照。

49）　日本産科婦人科学会理事会内委員会「平成 5 年度 診療・研究に関する倫理委員会報告（平成 4 年分の体外受精・胚移植等の臨床実施成績）」、日産婦46巻 9 号（1994年）929頁以下、日本産科婦人科学会生殖・内分泌委員会報告「平成 5 年度 生殖医学登録報告（第 5 報）：平成 4 年分の臨床実施成績」、日産婦46巻11号（1994年）1269頁以下、日本産科婦人科学会理事会内委員会「平成 6 年度 診療・研究に関する倫理委員会報告（平成 5 年分の体外受精・胚移植等の臨床実施成績）」、日産婦47巻 4 号（1995年）444頁以下、日本産科婦人科学会生殖・内分泌委員会報告「平成 5 年度 生殖医学登録報告（第 5 報・続報）：平成 4 年（1992年）分の臨床実施成績-国際統計報告書」、日産婦47巻 6 号（1995年）577頁以下、日本産科婦人科学会生殖・内分泌委員会報告「平成 6 年度 生殖医学登録報告（第 6 報）：平成 5 年（1993年）分の臨床実施成績-国際統計報告書」、日産婦47巻10号（1995年）1199頁以下、日本産科婦人科学会理事会内委員会報告「平成 7 年度 診療・研究に関する倫理委員会報告（平成 6 年分の体外受精・胚移植等の臨床実施成績）」、日産婦48巻 5 号（1996年）365頁以下、日本産科婦人科学会生殖・内分泌委員会報告「平成 7 年度 生殖医学登録報告（第 7 報）：平成 6 年（1994年）分の臨床実施成績-国際統計報告書」、日産婦48巻12号（1996年）1182頁以下、日本産科婦人科学会理事会内委員会報告「平成 8 年度 診療・研究に関する倫理委員会報告（平成 7 年分の体外受精・胚移植等の臨床実施成績）」、日産婦49巻 8 号（1997年）697頁以下、日本産科婦人科学会生殖・内分泌委員会報告「平成 8 年度 生殖医学登録報告（第 8 報）：平成 7 年（1995年）分の臨床実施成績-国際統計報告書」、日産婦49巻12号（1996年）1143頁以下、日本産科婦人科学会理事会内委員会報告「平成 9 年度 診療・研究に関する倫理委員会報告（平成 8 年分の体外受精・胚移

植等の臨床実施成績および平成10年3月における登録施設名）」、日産婦50巻5号（1998年）267頁以下、日本産科婦人科学会生殖・内分泌委員会報告「平成9年度 生殖医学登録報告（第9報）：平成8年（1996年）分の臨床実施成績-国際統計報告書」、日産婦51巻9号（1999年）803頁以下、日本産科婦人科学会理事会内委員会報告「平成10年度 診療・研究に関する倫理委員会報告（平成9年分の体外受精・胚移植等の臨床実施成績および平成11年3月における登録施設名）」、日産婦51巻6号（1999年）361頁以下、日本産科婦人科学会生殖・内分泌委員会報告「平成10年度 生殖医学登録報告（第10報）：平成9年（1997年）分の臨床実施成績-国際統計報告書」、日産婦51巻11号（2001年）1098頁以下、「平成11年度倫理委員会・登録・調査小委員会報告（平成10年分の体外受精・胚移植等の臨床実施成績および平成12年3月における登録施設名）」、日産婦52巻7号（2000年）962頁以下、日本産科婦人科学会生殖・内分泌委員会報告「平成11年度 生殖医学登録報告（第11報）：平成10年（1998年）分の臨床実施成績-国際統計報告書」、日産婦53巻3号（2001年）665頁以下参照。

50）「平成27年度倫理委員会 登録・調査小委員会報告（2014年分の体外受精・胚移植等の臨床実施成績および2016年7月における登録施設名）」、日産婦68巻9号（2016年）2077頁以下参照。

51）前掲註4）日本産科婦人科学会「医学的適応による未受精卵子、胚（受精卵）および卵巣組織の凍結・保存に関する見案」（平成28年6月）、日産婦68巻8号1470頁以下参照。

52）日産婦誌68巻8号（2016年）1466頁以下、特に1468頁参照。

53）Human Fertilisation and Embryology Authority（HFEA）委員会副議長を歴任した Emily Jackson は、イギリスの NIPT の状況などについて報告する。Emily Jackson, Regulating Non-Invasive Prenatal Testing:the view from the UK、法政論叢50巻2号（2014年）9頁以下参照。HFEA について、http://www.hfea.gov.uk/119.htmlhttp://www.hfea.gov.uk/119.html

54）朝日新聞2016年7月17日参照。

55）前掲註14）山本由美子「母体血を用いた出生前検査（NIPT）と『臨床研究』システムが示すもの」、73頁参照。山本由美子講師は、NIPT 後の確定検査陽性後の人工妊娠中期中絶の実情と問題性について指摘する（前掲註7）参照）。

56）佐藤孝道『出生前診断』、有斐閣、1999年、43頁参照。前掲註7）山本由美子『死産児になる-フランスから読み解く「死にゆく胎児」と生命倫理』、138頁以下及び贄 育子「人工妊娠中絶の法規制-胎児異常による人工妊娠中絶の法的課題-」、法政論叢52巻2号（2016年）95頁以下、特に100頁参照。

57）前掲註7）山本由美子『死産児になる-フランスから読み解く「死にゆく胎児」と生命倫理』、28頁及び134頁参照。具体的な「死産」の技法（「胎児安楽死」と「胎児殺し」）について、同著163頁以下参照。

58）石川友佳子准教授は、「違法な人工妊娠中絶や違法な堕胎行為の結果、行為者の意図に反して、母体外に排出された胎児が生きていた場合」について未熟児医療の展開を視野に医事刑法の視点から堕胎罪との関連性について論及する（同「母体外に排出された胎児に関する一考察」、福岡大学法学論叢55巻3-4号（2011年）343頁以下参照）。

第 3 章

先端医療と民事法及び刑事法との交錯

第1節　検査結果の誤伝達によるクライアントの権利侵害

Ⅰ．序　言

　1．生命誕生に至るプロセスは、受精、着床に始まり妊娠22週前後を境界に出産に至るまでの各プロセスにおいて生命倫理の視点から重要な問題を内包する。各プロセスの医療・診断方法は、以下の様に分類される。生殖補助医療（Assisted Reproductive Technology：ART）は、受精に至るまでのプロセスを対象とする医療である。着床前診断は、胚移植前（妊娠成立前）の初期胚を検査する診断法であり、診断の具体的方法として着床前遺伝子診断（Preimplantation Genetic Diagnosis：PGD）及び着床前スクリーニング（Preimplantation Genetic Screening：PGS）があり、受精から着床に至るまでのプロセスを対象とする医療・診断である。出生前診断（Prenatal Diagnosis）は、着床から出産に至るまでのプロセスを対象とする診断であり、非侵襲的出生前遺伝学的検査（Non-Invasive Prenatal Genetic Testing：NIPT）は、着床から妊娠22週未満のプロセスを対象とする検査・診断である[1]。

　2．非侵襲的出生前遺伝学的検査は、約20ml の妊婦の血液採取という簡便な方法で妊娠10週目以降の胎児の染色体数的異常（21 trisomy、18 trisomy、13 trisomy）の有無を検査する非確定的検査技術である。

　妊婦は、非侵襲的出生前遺伝学的検査結果が陽性の際には羊水検査（経腹的羊水穿刺 amniocentesis）や絨毛検査（経腟的・経腹的絨毛採取 chorionic villus sampling：CVS）等の確定的検査で胎児の染色体数的異常の有無を検査し、妊娠継続の是非を含めその後の対応についてパートナーとの濃密な意見交換の機会を設けることが可能となる[2]。

　非侵襲的出生前遺伝学的検査の導入は、簡便性ゆえに人工妊娠中絶の増加、染色体数的異常を有する新生児への偏見の助長及び存在否定への危惧から慎重な検討が重ねられ、臨床研究として実施されている[3]。

　平成27年1月25日、NIPT コンソーシアムは、平成25年4月から平成26年3

204　第 3 章　先端医療と民事法及び刑事法との交錯

月末までの非侵襲的出生前遺伝学的検査の実施データを公表した。公表データによると、受検者数7,740名中、陰性7,581名・陽性141名・判定留保18名（18名の内訳は陰性13名、陽性 1 名、羊水検査 2 名、 2 回目判定留保 2 名）である。陽性142名の内訳は、21トリソミー79名、18トリソミー50名、13トリソミー13名である。データは、NIPT 検査適応別陽性率、検査陽性者の確定診断検査陽性的中率、平成25年 4 月から平成26年 8 月までの被検者11,877名の母体年齢と NIPT 陽性の関係及び検査データ結果7,740例中の陰性例1,638例の追跡調査結果である[4]。

　平成27年 4 月10日、NIPT コンソーシアムは、平成25年 4 月から平成26年 9 月末までの非侵襲的出生前遺伝学的検査の実施データを公表した。公表データによると、受検者数12,782名中、陽性219名（1.71％）、羊水検査等の確定的検査で201人が陽性と確定し、26人が流産・死産であった。妊娠継続を望んだのは 4 人で、167人が人工妊娠中絶を選択する。尚、NIPT コンソーシアムの有志は、性染色体の病気など新たに 3 項目の検査（男児のみに発症する遺伝性疾患を調べるために性別判定、ターナー症候群等性染色体の本数の異常、染色体の僅かな欠損による病気）の追加要望書を日本産科婦人科学会に提出し、同学会は今後、小委員会を設置し、これまでの新型検査の進め方などを検証し、検査対象を拡大するか慎重に検討するとのことである[5]。

　非侵襲的出生前遺伝学的検査は、臨床研究と位置付けられ実施施設は日本医学会「母体血を用いた出生前遺伝学的検査」施設認定・登録部会において承認された施設に限定されている[6]。認可された各臨床研究実施施設は、同学会「母体血を用いた出生前遺伝学的検査」施設認定・登録部会への年間臨床実施件数等の報告を義務付けられている[7]。平成27年 1 月13日現在、11,931件の症例が同施設認定・登録部会に報告されている[8]。非侵襲的出生前遺伝学的検査の実施件数の多い認定施設は、名古屋市立大学病院産科婦人科・臨床遺伝医療部（1,697件）、横浜市立大学附属病院遺伝子医療部（1,429件）、国立成育医療研究センター（1,359件）、昭和大学病院（1,183件）である[9]。

　非侵襲的出生前遺伝学的検査は、陽性と判定された被検者のその後の対応如何により人工妊娠中絶選択等の倫理的問題が潜在化することは共通の理解である。それ故、非侵襲的出生前遺伝学的検査データの必須項目は、陽性と確定した被検者のうち妊娠中絶した実数等である。

第1節　検査結果の誤伝達によるクライアントの権利侵害　*205*

　非侵襲的出生前遺伝学的検査は、検査前及び検査後の十分なカウンセリングの実施が検査実施条件であり、認定施設の陽性被検者追跡調査は責務である。

　NIPT コンソーシアムは、近時、研究目的を当初の「無侵襲的出生前遺伝学的検査を適切に運用するための遺伝カウンセリングの基礎資料（検査実態、施設基準、情報提供、カウンセリング内容など）を作成する」から「無侵襲的出生前遺伝学的検査後の妊娠帰結や児の状況を継続的に把握して解析すること」へとシフトしている[10]。NIPT コンソーシアムの HP 上の公表データは、メディアにリークした情報とは異なり最も必須なデータである「陽性と確定した被検者のうち人工妊娠中絶を選択した実数」を欠如した瑕疵あるデータであり、新たに掲記する「無侵襲的出生前遺伝学的検査後の妊娠帰結や児の状況を継続的に・把握・解析」（＝傍点筆者）との研究目的とも齟齬するものである。

　非侵襲的出生前遺伝学的検査実施施設は、検査結果データのクライアントへの的確かつ適切な提供とデータ内容の正確な理解へのアドバイスが検査実施の前提である。また、非侵襲的出生前遺伝学的検査分析機関は、検査結果データを検査依頼施設へ的確に報告する責務がある。非侵襲的出生前遺伝学的検査分析会社が、検査分析結果を依頼施設へファックス送信手段を利用し、しかも番号誤入力により間違った相手に送信した事例が報告されている[11]。非侵襲的出生前遺伝学的検査結果データは、クライアント及びパートナーのみならず双方の原家族全構成員にも影響する遺伝情報を包含するものであり、検査機関は私的・公的を問わず厳重な守秘義務及び検査結果データ保全義務が課されている（NPO 法人個人遺伝情報取扱協議会『個人遺伝情報を取扱う企業が遵守すべき自主基準（個人遺伝情報取扱事業者自主基準)』策定：平成20年3月、改正：平成26年5月)。

　3．平成27年2月28日、日本産科婦人科学会は、『「着床前診断」に関する見解（改定案)』を会員に提案する[12]。
　『「着床前診断」に関する見解（改定案)』に至る日本産科婦人科学会の指針の変遷の概要は、以下の通りである。
　日本産科婦人科学会は、平成10年10月会告「『着床前診断』に関する見解」において、着床前診断の実施対象を「重篤な遺伝性疾患」に限定し、被実施者の「強い希望がありかつ夫婦間で合意が得られた場合」を条件とし、実施機関を「体外受精・胚移植による分娩例を有し、かつ出生前診断に関して実績を有

206 第3章　先端医療と民事法及び刑事法との交錯

する」医療機関とし、施術者を「生殖医学に関する高度の知識・技術を習得した医師であり、かつ遺伝性疾患に対して深い知識と出生前診断の豊かな経験を有している」者に限定する。日本産科婦人科学会は、着床前診断実施を申請による認可制とする旨を告知した[13]。

　平成18年2月、日本産科婦人科学会は、実施対象に「染色体転座に起因する習慣流産（反復流産を含む）」を追加し、臨床遺伝専門医等による児の予後等を含めた遺伝カウンセリング実施を着床前診断の実施要件とし、検査方法をmicroarray CGH法とする[14]。

　その後、日本産科婦人科学会は、平成22年6月26日、従前の「『着床前診断』に関する見解」を改定し、「適応と審査対象および実施要件」を「原則として重篤な遺伝性疾患児を出産する可能性のある、遺伝子変異ならびに染色体異常を保因する場合」に限定適用し、但書で「均衡型染色体構造異常に起因すると考えられる習慣流産（反復流産を含む）も対象」とした[15]。

　日本産科婦人科学会は、「着床前スクリーニング（Preimplantation Genetic Screening：PGS）」についても検討を重ねる。平成25年11月19日開催平成25年度第4回倫理委員会は、生化学的妊娠、PGSに関するWGに関して論議する。

　　「PGDに関連する事項として、苛原委員長から着床前診断WG（小委員長：竹下俊行先生）で生化学的妊娠と習慣流産に関して再度検討することが提案され、了承された。さらに苛原委員長より、実施の是非はともかく、PGSに関するWGを新設することが提案され、了承された。12月23日（月、祝）に「PGDとPGSに関する公開シンポジウム」ならびに「臨時倫理委員会」を開催することが提案された。
　　苛原　稔委員長　　資料にあるような構成で、数名の演者候補を検討している。
　　　PGDの現状に関しては、平原委員にご報告をお願いしたい。演者の選定に当たって、委員の意見を伺いたい。
　　吉村泰典先生　　PGSにテーマを絞る、患者団体からの演者も考慮してはどうか？
　　　公開シンポジウムおよび臨時倫理委員会の開催は了承され、各委員へプログラム案を回覧し、意見を集約して、開催準備を進めることとなった。」[16]

　平成26年2月4日開催平成25年度第5回倫理委員会は、「PGSに関する小委員会」の立ち上げを論議する。

　　「苛原委員長から、平成25年12月23日にPGSに関する公開シンポジウムを行い、様々な情報と意見が集まったことが報告された。PGSの実施を前提とはせず、議論を深めるために「PGSに関する小委員会」を立ち上げること（臨床遺伝の専門家として、神奈川県立こども医療センター遺伝科の黒澤健司先生と東京女子医科大学統

第1節　検査結果の誤伝達によるクライアントの権利侵害　　*207*

合医科学研究所の山本俊至先生も、オブザーバーとして参加する）が提案され、了承された。尚、第1回委員会は3月12日に開催予定となった。」[17]

　平成26年3月14日開催平成25年度第6回常務理事会において、苛原 稔倫理委員会委員長より、3月14日13時30分から14時30分まで報道機関を対象に実施したPGSに関するブリーフィングについて、「メディアもよく勉強しており、活発な質疑があった。」との報告がなされた。3月12日に「第1回PGSに関する小委員会」が開催されたとの報告がなされ、「今後、技術面、倫理面の検討と、臨床研究としてどのようにやっていく必要性があるのかなどについて1年くらいの期間の内にまとめていきたい。」との報告がなされた[18]。

　平成26年9月20日開催平成26年度第2回理事会において、苛原 稔倫理委員会委員長より「PGSに関する小委員会」中間報告ならびに倫理委員会内の審査委員会立ち上げおよびシンポジウムの開催予定について報告され、特に異論なく全会一致で承認された。

　　苛原 稔委員長　　PGSの臨床応用の可能性について、どういう疾患をどういう扱いとすると利点があるのか、会告を変えないで臨床研究を行うということを検討している。見解の変更を行わないので総会ではなく理事会で審議いただきたい。検討が順調に進めば、外からの意見を聴取するためのシンポジウムを11月に開催し、理事会に再度ご報告したい。
　　小西郁生理事長　　科学的検証が十分でなかった部分もあり、臨床研究を行うことはよいのではないか[19]。

　平成26年11月25日、日本産科婦人科学会倫理委員会は、同日開催の委員会において「着床前スクリーニング（Preimplantation Genetic Screening：PGS）」の臨床研究実施について大筋了解を得、理事会承認後、来年度から体外受精を3回以上しても妊娠に至らなかった女性や2回以上流産を繰り返す女性らを対象とし実施する計画である[20]。

　平成26年12月13日、日本産科婦人科学会理事会は、倫理委員会提案の「着床前スクリーニング（Preimplantation Genetic Screening：PGS）」の臨床研究の実施を承認した[21]。

　平成27年1月16日、日本産科婦人科学会は、「PGSを検討するためには、社会的倫理的な議論を広く行うとともに、疾患治療の観点からの科学基盤的情報を得る必要性が高いと判断し、国内での限定された試験的実施によるPGSの

有用性の検討を行う『特別臨床研究』を実施することを計画しています。」として、公開シンポジウム「着床前受精卵遺伝子スクリーニング（PGS）について」の開催を案内し、平成27年2月7日実施した[22]。

平成27年2月28日、日本産科婦人科学会は、以上の経緯を踏まえ理事会の承認を得て倫理委員会提案として「『着床前診断』に関する見解（改定案）」を告知し、会員に対し意見募集をした[23]。

4．未受精卵子の凍結・保存及び使用に関し、日本生殖医学会倫理委員会は、平成25年11月15日、倫理委員会報告「未受精卵子および卵巣組織の凍結・保存に関するガイドライン」を公表し、悪性腫瘍の治療等、医学的介入による性腺機能の低下をきたす可能性を懸念する場合を「医学的適応」、加齢などの要因により性腺機能の低下をきたす可能性を懸念する場合を「社会的適応」として区別し、それぞれについて留意すべき事項を提示した[24]。

日本産科婦人科学会は、平成26年4月17日開催された臨時総会で倫理委員会より提案された「医学的適応による未受精卵子および卵巣組織の採取・凍結・保存に関する見解」を承認した。本見解は、目的として「悪性腫瘍など（以下、原疾患）に罹患した女性に対し、その原疾患治療を目的として外科的療法、化学療法、放射線療法などを行うことにより、その女性が妊娠・出産を経験する前に卵巣機能が低下し、その結果、妊孕性が失われると予測される場合、妊孕性を温存する方法として、女性本人の意思に基づき、未受精卵子を採取・凍結・保存すること（以下、本法）が考えられる。本法は、原疾患治療で発生する副作用対策の一環としての医療行為と考えられるので、治療を受ける時期に挙児希望がない場合でも、本人が希望する場合には医療行為として認める必要がある。しかし、本法の実施が原疾患の予後に及ぼす影響、保存された卵子により将来において被実施者が妊娠する可能性と妊娠した場合の安全性など、未だ明らかでないことも多いため、被実施者に十分な情報提供を行い、被実施者自身が自己決定することが重要である。」とする[25]。

平成26年12月6日、未授精卵子の凍結保存後の使用に関する新たな事例が報告され、倫理的問題の有無が検討されるに至った。本ケースは、未授精卵子を12年間凍結保存した後、解凍した卵子と夫の精子を体外受精させ受精卵1個を女性（30歳）の子宮に戻し男児を出産した事例である。女性は高校2年生時に

悪性リンパ腫を発症し、抗がん剤投与で卵子が作られなくなる可能性から本格的治療開始前に不妊治療施設で卵子 2 個を採取し、液体窒素で凍らせ、氷点下196度で12年間保管していた。女性は、卵子採取 1 ヶ月後に骨髄移植でがんを克服した[26]。本ケースは、日本生殖医学会倫理委員会報告「未受精卵子および卵巣組織の凍結・保存に関するガイドライン」の「医学的適応」及び日本産科婦人科学会「医学的適応による未受精卵子および卵巣組織の採取・凍結・保存に関する見解」に該当する。

　5．クライアントは、インフォームド・コンセントの一環として医師から自己の検査結果について説明を受け十全な理解のもと選択肢を自己決定し、決定内容については自己責任を負うものとする。現在の医療実務は、このようなクライアントと医師の関係性を前提に診療契約が締結されている。

　本稿で考察の対象とする函館地裁平成26年 6 月 5 日民事部判決は、羊水検査報告書に分析所見として「染色体異常が認められました。」との記載及び胎児がダウン症児であることを示す添付された分析図を主治医が看過し、妊娠20週目のクライアントに対し胎児に異常なしと説明し、クライアントは妊娠を継続し、出産直後に転院先の主治医から羊水検査結果に21trisomy の所見が示されていたことを知らされ、出生児が生後 3 ヶ月16日目にダウン症で死亡した事実に対し損害賠償を請求した事案である。

　検査結果誤解読に基づく誤情報提供は、クライアントの正確な情報に基づく的確な自己決定権行使の機会喪失を齎し責任追及の対象となる。

Ⅱ．医療過誤、特に検査結果の誤伝達事例の検討

1．はじめに

　出生前診断に関する従前の判例は、妊娠初期に風疹に罹患した妊婦に対する医師の説明義務欠缺や検査不実施状況下で先天性風疹症候群児が誕生した場合の損害賠償責任について検討する[27]。東京地裁平成 4 年 7 月 8 日民事第34部判決は、主治医の 4 回目の風疹検査の失念を債務不履行と判断し、妊娠初期の風疹罹患が胎児に先天的障害を惹起するとの説明義務を果たさず、原告の自己決定権の前提となる情報を提供しなかった点を慰謝料の対象とした[28]。京都地裁

210　第3章　先端医療と民事法及び刑事法との交錯

平成9年1月24日第6民事部判決は、確定診断である羊水検査結果判明が妊娠23週以降となる事案において出産準備のための事前情報の提供について検討の後、「出産準備のための事前情報として妊婦が胎児に染色体異常が無いか否かを知ることが法的に保護されるべき利益として確立されているとは言えないから、出産するか否かの検討の余地が無い場合にまで、産婦人科医師が羊水検査を実施すべく手配する義務等の存在を認めることはでき（ない）」と判示する[29]。

2.【判例1】最高裁昭和36年2月16日第一小法廷判決[30]
【事実の概要】

1.　Xは、昭和23年2月5日子宮筋腫のため国Y（控訴人、上告人）の経営する東京大学医学部附属病院分院産婦人科に入院し、訴外A医師の治療を受けた。Xは、入院当初から貧血著明であり、A医師は、Xの身体の衰弱が甚だしかったので体力補強の為に輸血を選択した。A医師は、同院が常に給血を受けている輸血組合の組合員Bより給血を受け、同年2月7日、8日、9日及び27日の4回に亘ってXに輸血した。Xは、2月9日子宮筋腫手術を受け、3月3日治癒退院した。A医師は、2月27日の輸血に際し給血者Bが財団法人日本性病予防協会附属血液検査所発行の証明書（血清反応結果・陰性）を持参したので、「身体は丈夫か」とだけ質問し、自ら血液検査も視診、触診、問診等もせず直ちに採血し、Xに輸血した。給血者訴外Bは、昭和23年2月14、5日頃国鉄上野駅附近において梅毒感染予防措置を採らず売春婦に接し、輸血時には自覚症状はないが梅毒に感染していた。

Xは、退院後、昭和23年3月13日頃より発熱、眩暈、頭痛等の症状が発現し、4月8日再び同病院分院内科に入院し、治療を受けることとなった。Xは、入院当初から担当医師等に対し発熱、眩暈、耳鳴、頭痛等の症状を訴え、担当医師等はその対症療法を講じたが、病状は一向に好転せず、5月13、4日頃担当医師等はXの病状について梅毒の疑を持ち、5月16日血清反応検査のため採血し、25日血清反応検査が行われ、29日に至り検査結果が陽性と判明した。Xは、6月1日より駆梅療法を受け、病状は次第に好転し、同年9月30日退院した。Xは、退院後も通院治療を受け、また梅毒罹患により夫との円満な家庭生活が破壊され離婚せざるを得なくなった。

第1節　検査結果の誤伝達によるクライアントの権利侵害　　*211*

　本件は、XがYに対し損害賠償請求した事案である。Xは、梅毒罹患という結果により蒙った損害はA医師がY経営病院の医師として治療過程で過失により生じさせたものであり、Yが賠償すべきであるとして損害賠償金額1,097,858円66銭を請求した。損害賠償金額の内訳は、再入院による入院料・治療費等4万余円、洋裁・華道・茶道の出張教授による月額6,000円の収益3年間分の損害約196,000円余、精神的肉体的苦痛に対する慰謝料860,000円である。

　2．原原審東京地裁昭和30年4月22日民事第3部判決は、「梅毒感染の危険の有無はその者自身が最もよく了知して居るのが通例であると言はなくてはならない。従って前述の科学的方法が梅毒感染の有無と確定的に診断することが出来ず然も梅毒罹患の危険性のあるものである以上、医師としては給血者について梅毒感染の危険の有無を知るに足る事項を発問しその危険の有無を確かめ、事情の許す限り危険のない給血者より採血すべきものでありその危険のある限り起り得べき梅毒罹患の結果を避ける為め、その給血者よりの輸血を行ふべきではないと言ふべきである。」との一般原則を判示したうえで、「A医師が相当の問診を為して居たならば、Bの血液を原告に輸血するにおいては原告の梅毒に罹患することのあり得べきことを認識し得た筈であると言はなくてはならない。して見ればA医師はBについて問診を為すこともなく、梅毒罹患の危険なしとしてBの血液を輸血し、為に原告が梅毒に罹患したものであるから、A医師は、原告の梅毒罹患について過失あるものと言ふべきである。」と判示し、Yの損害賠償責任を認め、再入院治療費、ホフマン方式算定計算による喪失利益及び慰謝料200,000円を含み422,258円66銭の支払いを命じた[31]。

　3．原審東京高裁昭和31年9月17日第5民事部判決は、「梅毒感染の危険の有無について最もよく了知している給血者自身に対し、医師として梅毒感染の危険の有無を推知するに足る事項を発問し、その危険の有無を確かめ、事情の許す限り（本件の場合輸血が一刻を争う緊急の場合でないこと原判決認定のとおり）かかる危険のないと認められる給血者から採血すべき注意義務ある」と判示し1審の判断を支持し、金422,258円66銭及びこれに対する昭和23年12月9日以降右完済まで年5分の率による金員の支払をYに命じた[32]。

　4．Yは、「原判決には、医療における医師の注意義務に関し民法第709条の解釈適用を誤った違法がある。」として上告した。上告理由の第1は、「本件担当医師のおかれた諸条件の下においては、給血者に対する問診の省略が許さ

212 第3章 先端医療と民事法及び刑事法との交錯

れるものと解するのが相当であって、これに反する原判決の判断は、医師に対して不当に過度の注意義務を課した誤りがある。」とする。第2は、「仮に担当医師に問診をすべき義務があるとしても、その問診の程度内容について、原判決は、医師に対し過度の注意義務を求められている点においても、上告人の首肯し得ないところがある。」とする。

【判旨】上告棄却。

法廷意見は、「（医師は＝筆者註＝）梅毒感染の危険の有無について最もよく了知している給血者自身に対し、梅毒感染の危険の有無を推知するに足る事項を問診し、その危険を確かめた上、事情の許すかぎり（本件の場合は、一刻を争うほど緊急の必要に迫られてはいなかった）そのような危険がないと認められる給血者から輸血すべきであり、それが医師としての当然の注意義務であるとした判断は、その確定した事実関係の下において正当といわなければならない。」と判示し、「現に本件給血者は、職業的給血者ではあったが、原判決及びその引用する第一審判決の確定した事実によれば、当時別段給血によって生活の資を得なければならぬ事情にはなかったというのであり、また梅毒感染の危険の有無についても、問われなかったから答えなかったに過ぎないというのであるから、これに携わった担当医師が、懇ろに同人に対し、真実の答述をなさしめるように誘導し、具体的かつ詳細な問診をなせば、同人の血液に梅毒感染の危険あることを推知し得べき結果を得られなかったとは断言し得ない。」とし、「然るに本件の場合は、A医師が、医師として必要な問診をしたに拘らず、なおかつ結果の発生を予見し得なかったというのではなく、相当の問診をすれば結果の発生を予見し得たであろうと推測されるのに、敢てそれをなさず、ただ単に『からだは丈夫か』と尋ねただけで直ちに輸血を行ない、以って本件の如き事態をひき起すに至ったというのであるから、原判決が医師としての業務に照し、注意義務違背による過失の責ありとしたのは相当であり、所論違法のかどありとは認められない。よって、民訴396条、384条、95条、89条に従い、裁判官全員の一致で、主文のとおり判決する。」として医師の過失責任は免れないと判示した。

【研究】

1．法廷意見は、本件輸血の緊急性について一刻を争うような特段の事情はなかったとする。また、法廷意見は、「陰性又は潜伏期間中の梅毒につき、

現在、確定的な診断を下すに足る利用可能な科学的方法がない」状況下での問診の重要性を指摘し、担当医Aの梅毒感染チェックとして給血者Bから真実の答述を引き出すため誘導するような具体的かつ詳細な問診を前提とした輸血実施を医師の注意義務とする。昭和23年当時の輸血血液の確保状況は、近親者及び知人からの提供で不足な分は一般の給血者からの提供に委ねていた。給血者は、善意の血液提供者以外は、自己の血液と交換に金銭の対価を得る職業的給血者であった。それ故、財団法人日本性病予防協会附属血液検査所発行の証明書は、提供された血液の安全性を担保する方策として一定の有効性を有していた。即ち、梅毒第1期は、潜伏期間があり感染後約3週間で初期硬結症状が発症するため採血数日前ないし十数日前に実施した給血者の血清反応検査において反応陰性となるタイムラグが存する。タイムラグを念頭に提供された血液の安全性確認は、採血実施医師による給血者への十全な問診に委ねられている。原原審は、給血者Bに先天性梅毒はなく、梅毒感染の機会は昭和19年暮頃と昭和23年2月14、5日頃との事実認定をしている。

法廷意見の趣旨は、給血者Bは昭和23年2月12日附財団法人日本性病予防協会附属血液検査所発行の証明書を持参し採血に臨んでいるが、採血するA医師は、タイムラグを考慮し採血実施20日前以降の性交渉での梅毒感染予防措置の有無を問診で確認する注意義務があったとするものである。法廷意見は、注意義務の程度について「注意義務の存否は、もともと法的判断によって決定さるべき事項であって、仮に所論のような慣行が行なわれていたとしても、それは唯だ過失の軽重及びその度合を判定するについて参酌さるべき事項であるにとどまり、そのことの故に直ちに注意義務が否定さるべきいわれはない。」と判示し、「医療慣行」では不十分であるとし、「いやしくも人の生命及び健康を管理すべき業務（医業）に従事する者は、その業務の性質に照し、危険防止のために実験上必要とされる最善の注意義務を要求されるのは、已むを得ないところといわざるを得ない。」と判示し、「最善の注意義務」を要求する[33]。

法廷意見は、判決理由において医師の過失認定に際し、十全な問診の実施義務について射程距離を抽象的に論議することなく個別具体的に論議している[34]。

2.　梅毒感染の潜伏期間と発症との関係について、原原審東京地裁昭和30年4月22日民事第3部判決は、「梅毒に感染した場合通例感染後約4週間は血

214 　第3章　先端医療と民事法及び刑事法との交錯

清反応を検するも陰性であり、感染後大体6、7週間にして陽性を呈する様になるが、それも時日を経過すると共に次第に陽性を呈する率は増大し、梅毒第2期において最も高い陽性率を示すのであるが、その陰性期間中においてもその血液を輸血した場合には血清反応検査の陰陽に拘らず輸血を受けた者が梅毒に罹患する場合のあることが認められる。」と判示する[35]。控訴審においてYは、「血液検査証にワ氏反応、村田氏反応ともに陰性とされた者が検査証発行の日から15日後に輸血のため医師の前に現われるとき、梅毒罹患者である確率は0.3パーセント以下であるから、(梅毒血清反応が陽性になるのは感染後平均6週間後で、この6週間を血清陰性期と云い、感染後第13〜14週後にして第2期の症状を呈し100パーセント陽性となる。しかし第2期の初期にはかような高率に陽性にでるものでなく、たとえば、日時と共に直線的に増加するとしても1週間毎に10パーセントを増すと考えれば最高であり、実際にはその初期はおそらく5パーセント以下であると想像せられるから、本件の場合血清反応の陰性として現われた2月12日から2週間を経過した輸血日である同月27日における陽性率は、その2倍即ち10パーセントとなる。そしてわが国の青年層における梅毒罹患率は3〜4パーセントに過ぎないのであるが、給血者はたびたび血液検査を受けているから、給血者が梅毒罹患者として医師の前にあらわれた確率は、これ以下であることは明らかであり、今仮りに3パーセントと見ると、2週間前に血清反応が陰性であった給血者が、2週間後に血清反応陽性の者として医師の前にあらわれる可能性は、3パーセントの10パーセントで、結局0.3パーセント以下であると想像せられる)血液検査証のみを信頼して、その者から採血する場合の安全率は、99.7パーセント以上なのである。このように高度の安全率を持つ場合なのであるから、血液検査証と、更に給血斡旋所の発行する会員証の前提をなす健康診断に信頼して、問診等を省略することが許されるものと謂うべく、問診を省略したからといって医師の過失を以て論ずるのは不当である。」と主張した[36]。

　原審東京高裁昭和31年9月17日第5民事部判決は、「陰性または潜伏期間中における梅毒罹染の確定的な診断を下すに足る利用可能な科学的方法がないとすれば、その正確性の点から言えば、血清反応検査、視診、触診、聴診に対し従属的ではあるが、先天的梅毒その他の例外を除き、梅毒感染の危険の有無について最もよく了知している給血者自身に対し、医師として梅毒感染の危険の有無を推知するに足る事項を発問し、その危険の有無を確かめ、事情の許す限り(本件の場合輸血が一刻を争う緊急の場合でないこと原判決認定のとおり)かかる危

険のないと認められる給血者から採血すべき注意義務ある」と判示し、Ｙの主張を排斥し控訴を棄却する[37]。

3．日本輸血・細胞治療学会は、「1964年、ライシャワー（E. Reishauer）駐日米国大使が暴漢に襲われ、そのとき受けた輸血により輸血後肝炎を発症するという騒ぎとなりました。このいわば国の大恥といえる出来事が最後の後押しとなり、いままで売血に頼ってきた輸血用の血液を、日本赤十字社を中心とする献血一本で行くとの国の進路が宣言されました。1964年、Ｂ型肝炎ウイルス本体であるオーストラリア抗原の発見を始まりとして、HIV やＣ型肝炎ウイルスなどの輸血感染症を引き起こす病原体がつぎつぎ発見され、それらに対するスクリーニング法が献血に導入され、輸血の安全性は格段に向上しました。」と日本における輸血制度の変遷の概略を紹介する[38]。

現在輸血に必要な血液確保制度は、善意の献血を中心として実践されている。今日的問題としては、HIV やＣ型肝炎ウイルス感染者からの献血回避であり、各スクリーニング法の導入により感染チェックが実践されている[39]。

輸血に伴う最新医療情報の一つは、細菌に汚染された輸血用血液製剤輸血に起因する敗血症予防として献血血液の細菌汚染の防止対策が重要な課題となっている。その防止対策としては、問診の強化、皮膚消毒法の改良、赤血球製剤の有効期限の短縮、初流血液除去の導入等が実施されている[40]。

本件輸血実施は、昭和23年２月当時における売血に依存する輸血制度下においても担当医の適切な問診の実施により梅毒感染が回避された事例であり、問診に際し「最善の注意義務」を要求し、十全な注意義務が履行されていないとする最高裁の判断は正当である。

3．【判例２】札幌高裁昭60年２月27日第２民事部判決[41]

【事実の概要】

原告Ｘ３は、原告Ｘ１及び原告Ｘ２の長女である。被告Ｙ１は、Ｋ産婦人科医院を開業する医師であり、被告Ｙ２は、診療に必要な臨床検査を業とする会社であり、被告Ｙ３は、Ｏ病院を設置・管理する社会福祉法人である。

1　第一子出生とその診療経過

原告Ｘ２は、第一子Ａ妊娠中の昭和46年11月20日から昭和47年３月15日ま

216　第3章　先端医療と民事法及び刑事法との交錯

でK医院に通院し、被告Y1の診療を受けた後転医した。昭和47年1月14日、被告Y1は、原告X2に対する諸検査をするため同原告から採血し、検査をY2に委託し、同センターよりA型RHプラスとの報告を受け、その直後来診した原告X2の持参したAの母子健康手帳中の「諸検査・計測の成績」の備考欄に「RH（＋）」と記載した。

　原告X2は、昭和47年4月17日から同年6月29日まで被告Y1から転医しO病院に通院し、担当医B医師の診療を受けた。原告X2は、同年7月2日O病院に入院し、翌3日Aを満期正常分娩し、同月10日母子とも同病院を退院した。原告X2は、診療・分娩に際し、O病院において血液型検査を受けることはなかった。

　2　原告X2の原告X3出産に至る経緯
　（1）原告X2は、第一子A妊娠後、昭和46年11月20日K医院を訪れ、被告Y1から妊娠回数、最終月経、血液型などの問診を受け、その際血液型については従前記憶していたA型とだけ述べた。原告X2は、その後、昭和47年3月15日まで被告Y1の診察を受け、その間、母子健康手帳中の「諸検査・計測の成績」欄中に「梅毒血清反応」「検尿（糖）」「検尿（絨白）」の検査結果と合わせてRH式血液型を右手帳の備考欄に「RH（＋）」との記載を受けた（検査報告書自体の添付はない）後、里帰り分娩のためK医院からO病院に転医した。原告X2は、昭和47年4月17日から同年6月29日まで合計7回O病院に通院し、B医師（但し、初診時のみは非常勤医師）の診察を受け、同年7月2日同病院に入院し、翌3日同病院においてAを満期正常分娩した。O病院において、B医師は、既に被告Y1が前記母子健康手帳の「諸検査・計測の成績」の備考欄に「RH（＋）」と記載されているのを確認して問診の結果を加味してその血液型本人欄に「A型RH（＋）」と転記し、そのカルテにも検査結果を転記するのみでO病院において改めて血液検査を実施しなかった。

　（2）原告X2は、第二子原告X3妊娠後の昭和49年1月9日K医院を訪れ、被告Y1から問診を受け、その後昭和49年3月11日まで被告Y1の診察を受け、その間、母子健康手帳に第一子の場合と同様の諸検査結果の一つとして被告Y1からRH式血液型を右手帳の備考欄に「RH（＋）」との記載を受けた（検査報告書自体の添付はない）。原告X2は、夫である原告X1の転勤の関係から神奈川県横須賀市所在のS病院で同年4月18日及び5月20日に診察を受け

た。原告X2は、その後里帰り分娩のためO病院に転医し、同年5月20日から妊娠予定日である同年7月4日まで合計5回O病院に通院し、同月7日午前1時頃陣痛が発起し、同日午前8時頃、入院した。当日は日曜日でB医師は自宅待機のため助産婦の介助の下に同日午前9時30分頃、人工破水したうえ、同日午前11時27分頃、原告X3を満期正常分娩により出産した。原告X3は、出生当時、体重2900グラム、頭囲、胸囲とも各33センチ、身長52センチで母子とも異常がなかった。第二子の妊娠・分娩に際し、原告X2の診療に当ったB医師は、被告Y1が母子健康手帳の備考欄に記載していた「RH（＋）」との検査結果を確認のうえそれについて原告X2に問診するのみで自ら改めて血液型検査をしなかった。

また、原告X2には、第一子、第二子以外にはそれまで中絶はもちろん妊娠歴及び輸血歴もなかった。

3　原告X3の出生後の状況とO病院における診療経過

原告X3は、満期正常分娩で出生し、体重2900グラムで分娩時には母子ともに何ら異常がなかった。原告X3は、出生翌日の7月8日午前10時頃の沐浴時には既に黄疸症状を示していた。同月10日、原告X3は原告X2の病室に移されたが、同日午後9時頃、原告X2は担当看護婦に原告X3に熱があり、哺乳量が少ないこと、黄疸が依然強いことなどの異常を訴えた。同看護婦は、原告X2に体温計を貸与したのみで、その訴えに耳を貸さなかった。この時、原告X2が、原告X3の体温を計ったところ39度あった。翌11日午前中の回診の際、原告X2がB医師に原告X3の症状について尋ねたところ、同医師は「黄疸は4度あるうちの2度であり血液型不適合の黄疸ではないので心配ない」旨述べた。翌12日、原告X2は、授乳の際原告X3が口を痙攣させることに気づきその旨を担当看護婦に伝えたが、同看護婦は「お腹が空いているとそういうこともある」としてとりあわなかった。同月13日、B医師より退院許可の指示があり、同日母子ともに退院した。

4　原告X3のO病院退院後の経過と現在の症状

原告X3は、O病院退院後も元気がなく寝てばかりで首もすわらず、両母指が掌についたままで伸びないため、昭和49年12月26日S病院整形外科においてC医師の診察を受け、昭和50年3月27日の再診時に脳性麻痺と診断され、同年7月12日から同年10月31日まで東京都板橋区所在の整肢療護園にて整形外

218   第3章　先端医療と民事法及び刑事法との交錯

科学上の診断・治療を受けた。原告Ｘ3は、その際もアテトーゼ型脳性麻痺との診断を受け、昭和51年には神奈川県から身体障害者第一級の認定を受け、現在、運動機能障害としてアテトーゼ型の脳性麻痺があり、垂直方向の眼球障害、聴力障害、歯にエナメル質形成異常が認められる。

　5　第三子の死亡に至る経緯

　原告Ｘ2は、原告Ｘ3に次いで第三子を妊娠し、妊娠3か月目である昭和50年6月11日から神奈川県横須賀市所在のＳ病院において受診した。同年7月9日、Ｓ病院で妊娠4ヶ月目の妊婦に対して行なう血液検査の結果、原告Ｘ2の血液型がＡ型Rhマイナスであることが判明した。原告Ｘ2は、さらに、同年10月29日の再検査の結果でもＡ型Rhマイナスとされた。Ｘ2の抗Ｄ抗体産生の有無を調べるため間接クームス試験を受けたところ陽性で既に抗Ｄ抗体が産生されていた。同年11月10日、同20日に実施された母体血の直接クームス試験では、抗体価がそれぞれ32倍、128倍にも達していることが判明し、同月21日羊水分析の結果羊水が一滴も出ず、即日入院し、早期娩出法による出産が試みられた。

　翌22日午前11時頃に陣痛を人工的に発起、同日午後4時40分頃人工破水させ、同日午後4時46分廻旋鉗子により胎児（在胎34週、身長40センチ、体重2550グラム、頭囲31.5センチ、腹囲38.5センチ、胎盤1940グラム）を娩出させた。胎児は、泣き声も発せず呼吸をすることもなく、分娩に立会った医師・助産婦のいずれも胎児の臍帯の拍動を確認出来ず、仮死の場合になされる蘇生術も施されなかった。第三子の一般状態を記載してあるパルトグラムの児心音の最終記載は、同日午後3時30分で、その後は他の事項については付加記載があるにも拘らず児心音の記載はなく分娩直後の児の一般状態を示すアプガルスコアーも1分後、5分後ともに「0」と記載され、分娩直後の臍帯血の検査によると直接クームス試験は陽性で血液検査結果内容も第三子の著しい溶血状態を示していた。

　6　原告Ｘ3の脳性麻痺及び第三子死亡の原因

　　1　RH血液型は、原告Ｘ2が陰性、原告Ｘ1、第1子Ａ、原告Ｘ3がいずれも陽性であり、夫婦間・母児間にともにRH血液型不適合が存在すること

　　2　原告Ｘ2には第一子ないし第三子の妊娠以外に妊娠歴・輸血歴ともに

ないところ、第三子妊娠時には既に体内に抗D抗体が産生されていたこと

3　第三子が新生児溶血性疾患の最も重篤な胎児全身水腫症に罹患していたと考えられること（既に認定した妊娠回数の増加に伴なう激症化の傾向、第三子の溶血の程度、胎盤の大きさなどによって認められる。）

4　抗D抗体産生後の初回妊娠で第三子のように胎児全身水腫症が発症することはほとんど考えられないこと

5　原告X3に出生直後から黄疸が出ていること

6　核黄疸の第2期症状とも考えうる発熱等の症状が原告X3のO病院入院中にみられること

7　B医師が副作用の強いアクスZを投与させて、ビリルビン除去のための治療をしていること

8　原告X3がアテトーゼ型脳性麻痺と診断されており、核黄疸による脳性麻痺はアテトーゼ型となること

9　原告X3には核黄疸による以外の脳性麻痺となる原因が特に考えられないこと

以上より、原告X3はRh血液型不適合妊娠による新生児溶血性疾患に起因し、核黄疸を発症しアテトーゼ型脳性麻痺に罹患し、第三子は胎児全身水腫症により死亡するに至ったと認定される。

原審札幌地裁昭和57年12月21日民事第2部判決は、開業医Y1、検査機関Y2及びO病院の各Rh式血液型判定誤謬に起因する第二子X3の溶血性核黄疸による脳性麻痺等の結果について各過失に基づく共同不法行為による連帯賠償責任を肯定し、原告X3、原告X1及び原告X2への賠償金の支払いを命じた[42]。

【判旨】原判決一部変更、一部控訴棄却。

札幌高裁は、理由において加筆訂正の上「当裁判所も第一審被告らは本件各結果について共同して第一審原告らに対し不法行為による損害賠償責任を負うべきであると判断する」と判示し、原告らの損害について検討し、第二子X3の逸失利益を若干減額し、第一審被告らに対し「各自金4644万6634円及び内金4444万6634円に対する昭和54年3月31日から完済まで年5分の割合による金員（ただし、内金2552円を差引いた金員）を支払え。」とし、原告X1及びX2の慰謝

220 第3章 先端医療と民事法及び刑事法との交錯

料及び弁護士費用を若干増額し、第一審被告らに対し「各自金500万円及び内金450万円に対する昭和49年10月1日から完済まで年5分の割合による金員を支払え。」と判示する。

裁判所は、原告X3の脳性麻痺及び第三子死亡の原因について以下の様に判示する。

「1　RH血液型は、原告X2が陰性、原告X1、訴外A、原告X3がいずれも陽性であり、夫婦間・母児間にともにRH血液型不適合が存在すること

2　原告X2には第一子ないし第三子の妊娠以外に妊娠歴・輸血歴ともにないところ、第三子妊娠時には既に体内に抗D抗体が産生されていたこと

3　第三子が新生児溶血性疾患の最も重篤な胎児全身水腫症に罹患していたと考えられること（既に認定した妊娠回数の増加に伴なう激症化の傾向、第三子の溶血の程度、胎盤の大きさなどによって認められる。被告Y3は胎児の奇形・羊水の不存在などを理由に遺伝又は先天感染による軟骨無形成症の重症致死型である旨主張するが、鑑定人馬場一雄の鑑定結果にもみるように、本件全証拠によってもこれを肯認しうる証拠はなく、高度の貧血や母児のクームス試験陽性成績を同症により説明することが困難とされていることからみても、前記認定をなすに妨げないというべきである。）なお、第一審原告らは、第三子の死産は、第一審被告らの過失により惹起されたものであるから、同被告らは信義則上第三子が死産であった旨を主張することは許されない旨主張するが、たとえ右のような事情があるからといって、同被告らの右主張が許されないものではないから、全証拠によるもほかに特段の事情の認められない本件においては、第一審原告らの右主張は採用することができない。

4　抗D抗体産生後の初回妊娠で第三子のように胎児全身水腫症が発症することはほとんど考えられないこと

5　原告X3に出生直後（被告Y3提出の看護記録によっても出生の翌日である。）から黄疸が出ていること

6　核黄疸の第2期症状とも考えうる発熱等の症状が原告X3のO病院入院中にみられること

7　B医師が副作用の強いアクスZを投与させて、ビリルビン除去のための治療をしていること

8　原告X3がアテトーゼ型脳性麻痺と診断されており、核黄疸による脳性

麻痺はアテトーゼ型となること

　9　原告Ｘ3には核黄疸による以外の脳性麻痺となる原因が特に考えられないこと

　以上によれば、ＲＨ血液型不適合妊娠による新生児溶血性疾患のため、原告Ｘ3は核黄疸を発症し、アテトーゼ型脳性麻痺に罹患し、第三子は胎児全身水腫症によって死亡するに至ったものと認められる。」と判示し、第二子Ｘ3のアテトーゼ型脳性麻痺及び第3子の死亡原因を認定する。

　裁判所は、検査機関Ｙ2の責任について「原告Ｘ2のＲＨ式血液型の判定検査依頼に対して被告Ｙ1に対して誤った検査報告をしたことが認められ、ＲＨ式血液型不適合による溶血性疾患は妊産婦がＲＨプラスの場合には起こりえないことからその後の担当医の妊産婦・新生児の管理体制に重大な影響を与え、ＲＨ式血液型不適合妊娠による新生児溶血性疾患のため、原告Ｘ3にアテトーゼ型脳性麻痺という重度の障害を与え、第三子を死亡させるに至ったもので、これらの結果（以下「本件各結果」ともいう。）につき他の被告と共同して原告らに対し不法行為による損害賠償責任を負う」と判示する。

　裁判所は、開業医Ｙ1の責任について「昭和43年4月1日の開業以来昭和51年11月まで同人が患者から採取した血液について、取下前第一審被告Ｙ2に各血液型の判定を依頼していたものであって、第一審原告Ｘ2が第一子及び第二子である同Ｘ3を懐胎した際にも同Ｘ2の血液型の判定を依頼したものであるところ、同被告Ｙ2からの原告Ｘ2のＲＨ血液型についての誤った検査報告を、その検査報告書も添付することなくそのまま自己の診療内容として母子健康手帳に記載したもので、自らも認めるとおりカルテにはＲＨ式を含めた血液型の記載をすることはなく、ＲＨ式血液型については母子健康手帳をいわば自らのカルテ代りに利用していたものということもでき、この母子健康手帳が、母性並びに乳児及び幼児の健康の保持及び増進を図るため母子保健法（昭和40年法律第141号）第16条に基づいて交付され、母親の妊娠中から出生児の小学校入学に至るまで引き続いて利用される性質のものであることから、右母子健康手帳の誤ったＲＨ式血液型記載により後医であるＯ病院のＢ医師をしてその旨の血液型検査を怠らしめ、第一子出生の際に抗Ｄ抗体の産生を未然に防止できなかったため、同病院の当時の新生児管理体制の不備と相まって、前記のとおり原告Ｘ3に脳性麻痺の障害を与え、第三子を死亡させるに至ったもので

被告Y1のRH式血液型についての右取扱、母子健康手帳への記載方法等に照らせば、専門検査機関である被告Y2の検査結果を信頼していたとしても、第一審被告Y1は、本来自ら或いはその指導監督のもとになすべき血液型の判定を前記のとおりY2に依頼してなしたものであり、Y2はいわば同被告の補助者ともいうべき地位にあるものであるから、その判定結果を信頼したとしても、その判定結果から生じた危険につきその責任を免れることではできないものと解すべきであって、本件各結果について他の被告と共同して原告らに対し不法行為による損害賠償責任を負うと解すべきである。この点、被告Y1はO病院において新生児重症黄疸の症状を発見したうえ、交換輸血を含めた適切な措置を講じておれば本件各結果を防止しえたものであり、被告Y1の母子健康手帳へのRH式血液型の誤った結果記載と本件各結果との因果関係はない旨主張するが、RH式血液型不適合妊娠による新生児溶血性疾患による核黄疸の発生を防止するには、妊産婦のRH血液型がマイナスか否かを判定することがまず基本となるというべきであり、右判定がマイナスという結果を得て、妊産婦の輸血歴、妊娠歴等を含めた妊産婦・新生児管理が強化される筋合にあり、妊産婦がRHプラスという反対結果を得ながら新生児管理によってこれを発見するためにはRH式血液型不適合による新生児溶血性疾患に基づく核黄疸が急速に進行し、発病後一両日にして第1期症状を経過して不可逆的な第2期以後の症状に及ぶことからより高度な新生児管理体制が要求されることに照らしても前記因果関係を認めるに妨げないというべきであり、また、原告X2が転医して被告Y1の診療時には具体的措置をとりうる段階になかったとしても、その母子健康手帳への判定結果の誤記載と本件各結果との因果関係の存在を否定することにはならないというべきである。」と判示する。

　裁判所は、O病院を設置・管理する社会福祉法人Y3の責任について「Y3は、その使用するB医師が前医である被告Y1のRH式血液型についての誤った検査結果の記載をそのまま信じて、原告X2がO病院に転医した第一子訴外A、第二子原告X3の各妊娠8か月頃から出産まで相当期間がありながらいずれもその旨の検査をすることなく、また、その新生児管理の不備と相まち本件各結果を招来させたもので、前医のRH式血液型についての記載を信頼したとしても血液型が妊産婦の突発的出血や重症黄疸児の出生予防、特にRH式血液型不適合による胎児溶血性疾患については胎児の9ないし10か月頃に母親

第1節　検査結果の誤伝達によるクライアントの権利侵害　　*223*

の血液検査により8、9割は早期発見が可能である旨を指摘する文献が第一審原告X2の通院当時既に数多く公刊されていたことなどを考え合わせると血液型の判定は基本的かつ重要な役割をになっており、（前掲甲第86号証ないし第91号証、同第93号証、同第96、第97号証、同第99号証による）第一審被告Y3は診療に当るべき担当医師が本来自ら或いはその指導監督のもとになすべき血液型の判定をなさず、前医の判定結果をそのまま利用して診療をなしたものであるから、右判定結果から生じた危険につきその責任を免れることはできないものと解すべきであって、本件各結果につき他の被告と共同して原告らに対し不法行為による損害賠償責任を負うというべきである。被告Y3はO病院におけるカルテの永久保存制を理由に原告X2の第二子妊娠中の診断における血液型検査の不要を主張するが、右制度は同被告の内部的制度にすぎないうえより適切な診療のための基礎資料としての従前の診断結果を利用する根拠とはなりえても、誤った検査結果の記載をいつまでも信頼してよいという根拠とはなしえず、この観点からも危険を引受けたとみる考え方が妥当するというべきである。さらに、被告Y3はO病院において本件各結果の発生を防止する手段はなかった趣旨の主張をし、原告は第一子訴外A出生の際抗Dヒト免疫グロブリン製剤を投与して抗D抗体の産生を未然に防止すべきとするが、原告提出のこの点に関する文献を整理すると別表15のとおりとなり（書証の成立は争いがない。同表中番号1ないし19が訴外A出生前に公刊されていたものである。）、文献上は右予防法がかなり紹介され、研究機関でもある北海道大学医学部付属病院においても昭和44年5月頃から投与例があり、昭和47年1月11日わが国でも抗Dヒト免疫グロブリン製剤の輸入が承認され、同年4月10日株式会社ミドリ十字により日本国内でも販売され、同年11月1日には薬価基準にも収載されるに至ったものである（《証拠略》により認める。）が、右薬品は非常に高価なうえ、未感作の女性の分娩後72時間以内に投与する必要があり、D因子の不適合に対してのみ効用を有するものであることに加えて訴外Aの出生時が昭和47年7月3日で国内での販売開始時期から3か月間を経過していないことなどに照らせば、仮に原告X2がRHマイナスであることが判明していたとしても一般病院であるO病院において訴外A出生の際に抗Dヒト免疫グロブリン製剤の投与までを期待するのは困難といわざるをえないが、既に認定したところによれば、第一審原告X3は、出生の翌日から黄疸が出ており、核黄疸の第2期症状と考えら

224　第3章　先端医療と民事法及び刑事法との交錯

れる発熱等がみられていたのであるから、原告X2の妊婦管理及び原告X3の新生児管理を的確に行ないその一般状態（ビリルビン値を含む。）を正確に把握したうえで交換輸血の処置をしていたならば新生児溶血性疾患による核黄疸の発生を防止しえたというべきであるから被告Y3のこの点についての主張にも理由がない。」と判示する。

【研究】

1．本ケースは、検査機関Y2のRh式血液型の判定過誤に起因する第二子のRh血液型不適合妊娠による新生児溶血性疾患で核黄疸を発症しアテトーゼ型脳性麻痺に罹患した事実に対し、開業医Y1、検査機関Y2及び出産病院設置社会福祉法人Y3の各過失に基づく共同不法行為による連帯賠償責任を肯定した事案である。

2．原告X2の血液型検査を委託された検査機関Y2のRh式血液型判定過誤が、委嘱した主治医Y1に報告され、主治医は、Rh式血液型検査の結果報告を軽信して自ら再検査を実施することも検査報告書の添付もせず原告の持参した母子健康手帳の備考欄に「RH（＋）」と記載して交付した。

原告X2の出産を担当したO病院主治医Bは、前医Y1のRh式血液型についての誤った検査結果の記載をそのまま信じ、原告のRh式血液型検査を自ら実施しなかった。

検査機関Y2におけるRh式血液型の判定過誤は、原告X2の母子健康手帳に記載された「RH（＋）」との血液型判定として各医師自ら再検査等することなく連鎖され、第二子の出産に至った。第二子は、Rh血液型不適合妊娠による新生児溶血性疾患で核黄疸を発症しアテトーゼ型脳性麻痺に罹患した。

原審は、Rh式血液型判定過誤の経緯について「被告Y2が被告Y1からの原告X2についての昭和47年1月19日、昭和49年1月11日の各血液型判定検査の結果報告に際して真実はRHマイナスであるにもかかわらずRHプラスと誤った報告をしたことが推認される」と判示し、控訴審も原審の判断を支持する。

インフォームド・コンセントの実施は、今日の医療実務において医療従事者とクライアントとの間の診療開始時及び治療行為選択時等において自明の手続となっている。更に、セカンド・オピニオンを求めて他の医療機関受診の際には、クライアントの身体的負担と過剰な検査を回避するため直近の検査データ

第1節　検査結果の誤伝達によるクライアントの権利侵害　　*225*

は後継医療機関に貸与される実務が慣例化している。慣例化した実務運用は、前医療機関の実施検査データに不備のないことを前提に後継医療機関に申送られるのであり、万が一、送付検査データに過誤のあった場合は、過誤に起因する結果については両医療機関の共同責任となる。

　3.　検査結果データは、診療行為の前提として診療方針決定プロセスにおいて重要な判断資料となる。本事案では、原告X2のRh式血液型がRhマイナスであることを出産時の主治医が認識していれば、Rh血液型不適合ケースとして胎児の9ないし10か月頃に母親の血液検査により8、9割は早期発見が可能である。主治医は、新生児管理を的確に行ないその一般状態を的確に把握したうえで交換輸血の処置により新生児溶血性疾患による核黄疸の発生を防止しえたのであり、時宜に適った適切な治療の選択が可能であった[43]。

　Rh式血液型検査結果の誤伝達は、クライアントである母子の権利侵害を招来する。具体的には、Rh式血液型検査結果の誤伝達は、母親の時宜にかなった受検による健康な新生児を持つ権利及び新生児への出生直後の医療的介入による新生児の健康な身体を獲得する権利を侵害する。

Ⅲ．函館地裁平成26年6月5日民事部判決の検討

【事実の概要】

　平成23年2月1日、原告X1（当時41歳）は、「Aマタニティクリニック」の主治医Yの診察を受け医療契約を締結した。同年3月15日、原告X1は、医師Yからエコー検査の結果胎児の首の後ろに膨らみ後頸部浮腫（NT（nuchal translucency））を指摘され、胎児の先天性異常に関する出生前診断の説明を受けた。同年4月14日（妊娠17週目）、原告X1は、高齢出産のため羊水検査を受診した。羊水検査結果報告書は、「染色体異常が認められました。また、9番染色体に逆位を検出しました。これは表現型とは無関係な正常変異と考えます。」との分析所見と本来は2本しか存在しない21番染色体が3本存在する21トリソミーで胎児がダウン症児であることを示す分析図が添付されていた。同年5月9日（妊娠20週目）、主治医Yは、羊水検査結果を誤解読し、原告X1に対し胎児がダウン症に関して陰性であることと9番染色体は逆位を検出したがこれは正常変異であり丸顔、角顔といった個人差の特徴の範囲であると説明し

226 第3章 先端医療と民事法及び刑事法との交錯

た。同年6月から8月にかけて、原告X1は、主治医Yの診察の際、胎児が小さめである旨指摘されたが、正常範囲内であり特に問題はないとの説明を受けていた。同年9月1日、原告X1は、主治医Yから羊水が枯渇している状態であり胎児が弱っており、他病院での出産を勧められ、同日、B病院に救急搬送された。原告X1は、B病院において同日緊急帝王切開手術によりX3を出産し、同月8日まで入院した。

　X3は、出生時、呼吸機能が十分に働いておらず、自力排便もできない状態であった。B病院の医師は、被告Yの診療所のX1のカルテ情報を確認し、X3がダウン症児であることを示す羊水検査結果が見つかり、9月1日、原告X1及びX2に同事実を伝えた。同月7日、X3は、ダウン症の新生児期にみられる一過性骨髄異常増殖症（以下「TAM」という。）を合併しC病院に転院した。X3は、その後、TAMに伴う播種性血管内凝固症候群を併発し、徐々に肝機能が悪化し肝線維症を発症し、更には肝不全を併発した。また、肝線維症に由来する門脈圧亢進により脾臓腫大及び腹水貯留が進行し呼吸不全を来すほどの腹水となり、人工呼吸器を装着する事態となった。さらに、X3の肺には、ダウン症に起因した胸腺形成不全、肺化膿症、瀰漫性肺胞障害等の症状が出現し、無気肺状態となり、敗血症も併発するに至った。

　同年12月16日、X3は、ダウン症によるTAMを背景とした肝線維症を発症し、肝不全を直接の原因で死亡した（生後3ヶ月16日）。

【判旨】

　裁判所は、羊水検査結果の誤解読に基づく誤伝達とX3出生との相当因果関係の有無について以下の様に判示する。

　「ア　前提事実に加え、証拠（中略）によれば、羊水検査は、胎児の染色体異常の有無等を確定的に判断することを目的として行われるものであり、その検査結果が判明する時点で人工妊娠中絶が可能となる時期に実施され、また、羊水検査の結果、胎児に染色体異常があると判断された場合には、母体保護法所定の人工妊娠中絶許容要件を弾力的に解釈することなどにより、少なからず人工妊娠中絶が行われている社会的な実態があることが認められる。

　しかし、羊水検査の結果から胎児がダウン症である可能性が高いことが判明した場合に人工妊娠中絶を行うか、あるいは人工妊娠中絶をせずに同児を出産するかの判断が、親となるべき者の社会的・経済的環境、家族の状況、家族計

第1節　検査結果の誤伝達によるクライアントの権利侵害　　*227*

画等の諸般の事情を前提としつつも、倫理的道徳的煩悶を伴う極めて困難な決断であることは、事柄の性質上明らかというべきである。すなわち、この問題は、極めて高度に個人的な事情や価値観を踏まえた決断に関わるものであって、傾向等による検討にはなじまないといえる。そうすると、少なからず人工妊娠中絶が行われている社会的な実態があるとしても、このことから当然に、羊水検査結果の誤報告とＸ３の出生との間の相当因果関係の存在を肯定することはできない。

　イ　原告らは、本人尋問時には、それぞれ羊水検査の結果に異常があった場合には妊娠継続をあきらめようと考えていた旨供述している。しかし、他方で、証拠（甲Ａ５）によれば、原告らは、羊水検査は人工妊娠中絶のためだけに行われるものではなく、両親がその結果を知った上で最も良いと思われる選択をするための検査であると捉えていること、そして、原告らは、羊水検査を受ける前、胎児に染色体異常があった場合を想定し、育てていけるのかどうかについて経済面を含めた家庭事情を考慮して話し合ったが、簡単に結論には至らなかったことが認められ、原告らにおいても羊水検査の結果に異常があった場合に直ちに人工妊娠中絶を選択するとまでは考えていなかったと理解される。

　ウ　羊水検査により胎児がダウン症である可能性が高いことが判明した場合において人工妊娠中絶を行うか出産するかの判断は極めて高度に個人的な事情や価値観を踏まえた決断に関わるものであること、原告らにとってもその決断は容易なものではなかったと理解されることを踏まえると、法的判断としては、被告らの注意義務違反行為がなければ原告らが人工妊娠中絶を選択しＸ３が出生しなかったと評価することはできないというほかない。

　結局、被告らの注意義務違反行為とＸ３の出生との間に、相当因果関係があるということはできない。」と判示し、被告らの注意義務違反行為とＸ３の出生との相当因果関係を否定した。

　裁判所は、羊水検査結果の誤伝達によるＸ３の出生とダウン症に起因する疾患によるＸ３の死亡との相当因果関係について以下の様に判示する。

　「Ｘ３は、（中略）ダウン症を原因とした各種の合併症を発症し、最終的にはＴＡＭから発症した合併症が原因で死亡しており、原告らが相続したとするＸ３の損害は、この一連の経過に関わるものである。しかし、ダウン症及びそ

228　第3章　先端医療と民事法及び刑事法との交錯

の合併症の発症原因そのものは、被告Yの羊水検査結果の誤報告によりもたらされたわけではない。そして、この過失とX3の出生との間の相当因果関係を肯定することが法的に困難であるのは上記のとおりである。さらに、証拠（甲B6、乙7）によれば、ダウン症を有する者のうちTAMを発症するのは、全体の約10パーセントであり、また、早期に死亡するのはそのうちの約20ないし30パーセントであることが認められる。このほか、証拠（甲B29）によれば、ダウン症児は必ずしも合併症を伴うものではなく、そのような児は健康な子どもであることが、証拠（甲B33）によれば、ダウン症を有する者の平均寿命は50歳を超えることがそれぞれ認められる。これらの事実からすれば、ダウン症児として生まれた者のうち合併症を発症して早期に死亡する者はごく一部であるといえる。

　これらの諸点に照らし、被告らの注意義務違反行為とX3の死亡との間に相当因果関係を認めることはできないというべきである。」と判示し、被告らの注意義務違反行為とX3死亡との相当因果関係を否定した。

　裁判所は、「原告らは、生まれてくる子どもに先天性異常があるかどうかを調べることを主目的として羊水検査を受けたのであり、子どもの両親である原告らにとって、生まれてくる子どもが健常児であるかどうかは、今後の家族設計をする上で最大の関心事である。また、被告らが、羊水検査の結果を正確に告知していれば、原告らは、中絶を選択するか、又は中絶しないことを選択した場合には、先天性異常を有する子どもの出生に対する心の準備やその養育環境の準備などもできたはずである。原告らは、被告Yの羊水検査結果の誤報告により、このような機会を奪われたといえる。（中略）原告らは、被告Yの診断により一度は胎児に先天性異常がないものと信じていたところ、X3の出生直後に初めてX3がダウン症児であることを知ったばかりか、重篤な症状に苦しみ短期間のうちに死亡する姿を目の当たりにしたのであり、原告らが受けた精神的衝撃は非常に大きなものであったと考えられる。

　他方、被告Yが見誤った原告X1の羊水検査の報告書は、分析所見として『染色体異常が認められました』との記載があり、21番染色体が3本存在する分析図が添付されていたというのであるから、その過失は、あまりに基本的な事柄に関わるものであって、重大といわざるを得ない。」と判示し、被告の羊水検査結果誤伝達により原告らの人工妊娠中絶の選択ないしダウン症児出生に

第1節　検査結果の誤伝達によるクライアントの権利侵害　*229*

対する心の準備や養育環境の準備の機会を奪われた不法行為ないし診療契約上の債務不履行に基づく損害賠償として原告両名に慰謝料各500万円と各50万円の弁護士費用を認定しＹに支払いを命じた[44]。

【研究】

１．妊婦は、妊娠の事実を知ったとき胎児の健康な成育と自己の体調管理と健康な新生児の出産を希求するであろう。特に、出産のハイリスク要因の一つである高齢の妊婦は、妊娠のそれぞれの段階で様々な検査等を受検する機会がある。非侵襲的出生前遺伝学的検査は、非確定的検査であり陽性結果の際には、羊水検査等の確定的検査の受検を前提とする。

妊婦及びパートナーは、確定的検査結果を妊娠継続の判断材料として妊娠継続の是非及び出生の準備等を検討する。

特に、胎児に21トリソミー等の検査結果が検出された時、妊婦及びパートナーは、21トリソミーを受容して新生児の誕生を迎えるのか否かの終極的決断を迫られる。非侵襲的出生前遺伝学的検査の問題の本質は、将に「命の選別」の是非にある。

２．本事案は、確定診断を必要とする妊婦にとり羊水検査結果のもつ重要性を踏まえて検査結果の誤解読に基づく誤伝達という医療従事者の重大な過失が妊婦及びパートナーの妊娠継続の是非の自己決定権行使や妊娠継続の判断をする際に先天性異常を内包する新生児の出生に対する心の準備や養育環境の準備等の機会剥奪による損害を認めたものである。

裁判所は、「羊水検査により胎児がダウン症である可能性が高いことが判明した場合において人工妊娠中絶を行うか出産するかの判断は極めて高度に個人的な事情や価値観を踏まえた決断に関わるものであること、原告らにとってもその決断は容易なものではなかったと理解されることを踏まえると、法的判断としては、被告らの注意義務違反行為がなければ原告らが人工妊娠中絶を選択しＸ３が出生しなかったと評価することはできない」と判示し、羊水検査結果の誤伝達とＸ３出生との相当因果関係を否定する。

当時41歳の妊婦である原告Ｘ１は、エコー検査結果によりＹに胎児の首の後ろに後頸部浮腫（NT）を指摘され、胎児の先天性異常に関する出生前診断の説明を受けた。原告Ｘ１は、高齢出産のリスク回避のため妊娠17週目に確定的検査である羊水検査を受検した。Ｘ１は、主治医の羊水検査で染色体異常が

230　第3章　先端医療と民事法及び刑事法との交錯

認めらないとの誤伝達によって妊娠を継続し転院先の病院で出産したのである。

　裁判所は、羊水検査報告書の「染色体異常が認められました。また、9番染色体に逆位を検出しました。これは表現型とは無関係な正常変異と考えます。」との所見と本来は2本しか存在しない21番染色体が3本存在し胎児がダウン症児（21トリソミー）であることを示す分析図が添付されていた事実を認定する。

　X3の出生は、出産までの検査等の経緯を鑑みると主治医の羊水検査結果誤伝達に起因するのであり、誤伝達という注意義務違反行為とX3出生には、高齢出産ハイリスク妊婦で羊水検査陽性判定を受けた者の97.34％が人工妊娠中絶を選択したとのデータ[45]をも考慮すると相当因果関係は存在すると解され、相当因果関係なしとする裁判所の判断は疑問である[46]。

　羊水検査結果の誤伝達とX3出生との因果関係存否の相当性判断は、流産リスクのある羊水検査を受診する高齢出産ハイリスク妊婦グループを母集団とする相当性の有無の判断が問われている。

　裁判所は、「ダウン症を原因とした各種の合併症を発症し、最終的にはTAMから発症した合併症が原因で死亡しており、原告らが相続したとするX3の損害は、この一連の経過に関わるものである。（中略）ダウン症を有する者のうちTAMを発症するのは、全体の約10パーセントであり、また、早期に死亡するのはそのうちの約20ないし30パーセントである」と判示し、検査結果伝達を誤った注意義務違反とX3の死亡結果との相当因果関係を否定した上で、慰謝料等として損害を認定した。

　ダウン症を有する者のうちTAMを発症する者が、少数であるとしても事実的判断としては、本事案では相当因果関係は否定できない。

　なお、人工妊娠中絶の選択やダウン症児準備の機会を奪われた不法行為ないし診療契約上の債務不履行に基づく損害として原告両名に慰謝料各500万円と弁護士費用各50万円を認定した裁判所の判断は、妥当である。

第1節　検査結果の誤伝達によるクライアントの権利侵害　　*231*

Ⅳ. 結　語

　1．本稿は、医師の検査結果の誤解読ないし誤伝達によるクライアントの権利侵害について考察した。検討した事案は、昭和23年6月当時職業的給血者による金銭を対価とした献血制度下の梅毒感染リスクの高い状況下で梅毒罹患潜伏期の存在を認識している医師が血液検査所発行の血清反応結果陰性との証明書を持参した職業的給血者からの採血時の問診の質問事項について過失を認定した最高裁昭和36年2月16日第一小法廷判決、クライアントの血液型の誤報告を母子健康手帳に転記しRh型不適合に起因する新生児溶血性疾患に起因する核黄疸によるアテトーゼ型脳性麻痺について医師、検査会社及び出産病院の共同不法行為による連帯賠償責任を認定した札幌高裁昭60年2月27日第2民事部判決及び主治医の羊水検査結果の誤解読・誤伝達による21トリソミー情報の未提供に伴う人工妊娠中絶の選択ないしダウン症児出生に対する心の準備や養育環境の準備の機会喪失の不法行為ないし診療契約上の債務不履行に基づく損害賠償を認定した函館地裁平成26年6月5日民事部判決等である。

　詳論した函館地裁平成26年6月5日民事部判決は、検査結果の誤伝達により21トリソミーのリスクを知らされず、人工妊娠中絶の選択ないしダウン症児出生に対する心の準備や養育環境の準備の機会を奪われ十分な心構えも持てずに出産したクライアントの権利侵害についての事案である。

　母親は、正確なインフォームド・コンセントを受ける権利を侵害され、人工妊娠中絶の選択ないしダウン症児出生に対する心の準備や養育環境の準備の機会を奪われた。同時に、両親は、21トリソミーに起因する一過性骨髄異常増殖症（TAM）に伴う播種性血管内凝固症候群、肝線維症を発症し肝不全で生後3ヶ月16日に死亡した新生児の喪失感を体験した。確定的診断である羊水検査結果の検討は、妊婦及びパートナーに妊娠継続の是非を熟慮・検討する機会を提供し、その対応如何により非侵襲的出生前遺伝学的検査に内在する問題と同様の論点を有する。

　非侵襲的出生前遺伝学的検査の後、確定的診断である羊水検査等で陽性判定を受けた受検者の97.34％が人工妊娠中絶を選択している事実があり、21トリソミーの出現率が陽性判定の55.6％との事実とも合わせ「生命の選択」という

重要な問題を包含する。

　考察した各判例は、医師の検査データの転記ミス・誤解読等のケアレスミステイクスによるクライアントの権利侵害事案である。今日の医療は、インフォームド・コンセントを前提とし、検査を重視し検査結果は治療方針選択において重要な機能を果たしている。医師は、「眼の前のクライアントに向き合わず、検査データにのみ向き合っている。」と批判される医療現場で検査データのクライアントへの正確な提供は医師の診療契約上の責務である。

　2．裁判所が、出生前検査（羊水検査）結果とその後の妊婦及びパートナーの選択に関しどのような前提に立脚するのかを胎児の生命保護の視点から羊水検査不実施の医師の実施義務を否定した京都地裁平成9年1月24日第6民事部判決及び羊水検査結果誤伝達の損害賠償責任を肯定した函館地裁平成26年6月5日民事部判決を対象に検討する。

　京都地裁平成9年1月24日第6民事部判決は、「近年、胎児異常の原因についての知識と診断技術が進歩したことによって、出生前診断を利用して胎児の染色体異常の有無の診断を受ける妊婦も多くなり、染色体異常児の臨床症状の深刻さ及び両親の被るべき負担の大きさから、人工妊娠中絶に対する考え方や法律が影響を受けつつあることは否定できない。しかし、母体血液検査などの、障害児との確定診断には至らない程度の検査の実施の是非についても、倫理的、人道的な問題が指摘されているところである。これに比べ、羊水検査は、染色体異常児の確定診断を得る検査であって、現実には人工妊娠中絶を前提とした検査として用いられ、優生保護法が胎児の異常を理由とした人工妊娠中絶を認めていないのにも係わらず、異常が判明した場合に安易に人工妊娠中絶が行なわれるおそれも否定できないことから、その実施の是非は、倫理的、人道的な問題とより深く係わるものであって、妊婦からの申し出が羊水検査の実施に適切とされる期間になされた場合であっても、産婦人科医師には検査の実施等をすべき法的義務があるなどと早計に断言することはできない。まして、人工妊娠中絶が法的に可能な期間の経過後に胎児が染色体異常であることを妊婦に知らせることになれば、妊婦に対し精神的に大きな動揺をもたらすばかりでなく、場合によっては違法な堕胎を助長するおそれも否定できない」と判示する。

第1節　検査結果の誤伝達によるクライアントの権利侵害　　233

　裁判所は、産婦人科医に羊水検査実施義務のない根拠として堕胎選択の助長を挙げる。クライアントと医療従事者の診療契約は、時宜に適った適切な検査受検をも包含するものであり、妊娠を継続するか人工妊娠中絶を選択するかは妊婦の自己決定権の問題である。堕胎助長を理由とする羊水検査未実施の容認は、診療契約違反を正当化するものではない。産婦人科医に羊水検査実施義務はないとする裁判所の判断は、妥当ではない[47]。

　函館地裁平成26年6月5日民事部判決は、「羊水検査は、胎児の染色体異常の有無等を確定的に判断することを目的として行われるものであり、その検査結果が判明する時点で人工妊娠中絶が可能となる時期に実施され、また、羊水検査の結果、胎児に染色体異常があると判断された場合には、母体保護法所定の人工妊娠中絶許容要件を弾力的に解釈することなどにより、少なからず人工妊娠中絶が行われている社会的な実態があることが認められる。」とし社会的な実態に論及する。裁判所は、「原告らは、生まれてくる子どもに先天性異常があるかどうかを調べることを主目的として羊水検査を受けたのであり、子どもの両親である原告らにとって、生まれてくる子どもが健常児であるかどうかは、今後の家族設計をする上で最大の関心事である。また、被告らが、羊水検査の結果を正確に告知していれば、原告らは、中絶を選択するか、又は中絶しないことを選択した場合には、先天性異常を有する子どもの出生に対する心の準備やその養育環境の準備などもできたはずである。」と判示し、羊水検査結果陽性と診断された場合の人工妊娠中絶の選択可能性に論及する。

　出生前検査、特に羊水検査結果陽性の事例での人工妊娠中絶選択可能性については、両裁判所の判断に17年余の時間の径庭を考慮しても社会的実態の把握・理解に相違が見られる。

　母体保護法に胎児条項がなく堕胎罪規定のある現行法の下での人工妊娠中絶の「緩やかな弾力的運用」との社会的実態は、非侵襲的出生前遺伝学的検査陽性とされ確定的検査結果陽性の妊婦及びパートナーの97.34％が人工妊娠中絶を選択する現実を考慮しつつも、人工妊娠中絶を限定的に解すると共に、トリソミーを持って出生した新生児を両親のみならず社会全体でサポートする方策を構築すべきである。

　３．非侵襲的出生前遺伝学的検査で取得された検査結果情報は、被検者の

234　第3章　先端医療と民事法及び刑事法との交錯

みならずそのパートナー及び双方の原家族の遺伝情報にも関わる重要な情報を包含するものであり、検査の正確性及びその取扱いには十全の管理体制・安全チェック機能が具備されていることが不可避の要件である[48]。

　第4回日本医学会「母体血を用いた出生前遺伝学的検査」施設認定・登録部会は、実施申請書類（様式1）別添1の「施設が備えるべき要件」として「妊娠の中断（人工妊娠中絶）が選択された場合のケアの体制」を新たな項目として追加し、平成25年9月3日付で改訂した。ケア体制の充実は、「母体血を用いた出生前遺伝学的検査」の前提条件である。非侵襲的出生前遺伝学的検査施設認定に際し、ケア体制の充実を敢えて記載項目として掲記しなければならない実態こそが問題であり、非侵襲的出生前遺伝学的検査の見切り発車との批判の寄せられる所以である[49]。

　書式改定のより根源的な問題は、選択された「妊娠の中断（人工妊娠中絶）」が母体保護法の如何なる条文に依拠する人工妊娠中絶か不分明である点である。胎児条項が法制上存在しない我国では、選択的人工妊娠中絶が事実上黙認され実践されている状況が「緩やかな弾力的運用」という名の下に存在する。ケアの対象とされる選択的人工妊娠中絶が、母体保護法のいかなる条文に基づくのかを併記すべきである。

　日本医学会は、各臨床研究実施認定施設から同学会「母体血を用いた出生前遺伝学的検査」施設認定・登録部会に年間報告が提出されているにもかかわらず、実施後2年余の現在においても実施件数、陽性被検査者人員数、その後の確定的診断検査受検人員数、確定的診断検査後の妊婦の対応等の必須データを公表していない[50]。統計上の必須データ未公開は、日本医学会「母体血を用いた出生前遺伝学的検査」施設認定・登録部会の怠慢のみならず上部機関である日本医学会臨床部会運営委員会「遺伝子・健康・社会」検討委員会の指導不足であり、実施認定施設、非侵襲的出生前遺伝学的検査受検者及び国民への義務の懈怠である。

　更に、NIPTコンソーシアムのHP上公表データは、確定的検査で陽性が確定した受検者のうち人工妊娠中絶を選択した実数をメディアに83％とリークするのとは裏腹に瑕疵あるデータである。データ操作は、非侵襲的出生前遺伝学的検査に内在する倫理的問題の顕在化を回避するためのデータ隠匿と解される余地がある[51]。

NIPTコンソーシアム構成員の一部から提案されている非侵襲的出生前遺伝学的検査項目に従前の21trisomy、18trisomy、13trisomyに加え、更に、男児のみに発症する遺伝性疾患を調べるための性別判定、ターナー症候群等性染色体の本数の異常、染色体の僅かな欠損による病気の3項目を追加する追加要望書の日本産科婦人科学会への提出を鑑みると、NIPTコンソーシアムのデータ隠匿は、科学的知見の共有を前提とするインフォームド・コンセントの視点からも背信的行為である[52]。

　医学プロフェッションは、新たな施策の実施までは倫理委員会等での議論に熱心ではあるが、実施後の現況把握及び公表等については無関心であり、クライアント及び国民への十全な情報開示がなされておらず、プロフェッションとしての社会的責任が厳しく問われている。

註
1) 各医療・診断の概要と生命倫理上の問題点について、拙稿「非侵襲的出生前遺伝学的検査についての刑事法的一考察」、武蔵野大学政治経済研究所年報第8号（2014年）1頁以下、特に10頁から21頁参照。
　　生命誕生に至る各プロセスの医療・診断方法を図解すると以下の様になる。

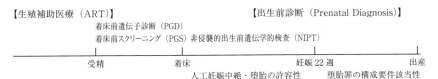

　遺伝学と訳されるgeneticsは、ウィリアム・ベイトソン（William Bateson）の造語で「heredity（遺伝・遺伝継承）とvariation（多様性）および同系の現象を研究する」学問分野である。日本人類遺伝学会は、geneticsの訳語を遺伝学とし、その意味内容を従来の「遺伝の科学」から「遺伝と多様性の科学」と改定した。改定理由について、「本来heredityとvariationの科学の意味で定義されたgeneticsがheredityのみの科学と解釈されがちな『遺伝学』と訳されたため、カバーする範囲が狭く解釈される傾向にあり、日本社会では『遺伝』が暗いイメージに結び付きやすい。遺伝学という訳語を変化させることはもはや困難であるものの、遺伝学が『遺伝と多様性』の科学であると改めて明確に定義する」（http://jshg.jp/news/data/yougokaitei.doc）と説明する。
2) 前掲註1) 拙稿11頁参照。
　　WHOは、Human Genetics Programme（HGN）を展開し各種ガイドラインを公表している。一例として、Proposed International Guidelines on Ethical Issues in Medical Genetics and Genetic Sevices. 1997. （松田一郎・友枝かえで訳「遺伝医学と遺伝サービスにおける倫理問題に関する国際ガイドライン」）、Review of Ethical Issues in Medical Genetics 2003., Medical genetic services in developing coutries - The Ethical,Legal and Social Implications of genetic testing and screening 2006.

236　　第3章　先端医療と民事法及び刑事法との交錯

　　わが国における初期の侵襲的出生前診断の状況について、松田一郎「厚生省心身障害研究出生前診断の実態に関する研究」（平成 9 年度研究報告書）（http://www.niph.go.jp/wadai/mhlw/1997/h090602.pdf）参照。本報告書は、侵襲的出生前診断の実態調査及び母体血清マーカーテストの実態調査結果を報告する。侵襲的出生前診断の実態調査は、166施設（270施設に調査用紙送付回収率61.3％）のうち136施設（81.9％）で実施され、侵襲的出生前診断の実施状況（1997年 1 月 1 日から12月31日まで）は、1993年調査との比較（括弧内1993年）も行っており、診断総数5,748件（3,539件）、羊水穿刺5,557件（3,539件）、絨毛採取109件（113件）、臍帯穿刺77件（461件）、胎児組織生検（皮膚、肝臓） 5 件である。母体血清マーカー検査の実施状況（1997年 1 月 1 日から12月31日まで）は、873施設（1,288施設に調査用紙送付回収率67.8％）のうち332施設（38.0％）で実施され、総件数14,682件（35歳未満8,919件、35歳以上5,763件）である。年間100件の検査数を超える医療機関は29施設（8.7％）で、そこで施行された検査数は10,793件（35歳未満7,033件、35歳以上3,760件）で総数の73.5％に及んでいる。僅か 9 ％の医療機関で母体血清マーカー検査全件数の74％が施行され、特定の医療機関に集中していることが明らかとなる。

　　母体血清マーカー検査に関する公的な見解として、厚生科学審議会先端医療技術評価部会出生前診断に関する専門委員会「母体血清マーカー検査に関する見解（報告）」（1999年 6 月23日）がある（前掲註 1 ）拙稿56頁以下参照）。

　　「非侵襲的出生前遺伝学的検査（NIPT）」所謂「新型出生前診断」については、検査の実施に伴い優れた啓蒙書が相次いで出版されている。西山深雪『出生前診断』（ちくま新書、2015年）は、出生前診断技術を学んだ研究者及び遺伝カウンセラーの視点から出生前診断を詳細に解説し、出生前診断結果により意思決定を余儀なくされる妊婦及びパートナーの最初のステップとなる専門的事項についての最新情報と文献情報を共に提供する。本書は、各種検査のメリット・デメリットを紹介し妊娠週数や妊婦の年齢等利用者である妊婦及びパートナー自らが必要とする情報を取得するのに最適な検査を提案する。信濃毎日新聞取材班『不妊治療と出生前診断-温かな手で-』（講談社文庫、2015年）は、2014年 1 月から半年間紙上に連載し、読者からの投稿との共同作業として展開する中で「①出産の重圧をかけない社会をめざそう②遺伝カウンセリング制度の拡充が急務だ③第三者が関わる生殖医療に早くルールを④医療者は新技術をめぐる技術の共有を⑤経験者の力を生かす。障害者と触れ合おう⑥医療技術が進む時代の妊娠、出産を学ぶ機会を増やそう⑦医療と行政は出産前後を連携して支えよう⑧特別養子制度など多様な家族の形に目を向けよう」との提案をする。河合　蘭『出生前診断-出産ジャーナリストが見つめた現状と未来-』（朝日新書、2015年）は、命をテーマとする出生前診断を「命の選別といった言葉での非難には賛同できない気持ちを持ちつつ、祈りの気持ちもない出生前診断が当たり前な世の中になってしまってはいけない気持ち」から「出生前診断は今なお太平洋戦争の負の遺産を背負ってはいるが、日本の女性、家族はあまりにも知らされておらず、尊重されていないのではないか」との疑念からわが国の出生前診断の経緯と現状分析及び未来を俯瞰する。

第1節　検査結果の誤伝達によるクライアントの権利侵害　　237

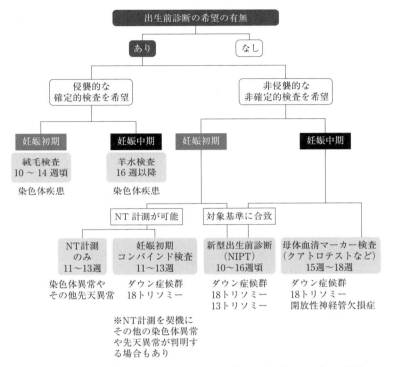

図37　検査の選び方フローチャート（西山深雪『出生前診断』、173頁より引用）

3）　妊娠初期における非侵襲的検査である染色体スクリーニング検査の一つである超音波検査は、胎児頭殿長（crown-rump length：CRL）45～85mm の間に first trimester screening として解剖学的異常の有無を評価する first trimester anomaly scan である。室月淳、原田文、Kypros Nicolaides 編著『妊娠初期超音波と新出生前診断』、メディカルビュー社、2014年参照。妊娠周期と検査の実施可能週数の相関は、妊娠10-16週において母体血胎児染色体検査（NIPT）（臨床研究）、妊娠11-13週において妊娠初期コンバインド検査（臨床研究）、妊娠11-14週において絨毛検査、妊娠15-18週において母体血清マーカー検査（クアトロテスト™）、妊娠16週以降において羊水検査となっている。妊娠初期コンバインド検査は、これまで別々に独立した検査として行われてきた妊婦の血液検査（母体血清マーカー検査）と胎児の超音波検査（NT検査）を妊娠初期（妊娠11週から13週頃）に組み合わせて胎児が21トリソミーまたは18トリソミーである確率を算出する非確定的検査である（http://www.ncchd.go.jp/hospital/section/perinatal/combined.html）。複合スクリーニング検査（combined screening）の詳細について、澤井英明「出生前診断のいま-妊娠初期スクリーニングと母体血を中心に-」、医学のあゆみ246巻2号（2013年）151頁以下参照。なお、国立成育医療研究センターでの各検査料金等は、他院に通院中の者・当センター初診料（2,820円）、【周産期遺伝外来の受診費用】検査前の遺伝カウンセリング料（初診料）約10,000円、結果開示時の遺伝カウンセリング料（再診料）約6,000円、【検査費用】母体血胎児染色体検査（NIPT）（臨床研究）約200,000円、妊娠初期コンバインド検査（臨床研究）約30,000円、絨毛検査約

160,000円、妊娠中期母体血清マーカー検査（クアトロテスト™）約15,000円、羊水検査約16,000円である。国立成育医療研究センターHP参照（http://www.ncchd.go.jp/hospital/section/perinatal/san-iden.html）。

4） 21歳から49歳までのNIPT受検者11,869名の母体年齢とNIPT陽性率に関して、42歳以上で陽性率に顕著な上昇がみられ、高齢妊婦での陽性率が高い（42歳3.81％、43歳5.36％、44歳3.84％、45歳8.33％）（http://www.nipt.jp/nipt_04.html）。

【検査適応別の陽性率】

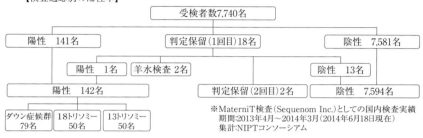

検査適応別の陽性率

検査適応	検査実数	ダウン症候群	18トリソミー	13トリソミー	計	陽性率(%)
高年妊娠	7,387	68	41	9	118	1.8
出産既往	226	0	3	1	4	1.8
超音波マーカー	108	11	6	3	20	18.5
母体血清マーカー	16	0	0	0	0	0.0
染色体転座	3	0	0	0	0	0.0
合計	7,740	79	50	13	142	1.8

【検査陽性者の確定診断検査結果】
検査陽性者の確定診断検査結果（検査データ結果7,740例中の陽性例の検討）

	ダウン症候群	18トリソミー	13トリソミー	計
偽陽性	3	8	2	13
真陽性（診断確定）	71	36	10	117
陽性的中率*	95.9%	81.8%	83.3%	90.0%

*年齢を考慮しない今回の検査対象において算出（真陽性／結果判明した陽性者数）

母体年齢とNIPT陽性の関係（2013年4月〜2014年8月、NIPTコンソーシアム）

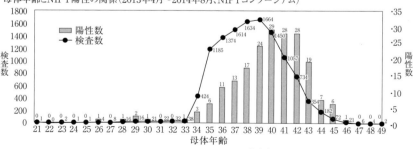

※MaterniT検査（Sequenom Inc.）としての国内検査実績

第1節　検査結果の誤伝達によるクライアントの権利侵害　　239

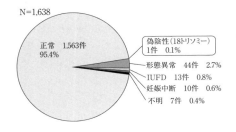

【検査データ結果】
検査データ結果7,740例中の陰性例の一部1,638例の追跡結果

N=1,638

正常　1,563件　95.4%
偽陰性（18トリソミー）　1件　0.1%
形態異常　44件　2.7%
IUFD　13件　0.8%
妊娠中断　10件　0.6%
不明　7件　0.4%

形態異常の内訳(n=44)

心奇形	15
腎尿路系奇形	9
口唇口蓋裂・顔面裂	4
四肢奇形	4
副耳	3
多発奇形*1	2
その他（鼻腔狭窄など)*2	7

*1　1例は20番染色体異常
*2　1例はPrader-Willi症候群

妊娠中断の理由(n=10)

胎児水頭症・無頭蓋症	3
子宮内感染・前期破水	3
胎児水腫	2
羊水過少関連疾患	2

IUFD（子宮内胎児死亡）の原因(n=13)

子宮内感染・前期破水	5
胎児発育不全	1
原因不明	7

※MatemiT検査(Sequenom Inc.)としての国内検査実績

-http://www.nipt.jp/nipt_04.html-

5)　読売新聞2015年4月12日朝刊参照。
6)　平成27年8月4日現在53施設が臨床研究施設として認可されている（http://jams.med.or.jp/rinshobukai_ghs/facilities.html）。なお、「母体血を用いた出生前遺伝学的検査」施設認定・登録部会構成メンバー（任期　平成25年3月9日～平成27年3月31日◎は部会長）は、【日本産科婦人科学会】久具宏司・東京都立墨東病院産婦人科部長、澤倫太郎・日本医科大学女性生殖発達病態学講師、榊原秀也・横浜市立大学産婦人科准教授、【日本小児科学会】川目　裕・東北メディカル・メガバンク機構教授、【日本人類遺伝学会】高田史朗・北里大学大学院医療系研究科臨床遺伝医学教授、【法律・倫理関係】丸山英二・神戸大学大学院法学研究科教授の6氏である。（http://jams.med.or.jp/rinshobukai_ghs/roster.html）。なお、平成27年8月30日現在、同部会構成新メンバー名簿はHP上に記載されていない。
7)　日本医学会臨床部会運営委員会「遺伝子・健康・社会」検討委員会の下に設置された「母体血を用いた出生前遺伝学的検査」施設認定・登録部会の「母体血を用いた出生前遺伝学的検査の実施に関する規則」は、「4.報告義務　1）実施施設は、施設認可後3ヶ月毎に全ての実施症例（1症例毎）の詳細について、施設認定・登録部会に対し報告する。その際、各施設は症例を識別可能とする番号を付与しなければならない。（様式6）2）実施施設は、毎年3月31日における母体血を用いた出生前遺伝学的検査の進捗状況を、その年の7月31日までに施設認定・登録部会に報告する。この報告は、仮に実施数がゼロの場合でも行わなければならない。（様式7）3）1）、2）の他に、毎年3月31日における臨床研究の成果または進捗状況について、その年の7月31日までに施設認定・登録部会に報告する。」と報告義務を規定する（http://jams.med.or.jp/rinshobukai_ghs/rule.pdf）。資料として本稿39頁（本書244頁）以下【資料編】I.に「一例毎の実施報告書（様式6）」、「年間まとめ報告書（様式7）」及び「フローチャート」を掲記する。
8)　平成27年1月13日開催第11回日本医学会「母体血を用いた出生前遺伝学的検査」施設認定・登録部会議事要旨参照（http://jams.med.or.jp/rinshobukai_ghs/proceedings11.pdf）。
9)　各認定施設のNIPT実施件数は、第4回から第11回の日本医学会「母体血を用いた出生前遺伝学的検査」施設認定・登録部会議事要旨記載の各実施認可施設からの症例報告数の総計である。

240 第3章 先端医療と民事法及び刑事法との交錯

10) NIPT コンソーシアムは、研究課題名を当初の「無侵襲的出生前遺伝学的検査である母体血中 cell-free DNA 胎児染色体検査の遺伝カウンセリングに関する研究」から「母体血中 cell-free DNA を用いた無侵襲的出生前遺伝学的検査の臨床研究」に、研究目的を「無侵襲的出生前遺伝学的検査を適切に運用するための遺伝カウンセリングの基礎資料（検査実態、施設基準、情報提供、カウンセリング内容など）を作成する。」から「無侵襲的出生前遺伝学的検査後の妊娠帰結や児の状況を継続的に把握して解析すること」へと変更している（http://www.nipt.jp/rinsyo.html）。変更に伴い、研究の具体的内容も簡素化され従前の「2．検査前後の遺伝カウンセリングの後にアンケート調査を行う。3．遺伝カウンセリングを評価するとともに問題点を検討して、適切に遺伝カウンセリングを行うために必要な情報提供の内容、カウンセリング内容や施設基準などの基礎資料を作成する。」を削除し、NIPT の遺伝カウンセリングから臨床研究へとシフトする。

11) 前掲註1）拙稿77頁以下参照。遺伝学的情報のプライバシーについて、瀬戸山晃一「生命科学技術の発展と法～遺伝学的情報のプライバシーと遺伝子差別禁止政策～」、愛知学院大学宗教法制研究所紀要第54号（2014年）105頁以下及び『平成22-24年度科学研究費補助金基盤研究（B）成果報告書 遺伝情報のプライバシーと遺伝子差別の法規制』（研究代表者 瀬戸山晃一）、2014年参照。

12) 日産婦誌67巻4号（2015年）1271頁以下参照。概要は、本稿42頁（本書247頁）以下【資料編】Ⅱ．参照。着床前遺伝子診断の検討は、別稿を予定している。

13) 前掲註1）拙稿56頁以下参照。同見解について、http://www.jsog.or.jp/kaiin/html/H10_10.html。日本産科婦人科学会は、「着床前診断」との名称を使用しているが、正確には着床前遺伝子診断（Preimplantation Genetic Diagnosis：PGD）であり、問題の所在を曖昧にすることなく「遺伝子（Genetic）」診断であることを明確化する名称を使用すべきである。

14) microarray CGH 法は、2つの異なる DNA 試料間である特定の DNA 領域のコピー数、すなわち量的な違いを測定する比較ゲノムハイブリダイゼーション（comparative genome hybridization：CGH）法の中で高解像度の方法である（トンプソン＆トンプソン（福嶋義光・監訳）『遺伝医学』、メディカル・サイエンス・インターナショナル、2009年、61頁以下参照）。染色体検査で検出できない微細な染色体異常の検出には、マイクロアレイ比較ゲノムハイブリダイゼーション（microarray comparative genomic hybridization: microarray CGH）が用いられる（宮地勇人・横田浩充編『遺伝子検査学』、医学書院、2013年、128頁参照）。

15) 日本産科婦人科学会は、「『着床前診断』に関する見解」の改定に際し、「習慣流産に対する着床前診断についての考え方」において「本邦における着床前診断（以下本法）は、平成10年に本会見解が示されて以来、重篤な遺伝性疾患に限って適用されてきた。しかし、生殖補助医療技術の進歩、社会的な要請の出現に伴い、染色体転座に起因する習慣流産に対する本法の適用が検討され、慎重な議論の末、平成18年に『染色体転座に起因する習慣流産（反復流産を含む）を着床前診断の審査の対象とする。』という見解を発表した。これは、流産の反復による身体的・精神的苦痛の回避を強く望む心情や、流産を回避する手段の選択肢のひとつとして本法を利用したいと願う心情に配慮したものであり、平成10年見解における審査対象「重篤な遺伝性疾患」に新たな枠組みを設けるものであった。染色体転座に起因する習慣流産では自然妊娠による生児獲得も期待できることが多く、十分な遺伝カウンセリングのもとに、その適応は症例ごとに慎重に審査し決定されるべきである。」とし一連の経緯を明示する（http://www.jsog.or.jp/ethic chakushouzen_20110226.html）。

16) 平成25年度第4回倫理委員会議事録参照（http://jams.med.or jp/activity/gijiroku25_04.html）。着床前遺伝子診断について、日産婦誌67巻10号（2015年）2352頁参照。

17) 平成25年度第5回倫理委員会議事録参照（http://jams.med.or jp/activity/gijiroku25_05.html）。PGS について、日産婦誌67巻10号（2015年）2353頁参照。

18) 平成25年度第6回常務理事会議事録参照（http://jams.med.or jp/activity/minutes/pdf/GIJIROKU/H25_6jyoumu.pdf）。

19) 平成26年度第2回理事会議事録参照（http://jams.med.or jp/activity/minutes/pdf/

第1節　検査結果の誤伝達によるクライアントの権利侵害　　*241*

GIJIROKU/H26_2riji.pdf）。
20)　毎日新聞2014年11月25日朝刊参照。毎日新聞2014年12月24日社説は、着床前スクリーニング実施の前提として倫理的課題の検討及び学会レベルでの自主規制ではなく国レベルでの検討の必要性を指摘する。この点について、前掲註1）拙稿81頁以下参照。
21)　毎日新聞2014年12月13日朝刊参照。
22)　基調講演「PGSに関する特別臨床研究について」の報告者及びタイトルは、（1）基調講演-1.「着床前受精卵遺伝子診断の動向」平原史樹（横浜市立大学・日産婦着床前診断に関する審査小委員会委員長）、（2）基調講演-2.「PGSに関する特別臨床研究について」竹下俊行（日本医科大学・日産婦PGSに関する小委員会委員長）である（http://jams.med.or jp/news/html/announce_20150207.html）。
23)　「着床前診断に関する見解、細則、様式に変更（案）」、日産婦誌67巻4号（2015年）1271頁参照。改定案等の詳細は、末尾【資料編】Ⅱ．参照。なお、神戸市の「大谷レディスクリニック」は、2011年2月から2014年7月までに体外受精させた受精卵の着床前スクリーニングを559人（平均年齢40.4歳）に実施し、正常とされ子宮に戻し220人弱が出産している（子宮に戻した327人のうち合計246回妊娠し、流産したのは9.8%）。朝日新聞2015年6月26日朝刊参照。着床前スクリーニングは、日本産科婦人科学会の方針とは異なり一部の医師により実施の事実が先行している。
24)　日本生殖医学会倫理委員会報告「未受精卵子および卵巣組織の凍結・保存に関するガイドライン」の詳細は、以下の通りである。「医学的適応による未受精卵子あるいは卵巣組織の凍結・保存のガイドライン」（http://www.jsrm.or.jp/guideline-statem/guideline_2013_01.html）、「社会的適応による未受精卵子あるいは卵巣組織の凍結・保存のガイドライン」（http://www.jsrm.or.jp/guideline-statem/guideline_2013_02.html）、「未受精卵子および卵巣組織の凍結・保存を行う施設の要件について」（http://www.jsrm.or.jp/guideline-statem/guideline_2013_03.html）。
25)　会告「医学的適応による未受精卵子および卵巣組織の採取・凍結・保存に関する見解」について（http://www.jsog.or.jp/ethic/mijyuseiranshi_20140417.html）。
26)　毎日新聞2014年12月6日朝刊28面参照。
27)　前掲註1）拙稿26頁以下参照。
28)　事案の詳細は、前掲註1）拙稿29頁以下参照。判時1468号116頁参照。
29)　事案の詳細は、前掲註1）拙稿31頁以下参照。判タ956号239頁参照。服部篤美「ダウン症児出産に関する説明、検査義務」、年報医事法学14号（1999年）117頁及び中村 哲「子供の出産にかかわる悩ましい法律問題について」、判タ1074号22頁、特に35頁参照。
30)　民集15巻2号244頁以下参照。本判決についての主要な評釈として、北村良一「給血者に対する梅毒感染の危険の有無の問診の懈怠と輸血による梅毒感染についての医師の過失責任」、最高裁判所判例解説民事篇昭和36年度40頁以下、谷口知平「給血者に対する梅毒感染の危険の有無の問診の懈怠と輸血による梅毒感染についての医師の過失責任」、民商法雑誌45巻3号43頁以下参照。
31)　民集15巻2号254頁以下参照。
32)　民集15巻2号275頁以下参照。
33)　山中敬一『医事刑法概論Ⅰ』、成文堂、2014年、414頁以下参照。
34)　本最高裁判決に対する唄 孝一教授及び星野英一教授の評釈は、詳細で興味深い。特に、唄 孝一教授の「法律上の問題としての過失の有無と、医学上にいわゆる医療過誤の有無とを概念的に区別して考える（中略）本件のような場合、医学上の医療過誤はないかもしれないが、しかし、そのことは直ちに法学上（この場合、私法上）の過失のないことを意味しない。」との指摘は示唆的である。唄 孝一・星野英一「最高裁判所判例研究 民事判例研究（昭和36年度11）12 輸血による梅毒感染についての医師の過失責任-職業的給血者に対する医師の問診義務の有無程度-」、法学協会雑誌81巻5号（1965年）550頁以下参照。
35)　民集15巻2号268頁参照。

242　第3章　先端医療と民事法及び刑事法との交錯

36)　民集15巻2号278頁参照。
37)　民集15巻2号283頁参照。
38)　日本輸血・細胞治療学会ホームページ輸血の歴史参照（http://yuketsu.jstmct.or.jp/general/history_of_blood_transfusion/）。
39)　輸血の安全性について、厚生労働省「輸血医療の安全性確保のための総合対策報告書　平成16年7月」参照（http://www.mhlw.go.jp/new-info/kobetu/iyaku/kenketsugo/4g/）。輸血によるB型肝炎感染について、比留間潔「輸血医療の現状と課題」参照（http://www.medsafe.net./contents/special/30hiruma.html）。
40)　名雲英人・佐竹正博「輸血用血液製剤の細菌汚染の現状と対策」、日本輸血細胞治療学会誌60巻1号（2014年）3頁以下参照。
41)　判タ555号279頁以下参照。本判決についての評釈として、手嶋豊「Rh型不適合による核黄疸と外部検査機関の判定過誤の関与」、医療過誤判例百選第2版（1996年）156頁、植木哲・高嶌英弘「診療記録の不備・操作と民事責任の帰趨」、年報医事法学1号（1986年）160頁以下参照。なお、本件は、昭和60年3月6日、当事者間で裁判上の和解（Y1はX3に対し1333万円余、X1及びX2に対し各150万円、Y3は原告3名に対し5202万円余の支払義務確認、互いの求償権放棄等）が成立し、訴訟は終了している（判タ555号279頁参照）。
42)　判タ492号136頁以下参照。本判決についての評釈として、金川琢雄「血液型不適合の出生児が脳性麻痺に罹患したことにつき、専門機関の誤った血液型の検査報告等を信頼した医師の責任が肯定された事例」、判例評論303号37頁以下参照。Rh血液型不適合による核黄疸事例として、大阪地裁昭和49年10月25日判決（下民集25巻9＝12号846頁）、神戸地裁昭和62年10月7日判決（判タ667号194頁）参照。
43)　神崎秀陽「血液型不適合妊娠」、日産婦誌45巻9号（1993年）157頁以下、宮崎亮一郎「Rh不適合妊娠の管理およびその治療」、日産婦誌51巻2号（1999年）43頁以下参照。
44)　判時2227号104頁以下参照。本判決についての評釈として、石崎泰雄「望まない出産における損害賠償」、新・判例解説Watch Vol.16（2015年）71頁以下参照。
45)　2015年4月10日NIPTコンソーシアムは、2013年4月から2014年9月末までの非侵襲的出生前遺伝学的検査対象者のうち確定診断において陽性201名のうち妊娠継続を望んだ妊婦は4名、流産・死産26名、人工妊娠中絶を選択した者167名との実施データを公表した。羊水検査等の確定的診断で陽性判定を受けた受検者の83.08％が人工妊娠中絶を選択している（読売新聞2015年4月12日参照）。なお、2013年4月から2014年3月までに7740名が利用し、「陽性」と判定された142名の妊婦のうち、羊水検査等で異常が確定したのは113名だったと発表した。このうち97.34％あたる110名が人工妊娠中絶をしていた。確定的診断前の中絶が2名、陽性判定を知る前に中絶した人が1名いたことも明らかになった（日経新聞2014年6月27日参照）。上記データは、非侵襲的出生前遺伝学的検査開始後のものである。本事案の羊水検査の実施された2011年5月時点での21トリソミーの胎児と人工妊娠中絶選択のデータは、直接参照し得ないが上記データと同様の傾向にあるものと思慮する。
46)　同旨、矢澤昇治「羊水検査結果の誤報告に起因するダウン症候群児の出生と死亡事件〜函館地裁平成26年6月5日判決〜」、《WLJ判例コラム》第31号1頁以下参照。
47)　前掲註1）拙稿31頁以下参照。
48)　DTC遺伝学的検査（Direct-to-Consumer Genetic Testing）は、直接消費者と直結するためビジネスとして実施される場合に多大の問題を包含しておりその取扱は慎重を要する。日本人類遺伝学会は、「DTC遺伝学的検査に関する見解」（2008年10月2日）において逸早く会員に提言を行っている（http://www.jshg.jp/dtc/index.html）。日本医学会臨床部会運営委員会「遺伝子・健康・社会」検討委員会は、「拡がる遺伝子検査市場への重大な懸念表明」（2012年3月1日）（http://www.jams.med.or.jp/rinshobukai_ghs/pressconf_0301.html）を公表する。NPO「個人遺伝情報取扱協議会」は、「個人遺伝情報を取扱う企業が遵守すべき自主基準」（2008年）を制定し、DTC遺伝学的検査を取り巻く環境変化にあわせて同自主基準を2014年5月改定する（http://www.cpigi.or.jp）。

第1節　検査結果の誤伝達によるクライアントの権利侵害　　*243*

49)　「出生前診断の告知のあり方と自己決定の支援について考える　泣いて笑って」は、出生前診断などの告知により妊娠を継続するか否かの意思決定を前に苦悩する両親、苦渋の決断により妊娠継続を諦めるという選択をした両親や人工死産を経験した両親及び人工死産後に妊娠・出産を目指している方、現在妊娠中で不安と闘っている方、無事に出産し、育児中の方を対象とした支援の自助グループである（http://www.naitewaratte.server-shaved.com）。

50)　第9回日本医学会「母体血を用いた出生前遺伝学的検査」施設認定・登録部会議事要旨末尾の今後のスケジュールその他の項目において、「年次報告が揃い次第、部会を開催して公表の方法等について検討することとなった。」と記すのみで余りにも緩慢な対応と言わざるを得ない。

51)　NIPTコンソーシアムは、HP上に非侵襲的出生前遺伝学的検査2013年4月から2014年3月までの7740人の検査適応別の陽性率を分析したデータを開示する（前掲註4）参照）。しかし、NIPTコンソーシアムは、確定的検査で陽性の確定した113名中110名（97.34％）が人工妊娠中絶を選択した事実をメディアにリークしながら（日経新聞2014年6月27日）隠匿し、2013年4月から2014年9月末までのデータを使用し確定的検査で陽性の確定した201名中167名（83.08％）が人工妊娠中絶を選択したとする人工妊娠中絶率の低いデータを意図的にリーク（読売新聞2015年4月12日）するデータ操作を行っている。その後、NIPTコンソーシアムは、検査開始から2年間のNIPT受検者数等のデータをメディアにリークする。報道によるとNIPT受検者数17,866名（検査開始2年目の年間受検者数10,126名）、陽性と判定された297名中（報道からは確定検査後の人数なのか不明）223名（75.08％）が人工妊娠中絶を選択し、4名が妊娠を継続し、残り70名では胎児が死亡したりした（読売新聞2015年6月27日夕刊参照）。読売新聞の報道を分析すると、検査開始2年目のNIPT年間受検者数は10,126名であり、陽性と判定された184名中（報道からは確定検査後の人数なのか不明）113名（61.41％）が人工妊娠中絶を選択する。日経新聞は、2年間のNIPT受検者数17,800名（検査開始2年目の年間受検者数10,060名）、NIPTで陽性と判定された295名中確定診断である羊水検査を受検した253名中230名が陽性と診断された。NIPTで陽性と判定された295名中221名（74.91％）が人工妊娠中絶を選択し、4名が妊娠を継続し、41名では胎児が死亡した（日経新聞2015年6月27日夕刊参照。なお、掲載記事は共同通信社配信とのことである）。両紙のニュースソースは、「検査を行う大学病院などの共同研究組織」、「新出生前診断を実施している病院グループ」と記載されNIPTコンソーシアムと考えられる。しかも両紙共に無署名記事であり、データ数にも相違が見られ、NIPTコンソーシアムのメディアへのデータリークは、従前通り不十分な情報提供である。

　　NIPTコンソーシアムは、活動の一つとして「NIPT実施状況を把握し、その転帰を含めた実態を公表する」と明記する（http://www.nipt.jp/nipt_01.html）。NIPTの倫理的問題が問われる中で信頼に値する客観的データの開示が医療従事者の責務であるにも関わらず、人工妊娠中絶件数データをHP上に開示しないNIPTコンソーシアムの姿勢は科学者の責務を放棄している。

52)　NIPTコンソーシアム構成員は、日本医学会「母体血を用いた出生前遺伝学的検査」施設認定・登録部会が各検査実施施設に6カ月毎に提出を科す「母体血を用いた出生前遺伝学的検査実施報告書（実施症例毎）」【資料編】Ⅰ参照）記載事項「人工妊娠中絶の有無」を了解しながらHP上の公式データに記載せず、メディアにリークする。NIPTコンソーシアムによるデータ公表は、前掲註51）の事実と併せ責任の所在やデータ内容を曖昧にした形式でなされ公表データの正確性・公平性等の点で多々問題を包含する。

【追記】
　　本稿脱稿後、日本産科婦人科学会倫理委員会提案「着床前診断」に関する見解（改定案）は、平成27年5月30日開催平成27年度日本産科婦人科学会第1回理事会及び同年6月20日開催日本産科婦人科学会総会において原案通り承認され、会告の改定として会員に告知された（日産婦誌67巻8号（2015年）1649頁以下参照）。

244　第３章　先端医療と民事法及び刑事法との交錯

資　料

Ｉ．母体血を用いた出生前遺伝学的検査報告書類
１．（様式６）母体血を用いた出生前遺伝学的検査実施報告書（実施症例毎）

（様式６）母体血を用いた出生前遺伝学的検査実施報告書（実施症例毎）　　　　　　　　平成27年５月22日改定

－施設認可後６ヶ月ごとに提出して下さい。－

（１）実施施設および担当者
施設名　　　　　　　　　部署名　　　　　　　　　　　実施責任者　　　　　　　印
①（本項は、NIPT 検査前の遺伝カウンセリング実施妊婦全例が対象　＊注：NIPT 実施例／不実施例の両者を含む） 　NIPT 検査前の遺伝カウンセリング実施者　本務先所属・部署・氏名： 　NIPT 実施者　本務先所属・部署・氏名：
②（本項は、NIPT 結果陽性例のみ記載のこと　＊注：確定検査実施例／不実施例の両者を含む） 　NIPT 検査後・確定検査前の遺伝カウンセリング実施者　本務先所属・部署・氏名： 　確定検査実施者　本務先所属・部署・氏名： 　確定検査後の遺伝カウンセリング実施者　本務先所属・部署・氏名：
（２）日本医学会臨床部会運営委員会「遺伝子・健康・社会」検討委員会 「母体血を用いた出生前遺伝学的検査」施設認定・登録部会 施設認定番号（認可証の右上に記載）20＿＿－＿、症例番号（各施設において症例ごとに適宜お決めください）：＿＿＿＿
（３）対象妊婦情報　診断時年齢＿＿＿歳 　　　診断該当項目　１．胎児超音波検査で、胎児が染色体数的異常を有する可能性が示唆された 　　　　　　　　　　２．母体血清マーカー検査で、胎児が染色体数的異常を有する可能性が示唆された 　　　　　　　　　　３．染色体数的異常を有する児を妊娠した既往がある 　　　　　　　　　　４．高齢妊娠 　　　　　　　　　　５．両親のいずれかが均衡型ロバートソン転座を有していて、胎児が13トリソミーまたは21トリソ 　　　　　　　　　　　　ミーとなる可能性が示唆された
（４）遺伝カウンセリング（実施年月日と内容を記載）
（５）採血：不実施　・　実施（平成　　年　　　月　　　日）

（６）NIPT 結果報告日：（平成　　年　　　月　　　日）　　　　　陽性　／　保留（：再検査の場合を含む）		
染色体	所見	備考
13番		
18番		
21番		

（７）確定検査	所見	人工妊娠中絶	備考
□羊水穿刺 □絨毛検査		無　／有 ※消さずに、必ずどち らかに○を付ける。 ⇒「有」の場合： 　（単・他　　胎）	

（８）最終診断結果の説明内容の概要を記載して下さい
（９）妊娠の転帰　＊注）妊婦・児の転帰です。出生児に何らかの異常が認められた場合にも記載してください。

第1節 検査結果の誤伝達によるクライアントの権利侵害 245

２．（様式７）母体血を用いた出生前遺伝学的検査実施報告書のまとめ

（様式７）

平成　　年度母体血を用いた出生前遺伝学的検査実施報告書のまとめ

　　（毎年７月末までに提出して下さい。実施がない場合でも提出して下さい）

（１）実施施設　　　　　　　　　　　　　　施設認定番号（「認可証」右肩の記載番号）　　20-

当施設における平成　　年度の母体血を用いた出生前遺伝学的検査の実施状況を下記のとおり報告致します。

（２）実施責任者　　　　　　　　　印
日本産科婦人科学会専門医番号　第　　　　　　　-N-
日本小児科学会専門医番号　第

（３）報告期間：平成　年４月１日〜平成　年３月31日に遺伝カウンセリング（初回）を実施したもの

（４）実施成績結果について（６月末日時点のもの）　　［報告日］平成　　　　年　　　　　月　　　　　日

診断該当項目： （複数の場合には、上から主たる項目の順で）	①	②	③	④	⑤	⑥	⑦	⑧	⑨	⑩	⑪	⑫	⑬	⑭	⑮	⑯	⑰	⑱	⑲	⑳	㉑	㉒	㉓
両親のいずれかが均衡型ロバートソン転座を有している																							
胎児超音波検査で、胎児が染色体数的異常を有する可能性が示唆された																							
母体血清マーカー検査で、胎児が染色体数的異常を有する可能性が示唆された																							
染色体数的異常を有する児を妊娠した既往がある																							
高齢妊娠																							

その他※ NIPT 陰性で羊水検査非実施となった症例で、新生児の異常が見られた場合などのコメント欄：

　　　－１．（様式６）、２．（様式７）http://jams.med.or.jp/rinshobukai_ghs/registration.html－

246　第3章　先端医療と民事法及び刑事法との交錯

3．実施報告フローチャート

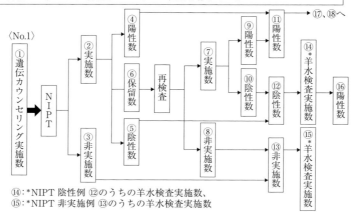

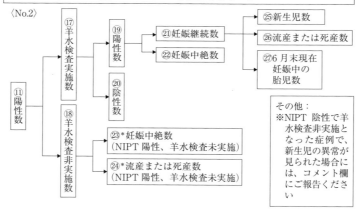

-http://jams.med.or.jp/rinshobukai_ghs/form7.pdf-

Ⅱ．日本産科婦人科学会倫理委員会提案「着床前診断」に関する見解（改定案）

「着床前診断」に関する見解（改定案）

受精卵（胚）の着床前診断に対し、ヒトの体外受精・胚移植技術の適用を認め、実施にあたり遵守すべき条件を以下に定める。

1．位置づけ

着床前診断（以下本法）は極めて高度な技術を要する医療行為であり、臨床研究として行われる。

2．実施者

本法の実施者は、生殖医学に関する高度の知識・技術を習得した医師であり、かつ遺伝性疾患に対して深い知識と出生前診断の豊かな経験を有していることを必要とする。また、遺伝子・染色体診断の技術に関する業績を有することを要する。

3．施設要件

本法を実施する医療機関は、すでに体外受精・胚移植による分娩例を有し、かつ出生前診断に関して十分な実績を有することを必要とする。実施しようとする施設の要件は、細則に定めるものとし、所定の様式に従って施設認可申請を行い、本会における施設審査を経て認可を得なければならない。

4．適応と審査対象および実施要件

1）適応の可否は日本産科婦人科学会（以下本会）において申請された事例ごとに審査される。本法は、原則として重篤な遺伝性疾患児を出産する可能性のある、遺伝子ならびに染色体異常を保因する場合に限り適用される。但し、重篤な遺伝性疾患に加え、均衡型染色体構造異常に起因すると考えられる習慣流産（反復流産を含む）も対象とする＊。

2）本法の実施にあたっては、所定の様式に従って本会に申請し、認可を得なければならない。なお、申請にあたっては、会員が所属する医療機関の倫理委員会にて許可されていることを前提とする。

3）本法の実施は、強い希望がありかつ夫婦間で合意が得られた場合に限り認めるものとする。本法の実施にあたっては、実施者は実施前に当該夫婦に対して、本法の原理・手法、予想される成績、安全性、他の出生前診断との異同、などを文書にて説明の上、患者の自己決定権を尊重し、文書にて同意（インフォームドコンセント）を得、これを保管する。また、被実施者夫婦およびその出生児のプライバシーを厳重に守ることとする。

4）診断する遺伝学的情報（遺伝子・染色体）の詳細および診断法については審査対象とする。診断法および診断精度等を含めクライエントに対しては、十分な検査前、検査後の遺伝カウンセリングを行う。

5．診断情報および遺伝子情報の管理

診断する遺伝情報は、疾患の発症に関わる遺伝子・染色体の遺伝学的情報に限られ、スクリーニングを目的としない。目的以外の診断情報については原則として解析または

248　第3章　先端医療と民事法及び刑事法との交錯

開示しない。また、遺伝医学的情報は最も重大な個人情報であり、その管理に関しては「ヒトゲノム・遺伝子解析研究に関する倫理指針」、「人を対象とする医学系研究に関する倫理指針」および遺伝医学関連学会によるガイドラインに基づき、厳重な管理が要求される。

6．遺伝カウンセリング

　本法は遺伝情報を取り扱う遺伝医療に位置づけられるため、十分な専門的知識と経験に基づく遺伝カウンセリングが必要である。この遺伝カウンセリングは、4項3）および4）に述べる実施診療部門内における説明・カウンセリングに加え、客観的な立場からの検査前の適切な遺伝医学的情報提供と、クライエントの医学的理解や意識の確認などを含めるものとし、着床前診断実施診療部門以外の診療部門もしくは第三者機関において、臨床遺伝専門医、認定遺伝カウンセラー等の遺伝医療の専門家によって行われるものとする。また、検査後にあってはその結果の全情報【遺伝子(染色体)解析データ】のすべてを受けとり、遺伝子(染色体)解析の専門家により判断、解釈を加え、着床前診断実施施設が全責任を負った上で解析結果を情報提供し、適切な遺伝カウンセリングを行う。

7．報　　告

　本法はなお臨床研究の範囲にあり、診断精度・児の予後などを含め研究成果を集積、検討することが望まれる。実施状況とその結果について毎年定期的に本会へ報告する。

8．倫理審査および申請手続き

　実施にあたっては、本会への倫理審査申請と認可が必要である。実施しようとする施設は施設認可申請し、認可を得た後、申請された事例ごとに着床前診断症例認可申請を行い、本学会の倫理委員会の下に設けられた審査小委員会で審査される。

9．見解等の見直し

　本会は、着床前診断に関する本会の見解や資格要件、手続きなどを定期的(3〜5年毎)に見直し、技術的進歩や社会的ニーズを適切に反映していくことに努める。

＊習慣流産に対する着床前診断についての考え方

　本邦における着床前診断(以下本法)は、平成10年に本会見解が示されて以来、重篤な遺伝性疾患に限って適用されてきた。しかし、生殖補助医療技術の進歩、社会的な要請の出現に伴い、染色体転座に起因する習慣流産に対する本法の適用が検討され、慎重な議論の末、平成18年に「染色体転座に起因する習慣流産(反復流産を含む)を着床前診断の審査の対象とする」という見解を発表した。これは、流産の反復による身体的・精神的苦痛の回避を強く望む心情や、流産を回避する手段の選択肢のひとつとして本法を利用したいと願う心情に配慮したものであり、平成10年見解における審査対象「重篤な遺伝性疾患」の他に新たな枠組みを設けるものであった。

　染色体転座に起因する習慣流産では自然妊娠による生児獲得も期待できることが多く、十分な遺伝カウンセリングのもとに、その適応は症例ごとに慎重に審査し決定されるべきである。

(平成○年○月改定)

着床前診断の実施に関する細則

【1】施設基準ならびに実施者・配置すべき人員の基準

1）実施施設にあっては下記の実施実績、整備の要件を満たすものとする。

①出生前診断の十分な実施実績を有すること

②体外受精・胚移植の十分な実施実績を有すること

③遺伝子(染色体)解析、診断の十分な実施実績を有すること

④当該施設内における遺伝カウンセリング体制・人員の整備がされていること

⑤遺伝子(染色体)解析を外部検査企業等に委託する場合には、その外部検査企業等の業務が技術・学術的にも適正であり、かつ倫理的にも関連した倫理指針、ガイドラインを遵守していること。また結果の全情報【遺伝子(染色体)解析データ】を受けとり、着床前診断実施施設が全責任を負った上で解析結果を遺伝子(染色体)解析の専門家により判断、解釈を加え、共に情報提供し適切な検査後遺伝カウンセリングを行う体制・人員の配置が整備されていること

⑥着床前診断後、結果の全情報【遺伝子(染色体)解析データ】について専門的に判断、解釈し、対応できる遺伝子(染色体)解析の専門家の配置がされていること

2）着床前診断の実施申請時には上記1）の実績、人員配置の状況を様式1により提出するものとする。また本申請にかかわる実施者、人員の配置についてはその履歴、業績を添付する。

〈記載を要する事項〉

①施設の出生前診断の実施状況

②施設の体外受精・胚移植の実施状況

③施設の遺伝子(染色体)解析、診断の実施状況

④施設の遺伝カウンセリング体制の状況

⑤遺伝子(染色体)解析を外部検査企業等に委託する場合には、その外部検査企業等の業務が倫理的に技術・学術的にも適正であり、かつ関連した倫理指針、ガイドラインを遵守していることを示す添付書類。また結果の全情報【遺伝子(染色体)解析データ】を受けとり、着床前診断実施施設が全責任を負った上で解析結果を遺伝子(染色体)解析の専門家と判断、解釈を加え、共に情報提供し適切な検査後遺伝カウンセリングを行う体制・人員の配置状況についての記載

⑥着床前診断の実施責任者および実施者（複数の場合は全員）の氏名、略歴、業績

⑦施設内の遺伝カウンセリング担当者の氏名、略歴、業績

⑧着床前診断後、結果の全情報【遺伝子(染色体)解析データ】について専門的に判断、解釈し、対応できる遺伝子(染色体)解析の専門家の氏名、略歴、業績

【2】申請方法

1）施設認可申請

　着床前診断の実施を希望する施設は、前記の施設申請の書類に加えて、個々の症例の申請書類を日本産科婦人科学会理事長宛に送付する。

（1）着床前診断に関する臨床研究施設認可申請書（様式1）

2）着床前診断症例認可申請【遺伝性疾患】

　遺伝性疾患に対する着床前診断の実施にあたり、下記の申請書類を日本産科婦人科学会理事長宛に送付する。申請は診断する症例ごとに行う。なお、用いる診断方法をすべて記載する。

（1）着床前診断に関する臨床研究申請書(申請書の様式は定めないが、個別の症例ご

250 第3章 先端医療と民事法及び刑事法との交錯

とに以下の内容を含むものとする）
①着床前診断を行う疾患名（遺伝子異常、染色体異常、核型などを含む）
②症例の概要（妊娠歴、流産歴、分娩歴、夫婦および家族歴（遺伝家系図）、着床前診断を希望するに至った経緯、生まれてくる児の重篤性を示す臨床症状もしくは検査結果など）
③遺伝子異常、染色体異常等の診断法
④検査前の第三者による遺伝カウンセリングの報告（着床前診断実施診療部門以外の診療部門もしくは第三者機関における遺伝カウンセリングの内容（写し）と担当者の施設名、氏名）
⑤遺伝子（染色体）解析を外部検査企業等に委託する場合は、着床前診断実施施設が全責任を負った上で結果の全情報【遺伝子（染色体）解析データ】を受けとり、遺伝子（染色体）解析の専門家による判断、解釈を加え、共に解析結果を情報提供し、適切な遺伝カウンセリングを行う旨が明記された説明同意書の写し
⑥着床前診断後、結果の全情報【遺伝子（染色体）解析データ】について専門的に判断、解釈、対応できる遺伝子（染色体）解析の専門家の氏名、略歴、業績（様式1に掲げた人員と同一の場合は氏名のみ）
3）着床前診断症例認可申請【習慣流産】
習慣流産に対する着床前診断の実施にあたり、下記の申請書類を日本産科婦人科学会理事長宛に送付する。申請は診断する症例ごとに行う。なお、用いる診断方法をすべて記載する。
①着床前診断を行う疾患名（遺伝子異常、染色体異常、核型などを含む）
②症例の概要（妊娠歴、流産歴、分娩歴、夫婦および家族歴（遺伝家系図）、着床前診断を希望するに至った経緯、夫婦の染色体異常、核型、流産児（絨毛）の染色体分析結果、習慣流産関連の諸検査成績など）
③遺伝子異常、染色体異常等の診断法
④検査前の第三者による遺伝カウンセリングの報告（着床前診断実施診療部門以外の診療部門もしくは第三者機関における遺伝カウンセリングの内容（写し）と担当者の施設名、氏名）
⑤遺伝子（染色体）解析を外部検査企業等に委託する場合は、着床前診断実施施設が全責任を負った上で結果の全情報【遺伝子（染色体）解析データ】を受けとり、遺伝子（染色体）解析の専門家による判断、解釈を加え、共に解析結果を情報提供し、適切な遺伝カウンセリングを行う旨が明記された説明同意書の写し
⑥着床前診断後、結果の全情報【遺伝子（染色体）解析データ】について専門的に判断、解釈、対応できる遺伝子（染色体）解析の専門家の氏名、略歴、業績（様式1に掲げた人員と同一の場合は氏名のみ）
4）申請症例に関する申請施設内倫理委員会の許可証のコピー
5）着床前診断症例認可申請チェックリスト（様式2-1または2-2）
【3】審査小委員会（以下小委員会）
1）小委員会は、原則として本会理事または倫理委員、および理事長が委嘱する着床前診断に豊富な知識を有する複数の領域にわたる専門家、男性および女性の委員をもって構成され、施設認定に関する審査、個々の申請事例についての適応可否に関する

第1節　検査結果の誤伝達によるクライアントの権利侵害　*251*

審査等を行う。委員は5名以上10名以内とする。委員の再任は妨げない。
2）小委員長は委員の互選により選出される。
3）小委員会は本会倫理委員長の諮問あるいは必要に応じて小委員長が召集する。
4）小委員会の職責遂行を補佐するため幹事若干名が陪席する。
【4】施設および症例の認定
1）小委員会は書類により施設申請ならびに申請症例を審議し、必要に応じて調査を行う。
2）小委員長は申請審議内容を倫理委員会に報告し、理事会は認可の可否を決定する。
3）小委員会は施設ならびに症例(疾患)や診断方法について認可の可否を決定し、申請者に通知する。(様式3)
【5】実施報告義務
1）本件に関わる報告対象期間は毎年4月1日から翌年3月31日までとする。
2）実施施設は、前年度の報告を毎年6月末日までに個々の実施報告書(様式4)、実施報告書のまとめ(様式5)を倫理委員長宛に送付する。
3）当該年度に実施例がない場合でも、実施報告のまとめは送付する。
4）倫理委員会は報告書を審議し、その結果を理事会に報告する。
【6】見解の遵守
1）倫理委員会は認定施設および実施者が見解を遵守しているかを検討し、違反した場合にはその旨理事会に報告する。
2）理事会は見解に違反した施設および会員に対して本会見解の遵守に関する取り決めに従って適切な指導・処分を行う。
【7】臨床研究の評価
1）倫理委員会は本臨床研究の有用性を当面2年ごとに再評価する。

平成○年○月○日改定

(様式2-1)

　　　　着床前診断症例認可申請チエックリスト（遺伝性疾患の場合）

　　（1）着床前診断に関する臨床研究申請書
[　　] ①着床前診断を行う疾患名（遺伝子異常、染色体異常、核型など）
[　　] ②症例の概要
　　[　] 妊娠歴、流産歴、分娩歴
　　[　] 夫婦および家族歴（遺伝家系図）
　　[　] 着床前診断を希望するに至った経緯
　　[　] 生まれてくる児の重篤性を示す臨床症状もしくは検査結果
[　　] ③遺伝子異常、染色体異常等の診断法
[　　] ④検査前の第三者による遺伝カウンセリングの報告（着床前診断実施診療部門以外の診療部門もしくは第三者機関における遺伝カウンセリングの内容（写し）と担当者の施設名、氏名）

252　第 3 章　先端医療と民事法及び刑事法との交錯

[　]⑤遺伝子(染色体)解析を外部検査企業等に委託する場合は、着床前診断実施施設が
　　全責任を負った上で結果の全情報【遺伝子(染色体)解析データ】を受けとり、遺
　　伝子(染色体)解析の専門家による判断、解釈を加え、共に解析結果を情報提供
　　し、適切な遺伝カウンセリングを行う旨が明記された説明同意書の写し

[　]⑥着床前診断後、結果の全情報【遺伝子(染色体)解析データ】について専門的に判
　　断、解釈、対応できる遺伝子(染色体)解析の専門家の氏名、略歴、業績（様式 1
　　に掲げた人員と同一の場合は氏名のみ）

[　]（2）遺伝子(染色体)解析を外部検査企業等に委託する場合は、当該施設の検査機
　　　関としての認定状況、実施基準、倫理規定などを明示した文書

[　]（3）申請施設内倫理委員会の許可証のコピー

[　]（4）着床前診断症例認可申請チェックリスト（遺伝性疾患の場合）※このシート

第2節　障害を理由とする人工妊娠中絶

Ⅰ．問題の所在

1．人工妊娠中絶については、文化的・倫理的・宗教的・法的・政治的視点等から多様な見解が展開されている[1]。

人工妊娠中絶は、出生前診断（prenatal diagnosis）技術の進歩特に非侵襲的出生前遺伝学的検査（Non-Invasive Prenatal Genetic Testing：NIPT）の導入に伴い従前の人口調節的視点に加え出生する新生児の障害等のリスク回避からの選択的人工妊娠中絶（Selective Abortion）との新たな視点からの人工妊娠中絶の態様の問題が顕在化している。

国家の人口政策は、出生数に反映されわが国では1925年（大正14年）には2,086,091人出生し、以降出生数200万人台（1938年及び1939年の190万人台を除く）となり、1947年（昭和22年）の2,678,792人をピークに1952年（昭和27年）の2,005,162人まで22年間に亘り継続する[2]。

人口調節的視点からの人工妊娠中絶件数の推移は、所謂ベビーブーム時1949年（昭和24年）の101,601件からベビーブーム世代後の1953年（昭和28年）には1,068,066件と10倍になり、以降人工妊娠中絶件数100万件台が1955年の1,170,143件をピークに1961年の1,035,329件まで12年間に亘り継続する[3]。

障害等のリスク回避から施術される選択的人工妊娠中絶は、サリドマイド薬害等をはじめとし出生前診断を契機に増加傾向にある[4]。

2．人工妊娠中絶の問題は、顕在化し政治的論争テーマともなるアメリカと潜在化し母体保護法の緩やかな解釈・運用により内在する問題性に無自覚な日本とでは関心性において対極の状況にある。

アメリカでは、人工妊娠中絶をめぐり連邦最高裁1973年1月22日 Roe v. Wade 判決は人工妊娠中絶を基本的権利としての「女性の自己の妊娠を終了させるか否かの決定」の権利をプライバシー権の一内実として憲法上の権利として認める[5]。連邦最高裁は、その後、連邦最高裁1992年6月29日 Planned

254 第3章 先端医療と民事法及び刑事法との交錯

Parenthood v. Casey 判決において Roe 判決を維持しつつペンシルヴァニア州妊娠中絶規制法の未婚の未成年者の人工妊娠中絶に両親のいずれかまたは後見人の同意を必要とする規定を合憲とする[6]。連邦最高裁2000年6月28日 Stenberg v. Carhart 判決は、部分出産中絶（partial-birth abortion）を禁止するネブラスカ州法を違憲とする[7]。なお、連邦最高裁2007年4月18日 Gonzales v. Carhart 判決は、partial-birth abortion 規制法について合憲とする[8]。

　連邦最高裁は、一連の人工妊娠中絶に関する判例において人工妊娠中絶を憲法上の権利とする Roe 判決をなお維持している。なお、2015年11月13日、連邦最高裁は、2007年4月18日 Gonzales 判決以来論議のなされていない人工妊娠中絶に関し論議を再開する決定をしている[9]。

　Roe 判決は、人工妊娠中絶をめぐりアメリカ社会を「中絶反対派（prolife）」と「中絶擁護派（prochoice）」とに二分する政治的対立を惹起し今日に至っている[10]。「中絶反対派（prolife）」と「中絶擁護派（prochoice）」の対立の一例として、人工妊娠中絶に医療施設を訪れたクライアントとそれを阻止しようとする者との間での衝突が社会問題となっている。マサチューセッツ州が2000年に制定し2007年改正した生殖医療保険法（Reproductive Health Care Facilities Act）は、施設の被利用者、その雇用の範囲内で活動する施設の業者を除いていかなる中絶医療機関においても施設の入口に通じる公道や歩道35フィート以内に故意で立ち塞がることを犯罪とする。中絶反対派は、中絶医療機関に近づこうとする者に中絶に代わる医療措置情報を提供し、その措置がとれるように中絶カウンセリングを実施していた。原審第1巡回区控訴裁判所は、改正法の中絶医療機関周辺で実施している表現規制を時間、場所、方法に関する合理的な規制であると判断する。連邦最高裁2014年1月15日 McCullen v. Coakley 判決は、マサチューセッツ州法生殖医療保険法の規制を内容中立的規制であると認定した上で「狭く定められた要件（narrowly tailoring）」を充足せず第1修正に違反すると判示した[11]。

　荻野美穂教授は、アメリカでの中絶論争について「しばしば奇異な感じを受けるのは、妊娠も出産も中絶もつねに女の身体を場として展開する現象であるにもかかわらず、胎児が女の身体から切り離され、あたかもそれとは無関係な独立した存在であるかのように論じられていることである。（中略）現実の妊娠では胎児と女とは一体状態で生きているにもかかわらず、論争においては両

者は戴然と分離されて、胎児の権利と女の権利のいずれがより重いか、どちらが優先されるべきかという重さを競い合う議論が展開され、しかも重い方の権利を守るためには他方の権利の全面否定が必要だという、一切の妥協や歩み寄りを許さない論調が特徴となっている。」と指摘する[12]。

　ドイツの人工妊娠中絶の問題状況を概観する。帝国司法省は、1872年ドイツ帝国刑法典（Strafgesetzbuch für das Deutsche Reich）の施行以降、1902年に学術委員会を構成して刑法改正に着手し、多くの草案を作成し数次の一部改正を経ながら今日に至っている。1953年、連邦司法大臣 Dehler は、刑法改正上の基本的諸問題について指導的刑法学者に参考意見の提出を求めた[13]。Dehler は、更に、比較法研究をマックス・プランク外国刑法国際刑法研究所に委嘱した[14]。

　H. シュレーダーは、1933年7月14日優生保護法14条2項の母体の生命、生命の救助に必要な医学的適応が堕胎行為を正当化するとしてb条「1項　妊婦の生命または健康に対する重大な危険を避けるため妊娠の中絶が必要な場合にはa条の意味での堕胎に該当しない。2項　中絶は危険急迫の場合を除き医師が妊婦の同意と鑑定機関の鑑定に基づき行う場合にのみ許容される。3項　前項に違背する者は軽懲役または罰金に処す。」を提案する[15]。

　堕胎罪規定の在り方は、刑法改正論議において大きな論議を惹起した。

　1962 年 草 案（Entwurf eines Strafgesetzbuches（StGB）E 1962 mit Begründung）は、厳罰化傾向を顕著なものとする[16]。

　バウマンら対案グループは、1966年刑法草案総則代案（Alternativ-Entwurf eines Strafgesetzbuches, Allgemeiner Teil）を起草した[17]。対案グループは、1962年草案の予定する犯罪学的適応の不承認に反対する。マイホーファーは、1962年草案の犯罪学的適応を堕胎罪に該当するとの見解に対し「風紀犯の被害者となった女性に、刑罰の威嚇の下にその子を月満ちるまで懐胎しつづけるよう強制しようとしている。それゆえ、風紀犯人に襲われ強姦された妻は、犯罪によって見ごもされたその子を婚姻中に出産せねばならなぬ。同様にして、凌辱の被害者となった13歳の少女は、その春秋に富む人生を風紀犯によって強いられた未婚の母（uneheliche Mutterschaft）として始めねばならぬ。」と具体的事例を設定して批判する。更に、マイホーファーは、「現在の草案が、人工授精の場合だけでなく、妊娠中絶における倫理的適応症の不承認、とりわけ女性に

256 第3章 先端医療と民事法及び刑事法との交錯

とって現実問題となる自由意思的不妊娠の不許可においてこれを予定している
刑罰法規を、一定の階級や種族の無条件命令によっても、また一定の性や年齢
層のイデオロギーによっても規定されない真に自由な社会秩序の精神と調和し
えないものと考える。」と指摘し、1962年草案の堕胎罪理解に反対する[18]。

　ドイツ連邦憲法裁判所1993年5月28日判決は、1992年6月25日制定された妊
娠中絶法（正式名称「出生前、生成途中の生命の保護、子供に優しい社会の助成、妊娠
の葛藤における援助及び妊娠中絶のための法律」、以下、妊娠葛藤法と略称する）を違
憲とする[19]。

　ドイツ刑法は、第16章「生命に対する罪」に堕胎罪を規定する。第218条
は、人工妊娠中絶の一般禁止を規定し、第218条aは、人工妊娠中絶の許容さ
れる場合を規定する。第218条bは、人工妊娠中絶の許容される場合で医師の
確認を伴わない人工妊娠中絶及び医師による不正確な確認による人工妊娠中絶
を禁止する。第218条cは、人工妊娠中絶における医師の義務違反を処罰す
る。第219条は、緊急状況及び葛藤状況における妊婦への助言について規定す
る。219条aは、人工妊娠中絶の宣伝について規定する。第219条bは、人工
妊娠中絶のための薬剤の流通について規定する。以下、本稿の考察において参
考となる範囲の条文を紹介する[20]。

第218条（妊娠中絶）　①妊娠を中絶した者は、3年以下の自由刑又は罰金に処
する。受精卵が子宮へ着床を完了する以前に、行為の効果が生じたときは、こ
の行為は、この法律の意味における妊娠中絶には当たらない。

②犯情の重い事案では、刑は6月以上5年以下の自由刑とする。犯情の特に重
　い事案とは、原則として、
　　1　行為者が、妊婦の意思に反して行為を行ったとき、又は
　　2　行為者が、軽率に、妊婦の死亡の危険若しくは重い健康障害の危険を生
　　　じさせたとき
　である。

③妊婦が行為を行ったときは、刑は1年以下の自由刑又は罰金とする。

④本罪の未遂は罰せられる。妊婦は、未遂を理由としては罰せられない。

第218条a（妊娠中絶の不処罰）　①1　妊婦が中絶を要求し、妊婦が侵襲の少な
くとも3日前に助言を受けたことを、第219条第2項第2文に定める証明書に
よって医師に対して明らかにし

2　妊娠中絶が医師により行われ、かつ

　　3　受胎後12週以上を経過していないとき

　は、第218条の構成要件は実現していない。

②妊婦の現在又は将来の生活状況にかんがみ、妊婦の生命に対する危険又は身
　体若しくは精神の健康状態に対する重い障害の危険を回避するために、医師
　の所見によれば、妊娠の中絶が適切であり、この危険が妊婦にとって期待可
　能な他の方法では回避することができないときは、妊婦の承諾を得て、医師
　により行われた妊娠中絶は違法でない。

③妊婦に対する医師の所見によれば、刑法典第176条から第179条に定める違法
　な行為が行われ、妊娠がその行為に起因すると認めることのできる差し迫っ
　た理由があり、受胎から12週以上経過していないときも、妊婦の承諾を得
　て、医師により行われた妊娠中絶は、第2項の要件を充足する[21]。

④助言（第219条）の後の妊娠中絶が、医師により行われ、受胎から22週間以上
　経過していないときは、妊婦は第218条によっては、罰せられない。妊婦が
　侵襲のときに特別な苦境にあったときは、裁判所は、第218条に定める刑を
　免除することができる。

第218条 b（医師の確認を伴わない妊娠中絶、医師による不正確な確認）　①第218条 a
第2項又は第3項の場合に、第218条 a 第2項又は第3項の要件の存否につい
て、妊娠中絶を自身で行わない医師による、文書での確認が提示されなかった
にもかかわらず、妊娠を中絶した者は、この行為が第218条では処罰の対象と
なっていないときは、1年以下の自由刑又は罰金とする。医師として、確定的
な認識にもかかわらず、第1文に定める提示のために、第218条 a 第2項又は
第3項の要件に関する不正確な確認をした者は、この行為が第218条では処罰
の対象となっていないときは、2年以下の自由刑又は罰金とする。妊婦は、第
1文又は第2文によっては罰せられない。

②本条第1項、第218条、第219条 a 若しくは第219条 b に定める行為を理由と
　して、又は、妊娠中絶との関連で行った他の違法な行為を理由として、医師
　が有罪を言い渡され、これが確定したために、管轄官庁が医師に第218条 a
　第2項又は第3項に定める確認を禁じたときは、医師はこれを行ってはなら
　ない。第1文に掲げる違法な行為の嫌疑のために、公判手続が開始されたと
　きは、管轄官庁は、医師に対して218条 a 第2項又は第3項に定める確認を

258 第3章 先端医療と民事法及び刑事法との交錯

行うことを暫定的に禁止することができる。

第218条 c（妊娠中絶における医師の義務違反）　①1　妊娠の中絶を求める理由を行為者に説明する機会を女性に与えることなく

　　2　侵襲の意味について、特に経過、結果、危険、身体及び精神に及ぶかもしれない影響について、医師としての助言を妊婦に与えることなく

　　3　第218条 a 第1項又は第3項の場合に、医師としての診断に基づき事前に妊娠期間について確信することなく、又は

　　4　第218条 a 第1項の場合に、行為者が女性に第219条に定める助言を行ったにもかかわらず、妊娠を中絶した者は、行為が第218条では処罰の対象となっていないときは、1年以下の自由刑又は罰金に処する。

②妊婦は、第1項によっては罰せられない。

第219条（緊急状況及び葛藤状況における妊婦への助言）　①助言は、未生の生命を保護するために行われる。助言は、妊娠を継続するように妊婦を励まし、子と共に生きる展望を開く努力によってなされなければならない。助言は、女性が、責任ある良心的な決断をするのを援助するものとする。その際に、未生の者は、妊娠の全段階において、その女性に対してもまた、固有の生きる権利をもっていること、及び、それ故に、法秩序によれば、子の懐胎により、期待可能な犠牲的行為の限界を超えるほど重大で並外れた負担が女性に生じるときの例外的な状況においてのみ妊娠中絶は考えられるべきことを、妊婦は意識していなければならない。助言は、忠告と援助を通じて、妊娠との関連において存在する葛藤状況を克服し、緊急状態を除去するためのものとする。詳細は、妊娠問題の解決に関する法律が規定する。

②助言は、妊娠問題の解決に関する法律に従い、公認の妊娠問題の解決に関する相談所によって行われなければならない。相談所は、これに関する助言が終了した後、妊娠問題の解決に関する法律の基準に従い、最後の助言対話の日付及び妊婦の氏名を記載した証明書を、妊婦に発行しなければならない。妊娠中絶を行う医師は、助言者となることはできない。

　旧刑法218a 条2項1号は、胎児適応中絶を許容していたが現行法下では218a 条2項の医学的適応で処理されている[22]。

第2節　障害を理由とする人工妊娠中絶　　*259*

3．我が国では、刑法212条ないし216条において堕胎罪を規定し、妊娠22週以降の母体保護法14条1項各号に該当しない人工妊娠中絶を刑事制裁の対象とする。2014年度に実施された人工妊娠中絶件数は、181,905件であり前年度比2.3％減であり年々減少を続けている[23]。実施された人工妊娠中絶の大半は、母体保護法14条1項1号の経済条項の適用によるものである。同年度に堕胎罪で刑事訴追されたのは、212条の適用事案であり起訴猶予処分となっている。

人工妊娠中絶件数は、統計上の件数と事実上実施されている件数とでは大きく乖離し暗数があるとの理解が共通である。

先天的異常で出生した新生児の成育に社会・コミュニティが負担を共有する支援体制が制度化されている社会では、親権者とともに先天的異常を有する新生児を受容することが可能である。しかしながら、社会的支援体制の必ずしも十全でない我が国の現状下、先天的異常を有する新生児の成育は、当事者に多大の負担を強いている。

人工妊娠中絶、特に、胎児異常を理由とする人工妊娠中絶所謂選択的人工妊娠中絶は、妊婦及びパートナーが出生した新生児の成育の全責任を負わざるを得ない現況下、妊娠を継続するか中断するか如何なる選択をするかは、原則的に当事者に委ねざるを得ない。

母体保護法は、胎児条項の規定はなく14条1項で一定の条件を充足した場合にのみ人工妊娠中絶を許容する。

4．本稿は、出生前診断（prenatal diagnosis）技術の進歩に伴い胎児形態異常のスクリーニングとして妊娠初期に実施される超音波検査により胎児形態異常と診断された胎児をめぐる事案を契機に人工妊娠中絶問題の所在を考察するものである[24]。

具体的事例としては、母体保護法14条1項1号の経済条項に障害を理由とする人工妊娠中絶が包含されるかを争点とした東京地裁平成25年6月13日民事第31部判決について考察する。

本稿の構成は、問題の所在についで、第2章は、堕胎罪の現況について検討する。第3章は、障害を理由とする人工妊娠中絶事案について考察する。考察する事案は、国家賠償法1条1項「国又は公共団体の公権力の行使に当る公務員が、その職務を行うについて、故意又は過失によって違法に他人に損害を加

260　第3章　先端医療と民事法及び刑事法との交錯

えたときは、国又は公共団体が、これを賠償する責に任ずる。」に基づき障害
を理由とする人工妊娠中絶費用等が保険療養給付の対象外であることにより生
じた損害賠償を請求する事案である。対象事案考察の前提として、在外国民の
国政選挙での投票権に関し国家賠償法1条1項の適用を認めた先例である最高
裁平成17年9月14日大法廷判決を検討する。第4章は、結語として本稿の考察
から得た知見を述べる。

Ⅱ．堕胎罪の現況

　1．2006年から2014年までの9年間に顕在化した堕胎罪事案の総数は21件
であり、そのうち公判請求されている事案は3件にすぎない。公判請求がなさ
れている事案は、業務上堕胎罪1件及び不同意堕胎致死傷罪2件である。不起
訴の内訳は、起訴猶予7件、嫌疑不十分6件、嫌疑なし及び罪とならず各1件
である。
　堕胎罪事案21件の適用条文の内訳は、自己堕胎罪（212条）12件、業務上堕胎
罪（214条）2件、不同意堕胎罪（215条）5件及び不同意堕胎致死傷罪（216条）
2件である（表1．参照）[25]。
　堕胎罪事案の運用状況は、堕胎罪規定特に自己堕胎罪や同意堕胎罪の存在理
由に疑念が呈されている[26]。

　2．2010年（平成22年）に公判請求された不同意堕胎事案は、東京地裁で審
理された。本節では、同判決及び仙台高裁昭和36年10月24日第2刑事部判決に
ついて検討する。
【判例1】　東京地裁平成22年8月9日判決[27]
【事実の概要】
　平成20年12月30日、東京慈恵会医科大学付属病院腫瘍・血液内科医師X（36
歳）は、同病院看護師A（30代前半）から妊娠したと告げられ、同病院で自己
の担当していた無関係の女性入院患者の氏名を無断使用し子宮収縮剤の処方箋
を薬剤部に提出し、入手した子宮収縮剤21錠のうち8錠をすりつぶしビタミン
剤と称してAに渡した。Aは、服用しはじめて4日目の平成21年1月12日、
腹痛や出血で救急搬送され、診察した医師から「切迫流産」と診断された。

表1　堕胎罪事案件数

		総　数	公判請求	起訴猶予	嫌疑不十分	嫌疑なし	罪とならず
2014年	212条	1		1			
2013年	212条	0					
2012年	212条	0					
2011年	212条	3		2	1		
	214条	1			1		
2010年	212条	3			2		
	215条	1	1				
2009年	212条	2		2			
	214条	1					1
2008年	212条						
	215条	3				1	
	216条	2	2				
2007年	212条	1		1			
	215条	1		1			
2006年	212条	2			2		
総　計		21	3	7	6	1	1

−法務省「検察統計統計表」（http://www.moj.go.jp/housei/toukei/toukei_ichiran_kensatsu.html）
に基き筆者作成−

　Ｘは、同日、体調を崩し自宅に戻ったＡに対し点滴を勧め、勤務先病院から点滴器具と事前に持出した陣痛誘発剤が注入されたパックで点滴を受けさせた。点滴を受けたＡは、激しい腹痛を感じトイレへ駆け込み、出血した血液に肉片のようなものも混入していた。Ａは、翌日、産婦人科を受診しすでに流産していることを告げられた（妊娠6週）。捜査の端緒は、平成21年12月、Ａが警視庁本所署を訪れ保管していた点滴パックと錠剤のほか、流産の際に体内から流出した組織片などを提出したことによる。

【判旨】

　検察官は、「交際相手が子供を産めば、妻との結婚が破談になると考えて犯行を決意した」とし、「短期間に子宮収縮剤などを入手したのは、現場の医師でなくてはなし得ないことで、人の生命を守る医師の立場を悪用した行為」として懲役5年を求刑した。弁護人は、「社会的制裁を受け、医師資格の返上も申し出ている」と執行猶予付き判決を求めた。

262　第3章　先端医療と民事法及び刑事法との交錯

裁判所は、Xを懲役3年執行猶予5年に処した。

【研究】

堕胎罪の裁判事例は、極めて少数で公刊物に掲載されることも稀である[28]。本事案は、マスメディアの報道等で世間を震撼させ裁判所の判断が注目された。

自己堕胎罪（212条）は、妊娠中の女性自身による実行行為ゆえ周囲は構成要件該当行為の着手に気付き難い類型である。不同意堕胎罪（215条）は、妊娠中の女性に堕胎を強いる行為であり立証の困難性が伴う類型である。

本事案の刑事訴追の端緒は、堕胎を強いられた妊娠中の女性が看護師であり切迫流産との診断や流産に遭遇し、証拠物となる「点滴パックと錠剤」のほか流産の際に体内から流出した「組織片」を保管しており、捜査機関に提供するという客観的証拠の保存に恵まれ犯罪行為の立証に資したことにある。

【判例2】　仙台高裁昭和36年10月24日第2刑事部判決[29]

【事実の概要】

Xは、昭和34年1月14日見合したTと結婚式を挙げて同居したが、まだ入籍もせず内縁関係でいた同年3月にT（24歳）が懐胎した。Xは、3年ぐらいは子供を産まないで夫婦共稼と決めていてTの懐胎を極度に不快に思うとともにTとXの母親との折合も悪いところから次第にTを疎み、同年4月Tと離別しようと考えるに至った。Xは、Tが出産すれば離別も困難となるためTに堕胎させようと決心した。Xは、Tに堕胎することを勧告したが、Tは子供も欲しい一方出産すれば入籍してもらえると思っていたので、Xの勧告を頑強に拒否した。Xは、同年5月8日入籍手続を執りに行くと偽ってTを連れ出した。Xは、産婦人科医に診察してもらうと称し、Tを同伴して新庄市上仲町165番地Y医院を訪れ、Tには内密で院長Y医師にTの人工妊娠中絶を依頼した。Tは、事情を察知して手術台よりおりて診察室から逃げ出したので、Xは「堕胎しなければ別れる、堕胎すれば必らず入籍する」と偽ってTに堕胎を強要し、情を知らぬ看護婦と共にTの手を引張って診察室に連れこみ、Tに堕胎も致し方ないと観念させた。Tは、Y医師によって鉗子等を用いて妊娠3ケ月の胎児を体外に排出させられた。Tは、手術後Xとともに帰宅したが、10日程経って離別させられた。

原審山形地裁新庄支部昭和36年5月30日判決は、Xの行為を刑法214条、65

第2節　障害を理由とする人工妊娠中絶　　263

条1項に該当すると判示し65条2項により同法213条の罪に従って処断し、X
を懲役1月執行猶予1年に処した[30]。

【判旨】

　裁判所は、Tの堕胎の承諾は瑕疵ある承諾であるとして原判決を破棄し刑法
215条1項（不同意堕胎）を適用しXを懲役6月執行猶予2年に処した。

【研究】

　1．Xに対する起訴状記載の公訴事実は、刑法215条1項（不同意堕胎）で
あったが、原審第10回公判期日に検察官から訴因罰条の予備的追加の申立があ
り、原審は予備的訴因である刑法214条、65条1項及び65条2項により同法213
条の罪によりXを処断した。

　裁判所は、Tの堕胎の承諾について精査し「堕胎しなければ離別すると嚇か
され、かつ、堕胎すれば必らず入籍するからと言われて、騙されるとは知らず
にこれを信用したればこそ、手を引張られて診察室に再び連れこまれたTが、
堕胎もやむなしと観念し、堕胎することを承諾する旨の意思表示をしたもので
あって、もし堕胎させて身軽にした上で離別しようという被告人の悪意を事前
に知っていたならば、如何にしても承諾の意思表示はしなかったことが明らか
である。」と判示し、「重大な瑕疵ある意思に基き、堕胎することを承諾する旨
の意思表示をした場合には、任意にしてかつ真意に出でた承諾ということはで
きない。刑法213条（同意堕胎）、同214条（業務上堕胎等）ないしは同法215条1
項（不同意堕胎）における婦女の承諾とは、その任意にしてかつ真意に出た承
諾であることを必要とし、婦女において堕胎することについて責任能力をもち
重大な瑕疵ある意思に基かない承諾であることを要するものと解すべきであ
る。右に照したとえ前叙のようにTが承諾の意思表示をしたとしても、被告
人の以上の所為は明らかにTの承諾を得ずして堕胎せしめた場合に該当し、
同法215条1項（不同意堕胎）によって処罰されるべきものと解するのが正当で
ある。」と判示して刑法215条1項（不同意堕胎）を適用する。

　2．人工妊娠中絶手術を受ける妊婦の意思は、任意性を要件とし、任意性
を前提とする213条と214条の類型と任意性の欠如する不同意を前提とする215
条1項と216条の類型に区分する。

　妊婦の人工妊娠中絶選択の任意性の判断は、重要な要件である。本事案は、
Tの強制及び詐言に基づく承諾を重大な瑕疵ある承諾とする裁判所の判断と人

264　第3章　先端医療と民事法及び刑事法との交錯

工妊娠中絶手術10日後に離別された事実と相まって理解すると妥当な判断である。

　本判決は、「真意に添わない重大な瑕疵ある意思」を同意殺人罪の同意に該当しないと判示する最高裁昭和33年11月21日第2小法廷判決[31]に従って堕胎罪の承諾について判断する。裁判所の判断は、妥当である。

Ⅲ．障害を理由とする人工妊娠中絶事案の考察

Ⅲ-ⅰ．最高裁平成17年9月14日大法廷判決[32]
【事実の概要】

　公職選挙法（昭和25年法律第100号）42条1項及び2項は、選挙人名簿に登録されていない者及び選挙人名簿に登録されることができない者は投票をすることができないと規定し、公職選挙法21条1項及び住民基本台帳法15条1項は、選挙人名簿への登録は、当該市町村の区域内に住所を有する年齢満20年以上の日本国民で、その者に係る当該市町村の住民票が作成される日から引き続き3箇月以上当該市町村の住民基本台帳に記録されている者について行うと規定する。

　これらの規定により在外国民は、憲法第15条「公務員を選定し、及びこれを罷免することは、国民固有の権利である。」とする選挙権行使の機会を得られなかった。

　改正公職選挙法（平成10年法律第47号）42条は、「選挙人名簿又は在外選挙人名簿に登録されていない者は、投票をすることができない。ただし、選挙人名簿に登録されるべき旨の決定書又は確定判決書を所持し、選挙の当日投票所に至る者があるときは、投票管理者は、その者に投票をさせなければならない。」と規定し、在外選挙人名簿が新たに調製され在外国民の選挙権行使に関する在外選挙制度が創設された。

　同法附則8項は、暫定的な措置として、当分の間は衆議院及び参議院の比例代表選出議員の選挙に限定し衆議院小選挙区選出議員及び参議院選挙区選出議員選挙は対象外とした。

　在外国民53名は、公職選挙法（昭和25年法律第100号及び平成10年法律第47号）は、原告らに衆議院議員及び参議院議員の選挙権の行使を認めていない点及び

第2節　障害を理由とする人工妊娠中絶　*265*

衆議院小選挙区選出議員及び参議院選挙区選出議員の選挙権の行使を認めていない点において違法である確認を求めるとともに精神的苦痛に対し各5万円の請求を求め提訴した。

　原原審東京地裁平成11年10月28日民事第2部判決は、「本件各違法確認請求に係る訴えは、結局のところ、具体的紛争を離れて、改正前の公職選挙法又は改正後の公職選挙法の違法の確認を求める訴えであるというべきであり、法律上の争訟には当たらないと解すべきである。」と判示し、原告の違法確認請求を却下し、「その余の請求は理由がない」とし損害賠償請求を棄却した[33]。

　原審東京高裁平成12年11月8日第5民事部判決は、「本件各違法確認請求に係る訴えは、結局のところ、具体的紛争を離れて、改正前の公職選挙法又は改正後の公職選挙法の違法の確認を求める訴えであるというべきであり、法律上の争訟には当たらないと解すべきである。（中略）仮に本件各違法確認請求に係る訴えが法律上の争訟に当たると解するとしても、右各訴えはいわゆる無名抗告訴訟として許容される場合には当たらないというべきである。」と判示し、各違法確認請求を却下し、その余の請求を棄却した[34]。

【判旨】

　最高裁は、「本件の主位的確認請求に係る各訴えをいずれも却下すべきものとした原審の判断は正当として是認することができるが、予備的確認請求に係る訴えを却下すべきものとし、国家賠償請求を棄却すべきものとした原審の判断には、判決に影響を及ぼすことが明らかな法令の違反がある。そして、以上に説示したところによれば、本件につき更に弁論をするまでもなく、上告人らの予備的確認請求は理由があるから認容すべきであり、国家賠償請求は上告人らに対し各5000円及びこれに対する遅延損害金の支払を求める限度で理由があるから認容し、その余は棄却すべきである。」と判示し、予備的確認請求及び国家賠償請求を認容した。

【研究】

　1．最高裁は、内閣が、在外選挙制度の創設を内容とする「公職選挙法の一部を改正する法律案」を第101回国会に提出し、その後第105回国会まで継続審査とされていたが実質的な審議は行わず、昭和61年6月2日に衆議院が解散されたことにより廃案となった後、在外国民の選挙権の行使を可能にするための法律改正をしなかった事実に基づき「国会が、10年以上の長きにわたって在

外選挙制度を何ら創設しないまま放置し、本件選挙において在外国民が投票を
することを認めなかったことについては、やむを得ない事由があったとは到底
いうことができない。そうすると、本件改正前の公職選挙法が、本件選挙当
時、在外国民であった上告人らの投票を全く認めていなかったことは、憲法15
条1項及び3項、43条1項並びに44条ただし書に違反するものであったという
べきである。(中略)本判決言渡し後に初めて行われる衆議院議員の総選挙又
は参議院議員の通常選挙の時点においては、衆議院小選挙区選出議員の選挙及
び参議院選挙区選出議員の選挙について在外国民に投票をすることを認めない
ことについて、やむを得ない事由があるということはできず、公職選挙法附則
8項の規定のうち、在外選挙制度の対象となる選挙を当分の間両議院の比例代
表選出議員の選挙に限定する部分は、憲法15条1項及び3項、43条1項並びに
44条ただし書に違反するものであったというべきである。」と判示し、在外国
民の選挙権行使を立法上放置した点及び選挙権を制限した点を違憲とする。

　2．最高裁は、違法確認請求について「予備的確認請求に係る訴えは、公
法上の当事者訴訟のうち公法上の法律関係に関する確認の訴えと解することが
できるところ、その内容をみると、公職選挙法附則8項につき所要の改正がさ
れないと、在外国民である別紙当事者目録1記載の上告人らが、今後直近に実
施されることになる衆議院議員の総選挙における小選挙区選出議員の選挙及び
参議院議員の通常選挙における選挙区選出議員の選挙において投票をすること
ができず、選挙権を行使する権利を侵害されることになるので、そのような事
態になることを防止するために、同上告人らが、同項が違憲無効であるとし
て、当該各選挙につき選挙権を行使する権利を有することの確認をあらかじめ
求める訴えであると解することができる。(中略)公職選挙法附則8項の規定
のうち、在外選挙制度の対象となる選挙を当分の間両議院の比例代表選出議員
の選挙に限定する部分は、憲法15条1項及び3項、43条1項並びに44条ただし
書に違反するもので無効であって、別紙当事者目録1記載の上告人らは、次回
の衆議院議員の総選挙における小選挙区選出議員の選挙及び参議院議員の通常
選挙における選挙区選出議員の選挙において、在外選挙人名簿に登録されてい
ることに基づいて投票をすることができる地位にあるというべきであるから、
本件の予備的確認請求は理由があり、更に弁論をするまでもなく、これを認容
すべきものである。」と判示し、予備的確認請求を容認する。

第2節　障害を理由とする人工妊娠中絶　　*267*

　3．最高裁は、国家賠償請求について「国家賠償法1条1項は、国又は公共団体の公権力の行使に当たる公務員が個別の国民に対して負担する職務上の法的義務に違背して当該国民に損害を加えたときに、国又は公共団体がこれを賠償する責任を負うことを規定するものである。したがって、国会議員の立法行為又は立法不作為が同項の適用上違法となるかどうかは、国会議員の立法過程における行動が個別の国民に対して負う職務上の法的義務に違背したかどうかの問題であって、当該立法の内容又は立法不作為の違憲性の問題とは区別されるべきであり、仮に当該立法の内容又は立法不作為が憲法の規定に違反するものであるとしても、そのゆえに国会議員の立法行為又は立法不作為が直ちに違法の評価を受けるものではない。しかしながら、立法の内容又は立法不作為が国民に憲法上保障されている権利を違法に侵害するものであることが明白な場合や、国民に憲法上保障されている権利行使の機会を確保するために所要の立法措置を執ることが必要不可欠であり、それが明白であるにもかかわらず、国会が正当な理由なく長期にわたってこれを怠る場合などには、例外的に、国会議員の立法行為又は立法不作為は、国家賠償法1条1項の規定の適用上、違法の評価を受けるものというべきである。」と判示し、10年以上公職選挙法の改正を放置した違法な立法不作為を理由とする国家賠償請求を認容し、「本件訴訟において在外国民の選挙権の行使を制限することが違憲であると判断され、それによって、本件選挙において投票をすることができなかったことによって上告人らが被った精神的損害は相当程度回復されるものと考えられることなどの事情を総合勘案すると損害賠償として各人に対し慰謝料5000円の支払を命ずるのが相当である。」と判示し、国家賠償法1条1項に基づき上告人の損害賠償請求を認容する。

　4．在外国民の選挙権行使に関する在外選挙制度の構築を放置した立法不作為は、憲法14条及び15条の国民固有の権利として保障されている両議院議員の選挙権行使を侵害するとし、上告人の予備的違法確認請求を認容し国家賠償法1条1項に基づき損害賠償請求を認容した判断は妥当である。

Ⅲ-ⅱ．東京地裁平成25年6月13日民事第31部判決[35)]
【事実の概要】
　平成22年8月4日、原告は、34歳の時に妊娠した第二子の妊娠17週の超音波

検査の結果、胎児に水頭症、口唇裂疑い、心奇形（右心低形成）、食道閉鎖、房室ブロック、単一臍帯動脈、胎児水腫の所見があった。原告は、医師より「数日のうちに心拍停止になるか、仮に生まれても数度の手術の後に死亡する可能性が高く、食道が閉鎖し胃がないないからミルクも飲めず、一生植物状態かもしれない。生存は極めて困難」との説明を受けた[36]。

原告は、同月13日（妊娠18週3日）、妊娠の継続又は分娩が「経済的理由により母体の健康を著しく害するおそれのあるもの」（母体保護法14条1項1号）に該当するとして経腟分娩法により胎児の人工妊娠中絶手術を受けた。

原告は、本件中絶が母体保護法14条1項1号の「経済的理由により母体の健康を著しく害するおそれのあるもの」に該当すると判断されたため手術費用等は公的な医療保険制度等の対象にならず、保険療養給付を受けられなかったとして、厚生労働大臣の義務違反及び国会の義務違反を主張して国家賠償法1条1項に基づき被告の国に対し損害賠償として329,608円の支払を求めた。

【判旨】

裁判所は、「厚生労働大臣が行う保険制度の設計は、社会保険制度が強制加入を前提として国庫の補助及び全被保険者が拠出する保険料によって運営されているため、限られた財源を効率的かつ公平に支出するという観点が必要不可欠であること、医療技術の進歩や健康保険法等の趣旨も踏まえた総合的な考慮が必要とされること等、政策的、公益的、専門的、技術的な判断が必要となることからすると、法律の範囲内において一定の裁量が認められると解するのが相当である。原告の指摘するように裁量が制限されるものではない。」と判示し、厚生労働大臣の保険給付を含む保険制度設計権限を肯定する。

裁判所は、「厚生労働大臣において本件中絶を含む「生存困難による中絶」を保険給付の対象とすべき義務があるというためには、厚生労働大臣の有する上記裁量を考慮してもなお「生存困難による中絶」につき保険給付の対象としないとする判断が合理性を欠くものと認められる場合であることを要する」と判示する。

裁判所は、健康保険制度による保険給付について「保険給付は、保険事故、すなわち予測が不可能又は予測が困難な事象について行われるものであるところ、経済的理由による人工妊娠中絶はこれに該当しないとして保険給付の対象から外すことは合理性を欠く判断であるとまではいえない。」と判示する。

第2節　障害を理由とする人工妊娠中絶　　*269*

　裁判所は、「本件においては、少なくとも、刑法212条及び母体保護法14条1項の規定が、原告の主張する権利ないし利益との関係で、憲法上保障されている権利を違法に侵害するものであることが明白といえないことは明らかである。また、原告の主張する権利ないし利益について、その行使の機会を確保するために所要の立法措置を執ることが必要不可欠であり、それが明白であるということもできない。」とし、「国会において刑法212条及び母体保護法14条1項の規定の改廃措置を採らなかったことが国家賠償法上違法の評価を受けるべきものであるということはできない。」と判示する。

　裁判所は、原告の厚生労働大臣の義務違反及び国会の義務違反との主張を排斥して請求を棄却した。

【研究】

　1．本事案は、自己の施術された人工妊娠中絶を「生存困難による中絶」即ち「胎児の重度の染色体異常等により、胎児の生存可能性が極めて低いことが妊婦検診における超音波検査等で判明したことから、妊婦が自らの心身を守るため、出産を望んでいた胎児に対してやむなくする人工妊娠中絶」という母体保護法14条1項1号の経済条項とは異なるカテゴリーとして健康保険制度による保険療養給付の対象とすべきかの検討・論議を懈怠した厚生労働大臣の義務違反及び国会において刑法212条及び母体保護法14条1項の規定の改廃措置を採らなかった義務違反に対し国家賠償法1条1項に基づき、損害賠償の支払を求めた事案である。

　原告は、自己の施術された人工妊娠中絶を「生存困難による中絶」即ち「胎児の重度の染色体異常等により、胎児の生存可能性が極めて低いことが妊婦検診における超音波検査等で判明したことから、妊婦が自らの心身を守るため、出産を望んでいた胎児に対してやむなくする人工妊娠中絶」と規定する。

　原告は、人格権・リプロダクティブ・ライツを根拠に平成22年厚生労働省告示第69号「流産手術」項目[37]に「生存困難による中絶」を自然流産に準ずるものとして記載する方法や昭和27年9月29日保発第56号厚生省保険局長通知「優生保護法による優生手術及び人工妊娠中絶術の保険給付について」「記」3項ただし書「同法（母体保護法＝筆者註＝）14条1項1号に規定するもののうち単に経済的理由によるものは除く」記載の削除の方法により厚生労働大臣は「生存困難による中絶」を保険療養給付の対象とすべき義務に違反すると主張

270 第3章 先端医療と民事法及び刑事法との交錯

する。

原告は、刑法212条及び母体保護法14条１項の各規定は無効であり国会は改廃すべき義務を負っているにもかかわらず放置していた点を義務違反と主張する。

原告は、「生存困難による中絶」の論拠を人格権・リプロダクティブ・ライツに求め、既に第１子を帝王切開で出産し帝王切開は３回（子宮の状態ではより少ない）までとの制約下で本胎児の妊娠を継続し帝王切開をした場合次の子供の出産可能性のない状況下で本件中期人工妊娠中絶を選択する[38]。

原告の選択した中期人工妊娠中絶は、堕胎罪規定の存する現行法の下で指定医師による病院での手術の場合に該当する。同手術が、刑法214条業務上堕胎罪の違法性を阻却されるのは母体保護法14条１項１号の経済条項に包括される場合のみである。

原告が、母体保護法14条１項１号に「生存困難による中絶」との新たなカテゴリーを用い保険療養給付の対象とすべきであるとの主張は立法提言としては許容される余地はあるが、国家賠償法１条１項による損害賠償請求としては困難である。

原告は、国会に対して無効である刑法212条及び母体保護法14条１項の各規定の改廃措置を採らなかったことを義務違反と主張する。法律の無効性の論議は、当該法律が適用された事案で当該法律の無効性を争点とする場合である。

原告は刑法212条自己堕胎罪の無効性を主張するが、本件堕胎行為は被告も指摘するように医師の手による堕胎行為であり、刑法212条の構成要件該当性はない。

原告の本件堕胎行為を母体保護法14条１項１号の経済条項に包括されない堕胎行為として保険療養給付の対象としての「生存困難による中絶」との主張は、母体保護法14条１項１号による違法性阻却事由を欠いた人工妊娠中絶であり、施術者である医師の当該堕胎行為は刑法214条の業務上堕胎罪の構成要件に該当しかつ違法な行為との評価を招来する。

２．母体保護法14条１項１号経済条項への保険療養給付は「保険事故、すなわち予測が不可能又は予測が困難な事象」を対象とするとの見解は、財源上制限のある国家財政下ではその適用についての判断にプライオリティの有することを前提とする。例えば、妊婦健康診査の公費負担については、日本産科婦

人科学会の要請に応えて平成19年1月16日厚生労働省雇用均等・児童家庭局母子保健課長名で各都道府県・政令都市・特別区母子保健主管部（局）長宛に「妊婦健康診査の公費負担の望ましいあり方について」との通達が出されている[39]。なお、我妻 堯医師は、人工妊娠中絶手術への経済的援助として健康保険適用ないし社会福祉費用での補填の問題に関し「経済的に苦しくて子供が生めないのだから当然、手術の費用は保険や福祉でカバーすべきであるという主張と、若い女性が男と遊んで出来た不始末を片づけるのに大切な税金を使われてはたまらんという考えとがあります。」と講演で指摘する[40]。

Ⅲ-iii. 東京高裁平成25年10月10日第21民事部判決[41]

【控訴理由】

　控訴人は、控訴理由として（1）経済的理由に該当する事由、（2）厚生労働大臣等が生存困難による中絶を療養の対象とすべきかについて検討又は議論を怠ったことによる損害の2点をあげる。

　第1は、経済的理由に該当する事由についての主張である。控訴人は、経済的理由に該当する人工妊娠中絶の類型を以下の5類型に分類する。①妊娠の継続又は分娩が妊婦の所帯の生活に重大な支障を及ぼし、その結果母体の健康が著しく害されるおそれのある場合、②妊婦が性交の相手との関係や自己の仕事・学業上の支障等を理由に出産を望まない場合、③妊婦が既に子を有することから出産を望まない場合、④超音波検査又は羊水による胎児の染色体検査等の出生前診断により胎児に障害若しくはその可能性のあることが発覚した場合、⑤多胎減数を要する場合の5類型である。

　控訴人は、そのうち①妊娠の継続又は分娩が妊婦の所帯の生活に重大な支障を及ぼし、その結果母体の健康が著しく害されるおそれのある場合、④超音波検査又は羊水による胎児の染色体検査等の出生前診断により胎児に障害若しくはその可能性のあることが発覚した場合、⑤多胎減数を要する場合の3類型は、妊婦が妊娠を認識した時点において人工妊娠中絶に至ることを予見できず、保険事故に該当するのであるから、これらの事由を区別せず、経済的理由による人工妊娠中絶を一律に給付の対象外とすることは不合理であると主張する。

　第2は、生存困難による中絶を療養の対象とすべきかについて国内では議論

272　第3章　先端医療と民事法及び刑事法との交錯

も検討もされず、自己のような境遇に陥った妊産婦が一切顧慮されていないことを知り、自己の身体及び精神に関する価値意識や名誉感情等を傷つけられ精神的苦痛を受けたのでこれに基づく慰謝料を求めると主張する。

【判旨】

裁判所は、控訴理由を精査し理由なしとして棄却する。

【研究】

1．裁判所は、経済的理由に該当する事由について「経済条項に該当する事由が上記①ないし⑤の類型に分かれるというのは、控訴人の視点に基づく独自の解釈であり、そのように分類した上で、保険給付の対象とすべきか否かを判断しなければならない合理性も、必然性も存しないから、厚生労働大臣に、上記の義務があるとはいえない。なお、経済条項に該当するか否かの解釈は医師の判断に委ねられている（乙7）ところ、上記②ないし⑤の事由に該当する事例において、担当医師が、その専門的知見や経験に照らした総合的な判断として、妊娠の継続又は分娩が妊婦の所帯の生活に重大な経済的支障を及ぼし、その結果母体の健康が著しく害されるおそれがあると判断する場合、経済条項に該当するものとして人工妊娠中絶を行うことは、母体保護法条14条1項により認められるところである。しかしながら、この場合も上記②ないし⑤の事由のみで経済条項を満たすものと解されているわけではないから、控訴人が摘示する事例の存在を考慮しても、経済的理由による人工妊娠中絶を上記①ないし⑤の類型に分類しなければならないわけではない。」と判示する。

2．裁判所は、厚生労働大臣等が生存困難による中絶を療養の対象とすべきかについて検討又は議論を怠ったことによる損害について「生存困難による中絶と控訴人が主張するところの人工妊娠中絶も、現行法のもとでは、母体保護法条14条1項各号の定める要件を満たすときに行い得るものであるところ、経済条項に該当するものとして人工妊娠中絶が行われるとき、療養の給付の対象としないことが合理性を欠く判断とはいえないことは、上記説示及び引用に係る原判決理由説示のとおりである。厚生労働大臣が、上記生存困難による人工妊娠中絶を療養の給付の対象とする義務を負わない以上、療養の給付の対象とすることを検討又は議論すべき義務を負うともいえないのであって、検討又は議論しなかったことを国家賠償法1条1項の適用において違法と評価することはできない。」と判断し、「上記検討や議論がないことにより控訴人が精神的

苦痛を受けたとしても、これについて国家賠償法1条1項に基づく損害賠償を求めることはできない。」と判示する。

　3．控訴人は、経済的理由による人工妊娠中絶を5類型に分類し本件のような超音波検査による胎児の染色体検査等の出生前診断により胎児に障害若しくはその可能性のあることが判明した場合等の類型について一律に医療保険における療養の給付の対象外とすることは不合理であると主張する。

　控訴人は、経済的理由による人工妊娠中絶として①妊娠の継続又は分娩が妊婦の所帯の生活に重大な支障を及ぼし、その結果母体の健康が著しく害されるおそれのある場合、②妊婦が性交の相手との関係や自己の仕事・学業上の支障等を理由に出産を望まない場合、③妊婦が既に子を有することから出産を望まない場合、④超音波検査又は羊水による胎児の染色体検査等の出生前診断により胎児に障害若しくはその可能性のあることが発覚した場合、⑤多胎減数を要する場合の5類型に分類する。

　控訴人の類型化する各事例は、今日経済条項を理由に事実上実施されている人工妊娠中絶の類型である。しかしながら、胎児条項の規定のないわが国で堕胎罪の違法性が阻却されるのは、母体保護法14条1項1号で許容される人工妊娠中絶の第1類型のみである。

　第2類型ないし第5類型を母体保護法14条1項1号の解釈として論議するのは、論拠希薄である。

　4．控訴人の障害を理由とする人工妊娠中絶費用等を保険療養給付対象としなかったことによる損害賠償請求を国家賠償法1条1項に基づき主張するのは、諸刃の剣となる。

　控訴人の受けた人工妊娠中絶は、母体保護法14条1項1号の経済条項に包含され保険療養給付対象となるとの主張は原告独自の解釈である。

　控訴人の自己の施術された人工妊娠中絶が経済条項の類型に該当するとの主張が排斥された場合は、指定医の実施した控訴人に対する当該人工妊娠中絶手術は、母体保護法14条1項1号に違反する堕胎行為であり指定医は業務上堕胎罪（刑法214条）の構成要件に該当するとして刑事訴追の対象となる余地がある。手術を依頼した控訴人は、業務上堕胎罪（刑法214条）の教唆犯（刑法61条）として刑事訴追の対象となる余地がある。

　刑事訴追の可能性のある堕胎手術を指定医が実施しなければ、控訴人の選択

274　第3章　先端医療と民事法及び刑事法との交錯

肢は、妊娠の継続を余儀無くされるかハイリスクを承知で闇の堕胎手術を受けるかの何れかである。

　控訴人の主張は、立法論としての提言としては考慮に値するが、法解釈論としては論理性の欠如する主張である。

　裁判所の判断は、妥当である。

Ⅳ. 結　語

　1．本稿は、妊娠17週の超音波検査で胎児に水頭症、口唇裂疑い、心奇形（右心低形成）、食道閉鎖、房室ブロック、単一臍帯動脈、胎児水腫の所見があり医師の意見に従って妊娠18週3日に母体保護法14条1項1号の経済条項に基づいて経腟分娩の方法による人工妊娠中絶手術を受け、手術費用等を保険療養給付の対象外と認定されたことによる損害を国家賠償法1条1項に基づいて損害賠償請求した事案を刑事法的視座から考察したものである。

　考察の対象とした事案での原告の主張は、母体保護法14条1項1号の解釈としては法理論的に論拠不十分である。

　原告の問題提起は、胎児条項のないわが国において非侵襲的出生前遺伝学的検査が実施される現状と望まない妊娠により妊婦一人で出産しその直後に新生児を殺害する身体的虐待事案の多発する今日の状況下で、社会の関心喚起には一定の役割を果たしたと評価することが出来る[42]。

　2．荻野美穂教授は、アメリカの人工妊娠中絶をめぐる対立の背景について「中絶はジェンダーや家族、人間についての異なる考え方や文化を象徴するもの」と分析し、「個人主義と法律万能主義」という近代的価値の内部における論争」を「聖戦」化させ泥沼化をもたらしていると指摘する[43]。

　わが国ではアメリカの人工妊娠中絶論争とは対照的に母体保護法14条1項1号の経済条項の緩やかな運用により人工妊娠中絶が統計上年間18万余件実施され、その他に暗黙裡に実施されている多数の暗数が存在することは共通の理解である。

　刑法の堕胎罪の規定が存するにも拘わらず堕胎罪が機能していない現況と堕胎罪規定の存在すら知らない若い世代に配意する時、堕胎罪規定の在り方と人工妊娠中絶の実態との乖離をどのように解消するのか再考の必要性が喫緊の課

題である。

　ドイツの堕胎罪規定の在り方は、一つの見解として示唆的である。

276　第3章　先端医療と民事法及び刑事法との交錯

資　料

Ⅰ．平成22年度から26年度における人工妊娠中絶件数の推移

	平成22年度[1] （2010）	平成23年度 （2011）	平成24年度 （2012）	平成25年度 （2013）	平成26年度 （2014）	対前年度 増減数 増減率
総　数	212,694	202,106	196,639	186,253	181,905	△4,348 △2.3
20歳未満	20,357	20,903	20,659	19,359	17,854	△1,505 △7.8
15歳未満	415	406	400	318	303	△15 △4.7
15歳	1,052	1,046	1,076	1,005	786	△219 △21.8
16歳	2,594	2,831	2,701	2,648	2,183	△465 △17.6
17歳	3,815	4,099	4,038	3,817	3,293	△534 △14.0
18歳	5,190	5,264	5,344	4,807	4,679	△128 △2.7
19歳	7,291	7,257	7,100	6,764	6,620	△144 △2.1
20～24歳	47,089	44,087	43,269	40,268	39,851	△417 △1.0
25～29歳	45,724	42,708	40,900	37,999	36,594	△1,405 △3.7
30～34歳	42,206	39,917	38,362	36,757	36,621	△136 △0.4
35～39歳	39,964	37,648	36,112	34,115	33,111	△1004 △2.9
40～44歳	15,983	15,697	16,133	16,477	16,558	81 0.5
45～49歳	1,334	1,108	1,163	1,237	1,281	44 3.6
50歳以上	25	21	14	22	17	△5 △22.7
不　詳	12	17	27	19	18	△1 △5.3

第2節　障害を理由とする人工妊娠中絶　*277*

実施率（女子人口千対）

	平成22年度	平成23年度	平成24年度	平成25年度	平成26年度
総　数2)	7.9	7.5	7.4	7.0	6.9
20歳未満3)	6.9	7.1	7.0	6.6	6.1
15歳	1.8	1.8	1.8	1.7	1.4
16歳	4.4	4.8	4.7	4.5	3.7
17歳	6.5	6.9	6.8	6.6	5.6
18歳	8.8	8.9	8.9	8.0	8.0
19歳	12.4	12.1	12.0	11.2	11.0
20〜24歳	14.9	14.1	14.1	13.3	13.2
25〜29歳	12.7	12.0	11.8	11.3	11.2
30〜34歳	10.3	10.0	9.9	9.8	10.0
35〜39歳	8.3	7.9	7.8	7.6	7.7
40〜44歳	3.7	3.4	3.4	3.4	3.4
45〜49歳	0.3	0.3	0.3	0.3	0.3

注：1）平成22年度は、東日本大震災の影響により、福島県の相双保健福祉事務所管轄内の市町
　　　村が含まれていない。
　　2）実施率の「総数」は、分母に15〜49歳の女子人口を用い、分子に50歳以上の数値を除い
　　　た「人工妊娠中絶件数」を用いて計算した。
　　3）実施率の「20歳未満」は、分母に15〜19歳の女子人口を用い、分子に15歳未満を含めた
　　　「人工妊娠中絶件数」を用いて計算した。
－厚生労働省『平成26年度衛生行政報告例の概況』（http://www.mhlw.go.jp/toukei/saikin/hw/
eisei_houkoku/14/dl/kekka6.pdf）より引用－

Ⅱ．主要国の人工妊娠中絶数および率

国	（年次）	実　数	実施率（‰）	対出生比（％）
キューバ	（2011）	83,943	28.6	63.1
アルメニア	（2009）	13,797	15.0	31.1
ホンコン1)	（2010）	11,231	5.3	12.7
イスラエル	（2011）	18,974	10.3	11.4
キルギス	（2010）	21,675	14.4	14.8
モンゴル	（2010）	12,492	16.0	19.7
シンガポール	（2013）	9,282	9.1	23.4
ベラルーシ	（2012）	28,628	12.0	24.7
ベルギー	（2011）	19,578	7.8	15.2

278　第3章　先端医療と民事法及び刑事法との交錯

ブルガリア	(2012)	29,992	18.3	43.4
クロアチア	(2012)	3,571	3.7	8.5
チェコ	(2012)	23,032	9.2	21.2
デンマーク	(2010)	16,362	13.1	25.8
フィンランド	(2012)	10,001	8.6	16.9
フランス	(2010)	210,813	14.7	26.3
ドイツ	(2012)	106,815	5.8	15.9
ハンガリー	(2012)	36,118	15.5	40.0
イタリア	(2010)	112,463	8.0	20.0
ラトビア	(2012)	6,197	13.0	31.1
リトアニア	(2011)	6,205	7.0	18.0
ノルウェー	(2011)	15,343	13.3	25.5
ポルトガル	(2011)	17,351	6.9	17.9
ルーマニア	(2012)	87,975	16.5	43.7
ロシア	(2012)	1,063,982	29.3	55.9
スロバキア	(2012)	11,214	8.2	20.2
スペイン	(2012)	112,390	10.1	24.8
スウェーデン	(2011)	37,696	17.7	33.7
ウクライナ	(2012)	153,147	13.4	29.4
イギリス	(2012)	203,419	13.5	25.0
ニュージーランド	(2011)	15,863	14.7	25.8

UN, Demographic Yearbook による。人工妊娠中絶実施率は15～49歳女性人口について。対出生比は出生100に対する中絶数[1]。特別行政区。
－国立社会保障・人口問題研究所『人口統計資料集（2015）』（http://www.ipss.go.jp/syoushika/tohkei/Popular/P_Detail2015.asp?fname=T04-22.htm）より引用－

Ⅲ．東京高裁平成25年10月10日第21民事部判決及び最高裁平成26年8月26日第三小法廷決定

【上告審】最高裁平成26年8月26日第三小法廷決定
裁判官全員一致の意見で、次のとおり決定。
　第1　主文
　　1　本件上告を棄却する。
　　2　本件を上告審として受理しない。
　　3　上告費用及び申立費用は上告人兼申立人の負担とする。
　第2　理由
　　1　上告について
　　　　民事事件について最高裁判所に上告をすることが許されるのは、民訴法312条1

第2節　障害を理由とする人工妊娠中絶　　*279*

　　　項又は2項所定の場合に限られるところ、本件上告理由は、明らかに上記各項に
　　　規定する事由に該当しない。
　　2　上告受理申立てについて
　　本件申立ての理由によれば、本件は民訴法318条1項により受理すべきものとは認めら
れない。
平成26年8月26日
　　　最高裁判所第三小法廷
　　　　　　　　裁判長裁判官　　木内道祥
　　　　　　　　裁判官　　　　　岡部喜代子
　　　　　　　　裁判官　　　　　大谷剛彦
　　　　　　　　裁判官　　　　　大橋正春
　　　　　　　　裁判官　　　　　山崎敏充

【原審】東京高裁平成25年10月10日第21民事部判決
口頭弁論終結日　平成25年4月18日
平成25年（ネ）第4296号　国家賠償請求控訴事件（原審・東京地方裁判所平成24年（ワ）
第17209号）

判　　決

主　　文

1　本件控訴を棄却する。
2　控訴費用は控訴人の負担とする。

事実及び理由

第1　控訴の趣旨
　　1　原判決を取り消す。
　　2　被控訴人は、控訴人に対し、32万9608円及びこれに対する平成22年8月14日か
　　　ら支払済みまで年5分の割合による金員を支払え。
第2　事案の概要
　　1．本件は、控訴人が、医師から胎児の生存可能性が低いとの診断を受けて人工妊
　　　娠中絶術を受けたところ、医療保険における療養の給付の対象とならなかったこ
　　　とから、費用負担を強いられた上、憲法の諸規定に違反する刑法212条や母体保護
　　　法14条1項の規定により違法行為を行ったとの評価を受けるおそれがあったため
　　　精神的苦痛を受けたが、厚生労働大臣及び厚生労働省（厚生省当時を含む。以下
　　　同じ）の社会保険制度の担当者（以下、両者を併せて「厚生労働大臣等」という
　　　ことがある）は、生存可能性が低い胎児に係る人工妊娠中絶術が療養の給付の対
　　　象となるように必要な措置を講ずべき職務上の義務があるにもかかわらずこれを
　　　怠り、また、国会（国会議員）は、違憲無効である刑法212条及び母体保護法14条
　　　1項を改廃すべき職務上の義務があるにもかかわらずこれを怠ったなどと主張し
　　　て、国家賠償法1条1項に基づき財産的損害22万9608円及び精神的損害（慰謝料）
　　　10万円の合計32万9608円及びこれに対する不法行為の日の後である平成22年8月

280　第3章　先端医療と民事法及び刑事法との交錯

14日から支払済みまで民法所定の年5分の割合による遅延損害金の支払いを求めた事案である。

　　原判決は、控訴人の請求をいずれも棄却したため、控訴人がこれを不服として控訴した。

2．前提事実及び争点は、3のとおり原判決を補正し、4のとおり当審における控訴人の主張を加えるほかは、原判決の「事実及び理由」欄の「第2　事実の概要」の1及び2（原判決2頁10行目から8頁24行目まで）のとおりであるから、これを引用する。

3　原判決の補正
（1）原判決3頁17行目、24行目、4頁6行目、7行目、21行目、26行目及び6頁9行目の「厚生労働大臣」を「厚生労働大臣等」と改める。
（2）原判決3頁4行目末尾の「保険」から同頁、5行目の「できる」までを削る。
（3）原判決4頁6行目の「制限される」を「広いとはいえない」に改める。

4　当審における控訴人の主張
（1）経済的理由に該当する事由について
　　　経済的理由による人工妊娠中絶は、類型的に、①妊娠の継続又は分娩が妊婦の所帯の生活に重大な支障を及ぼし、その結果母体の健康が著しく害されるおそれのある場合、②妊婦が性交の相手との関係や自己の仕事・学業上の支障等を理由に出産を望まない場合、③妊婦が既に子を有することから出産を望まない場合、④超音波検査又は羊水による胎児の染色体検査等の出生前診断により胎児に障害若しくはその可能性のあることが発覚した場合、⑤多胎減数を要する場合に分けられるところ、本件中絶は④に該当する。
　　　上記の5類型のうち、①、④及び⑤の場合は、妊婦が妊娠を認識した時点において人工妊娠中絶に至ることを予見できず、保険事故に該当するのであるから、これらの事由を区別せず、経済的理由による人工妊娠中絶を一律に給付の対象外とすることは不合理である。
（2）厚生労働大臣等が生存困難による中絶を療養の対象とすべきかについて検討又は議論を怠ったことによる損害について
　　　控訴人は、生存困難による中絶を療養の対象とすべきかについて、国内では議論も検討もされず、自己のような境遇に陥った妊産婦が一切顧慮されていないことを知って、自己の身体及び精神に関する価値意識や名誉感情等を傷つけられ精神的苦痛を受けたのであり、これに基づく慰謝料を求める。

第3　当裁判所の判断
1　当裁判所も、控訴人の請求はいずれも棄却すべきだと判断する。その理由は、2のとおり原判決を補正し、3のとおり当審における控訴人の主張に対する判断を加えるほかは、原判決の「事実及び理由」欄の「第3　当裁判所の判断」の1及び2（原判決8頁25行目から11頁18行目まで）のとおりであるから、これを引用する。
2　原判決の補正
（1）原判決9頁11行目末尾の次に、行を改めて以下を加える。
　　　「（2）ところで、控訴人は、社会保険制度（人工妊娠中絶術に対する保険

給付の適用）の運用に関する公権力の行使に当たる公務員について、厚生労働大臣のみならず同省担当者をも含むとして、その両者の義務違反を主張するけれども、社会保険制度の運用を所掌する厚生労働省の長は厚生労働大臣であり、同大臣が同省の事務を統括しているので（国家行政組織法10条）、同省の内部分掌として担当職員が行う事務に関しても、同大臣が指揮・監督する権限を有していることはいうまでもない。そうすると、社会保険制度の運用に関する事務を担当している職員に職務上の義務に違反する行為があれば、同大臣がそれを是正すべき義務を負うことになるから、それをせずに放置していたばあいには、同大臣についての職務上の義務に違反の問題が生ずることになるので、控訴人の主張する厚生労働省の所掌分野である社会保険制度の運用に関する国家賠償法上の違法性を検討するには、その主体を厚生労働大臣と解しても一向に差し支えないことになる。そこで、以下の判示においても、上記の観点から、厚生労働大臣に関する職務上の義務違反の有無として判断することとする。」

（2）原判決 9 頁12行目の「（2）」、10頁 3 行目「（3）」、同頁22行目の「（4）」をそれぞれ、「（3）」、「（4）」、「（5）」と改める。

（3）原判決 9 頁22行目の「原告の」から同頁23行目末尾までを削る。

3　当審における控訴人の主張に対する判断

（1）経済的理由に該当する事由について

　　平成 8 年 9 月25日付け厚生省発児第122号厚生事務官通知「母体保護法の施行について」（乙 1 ）によれば、厚生労働大臣は、母体保護法14条 1 項の経済条項を上記①のように解しているところ、上記解釈はその文言に照らし自然であり、合理性を欠くとはいえない。そして、これを前提とすると、経済条項に該当するものとして行われる人工妊娠中絶は保険事故たる疾病に該当しないとして療養の給付の対象としないことが合理性を欠く判断といえないことは、引用に係る原判決理由説示のとおりである。

　　控訴人は、経済的理由による人工妊娠中絶には、類型的に上記①ないし⑤の場合があるから、それぞれの事由ごとに療養の給付の対象とするかを判断すべきであると主張するけれども、経済条項に該当する事由が上記①ないし⑤の類型に分かれるというのは、控訴人の視点に基づく独自の解釈であり、そのように分類した上で、保険給付の対象とすべきか否かを判断しなければならない合理性も、必然性も存しないから、厚生労働大臣に、上記の義務があるとはいえない。

　　なお、経済条項に該当するか否かの解釈は医師の判断に委ねられている（乙 7 ）ところ、上記②ないし⑤の事由に該当する事例において、担当医師が、その専門的知見や経験に照らした総合的な判断として、妊娠の継続又は分娩が妊婦の所帯の生活に重大な経済的支障を及ぼし、その結果母体の健康が著しく害されるおそれがあると判断する場合、経済条項に該当するものとして人工妊娠中絶を行うことは、母体保護法条14条 1 項により認められるところである。しかしながら、この場合も上記②ないし⑤の事由のみで経済条項を満たすものと解されているわけではないから、控訴人が摘示する事例の

282 第3章 先端医療と民事法及び刑事法との交錯

存在を考慮しても、経済的理由による人工妊娠中絶を上記①ないし⑤の類型に分類しなければならないわけではない。

（2）厚生労働大臣等が生存困難による中絶を療養の対象とすべきかについて検討又は議論を怠ったことによる損害について

　生存困難による中絶と控訴人が主張するところの人工妊娠中絶も、現行法のもとでは、母体保護法条14条1項各号の定める要件を満たすときに行い得るものであるところ、経済条項に該当するものとして人工妊娠中絶が行われるとき、療養の給付の対象としないことが合理性を欠く判断とはいえないことは、上記説示及び引用に係る原判決理由説示のとおりである。厚生労働大臣が、上記生存困難による人工妊娠中絶を療養の給付の対象とする義務を負わない以上、療養の給付の対象とすることを検討又は議論すべき義務を負うともいえないのであって、検討又は議論しなかったことを国家賠償法1条1項の適用において違法と評価することはできない。

　したがって、上記検討や議論がないことにより控訴人が精神的苦痛を受けたとしても、これについて国家賠償法1条1項に基づく損害賠償を求めることはできない。

4　結　論

　以上の次第で、原判決は相当であり、本件控訴は理由がないから、これを棄却することとし、主文のとおり判決する。

東京高等裁判所第21民事部

　　裁判長裁判官　　齋藤　　隆
　　　　裁判官　　一木文智
　　　　裁判官　　岡部純子

註

1）　わが国の生殖コントロールについて、荻野美穂『「家族計画」への道-近代日本の生殖をめぐる政治-』、岩波書店、2008年参照。生命倫理学（バイオエシックス）とフェミニズムの視点からの研究として、笹原八代美「人工妊娠中絶に関する女性の権利の研究-胎児の生命の問題に焦点をあてて-」、2012年（http://reposit.lib.kumamoto-u.ac.jp/bitstream/2298/25083/4/21-0240.pdf）参照。

2）　『平成24年度人口動態統計月報年計（概数）の概況』、第1表人口動態総覧の年次推移（2-1）20頁（http://www.mhlw.go.jp/toukei/saikin/hw/jinkou/geppo/nengai12/dl/gaikyou24.pdf）参照。

3）　国立社会保障・人口問題研究所『人口統計資料集（2015）』（http://www.ipss.go.jp/syoushika/tohkei/Popular/P_Detail2015.asp?fname=T04-20.htm）及び『平成24年度人口動態統計（確定数）の概況』（http://www.mhlw.go.jp/toukei/saikin/hw/jinkou/kakutei12/dl/00_all.pdf）参照。

4）　サリドマイド等薬物服用に伴う先天的異常の場合について、サリドマイド及びレナリドミドの安全管理に関する検討会『サリドマイド及びレナリドミドの安全管理に関する検討会　報告書』、平成26年12月（http://www.mhlw.go.jp/file/05-Shingikai-11121000-Iyakushokuhinkyoku-Soumuka/0000071611.pdf）及び林　昌洋「妊娠と薬物」、日産誌58巻6号（2006年）77頁以下参照。選択的人工妊娠中絶について、玉井真理子「出生前診断・選択的中絶をめぐるダブルスタンダードと胎児情報へのアクセス権　市民団体の主張から」、現代文明学研究第2号（1999年）77頁以下及び柿本佳美「中絶の自由は選択的中絶を含むのか？-優生主義とジェンダー-」、京

第2節　障害を理由とする人工妊娠中絶　　*283*

都女子大学現代社会研究79参照。笹原八代美「選択的人工妊娠中絶と障害者の権利：女性の人権の問題としての性選択との比較を通して」、先端倫理研究2号（2007）160頁以下参照。

5 ）　See, Roe v. Wade, 410 U.S. 113 (1973). Roe判決は、憲法修正9条を論拠にプライバシー権を主張した。小竹　聡「妊娠中絶と憲法上のプライバシーの権利（1）」、アメリカ法判例百選、有斐閣、2012年、96以下参照。なお、Roe判決と同日に言渡されたDoe判決は、人工妊娠中絶を憲法修正14条を論拠にプライバシー権として理解する。See, Doe v. Bolton, 410 U.S. 179 (1973). 両案ともにクラスアクションとして提訴されている。

6 ）　See, Planned Parenthood v. Casey, 505 U.S. 833 (1992). 高井裕之「妊娠中絶と憲法上のプライバシーの権利（2）」、アメリカ法判例百選、有斐閣、2012年、98以下参照。

7 ）　See, Stenberg v. Carhart, 530 U.S. 914 (2000). 根本　猛「人工妊娠中絶論争の新局面−Stenberg v Carhart, 532U.S. 914 (2000) −」、静岡大学法政研究7巻2号（2002年）185以下参照。

8 ）　See, Gonzales v. Carhart, 550 U.S. 124 (2007).

9 ）　See, National Catholic Reporter (NCR) (http://ncronline.org/news/politics/supreme-court-will-wade-back-abortion-debate).

10）　荻野美穂『中絶論争とアメリカ社会−身体をめぐる戦争−』、岩波書店、2012年、89頁以下参照。荻野教授は、アメリカの人工妊娠中絶論争を「女」という性をどのように定義するかという「意味の問題」と「人間」や「生命」の価値をどう解釈するかという「価値の戦争」との視点から分析される。荻野美穂『中絶論争とアメリカ社会−身体をめぐる戦争−』、163頁参照。

11）　See, McCullen v. Coakley, 1134S. Ct. 2518 (2014).本判決について、橋本基弘「McCullen v. Coakley, 1134S. Ct. 2518 (2014) −中絶医療機関周辺での表現規制は内容規制か」、アメリカ法2015-1（2015年）134頁以下参照。

12）　荻野教授は、「中絶はジェンダーや家族、人間についての異なる考え方や文化を象徴するもの」になっており、「個人主義と法律万能主義」という近代的価値の内部における論争」を「聖戦」化させ泥沼化をもたらしているとアメリカの人工妊娠中絶をめぐる対立の背景を指摘する。前掲註10）荻野美穂『中絶論争とアメリカ社会−身体をめぐる戦争−』、229頁以下参照。

13）　法務省刑事局『刑法学者の意見等』、法務資料第370号(1960年)及び同第373号（1964年）参照。佐伯千仭編『ドイツにおける刑法改正論−刑法学者の意見集−』、有斐閣、1962年参照。

14）　法務省刑事局『ドイツ刑法改正資料第2巻 I』、法務資料第374号（1962年）〜376号（1963年）、同『ドイツ刑法改正資料第2巻 II』、法務資料第403号（1967年）、410号（1969年）、412号（1971年）参照。臼井滋夫・宮澤浩一（補正）「ドイツ刑法沿革略史」（『ドイツ刑法刑法典』、法曹会、1982年）18頁参照。

15）　H・シュレーダ（前川信夫訳）「堕胎罪の新しい構成」（前掲註12）佐伯千仭編『ドイツにおける刑法改正論−刑法学者の意見集−』所収）245頁以下参照。

16）　Bundestag-Drucksache IV /650. 条文の翻訳として、法務省刑事局『1962年ドイツ刑法草案』、刑事基本法令改正資料第2号参照。同草案理由書の翻訳として、法務省刑事局『1962年ドイツ刑法草案理由書（総則編）第1分冊』、刑事基本法令改正資料第10号、同『1962年ドイツ刑法草案理由書（総則編）第2分冊』、刑事基本法令改正資料第11号参照。

17）　Vgl, Baumann u.a., Alternativ-Entwurf eines Strafgesetzbuches, Allgemeiner Teil, 1. Aufl., 1996. 条文の翻訳として、法務省刑事局『1966年ドイツ刑法草案総則対案』、刑事基本法令改正資料第15号参照。対案の基本的立場に関して、Vgl, Hrsg. v. Baumann, Programm für ein neues Strafgesetzbuches, 1968. 本書の翻訳として、ユルゲン・バウマン編著・佐伯千仭編訳『新しい刑法典のためのプログラム−西ドイツ対案起草者の意見−』、有信堂、1972年参照。西ドイツの1975年刑法成立に至る刑法改正事業に関して、内藤　謙『西ドイツ新刑法の成立−改正刑法草案との比較法的検討−」、成文堂、1977年、1頁以下参照。

18）　マイホーファー（中　義勝訳）「刑法各側の改正」（前掲註16）ユルゲン・バウマン編著・佐伯千仭編訳『新しい刑法典のためのプログラム−西ドイツ対案起草者の意見−』所収）167頁及び169頁参照。中　義勝教授は、対案グループの見解を紹介しながら堕胎罪の歴史について、

Dahn, Zur Geschlichte des Abtriebungsverbots ; in Baumann, Das Abtriebungsverbot des §218, 1971, S. 329ff. 及び Tarnesby, Abortion, 1969, p. 83ff. に依拠しつつ説明する。更に、中教授は、堕胎罪の比較法について、Hanack, Rechtsvergleichende Bemerkungen zur Strafbarkeit des Schwangerschaftsabbruches in der wesentlichen Welt ; in Baumann,Das Abtriebungsverbot des §218, 1971, S. 209ff. に依拠しつつ説明する。中 勝「堕胎罪の歴史と現実および比較法」、関西法学24巻1・2号（1974年）185頁以下参照。中 義勝教授は、刑法の第二次性・補充性の説明の中で1962年草案を批判するマイホーファーの風紀犯の事例を紹介する（中 義勝『刑法読本』、法律文化社、1972年、5頁参照）。

19) BverfGE88, 203. 本判決について、堀内捷三「人工中絶・揺れ動くドイツの堕胎罪」、法学セミナー1464号（1993年）22頁以下、レンツ、カール・フリードリッヒ「ドイツ連邦憲法裁判所の第二次妊娠中絶判決について」、ジュリスト1034号（1993年）68頁以下、上田健二「ドイツ連邦憲法裁判所新妊娠中絶刑法違憲判決の理論的分析」、ジュリスト1034号73頁以下及び小山剛「第2次堕胎判決」（ドイツ憲法判例研究会編『ドイツの憲法判例Ⅱ（第2版）』、信山社、2006年、61頁以下所収）参照。渡辺富久子「ドイツにおける着床前診断の法的規制」、外国の立法256号（2013年）41頁以下、特に47頁以下参照。

20) 法務省大臣官房司法法制部司法法制課『ドイツ刑法典』（法務資料第461号）、2007年参照。

21) 刑法典第176条から第179条は、以下の通りである。第176条（子供に対する性的虐待）、第176条 a（子供に対する性的虐待のうち犯情の重い事案）、第176条 b（死亡結果を伴う子供に対する性的虐待）、第177条（性行為の強要；強姦）、第178条（死亡結果を伴う性行為の強要；強姦）、第179条（反抗不能な者の性的虐待）の諸規定である。

22) 妊娠葛藤法下でのドイツの人工妊娠中絶の統計及び連邦通常裁判所判決について、小池 泰「出生前診断に対する主要国の法制度 ドイツ」（丸山英二編『出生前診断の法律問題』）、尚学社、2008年、81頁以下参照。

23) 『平成26年衛生行政報告例』（http://www.mhlw.go.jp/toukei/saikin/hw/eisei_houkoku/14/dl/kekka6.pdf）参照。

24) 拙稿「非侵襲的出生前遺伝学的検査についての刑事法的一考察」、武蔵野大学政治経済研究所年報8号（2014年）17頁及び98頁註（33）参照。

25) 法務省「検察統計統計表」（http://www.moj.go.jp/housei/toukei/toukei_ichiran_kensatsu.html）参照。

26) 中 義勝「第26章 堕胎の罪」（平場安治・平野龍一編『刑法改正の研究2』、東大出版会、1973年所収）298頁以下参照。

27) 本事案は、公刊物に未登載である。事実関係等については、産経新聞2010年8月9日等参照。

28) 不同意堕胎罪事案は、2006年以降5件あるが公判請求されたのは本事案のみである（表1参照）。堕胎罪の判例等の詳細な検討は、別稿を予定している。

29) 高刑集14巻7号506頁参照。本判決の判例評釈として、谷口正孝「高裁判例研究〔140〕1.刑法215条1項にいう婦女の「承諾」の意義 2.婦女の承諾を得ないで堕胎させた一事例」、判例タイムズ162号1804頁参照。

30) 高刑集14巻7号512頁参照。

31) 刑集12巻15号3519頁参照。

32) 民集59巻7号2087頁参照。

33) 民集59巻7号2216頁参照。

34) 民集59巻7号2231頁参照。

35) LEX/DB【文献番号】25513530. 本判決について助産師の視点からの論考として、贅 育子「人工妊娠中絶の法規制-胎児異常による人工妊娠中絶の法的課題-」、法政論叢52巻2号（2016年）95頁以下参照。

36) 事実関係について、古川雅子「ある母が直面した「堕胎罪」という法律-中絶は犯罪ですか？」、アエラ26巻1号（2012年）65頁以下及び第21回リプロダクション研究会（2013年5月25日開催）配布資料参照。

第2節　障害を理由とする人工妊娠中絶　　*285*

37)　「診療報酬の算定方法の一部を改正する件（告示）」平成22年厚生労働省告示第69号は、「K909 流産手術」の診療報酬として「1　妊娠11週までの場合1,910点　2　妊娠11週を超え妊娠21週までの場合4,820点」とする（http://www.mhlw.go.jp/bunya/iryouhoken/iryouhoken12/dl/index-020.pdf）。社会保障審議会医療保険部会・社会保障審議会医療部会は、「平成22年度診療報酬改定の基本方針」として「Ⅰ　平成22年度診療報酬改定に係る基本的考え方　平成22年度診療報酬改定においては、「救急、産科、小児、外科等の医療の再建」及び「病院勤務医の負担の軽減（医療従事者の増員に努める医療機関への支援）」を改定の重点課題として取り組む　Ⅱ　平成22年度診療報酬改定の基本方針（2つの重点課題と4つの視点から）1．重点課題（1）救急、産科、小児、外科等の医療の再建　○我が国の医療が置かれている危機的な状況を解消し、国民に安心感を与える医療を実現していくためには、それぞれの地域で関係者が十分に連携を図りつつ、救急、産科、小児、外科等の医療を適切に提供できる体制をさらに充実させていくことが必要である。　○このため、地域連携による救急患者の受入れの推進や、小児や妊産婦を含めた救急患者を受け入れる医療機関に対する評価、新生児等の救急搬送を担う医師の活動の評価や、急性期後の受け皿としての有床診療所も含めた後方病床・在宅療養の機能強化、手術の適正評価などについて検討するべきである。」と提示する（http://www.mhlw.go.jp/bunya/iryouhoken/iryouhoken12/dl/index-001.pdf）。

38)　前註29）第21回リプロダクション研究会（2013年5月25日開催）配布資料参照。

39)　日産婦誌59巻3号（2007年）983頁以下参照。

40)　我妻堯「リプロダクションとバイオエシックス」、72頁以下特に86頁参照（北里病院医の哲学と倫理を考える部会編『医の心（6）-医の哲学と倫理を考える』、丸善、1987年所収）。

41)　本判決は、前註35）東京地裁平成25年6月13日民事第31部判決の控訴審判決である。なお、本事案は、最高裁平成26年8月26日第三小法廷決定で上告が棄却され確定している。控訴審及び最高裁判決文は、資料Ⅲに掲記する。

42)　出産直後における母親による身体的虐待事案について、拙稿「近時の裁判実務における児童虐待事案の刑事法的一考察（2）」、武蔵野法学4号（2016年）1頁以下参照。

43)　前註10）荻野美穂『中絶論争とアメリカ社会-身体をめぐる戦争-』、247頁以下参照。

結　語

　1．自分たちの遺伝子を継受する子を持ちたいと願う両親は、自然な妊娠がかなわないとき産婦人科を受診しその可能性を探る。非配偶者間人工授精（Artificial Insemination with Donor's Semen：AID, ID）は、精子に不妊の原因がある場合の選択肢の一つとして1948年来慶應義塾大学医学部で実施され15,000名誕生している。AIDで出生した子は、今日、自己のアイデンティティを確立するため児童の権利に関する条約7条1項「児童は、出生の後直ちに登録される。児童は、出生の時から氏名を有する権利及び国籍を取得する権利を有するものとし、また、できる限りその父母を知りかつその父母によって養育される権利を有する。」に基づき「出自を知る権利」を求めている[1]。

　日本産科婦人科学会は、何等の規制のないまま実施されていたAIDについて1983年「体外受精・胚移植に関する見解」をガイドラインとして会員に告示した。その後、子を望む自然妊娠困難な両親は、生殖補助医療（Assisted Reproductive Technology：ART）の進展により多様な選択肢を提供されるに至った。

　読売新聞2012年8月29日は、「妊婦血液でダウン症診断　国内5施設精度99％、来月から」とのタイトルの記事を掲載し、社会的関心を喚起し従来の出生前診断に衝撃を齎した。

　非侵襲的出生前遺伝学的検査(Non-Invasive Prenatal Genetic Testing：NIPT)は、母体血20mlを採取し胎児の染色体数的異常の有無が判明する簡便な非確定的検査であり、陽性結果を受けて確定検査である羊水検査等の受診を前提とする。NIPTの導入に際しては、同検査に内在する倫理的問題が指摘され、社会的・倫理的・医療的側面から多角的論議がなされた。特に、NIPT陽性の後、確定検査である羊水検査結果陽性の95.53％の妊婦は、人工妊娠中絶を選択した。この事実は、母体保護法に胎児条項を持たないわが国の現行法の下でのNIPTに内在する倫理的問題を顕在化させた[2]。平原史樹教授は、夙に「今回の議論で実は"Down症"が単に序章にすぎないことは多くの識者の間で共有された認識であり、これからおこる想像もできない広がりに人類はどう対峙す

べきなのかがもっと大きな問題として問われていることは実はあまり知られていない。最先端の高度分析機器が急速に進歩するなか、詳細に判明する個人の遺伝子情報・構成がすべて明らかになり、臨床応用されるのはもはや秒読みの段階である。個々人には遺伝子レベルでさまざまな遺伝学的差異が数多くあることが解明されている。“遺伝性の重篤”疾患にかかわる遺伝子異常をヒトみな等しく、例外なく平等にもち合せていることもわかってきた。私たちはこれからどのような遺伝子変異(異常)を“異常”として選別していくのであろうか?」と根源的な問いかけをする[3]。

　日本産科婦人科学会は、着床前遺伝子診断 (Preimplantation Genetic Diagnosis : PGD)の是非を巡り当初社会的・倫理的・医療的側面から慎重な論議を重ね「着床前診断に関する見解」(平成10年見解)を作成した。その後、ART技術の革新とクライアントの利益を優先して会告に従わない会員医師の着床前診療行為に対応するため「『着床前診断』に関する見解の改定について(平成22年6月26日)」において着床前スクリーニング (Preimplantation Genetic Screening : PGS) 禁止の立場を明確にした上で、適応対象に均衡型染色体構造異常に起因する習慣流産(反復流産を含む)を追加した。日本産科婦人科学会は、「『着床前診断』に関する見解」(平成27年6月20日)において PGS に関する小委員会の論議をも踏まえ、PGD の実施について「着床前診断の実施に関する細則」を詳細に規定した。

　NIPT は、妊娠10週前後の胎児の染色体数的異常の遺伝子検査結果により人工妊娠中絶選択の可能性を内在する。他方、PGD は、初期胚の染色体数的異常の診断であり染色体数的異常のない胚を着床させることにより人工妊娠中絶の問題を回避するメリットがあるとされる。然しながら、初期胚の PGD は、ヒトの萌芽である胚の選別を齎す優生思想的視点からの実施になお倫理的問題を内在する。

　日本産科婦人科学会は、NIPT 及び PGD を臨床研究と位置づけ会員に対し登録申請手続及び報告書類提出を義務付けている。臨床研究は、その研究実績等のデータ公表に基づき研究の妥当性を含め検証することが前提である。日本産科婦人科学会は、NIPT に関して平成25年度及び平成26年度データを公表している。

　NIPT は、検査結果が陽性の妊婦のその後の対応如何が重要なデータであ

り、そのまま妊娠を継続したのか人工妊娠中絶を選択したのか、また確定検査である羊水穿刺または絨毛検査を受検し陽性結果を受けそのまま妊娠を継続したのか人工妊娠中絶を選択したのか妊娠の転帰が重要である[4]。平成26年度データは、妊娠の転帰を欠缺するデータであり臨床研究データとして不精確である。

NIPT及びPGDの実施は、専門家による遺伝カウンセリング受診を前提とする[5]。NIPT及びPGDの当事者である妊婦及びパートナーには、社会的サポート体制の構築が不可欠である。

日本産科婦人科学会は、社会的・倫理的・医療的側面の論議を通して優生思想を排除するとの基本的視座からPGSをPGDの対象外としてきた。近時の日本産科婦人科学会の方向性は、少なくとも社会的・倫理的側面の論議を等閑視した専門家集団の論理に埋没し、PGSに傾斜していると言わざるを得ない。

メディカルプロフェッションは、新たな施策の実施までは倫理委員会等での議論に熱心ではあるが、実施後の現況把握及びデータ公表等については無関心であり、クライアント及び国民への十全な情報開示がなされておらず、プロフェッションとしての社会的責任が厳しく問われている。

先端医療は、受益者であるクライアントのみならず医療従事者の医学的関心及び医療産業関係者の経済的関心により創出される広範な関心からその進展は留まるところを知らない。NIPTやPGDは、人の生命と身体とにかかわる根源的問題を包含しているにも拘らずその考察が等閑視され、臨床研究という制約のもと日本産科婦人科学会の会告という自主規制のみで推進されている。先端医療に内包する倫理的・法的問題は、多様な価値観の調整のもと社会的コンセンサス形成を政策課題として十二分な論議が不可欠である[6]。

2．生殖補助医療、非侵襲的出生前遺伝学的検査及び着床前遺伝子診断は、現在、日本産科婦人科学会の会告という自主規制によって実施されている。生殖補助医療の法制化は、日本生殖医学会倫理委員会が日本生殖医学会の第三者配偶子を用いる生殖医療についての判断を支持し、「国は、第三者配偶子を用いる生殖医療の情報管理のための生殖医療に関する公的管理運営機関の設立と民法上の法的親子関係を明確化する法律整備について至急取り組む必要がある。」との見解や自民党政務調査会「生殖補助医療に関するプロジェクトチー

ム」による第三者が関与する生殖補助医療（「特定生殖補助医療」）に関する法案作成がなされているが、成案を得ていない[7]。

　ヒト胚の取扱いは、ART の現場で論議を惹起した。2つの専門家会議が、ART の際限ない拡散をコントロールする方策について論議を重ねている。第1の専門家会議は、総合科学技術会議での「ヒト胚の取扱いに関する基本的考え方」（平成16年7月23日）を端緒に平成26年11月25日文部科学省・厚生労働省告示「ヒト ES 細胞の樹立に関する指針」[8]を受け、総合科学技術・イノベーション会議生命倫理専門調査会は「ヒト胚の取扱いに関する基本的考え方」見直し等に係るタスク・フォースを立ち上げ、平成29年7月14日以降審議を継続している[9]。平成29年9月11日、文部科学省・厚生労働省は、「ヒト受精胚のゲノム編集等を伴う研究に関する指針等を整備する場合の論点」を提示する[10]。第2の専門家会議は、日本学術会議医学・医療領域におけるゲノム編集技術のあり方検討委員会である[11]。同委員会は、ゲノム編集を伴う生殖医療の臨床応用に関する暫定的禁止を含む厳格な規制について以下の提案をする。「ゲノム編集を伴う生殖医療の目的としては、重篤な遺伝子疾患を起こす遺伝子変異を子に遺伝させる可能性が高い夫婦が、その遺伝子疾患の子どもでの発症を予防するために使うことが想定されている。しかし、生殖細胞あるいは受精胚に遺伝子改変を施す生殖医療は、出生する子どもの健康についての重大な懸念がある。また、生殖細胞と受精胚の遺伝学的改変は子を超えて次の世代まで受け継がれるものであり、社会に広く影響を及ぼすおそれがある。さらに、この技術が許容される医療の範囲を超えて、エンハンスメントのために濫用される危険性もある。ゲノム編集技術の普及と利用が急速に進んでいるにもかかわらず、日本においては、これが生殖医療に適用されたときに人々にもたらす福利、弊害についての冷静な認識、それを基礎とした社会的議論が不十分であり、社会の受容はまだ十分とは言えない。ゲノム編集技術の生殖医療への適用は、このような課題が残されている現在の日本では、行うことは適切とは言えない。生殖医療に関する規制はこれまで日本産科婦人科学会の会告による自主規制がなされてきているが、一部の医療機関がこれを遵守しないという状況が生じている。したがって、ゲノム編集を伴う生殖医療は、最低限国の指針において厳しく規制することを提言する。具体的には当面は禁止することが妥当である。一方で、ゲノム編集を伴う生殖医療の実施の可否、仮に実施を認める場

合の諸条件について、更に慎重に議論を続けることが必要である。国の研究指針の違反に対する公的制裁は、研究資金の返還、以後の公的研究資金の提供制限が主であり、公的資金を受けていない研究機関やクリニックに対する規制としては限界がある。また、研究指針は研究者に向けたもので、実験的な胚操作を取入れた生殖医療を享受する可能性がある市民に対する規範ではない。現在の日本では、生殖医療に直接関連する法制度はまだ整備されておらず、他先進国に大きく遅れている。ゆえに、ゲノム編集を含めたヒト生殖細胞・受精胚を実験的に操作することに対する、国による法規制の必要性について検討することを提言する。その検討においては、技術の進歩や社会的理解の向上などの状況変化に機敏に対応しうる法規制のあり方を探るべきである。また、日本での開かれた議論を進めるとともに、国際協同の下でゲノム編集技術の適切な発展を進めるための議論にも積極的にかかわるべきである。」とし、国による法規制の必要性の検討を提案する[12]。

　3. 最高裁平成18年9月4日第2小法廷判決は、認知請求事件に於いて今井功裁判官は補足意見で「この問題（死亡した夫の冷凍保存精子を用いて懐胎し、出生した子と精子提供者との間の父子関係＝筆者註＝）の抜本的な解決のためには、医療法制、親子法制の面から多角的な観点にわたる検討に基づく法整備が必要である。（中略）　生殖補助医療の技術の進歩の速度が著しいことにかんがみると、早期の法制度の整備が望まれるのである。」と判示し、生殖補助医療の法的整備の必要性を指摘する[13]。

　今日の医療は、検査を重視し検査結果は治療方針選択において重要な機能を果たしている。医師は、「眼の前のクライアントに向き合わず、検査データにのみ向き合っている。」と批判される医療現場で検査データのクライアントへの正確な提供は医師の診療契約上の責務である。とりわけ、生殖補助医療における検査結果は、受検者のその後の態度選択熟慮の重要なデータである。

　函館地裁平成26年6月5日民事部判決は、「原告らは、生まれてくる子どもに先天性異常があるかどうかを調べることを主目的として羊水検査を受けたのであり、子どもの両親である原告らにとって、生まれてくる子どもが健常児であるかどうかは、今後の家族設計をする上で最大の関心事である。また、被告らが、羊水検査の結果を正確に告知していれば、原告らは、中絶を選択する

292

か、又は中絶しないことを選択した場合には、先天性異常を有する子どもの出生に対する心の準備やその養育環境の準備などもできたはずである。」と判示し、羊水検査結果陽性と診断された場合の人工妊娠中絶の選択可能性に論及する[14]。

　4．近時の解析検査技術の飛躍的進展は、全エクソーム解析（whole exome sequencing：WES）によるヒト全遺伝子の網羅的解析を齎し、NIPT や PGD で必要とされる特定のデータであるトリソミーや均衡型染色体構造異常の有無のみならず受検者の全 DNA の解析を可能とする。検査結果として医療機関に提供されるのは、当該検査項目のみである。然しながら、検査データとしては、全遺伝子解析がなされており、そのデータの情報漏洩は、被検者のみならず被検者周辺の者にも重大なダメージを与える。

　個人情報保護法に基づき、『経済産業分野のうち個人遺伝情報を用いる事業者における個人情報保護ガイドライン』（経済産業省）が提示されているが、WESを前提とした遺伝情報管理体制の確立が緊要な課題である[15]。

　5．刑事法が、非侵襲的出生前遺伝学的検査のコントロールとして適用されるのは ultima ratio であることは自明である。

　妊娠した女性は、NIPT や羊水検査結果陽性の場合「自己決定権」という名の下に妊娠継続の是非の判断を強いられる。

　NIPT 及び PGD は、継続的な遺伝カウンセリングの担保が前提である。専門家による遺伝カウンセリングの実施は、妊婦の「自己決定権」とパートナーとのより良い判断形成に緊要な課題である。

　NIPT 及び PGD は、遺伝情報管理体制の未整備と収集されたデータ公表と検証作業結果の未公表及び人的リソース不足による遺伝カウンセリング体制構築が十全でない現状の下では臨床研究に限定すべきである。

註

1）　2009年11月29日開催日本学術会議法学委員会「生殖補助医療と法」分科会公開シンポジウム「生殖補助医療と法〜代理母と子どもの知る権利をめぐって〜」（http://www.kansai-u.ac.jp/ILS/publication/asset/nomos/25/nomos25-02.pdf）。非配偶者間人工授精で生まれた人の自助グループ・長沖暁子編著『AID で生まれるということ』、萬書房、2014年参照。

2）　平成25年度日本医学会「遺伝子・健康・社会」検討委員会「母体血を用いた出生前遺伝学的

検査」施設認定・登録部会データ参照。なお、平成26年度同データは、羊水検査結果陽性の妊婦の転帰についてのデータを欠缺する不十分なデータである。拙稿「新たな医療技術・検査等の導入に伴う倫理的問題−NIPT Data の公表の在り方を契機に−」、『山中敬一先生古稀祝賀論集［下巻］』、成文堂、2017年、479頁参照（本書167頁以下参照）。

3） 平原史樹「最近の出生前診断をめぐって−はじめに」、医学のあゆみ246巻2号（2013年）143頁参照。

4） 日本産科婦人科学会は、母体血を用いた出生前遺伝学の検査報告書類「母体血を用いた出生前遺伝学的検査報告実施報告書（実施症例毎）平成29年1月20日改訂」（9）において「妊婦の転帰＊注）妊婦・児の転帰です。出生児に何らかの異常が認められた場合にも記載してください。」と明示する（http://jams.med.or.jp/rinshobukai_ghs/registration.html）。母体血を用いた出生前遺伝学の検査報告書類には、（様式6）母体血を用いた出生前遺伝学的検査実施報告書（実施症例毎）、（様式7）母体血を用いた出生前遺伝学的検査実施報告書のまとめ（http://jams.med.or.jp/rinshobukai_ghs/registration.html）と並んで実施報告フローチャート（http://jams.med.or.jp/rinshobukai_ghs/form7.pdf）が示されている。同フローチャートには、NIPT 陽性かつ羊水検査陽性の㉒妊娠中絶数と NIPT 陽性で羊水検査未実施の㉓妊娠中絶数の各報告項目が明記されている。

5） 日本産科婦人科学会、日本人類遺伝学会、日本遺伝カウンセリング学会は、「生殖医療に関する遺伝カウンセリング受入れ可能な臨床遺伝専門医」として産婦人科専門医かつ臨床遺伝専門医266名のリストアップを行っている（2017年11月21日現在、http://www.jsog.or.jp/activity/rinshoiden_senmoni.html）。臨床遺伝専門医制度委員会は、臨床遺伝専門医について「臨床遺伝専門医はすべての診療科からのコンサルテーションに応じ、適切な遺伝医療を実行するとともに、各医療機関において発生することが予想される遺伝子に関係した問題の解決を担う医師であり、次項の能力を有することが期待されています。1）遺伝医学についての広範な専門知識を持っている。2）遺伝医療関連分野のある特定領域について、専門的検査・診断・治療を行うことができる。3）遺伝カウンセリングを行うことができる。4）遺伝学的の検査について十分な知識と経験を有している。5）遺伝医学研究の十分な業績を有しており、遺伝医学教育を行うことができる。」と定義する（http://www.jbmg.jp/jbmg/index.html）。

6） 橳島次郎「先端医療をめぐる法と政策」、22頁以下、特に41頁参照（シリーズ生命倫理学編集委員会編『シリーズ生命倫理学第12巻 先端医療』、丸善出版、2012年所収）。先端医療の生命操作技術の追認の現状を克服するために「欲望のコントロール」をキーワードに考察する見解として、橳島次郎『生命科学の欲望と倫理』、青土社、2015年、78頁以下参照。

7） 日本生殖医学会倫理委員会報告「第三者配偶子を用いる生殖医療についての提言」参照（http://www.jsrm.or.jp/guideline-statem/guideline_2009_01.html）。稲熊利和「生殖補助医療への法規制をめぐる諸問題〜代理懐胎の是非と親子関係法制の整備等について〜」、立法と調査268号（2007年）128頁以下参照。

8） http://www8.cao.go.jp/cstp/tyousakai/life/tf/2kai/sanko4.pdf

9） 総合科学技術・イノベーション機会議生命倫理専門調査会「ヒト胚の取扱いに関する基本的考え方」見直し等に係るタスク・フォースの構成メンバーは、青野由利・毎日新聞社論説室専門編集委員、阿久津英憲・国立成育医療研究センター研究所再生医療センター生殖医療研究部長、石原 理埼玉医科大学医学部産科・婦人科学教授、伊藤たてお・日本難病・疾病団体協議会理事会参与、加藤和人・大阪大学大学院医学系研究科医の倫理と公共政策学分野教授、神里彩子・東京大学医科学研究所先端医療研究センター准教授、原山優子・総合科学技術・イノベーション会議有識者議員（常勤）、○福井次矢・聖路加国際大学学長／聖路加国際病院院長、藤田みさお・京都大 iPS 細胞研究所上廣倫理研究部門特定准教授、町野 朔・上智大学名誉教授、山口照美・金沢工業大学教授、米村滋人・東京大学大学院法学政治学研究科准教授、（臨時構成員：2名）金田安史・大阪大学大学院医学系研究科長／大阪大学医学部長（日本遺伝子細胞治療学会理事長）、松原洋一・国立成育医療研究センター研究所長（日本人類遺伝学会理事長）の14名である。第1回「ヒト胚の取扱いに関する基本的考え方」見直し等に係るタス

ク・フォース議事概要（http://www8.cao.go.jp/cstp/tyousakai/life/tf/1kai/gijiroku.pdf）。同タスク・フォースは、平成29年11月21日第5回を開催した（http://www8.cao.go.jp/cstp/tyousakai/life/tf/5kai/gijiroku.pdf）。

10）　http://www8.cao.go.jp/cstp/tyousakai/life/tf/5kai/siryo3.pdf

11）　日本学術会議医学・医療領域におけるゲノム編集技術のあり方検討委員会構成メンバーは、委員長：国立成育医療研究センター理事長五十嵐　隆、副委員長：京都大学大学院生命科学研究科教授石川冬木、幹事：国立成育医療研究センター再生医療センター生殖医療研究部部長阿久津英憲、北海道大学安全衛生本部教授石井哲也、慶應義塾大学医学部長岡野栄之、京都大学大学院生命科学研究科教授佐藤文彦、法政大学法学部教授建石真公子、明治学院大学社会学部社会学科教授柘植あづみ、上智大学名誉教授町野　朔、国立成育医療研究センター研究所長松原洋一、徳島大学大学院医歯薬学研究部産科婦人科学分野教授苛原　稔、大阪大学大学院医学系研究科教授金田安史、筑波大学医学医療系解剖学・発生学教授高橋　智、東京大学大学院医学系研究科産婦人科学講座教授藤井知行である（http://www.scj.go.jp/ja/member/iinkai/genome/pdf/genome-kousei24.pdf）。

12）　日本学術会議医学・医療領域におけるゲノム編集技術のあり方検討委員会『提言　我が国の医学・医療領域における　ゲノム編集技術のあり方』（平成29年（2017年）9月27日）18頁以下参照。

13）　民集60巻7号2573頁以下参照。

14）　判時2227・104参照。

15）　『経済産業分野のうち個人遺伝情報を用いる事業者における個人情報保護ガイドライン』（http://www.meti.go.jp/policy/mono_info_service/mono/bio/Seimeirinnri/keisanshoguideline.pdf）。経済産業省商務情報政策局情報経済課「経済産業分野を対象とする個人情報保護ガイドライン等について」（平成26年8月）（https://www.ipa.go.jp/files/000041265.pdf）参照。NPO法人個人遺伝情報取扱協議会『個人遺伝情報を取扱う企業が遵守すべき自主基準（個人遺伝情報取扱事業者自主基準）』（http://www.cpigi.or.jp/jisyu/img/sin_jisyu.pdf）参照。

跋　文

　非侵襲的出生前遺伝学的検査(NIPT)や着床前遺伝子診断(PGD)等の導入は、人の始期を刑法の視点から考えるとき支配的見解や判例の立場からは射程外である。しかし、妊娠10週以降実施される NIPT は、陽性結果を受け確定検査である羊水検査結果陽性の95.53％の妊婦が人工妊娠中絶を選択する事実を惹起している。この事実が提示されるとき、NIPT に内在する問題に目を向けざるを得ない。更に、その前段階である PGD は、胚の4分割段階での検査結果をみて染色体数的異常のない胚を子宮に戻すという医療行為である。

　健康な子を持ちたいとの願いは、親として自然な感情である。新生児の誕生を待つ家族は、新生児の出産に際し最初に「母子ともに健康か」を問う。50年程前には、出産を「身を二つにする」と言って出産に伴う危険を認識していた。産婦人科医学が進歩した現在においても家族は、同様の気持ちで新生児の誕生を待ち侘びている。

　新生児室は、明暗の相同居する空間でもある。新生児の誕生に喜ぶ家族がいる一方、Anencephaly(ICD-10Q00.0)、Edwards Syndrome(ICD-10Q91.0-91.3)や Patau Syndrome(ICD-10Q91.4-91.7)の新生児を迎え悲嘆にくれる家族もある。

　Edwards Syndrome や Patau Syndrome の新生児を持った家族は、短い時間の共有にも関わらず喪失感に苛まれている(http://18trisomy.com、http://www.13trisomy.com/next.html)。

　染色体数的異常の子の妊娠を告知された両親は、母体保護法に胎児条項のない現状と社会的サポートの不十分な社会でどのような選択をするかは当事者に委ねられている。

　子を持ちたいと願い ART を受診する親と望まない妊娠により出産した嬰児を自らの手でその瞬間に奪う親との併存する社会の現実を直視し解決の端緒を思考することは、研究者の責務である。

　本書は、多様な個性を有する者の存在を志向する社会は「命の選別」という倫理的問題をどのように考え、どのように対応するのが社会の理念に合致するのかという解決困難な問題とその現況に呻吟したものである。

生命の誕生を巡る重厚なテーマは、40余年にわたる研究生活を支えてくれた家族、とりわけこの30年間 Gallerie Pousse を主宰し多くの芸術家に発表の場と機会を提供し続けたパートナーへの愛敬と感謝をこめた筆者古稀の自祝の書である。

　研究者として冷徹な実証分析に腐心してきたが、本書が偏執と蒙昧の書でないことを祈りつつ擱筆とする。

　2017年12月24日

　　　　　　　　　小日向の蝸廬の孤小な書斎にて

　　　　　　　　　　　　　　　林　　　弘　　　正

著者略歴

林　弘正（はやし　ひろまさ）

1947年　東京都台東区長者町に生れる。

1983年　中央大学大学院法学研究科刑事法専攻博士課程後期単位取得満期退学
　　　　以後、中央大学法学部兼任講師、常葉学園富士短期大学教授、清和大学法学
　　　　部教授、島根大学大学院法務研究科教授を経る。

2006年　アライアント国際大学カリフォルニア臨床心理学大学院（Alliant International
　　　　University/California School of Professional Psychology）臨床心理学研究科
　　　　修士課程修了・臨床心理学修士（Master of Arts in Clinical Psychology）

現　在　武蔵野大学法学部教授、島根大学名誉教授

主　著

『児童虐待　その現況と刑事法的介入』（成文堂、初版 2000年、改訂版 2006年）

『改正刑法假案成立過程の研究』（成文堂、2003年）

『児童虐待Ⅱ　問題解決への刑事法的アプローチ』（成文堂、初版 2007年、増補版 2011年）

『相当な理由に基づく違法性の錯誤』（成文堂、2012年）

『裁判員裁判の臨床的研究』（成文堂、2015年）

『法学―法制史家のみた』（利光三津夫・林　弘正　共著）（成文堂、初版 1994年、追補版
　2010年）

「横領罪と背任罪の連関性についての法制史的一考察―改正刑法假案の視座―（1）」
　武蔵野法学5・6号（2016年）

「裁判員裁判における難解な精神医学用語に関する一考察―東京地裁平成26年12月11日
　刑事第11部判決を契機に―」法学新報123巻9＝10号（2017年）

先端医療と刑事法の交錯

2018年3月19日　初版第1刷発行

著　者　　林　　　弘　正

発行者　　阿　部　成　一

〒162-0041　東京都新宿区早稲田鶴巻町514番地

発行所　株式会社　成　文　堂

電話 03(3203)9201(代)　Fax 03(3203)9206
http://www.seibundoh.co.jp

製版・印刷　藤原印刷　　　　　　　　　　　製本　弘伸製本
☆乱丁・落丁本はおとりかえいたします☆　検印省略
©2018 H. Hayashi　　Printed in Japan
ISBN978-4-7923-5237-0 C3032
定価（本体6500円＋税）